小牧英之
Hideyuki Komaki

スコットランド
歴史紀行

松柏社

まえがき

　1995年の秋，私はスコットランドのインヴァネス (Inverness) で前・スコットランドの歴史『スコットランドの成立』(*The Making of Scotland,* 英文，355頁，カラー写真310点を掲載，ISBN0-9526476-0-5) を出版することになった。中石器時代 (Mesolithic Age) 以降，ダンカン一世 (Duncan I Mac Crinan, 1034-40) の即位をもって始まる「統一スコットランド王国」(the United Kingdom of Scotland) の成立までの時代をまとめの範囲として，新石器 (the Neolithic Age)，青銅器 (the Bronze Age)，鉄器 (the Iron Age) の各時代，ローマ軍の駐留と撤退を経て始まる暗黒時代 (the Dark Ages)，キリスト教の伝来とピクト族 (the Picts)，スコット族 (the Scots)，ブリトン族 (the Britons)，アングロ・サクソン族 (the Anglo-Saxons) の相剋期，北欧海賊 (Viking) の侵攻期などに，そこに流入し定住した人々が何をしたか，何を彼らが残したかなど，通時的に扱いながら，彼ら先人たちの心奥ふかくに蓄積され，現在にまで残り伝えられている自然観，火や水の信仰，方位や色彩に関する吉凶観，アニミズム，霊魂不滅の別世観，そこに独自に培われた彼ら特有の信仰や習俗，ネス湖の「ネッシィ」のような水生動物の由来などを綴ったものである。

　私のスコットランドとの付き合いの始まりは，遥か半世紀も前のことになる。私は当時英文学科の学生であったが，師が戦前のエディンバラ大学の留学生で大のスコットランド贔屓であったと言うことから，私のテーマはスコットランドの「民俗」(folklore) と言うことになった。それがその始まりで，卒業後もこのテーマに拘ることになり，初めの15年は資料の収集に費やした。しかし，この「民俗」の中には，その原点を探る必要のあるものが多分にあり，スコットランド入りを決意。以後の27年間は教職にありながら，毎年春と夏，スコットランドをあちこちと徘徊することになった。そして年を経る毎に，私は英文学とは無縁の人間になっていった。私が歩いたところは，ハイランド (the Highlands) の北の町，インヴァネスを本拠として，主に古代人の遺跡が多く残る地区，西方諸島 (the Western

Isles) やオークニイ (the Orkney Islands),シェトランド諸島 (the Shetland Island) などの島嶼地区を含めて,本土全体である。私が旅行中に難儀したのは常に言葉であった。スコットランドの国語が「英語」となるのは 1705 年の「連合条約」(the Treaty of Union) の発効以後のことで,以来経過した 3 世紀という時間は,言語が定着するのには,余りにも短い時間であり過ぎる。スコットランドの言語は,その地名とその分布が示しているように,本来的には,全体的にブリトン語 (Brythonic) で,後に地域によって,ゲール語 (Gaelic or Erse) や北欧語 (Old Norse) が混入する。そして,英語が最も遅れてこれに加わるが,スコットランドは,本質的には,他からの影響を極度に嫌う国——中世以来の氏族制度から来る閉鎖性が原因で,言葉の場合でも,本来あるものは良しとし,英語のような他からの新参者は受付ようとはしない国である。この傾向は人口が過密な都市部は兎も角として,人口が過小で昔の氏族制度が根強く残る農村部や山間部,他民族が土着した島嶼地区では必然的に強烈である。

　英語は,確かに,日常の生活語であるが,地域が異なれば刻々,それなりの「お国訛り」(provincialism) があって,通常発音辞典に記されている様な発音を耳にすることは余りない。ファース・オヴ・ストラスクライド (Firth of Strathclyde) 以南は,本来的には,ブリトン語の地域で,国境地帯 (the Borders),ベリックシャー (Berwickshire),ロージアン地区 (the Lothians) とダムフリーズ・アンド・ガロウェイ地区 (Dumfries and Galloway) は,暗黒時代のアングル族 (the Angles),サクスン族 (the Saxons) の侵攻土着が原因で英語の地域となっているが,地名などにはブリトン語起源の語が多い。ファース・オヴ・ストラスクライド以北,アーガイル地区 (Argyle) とその北部,ハイランドの北西部の島嶼地区とフオート・ウィリアム (Fort William) からグレート・グレン (Greart Glen) またはグレン・モア (Glen Mor) を経て,インヴァネス辺りにかけてはゲール語が定着し,ファース・オヴ・フォース (the Firth of Forth) 以北,ファイフ (Fife),パースシャー (Perthshire),グラムピアン地区 (Grampian) とファース・オヴ・マレイ (Firth of Moray) の北,ハイランドの東側,イースター・ロス (Easter Ross),サザーランド (Sutherland),ケイスネス地区 (Caithness) はブリトン語であるが,これらの地区の海岸部とその周囲の島嶼地区,オークニイ諸島,シェトランド諸島には,ダムフ

リーズ・アンド・ガロウェイ地区の海岸部と同じように，暗黒時代にノルウェイ海賊が土着したため，北欧語 (ON) の影響が強く残る。またアーガイル地区の西とその北，ノルウェイ海賊が土着したインナー / アウター・ヘブリディーズ 諸島 (Inner-Outer Hebrides) にも北欧語の影響が強く残っている。

　しかし，1707 年「連合条約」の発効を機に国語となった英語は，国勢調査の結果では，全人口の 99.75％が英語を話すと言われているが，流暢な英語を話す人は全体的には余り多くはない。ホテルのクラークや大きな店舗の店員などを除けば，大体は宗教関係者か，大学出，長い間イングランドに仕事をもっていた若者たちが主で，人口が過疎の農村部に入れば，その地区固有の言葉が混ざった英語が主流で，まともな英語を聞くことはできなくなるのが常である。私が本拠を置いた人口密度の高いインヴァネス辺りでも，土着のままの年配者や若者たちはもちろん，軍人，官公庁の職員，教員，銀行員，タクシーの運転手でさえもが，先人たちが残した土産，根強く残る地区固有の方言が混じった「ブロード・イングリッシュ」(Broad English) を話すのが現状である。

　スコットランド人たちはゲール語のことを「ガーリック」[gá:rlik] と呼んで，[géilik] とは言わないが，あの野原や谷間を這うように流れてくる，風のような「バッグパイプ」(bagpipe) の旋律に似たゲール語が未だに BBC のニュース番組の中に組まれている。スコットランド西部や北西部には未だにゲール語で生活している人たちがいることも確かである。そんなわけで私の英語も年毎に次第にブロークン (broken) になっていったのを思い出す。

　しかし，こうした厄介な苦々しい旅のおかげで，色々な太古のスコットランドとの遭遇があり，もちろん，2 世紀頃のアレキサンドリア (Alexandria) の地理学者トレマエウス (Ptolemaeus, Claudius) が彼の著書『地理学序説』(*Introduction to Geography*) の中で紹介する，鉄器時代のスコットランドへの移住民たちのように，名称のみは判っても実体が判らないと言う資料も含め，多数の上古を扱う文献や資料をも得ることができた。加えて，主に，「スコットランド古代及び歴史的遺跡に関する王立委員会」(the Royal Commission on the Ancient & Historical Monuments of Scotland) が発掘調査後復

元した，中石器時代の貝塚，新石器時代の石室墳や住居，青銅器時代の石墳，住居，ヘンジ施設，環状列石，ストーン・サークル (cromlech)，メンヒル (menhir)，アリニュウマン (alignement) や，カップ・マークやカップ・アンド・リング・マークのある石，鉄器時代の砦，住居，ローマ軍の砦，彼らが神々に献じた祭壇，石像，石額，暗黒時代の社会現象を絵物語として伝え残す，ピクト族の表象石，北欧海賊の住居，初期のキリスト教の十字架等々，3万点を越えるスナップを得ることもできた。

既述の *The Making of Scotland* は，これらの資料を通時的に徒然(つれづれ)にまとめたもので，今回発刊の『スコットランド歴史紀行』は，旅行者の「ガイド・ブック」にもなるようにと，扱いを通時的にではなく地域別に扱うことにした日本語による増補改訂版である。本書でも，必然的にスコットランドの黎明期，中石器，新石器時代の頃より，青銅器時代，鉄器時代，暗黒時代，「統一スコットランド王国」(the United Kingdom of Scotland) の成立を経て，「スチュアート王朝」(the Dynasty of Stuart) の成立とその終焉に到る間，スコットランドに起こった主だった歴史的事件，先人たちが培った文化，信仰，民俗などを扱うことになるが，本書では，昨今，比較的つまびらかにされつつある中世，近世の歴史についてはその流れを概説するという程度に留めたいと思っている。

そして，いまだに余り触れられてはいない「統一スコットランド王国」の成立前の歴史的事件，アグリコーラ (Agricola) 率いるローマ軍との幻の戦い「モンス・グラピウスの戦い」(the Battle of Mons Grapius) や，サクソン族との戦い「ブルナンブルフの戦い」(the Battle of Burnanburh) のように，年代が古いことゆえ，文献が乏しく，その戦場の所在すらも判っていない戦いもあり，具体的に触れることができないのは残念ではあるが，「ネヒタンズミアの戦い」(the Battle of Nechtansmere)，「デグザスタンの戦い」(the Battle of Degsastan)，「カーラムの戦い」(the Battle of Carham) などを含め，暗黒時代の大部族，ピクト族，ブリトン族，スコット族，アングル族，サクソン族，北欧海賊などの各部族間の抗争，部族内の内紛の背景，経緯などにより力点を置こうと考えている。

また，同時に，本書でもスコットランドの先人たちによって培われた文化，何時の年代からかは定かではないが，彼らの心層奥深くに古来より蓄

積され，現在まで残り伝えられている自然観，火や水の信仰，前ドゥルイド時代の地母神信仰に発する「泉水信仰」，方位や色彩に関する吉凶観や習俗，アニミズム，霊魂の不滅の別世観，水生動物に対する信仰などについても併(あわ)せて触れてみたいと思っている。

　既述のように私が撮影した写真は，写真家の写真のように立派な写真では決してない。民俗は無形であるゆえ，写真にはならないが，その背景にあるものも含めて，何千，何万とある有形の文化財のありし日の姿を残そうと，常に先を急ぐ旅人として，天候や光線などは余儀なく無視して撮影した記録保全のための写真であるが，現存はしていても，今は林か農地となっているローマ軍砦跡や，単に山肌と化している鉄器時代の砦のように，写真にならないスナップは除外するとして，私は本書の補足版として，先人たちが残した文化遺産，石墳，立石群，砦などや民俗に関係するスナップなど，約400点以上を編集し，多く通常の説明では説明がしがたい事項の補助資料にしようと考えている。

　本書の参考資料は全てが英語文献によっていて，提示すべき歴史的事件などについての典拠の註の個所は極めて多い。従い，註の表示に関しては，各参考書目のコード名と引用個所のみを表示，日本語訳は一切与えないのを原則とすることにしている。また本書には余儀なく，北欧海賊の首領の人物名などをも含めて，歴史上の人物名が多数登場する。ピクト族の大王，スコット族の王の本来名，ないしは，その原名については，巻末の「第3部 3. 大王と王の譜系」の中に纏(まと)めることにしているが，事前に了承を願って置きたい事が1つある。それは，周知のように，スコットランド人の人名は，通常「名前」の後に「〜の子，〜の子孫」を意味する Mac ないしは Map，そして，「姓」にあたる人が属す家族 (family or house) ないし氏族 (clan) の名の順で示され，「父系の家族名，ないし父親，誰々の子誰々」と表示されるのを常とするが，この「家族名ないし父親，誰々の子」の部分について本書では，本来 P-ケルト語 (P-Celt) のブリトン族で，Map で表示されるべきピクト族の人名を，スコットランド内の他のブリトン人と区別するため，スコット族の人名と同様に Q-ケルト語 (Q-Celt) Mac... で，また，ブリトン族のそれを P-ケルト語 Map... として表示することにしたことである。

　また，スコットランドの地名は，英語の地名がないわけではないが，多

くが P-ケルト語や Q-ケルト語，古代ノース語 (ON) を語源としていることから，頻度の高い地名などについては，その主だったものに語源を添付し，人文・自然地理学的に，分布した種族の言語の分布や，彼らが占有した地盤，地勢，風土，植物の分布などが判るよう，巻末の「索引まえがき」の項で扱うことにした。ご高覧あれば幸甚である。

　本書は，特異な分野の古い事物を扱うことから，聞きなれない事物名も多出し，その内容も古くて黴くさく，決して興味をそそるものではないと思う。しかし，中石器時代に始まり，1746年4月16日の払暁の「クロデンの戦い」(the Battle of Culloden) の敗戦を機に，杜甫が詠むように，「国破れて山河在り，城春にして草木深し」(「春望」)のごとくに，以後王，女王を輩出することがなくなったスコットランドに興味のある方，スコットランドに旅行を計画されている方，イングランドの歴史，文化，信仰，習俗などとの対比をお考えの方などには，是非推奨したい本であると思っている。そして，最後に，スコットランドの研究を志している者として，少々気になる日本人のスコットランドの国名呼称について少々私見を述べて，この「まえがき」を終えることにする。

　ご存知のように，1707年5月1日に発効する，スコットランドとイングランドの「議会併合」(the Union of the Parliaments) の素案となる25項目からなる1705年の「連合条約」の覚え書きの中の1条項に，"On May 1st 1707, and for ever after, the kingdoms of England and Scotland should be united into one kingdom under the name of Great Britain."《1707年，5月1日及びそれ以降永遠に，イングランドとスコットランド王国は合体し，グレート・ブリテンの名のもとに1つの王国になるべきこと。》のような条文が明記されている。スコットランドもイングランドも同様に「グレート・ブリテン」の構成国であるということを言っているのであるが，問題は，例の「ユニオン・ジャック」(the Union Jack) が「イギリスの国旗」であるとか，また，ニュースやテレビ等でも，「イギリスのグラスゴウ」とか「イギリスのスコットランド」のような言い方が常用化していることである。このことについては *Britain* の形容詞 *British* の意味範疇のなかに，①「英国の，英国人，またはブリトン族の」(of Great Britain, of the native of Great Britain) の意味と，②「イギリスの，イギリス人の」(of England, of the English) の両義性がある

ことゆえ，余儀ない意味づけということになるが，上に述べた「ユニオン・ジャック」や「イギリスのスコットランド」のようなこの②の意味づけは不適切であると言わねばならない。

　有史時代に入ってから現在のブリテン島，イングランド，ウェールズ(Wales)，スコットランドに住みついた最初の部族は「ブリトン族」である。後に，スコット族領になったのがスコットランドで，アングロ・サクスン族領になったのがイングランド，スコットランドは些かもこの，後の「アングロ・サクスン族」(the Anglo-Saxons)の代名詞となるイギリスの属領ではなかったからである。

　国名の呼称は常に細かい点まで，手落ちがないようなされるのが常識であると思われる。連合王国自体のことを言うときには「グレート・ブリテン」であり，個々に構成国のことを言うときには，イングランドはイングランド，スコットランドはスコットランドで，「越境侵犯」は失礼であって，互いに迷惑と言うものである。また，スコットランドがイングランドの一部になったような言い方は，当然避けられるべきであると思う。

2003年11月　　　　　　　　　　　　　　　　　　　　　　著　者

略字凡例

　(AS) アングロ・サクスン語　(F) フランス語　(L) ラテン語　(OF) 古代フランス語 (ON) 古代ノース語　(P) ウェールズ語, ないしP-ケルト語　(Q) ゲール語, ないし Q-ケルト語　(S) サンスクリット語。

　なお，本文中，角括弧の中に示される [8], [21] などは，次回に刊行予定の『写真による スコットランド歴史紀行』の中に挿入を予定している写真番号を示している。

主要都市町村地図

- スクラブスター
- ウィック
- リブスター
- ストーノウェイ
- ヘルムズデイル
- ゴルスピイ
- ロッホマッデイ
- ウラプール
- バーグヘッド
- ポートリイ
- インヴァネス
- ピーターヘッド
- ロッホボイスデイル
- アバディーン
- バーラ
- フォート・ウイリアム
- ブレヒン
- オーバン
- アバフェルディ
- モントローズ
- クリアンラーリッヒ
- アイオナ
- ダンディー
- ロッホギルプヘッド
- バース
- セント・アンドルーズ
- グラスゴウ
- エア
- エディンバラ
- ベリック・アボン・トゥイード
- ピーブルズ
- カーター・バー
- ホィック
- ダムフリーズ
- ホィットホーン
- カーライル
- ニューカースル・アボン・タイン

目　次

まえがき i
主要都市町村地図 viii

第1部　スコットランドの歴史

1. 先史時代よりローマ軍の撤退期頃までのスコットランド 3
2. ピクト王朝の興亡 13
3. ダルリアーダとピクト・スコット連合王国の興亡 22
4. アルバン王国の興亡 29
5. スコットランドとノーサムブリアのアングル族とサクスン族 37
6. 中世と近世のスコットランド 42
   - A. キャンモア王朝 44
   - B. 前スチュアート王朝 45
   - C. スチュアート王朝 48
   - D. 同君連合の時代よりスチュアート王朝の終焉まで 62

第2部　古代遺跡を訪ねて

1. 国境地帯，ベリックシャーとロージアン地区 71
2. ダムフリーズ・アンド・ガロウェイ地区と
   ストラスクライド地区 105
3. セントラル地区 135
4. パースシャー地区 143
5. ファイフ地区 172
6. アーガイル地区とアラン島 187
7. グラムピアン地区 201
8. マレイ地区とその周辺 220
9. ロス地区とサザランド，ケイスネス地区 238

10. インナー / アウター・ヘブリディーズ諸島 259
11. オークニイ諸島 277
12. シェトランド諸島 288

第3部　古代文化誌抄

1. 古代人が残した生活の利器 299
2. ドゥルイド暦（木の暦） 307
3. 大王，王の譜系 311

参考書目 319
註 323
索引まえがき 327
人名・地名・事物名索引 344

付図目次

図　1 5	図 12 117	図 23 223
図　2 7	図 13 131	図 24 239
図　3 9	図 14 156	図 25 248
図　4 72	図 15 157	図 26 251
図　5 74	図 16 169	図 27 255
図　6 75	図 17 175	図 28 274
図　7 76	図 18 176	図 29 280
図　8 79	図 19 206	図 30 290
図　9 84	図 20 210	図 31 293
図 10 92	図 21 214	
図 11 110	図 22 218	

第 1 部

スコットランドの歴史

1. 先史時代よりローマ軍の撤退期頃までのスコットランド

　スコットランドには，昔の日本人の感覚でも都市部と呼べるような所は多くない。因みに，スコットランドには現在でも「市」(city) と名のつくところは4つのみである。イングランドの場合も同じであるが，日本の場合と異なって人口が何十万あっても，「キャシドラル」(Cathedral) がなければ「市」にはならないと言う国状が原因しているのかも知れない。「ストラスクライド教会」(the Church of Strathclyde) を創始した聖ケンティガーン (St Kentigarn, ?518-603) がその昔，後に「キャシドラル」となる小さな教会を建てた，ウェールズ (Wales) の片田舎，セント・アソウ (St Asaph or *Llanelwy*) は，今も小さな町であるが，「市」である。そして人口が10万に近い私の町，北のインヴァネス (Inverness) は「キャシドラル」がないために「町」のままである。

　この「市」は，スコットランドではグラスゴウ (Glasgow) を最大の「市」として，エディンバラ (Edinburgh)，ダンディー (Dundee) とアバディーン (Aberdeen) の4つのみで，「大学」の数も少ない。アバディーン (Aberdeen University)，エディンバラ (Edinburgh University)，グラスゴウ (Glasgow University)，ヘリオット・ワット (Heriot-Watt University)，セント・アンドルーズ (St Andrews University)，スターリング (Stirling University)，ストラスクライド (Strathclyde University)，ダンディー (Dundee University) の8大学のみである。

　人口2万以上の町も，アードリイ (Ardrie)，アーブロース (Arbroath)，エア (Ayr)，バックヘイヴン・アンド・メシル (Buckhaven and Methil)，クライドバンク (Clydebank)，コートブリッジ (Coatbridge)，ダムバートン (Dumbarton)，ダムフリーズ (Dumfries)，ダンファームリン (Dunfermline)，イースト・キルブライド (East Kilbride)，フォルカーク (Falkirk)，グレインジマウス (Grangemouth)，グリーンノック (Greennock)，ハミルトン (Hamilton)，インヴァネス，キルマーナック (Kilmarnock)，カーコルディ (Kirkcaldy)，マ

第1部　スコットランドの歴史

ザーウェル・アンド・ウィッショウ (Motherwell and Wishaw), ペイズリィ (Paisley), パース (Perth), ポート・グラスゴウ (Port Glasgow), ルサーグレン (Rutherglen), スターリング (Stirling) など 23 であるが, それらの多くは, 鉄器時代以来の鉱物資源の宝庫「鉱山の女神, ドムヌ」(Domnu, the Goddess of the Deep) の末裔, 暗黒時代に「ダムノウニ族」(the Damnonii) の所領であった, ストラスクライド (Strathclyde), セントラル (the Central Region), ロージアン (the Lothians) などの地区とその臨海工業地帯に集中する。

　そして, こうした都市部を離れると, 本土も島嶼も昔からの氏族たちの村落地で, 山は紫色にかすみ, 川はピートが混じっているため多少, 褐色気味ではあるが, そこには昔の日本のように山紫水明の国がある。そして未だに, 晴れた夜には, 満天の星を仰ぎ見ることができるスコットランドがそこにある。しかし, この寒冷の, 住みにくいはずのスコットランドに人々が居留するようになったのは, 周囲の「アイルランド海」(the Irish Sea) や「北海」(the North Sea) に例の暖流の「メキシコ湾流」(the Gulf Stream) が流れ込んでいたからである。そして, 氷河期が過ぎて海水が退いた中石器時代の終り頃より, このスコットランドには, 西方の島嶼に漂着して, 土着を余儀なくされたと思われる, どこから来たのかもわからない移住民たちが住み着くようになる。この中石器時代人たちは, 直径 20 メートル, 高さ 2 メートルほどの「貝塚」(Cnoc sligeach), 石槌, 石のナイフ, 角や骨で作った鉤や錐, もりの頭部, 魚の骨の針などの什器類を残している船乗りで, 漁師たちでもある。

　この寒冷の国スコットランドに陸続として移住民たちが流入するのは, 新石器時代中期, 紀元前 3000 年頃からで, 彼らは半地下の石と土堤で囲った住居集落と, 石の墳墓「石室墳」(chambered cairn) を建立する。この移住民たちがどこから来たかについては, **図1** に見られるように, この年代以前に遡って建てられた, 同類の石室墳がブリテン島南部やアイルランド, 西部ヨーロッパに広く分布していることから, おおよその推定は不可能ではない。

　彼らは, 大陸からの移住民で, エジプト人のようには文字を残していないが, エジプト人と同じように輪廻転生を頑なに信じ, 石室墳を死者が蘇

1. 先史時代よりローマ軍の撤退期頃までのスコットランド

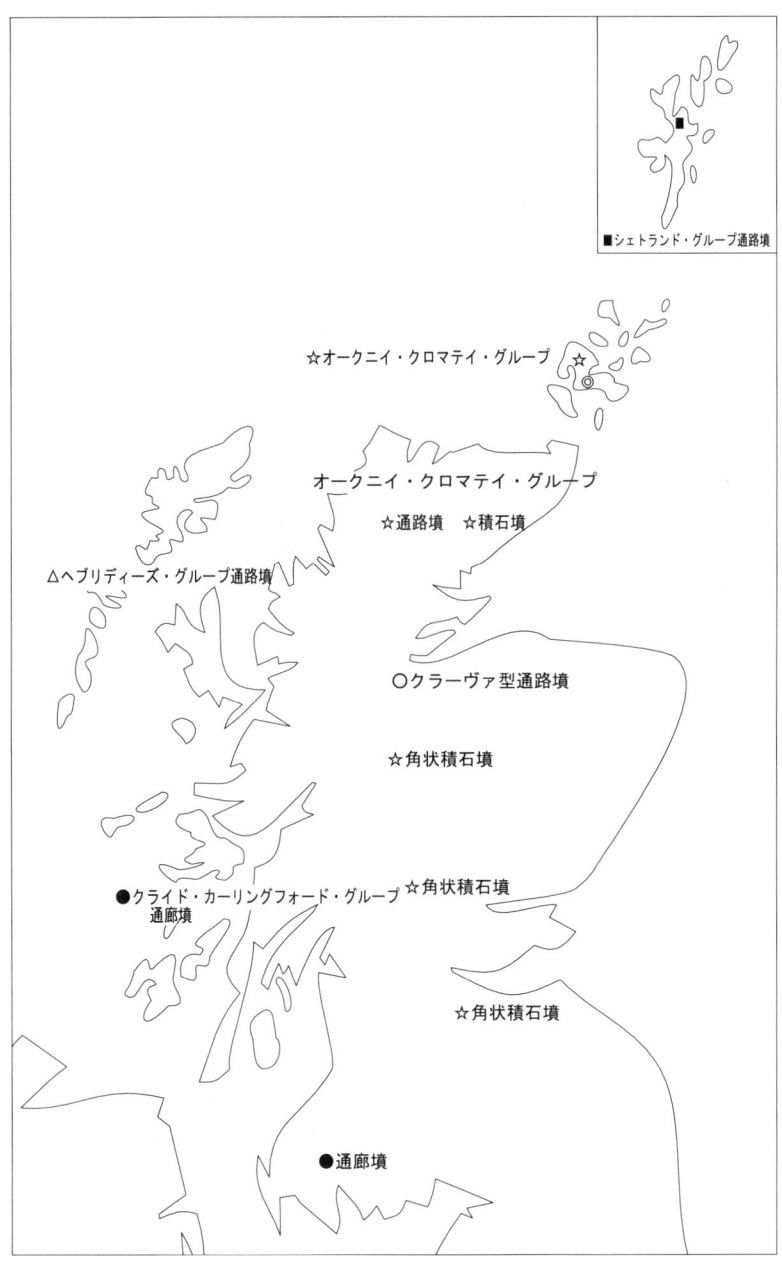

図1 新石器・青銅器時代の石室墳の種類と分布

第 1 部　スコットランドの歴史

る「大地の子宮」(Womb of Earth) とし, その羨道入り口を 1 年を 28 日周期で 13 回めぐる太陽の軌跡の文字盤として, 死者の魂の復活を念じた古代人たちである。出土する副葬品の土器, 生活の利器などから推して, 彼らは石斧, 石のナイフなどの石器類を用い, 狩猟と漁猟にすぐれ, 既に牛, 豚, 羊などを飼育していたと見られる, 大小の家族単位からなる集団で, **図 1** に見られるように, まず, リビア辺りからスペイン, フランスなどを経由して, イギリス海峡を北海に抜けて東海岸まわりに北上した集団は, 本土北東部沿岸の平野部, ベリックシャー (Berwickshire), ロージアン地区, グラムピアン地区 (Grampian), ファース・オヴ・マレイ (Firth of Moray) の沿岸地区, サザランド (Sutherland), ケイスネス (Caithness), オークニイ (the Orkney Islands, or the Orcades), シェトランド諸島 (the Shetland Islands) 辺りにまで達し, アイルランド海を西海岸まわりに北上した集団は, 西部の峡湾地区, ガロウェイ地区 (Galloway) やセントラル地区, アラン島 (the Isle of Arran), アーガイル (Argyle) 地区, 西方諸島 (the Western Islands) の島嶼に流入している。彼らは, 既に天体の動きに通じ, かなりの航海術をこなす集団で, この流入は紀元前 2000 年頃, 新石器時代の後期頃まで続く。

　そして, この後, 紀元前 2000 年代より同 1000 年代にかけては, スコットランドには, この新石器時代人とは異なった祭祀を行ない, 石器と青銅の機器を両用し, 農耕と狩猟を営む青銅器時代人が渡来する。人々はいまだに壕や堡塁などを伴わない居留区の中に起居したが, すでに高度の空間図形の作成が可能な人たちで, カーライル (Carlisle) の近くカムブリア (Cumbria) の「カースル・リッグ・ストーン・サークル」(Castlerigg Stone Circle) [1] がその典例と言われるように, フランスの「ブルターニュ」(Bretagne or Brittany) 地方やスペインの「カタロニア地方」(Catalonia) に多くその類型を見る, 石の高さを通常 2〜3 メートルから 4〜5 メートルとし, 大きいものでは, その直径が 100 メートル, 小さいもので 30 メートル, 通常 1 つないし 2 つの出入り口を伴い, 周囲を 1 重ないし 2 重の壕と土手で囲み, 大体等間隔に環状ないし楕円の木の立柱か, ないしは立石を立てて, この上に渡り木か渡り石を置いて, 内部を聖域としたいわゆる「ヘンジ」(henge) 施設 [2] や, これら環状の渡り木や渡り石のない環状列石「クロムレック」(cromlech),「アリニューマン」(alignment), あるいは「メンヒ

1. 先史時代よりローマ軍の撤退期頃までのスコットランド

図2 ヘンジ施設，ストーン・サークルまたは立石群の分布

ル」(menhir) など様々な種類,様々な規模の施設を,**図2**に見られるように,この極北に近いスコットランドに建立する。

スコットランドの気候はほとんど2季で,この遠き時代の人々が建立した施設の機能にそぞろに思いを馳せるとき,ひ弱な太陽に豊かな熱を切望して行った太陽信仰や,過疎の地に人多かれと念じて行なった冠婚や葬祭の類や,窯業や錬金,当該自治体の集会の場などが即座に想起されるが,大方はその通りで,諸々の調査の結果,これに農事暦の作成に伴う天体観測の場としての機能が加わった施設であったように思われる。

そして,これら青銅器時代に建てられた施設は,あとに来る銅鉄混交の「ハルシュタット文化」(the Hallstattian Civilization) 期を経て,鉄器文化の「ラ・テーヌ文明」(La Tène Civilization) 期の「ドゥルイド教徒たち」(Druidists) の手に移譲され,ケルト語の *neimhidh*「森に囲まれた砦」を語源とする「ナヴィティ」(navity),つまりドゥルイドの祭祀や占い,審判,天体観測を兼ねた場として使用されるようになる。

[1] スコットランドに渡来した鉄器時代の集団については,アレキサンドリア (Alexandoria) の天文,数学,地理学者,クラゥディウス・トレマエウス (Ptolemaeus, Claudius) が,彼の『地理学序説』(*Introduction to Geography*) の中で紹介している。彼らは,その発生の地を大陸のケルト族領,ゴール (Gaul) 辺りとし,**図3**に見られるように,ノヴァンタ (the Novantae),セルゴヴァ (the Selgovae),ヴォタディニ (the Votadini),ダムノウニ (the Damnonii),エピデイ (the Epidii),ヴィネコネス (the Vinecones),マエタ (the Maetae),カレドニア (the Caledonians),ヴァコマギ (the Vacomagi),クレオネス (the Creones) タエザリ (the Taezalii),デカンタ (the Decantae),スマータ (the Smertae),カルノナカ (the Carnonacae),ルギ (the Lugi),カエリーニ (the Caerinii),コルナヴィ (the Cornavii) などの部族よりなる。

寒冷の,生活条件がよくない北国に定着したこれら移住民たちは,人文地理学的に考えてみれば,地中海沿岸や比較的に気候が温暖で生活条件のよいヨーロッパ大陸に定着することができず,北へ北へと追いやられた弱小集団で,P-ケルト語 (P-Celtic) を生活語とした,後世のブリテン島の主要民族「ブリトン族」(the Britons ＜ (P) *Brython*, (Q) *Cruithnii*) のことである。この時代の人々は,「ノアの洪水」(the Flood) 伝説に言われるように,

1. 先史時代よりローマ軍の撤退期頃までのスコットランド

図3 鉄器時代の種族分布

第1部　スコットランドの歴史

気象条件の悪化と鉄器文明，特に武器の進化が原因して，比較的に高い丘の上などに，より強度の防衛施設（2重3重の壕と堡塁）で囲った居留区をつくり，生活することを余儀なくされるようにる。

彼らが残した文化遺産，天体観測や祭祀施設，砦なども少なくはないが，こうした弱小集団は，弱小であるがゆえに，通常は史書の中にその存在が華々しく記されるようなことはほとんどない。しかし，2世紀の終り頃から3世紀の初頭にかけて，ローマ軍と対決してセヴェルス帝 (Severus, Lucius Septimus, A.D. 193-211) の第3次スコットランド遠征を誘発させたため，ローマの歴史家ディオ・カシウス (Cassius, Dio) の『ローマの歴史』(*A History of Rome*) の中に華々しく取り上げられている，鉄器時代の終り頃の「パースシャー」(Perthshire) の本来の持ち主，カレドニア族 (the Caledonians) やマエタ族 (the Maetae) のような部族もなくはない。

ローマ軍のスコットランドへの侵攻については，本文中で必要に応じて順次述べることにするが，このローマ軍侵攻期が終った後にはこのスコットランドにはピクト族 (the Picts) が台頭し，スコットランドは次第に「暗黒の時代」(the Dark Ages) に突入していく。

[2]この「ピクト族」と言う種族は，その発祥の地を紀元前600年頃の「黒海」(the Black Sea) の北東部の「シシア」(Scythia) とし，「アガシアーシ」(Agathyrsi) と呼ばれた「ヘラクレス」(Hercules) の子，「ゲロン」(Gelon) の末裔たちで，シシアより回航渡来し，アイルランドの東海岸に漂着，約300年ないし400年の間そこに定住して，時のレインスター (Leinster) の王，レイン ((Q) *Laighean,* spear の意) と交渉を持ったあと，紀元前300年頃を契機として逐次，現在の西方諸島のアイラ島 (the Isle of Islay) の近く，タイリィ島 (the Isle of Tiree) から近くの本土や，北方のオークニイ諸島，シェトランド諸島などに移住，更に暫時時を経て，スコットランドの本土北部，東部に移住帰化する「族外婚姻制母系家長制」(exogamic matriarchy) の集団のことで，その種族名の語源を，紀元前4世紀頃のギリシア語 *Prettanoi,* or（AS）Britons 「彩色を施した人たち」，既述の「ブリトン族」と同様なP‐ケルト語を生活語とした，アイルランドの「北部ブリトン族」(the Northern Britons or *Cruithnii*) のことである。

[3]『スコットランドのケルト語地名の歴史』(*The History of the Celtic Place-*

1. 先史時代よりローマ軍の撤退期頃までのスコットランド

names of Scotland) の著者，W. J. Watson は，このピクト族の移動を紀元前 4 世紀としているが，この集団の中には，後の南北ピクト (the Cismontane & Ultramontane Picts) 7 氏族のほか，スコットランドの南部，ソルウェイ・ファース (Solway Firth) に入り，ガロウェイ，ダムフリーズ (Dumfries) 地区に定住，鉄器時代のブリトン族，ノヴァンタ族と混血，聖ビード (St Bede) が『聖カスバートの生涯』(*Life of St Cuthbert*) の中で言う，「ニドゥアリ・ピクト」(Niduari Picts, or Picts of the Nith)，ないしは「ブリト・ピクティッシュ」(the Brito-Pictish) の祖となった集団もある。

[4] ローマのイゥメニウス (Eumenius) は，ローマ軍がスコットランドから撤退を開始する 4 年前の 364 年の記述の中で，これら北方の島嶼から移住したピクト族について，《彼らは，「デカリドネス族」(the Dicalydones) と「ヴァーチュリオネス族」(the Verturionea) の 2 つの部族に分かたれる。》と述べているが，[5] 4 世紀末頃までには，ケイスネスとサザランドにシェトランド諸島の「猫族」(the Cats < (Q) Cataibh) が，マレイ・ネァーン (Moray & Nairn)，ロス地区 (Ross) にオークニイ諸島の「猪族」(the Boars < (Q) *Orc*) を含めた「マレイ族」(the Moray) が，そして，バンフ・アンド・バハン (Banff & Buchan) とアバディーンシャー (Aberdeenshire) に「マア族」(the Mar) の「北部ピクト族」(the Ultramontane Picts) の 3 部族が，また南部のアソールとゴウリィ地区 (Athole-Gowrie) に「アソール・ブレアゴウリィ族」(the Athole-Blairgowrie)，ストラスアーンとクラックマンナン地区 (Strathearn & Clackmannan) に「ストラスアーン・メンテイス族」(the Strathearn-Menteith)，キンカーディーン・アンド・ディーサイド地区 (Kincardine & Deeside) に「アンガス族」(the Angus)，ファイフ (Fife) に「ファイフ族」(the Fife) の「南部ピクト族」(the Cismontane Picts) の 4 部族が確かに成立する。

そして，約 1 世紀後の 498 年か 500 年には，鉄器時代にはエピデイ族の所領，当時は未だにこのピクト族の所領であったアーガイル (Argyle) 地区エピディウム（Epidium）に，北アイルランドのアントリム (Antrim) からミレシア人 (Milesians) を祖とする小地域氏族 (cineal)，当初は「アイルランドから来た王国の一部」の意味で「ダルリアーダ」(Dalriada) と呼よばれた，ファーガス・マック・アーク (Fergus Mac Erc) 兄弟率いるスコット族 (the Scots) が入植する。そして，大体時を同じくして，ドイツ (Germany) か

第1部　スコットランドの歴史

らノーサンブリア (Northumbria) にアングル族 (the Angles) の2部族が移住,「ベルニシア王国」(the Kingdom of Bernicia) と「デイラ王国」(the Kingdom of Deira) を建国する。その結果, スコットランドは先住のブリトン族を含めて, このピクト族とスコット族, 北上を続けるアングル族の4部族の相克の場と化し, さらに, 9世紀初頭頃よりは, この騒乱の状態にサクソン族 (the Saxons), 北欧海賊 (Vikings) の侵攻, 定住が加わり, スコットランドは本格的な争乱の暗黒時代を迎えることになる。以下, スコットランドが辿った歴史の歩みを通時的に眺めてみることにする。

2. ピクト王朝の興亡

　ピクト族歴代の大王は，北部ピクトの大王より南部ピクトの大王が多く，記録に残るその最初の大王は，396年，ローマ軍最後のスコットランド遠征の指揮者でローマの最後の総督, フラヴィウス・スティリコ (Stilicho, Flavius, 359-408) と戦った[1] タローグ・ケオサー (Talorg Keother, 396-413) である。彼はローマ軍の駐留期末期の大王でローマ軍に対応するために「ハドリアンの城壁」(Hadrian's Wall) の西，ダムフリーズ辺りを本拠としていたゆえに, 5世紀の中頃にこの地区で台頭, 以後ロス族 (the Loth) やアーサー王 (King Arthur, d. 537) 率いる「北部の人たち」(Gwr y Gogledd) の祖となる「ブリト・ピクティッシュ」の最初期の王と考えられている。

　このタローグ・ケオサーのあとを継承するのは，ローマ期の後始末をした南部ピクトの「アープ家」(the House of Erp) の「百戦の王」(the king of a hundred battles)，フォーファーシャー (Forfarshire)，パースシャー と，ファイフを所領とした[2] 大王ドラスト・マック・アープ (Drust Mac Erp, 413-53) である。

　彼の治世下，432年には聖パトリック (St Patrick, 389?-?461) がアイルランドに入る。そして，この後すぐに[3] ストラスクライド・ブリトン族 (the Strathclyde Britons) の王，ケレディック (Ceredig or Gwledig) のアイルランド遠征があり，この遠征軍の兵士たちが，パトリックにより洗礼を施された改宗者の多くを殺害ないし捕虜とすると言う事件が起こり，このケレディックが聖パトリックから，捕虜の返還を求める書簡が送られると言う事件が起こる。また,[4] 同じ頃アングル族がノーサムブリアのハムバー川 (the River Humber) 畔に定住を開始する。

　そして，この南部ピクトは，このドラストのあとを[5] タローグ・マック・アニエル (Talorg Mac Aniel, 453-56) が継承，そのあとをドラストの弟，ネヒタン・マック・アープ (Nechtan Mac Erp, 456-80) が継承する。このネヒタンの治世下には，聖ブィッド (St Buidhe Mac Bronach, d.521) が，聖ニニア

13

第1部　スコットランドの歴史

ン (St Ninian, d.432?) の遺業を継ぐべく 60 人の弟子たちと共にネヒタン領ダニヒン (Duunichen) に入る。ネヒタンは彼の砦があったダニヒン に聖ブイッドのために砦と教会を建て寄進する。

　そして，その後継者ドラスト・ガノット，または，[6] ドラスト・マック・ガーヒンモック (Drust Gernot*, or Mac Gurthinmoc, 480-510) の治世下の 498 年ないし 500 年には，後のピクト族の宿命的なライヴァルとなる，既述のスコット族がキンタィアー (Kintyre) に入植する。ドラストはピクトランドの庇護者であったが，何の処置も講じなかった。

　このドラストのあとを継承する [7] 次のガラン・アリリス (Galan Arilith, 510-22) の治世下の 516 年には，アーサー大王がエディンバラ (Edinburgh) の西，バウデン・ヒル (Bowden Hill) でサクスン族（the Saxons）の大軍に大勝する。そして，同じ頃ブリトン人，聖ブリオグ (St Briog) が，昔のストラカスロウ (Stracathro)，現在のブレヒン (Brechin) の東，モントローズ (Montrose) の近くに「ムンロスのアナット」(the Annat of Munross) を建てる。ブリオグは聖ブィッドの布教団の 1 員。「アナット」(annat < (Q) *annaid*) とは，通常の「庵」と同じで，布教者が「庵」を建てて移り住み，ドゥルイディズムにキリスト教を根継ぎした所である。今はその跡地が残る所がほとんどであるが，開祖の聖者の遺品，礼拝堂や墓所があり，霊験あらたかな泉か流れが隣接していた所である。

　このガラン・アリリスの後継には [8] 王位継承権争いの縺れがあったのか，ないしは国難にあたいするような変事があったのか，南部ピクトのドラスト・マック・ギローム (Drust Mac Gyrom, 522-32) と北部ピクトのドラスト・マック・ウードロスト (Drust Mac Udrost, 522-27) の 2 人が共同主権者となる。2 人はそれぞれの所領の中にあって，事が全体にわたる事項のみ協同して処理した。ドラスト・マック・ウードロストは 527 年に死去。ドラスト・マック・ギロームが 532 年まで在位し，その後を弟のガートナイ・マック・ギローム (Gartnaidh Mac Gyrom, 532-39) が継承。[9] 彼の治世下 537 年には，ダルリアーダのコムガル・マック・ドモンガート (Comgal Mac Domongart, 506-38) がロス族 (the Loth) の王子，メドラウト (Medraut) の傭兵として，カメロン (Camelon) でアーサー王と戦う。そして，アーサー王もメドラウトもこの戦いで戦死する。

2. ピクト王朝の興亡

　このガートナイは 539 年まで在位，その後をその弟のケルタン・マック・ギローム (Celtan Mac Gyrom, 539-40) が継承し，[10] タローグ・マック・ミューホライ (Talorg Mac Muircholaidh, 540-51)，タローグ・マック・ムナイ (Talorg Mac Munaidh, 551-52)，ガランないしはケナルフ (Galan or Cenalph, 552-53) と継承されるが，この後者，短命な 2 人の大王は，544 年にアイルランドの「聖モービ修道院」(St Mobhi Monastery) で発生し，ブリテン島全土に蔓延した「黄熱病」(the Yellow Plague) の犠牲者と思われる。

　553 年には，[11] 父をブリトン族の王族，かつてのギネス王国 (the Kingdom of Gwynedd) の王とする，北部ピクト族の「猪族」(the Boars < (Q) Orc) のブルード・マック・マエルコン (Brude Mac Maelcon, 553-84) が大王となる。彼は，560 年当時，未だピクト族の所領であったアーガイルに侵攻したダルリアーダの王，ガラン・マック・ドモンガート (Gabhran Mac Domongart) に対し手厳しい処断を下す。王は斬首，王族，貴族はすべて陪臣か人質とし，多数の婦女子も人質として拉致した。兵はすべて彼らの本来の居所，キンタイアー (Kintyre) へ押し戻した。

　彼はガランの子，アエダン・マック・ガラン (Aedhan Mac Gabhran, 574-606) を陪臣として遇し，580 年には彼をオークニイ諸島に派遣。そこのブルードの小大名たちの反乱を鎮圧させる。584 年には大王としてのブルードに対して謀反を企てた南部ピクト族の謀反鎮圧のためにアエダンを遠征させ，自らもアンガス地区で反乱軍と交戦中に戦死する。彼と猪族の関係は母がオークニイ諸島を所領とした「猪族」の母系家長であったことに由来する。[12] 彼の首都 (oppidum)，インヴァネスの彼の宮廷には多数のオークニイ諸島の小大名たちが伺候していたと言う史実がある。

　[13] このブルードの年代にはアイルランドから高名なアイリッシュ・ピクト (Irish Pict) の高僧たちがスコットランド入りする。ダルリアーダとの戦いの戦死者たちを「リズモア」(Lismore) の墓地に葬るのに力をかした，聖フィニアン (St Finian or Finber the Wise, d.578) を師としたアイリッシュ・ピクト (Irish Pict)，リズモアの聖モルアグ (St Moluag, d.592)，このモルアグと姻戚関係にあって 558 年にアルスター (Ulster) のアーヅ (Ards) に「バンゴール・モア大修道院」(Bangor More Monastery) を建て，僧院長となる聖コムガル (St Comgall, d.600)，聖モルアグと同様，「聖モービ修道院」(St Mobhi

第1部　スコットランドの歴史

Monastery) で聖フィニアンに師事し，562年にファイフ (Fife) に入り，セント・アンドルーズ (St Andrews) に「聖レグルス教会」を建立，565年に聖コムガルとともにスコット族の聖コロンバ (St Columba, 521-97) と同行，ダルリアーダのアーガイル侵犯事件に関してブルード・マック・マエルコンと終戦処理をした聖キャニッヒ (St Canneeh, 516-99 or 600) などである。

　北部ピクトの大王ブルード・マック・マエルコンのあとを継承するのは，この聖キャニッヒ (St Cannech) と同時代人であった，テイサイド (Tayside) の南部ピクトの敬虔なキリスト教徒，[14] ガートナイ・マック・ドムネス (Gartnaidh Mac Domneth, 584-99) である。彼は即位の584年に，ブルードの命により南部ピクト領に遠征軍を繰りだしたアエダン・マック・ガランとクラックマンナン (Clackmannan) 近くで1戦を交えることになる。そして，このガートナイのあとを，[15]『ピクティッシュ・クロニクル』(*The Pictish Chronicle*) の『セント・アンドルーズ稿本』(*St Andrews Manuscript*) の編纂の創始者で，「ピクト教会」(the Pictish Church) の総本山，「アバネッシィ教会」(the Church of Abernethy) の創立者，ネクタン・マック・キャノン (Nectan Mac Canonn, 599-621) が継承する。

　彼はアープ家 (the Family of Erp) の一員で，彼の治世下には，ホイットホーン (Whithorn) のキャンディッダ・カーサ ((L.) Candida Casa) の聖ニニアン (St Ninian) の弟子で，アイリッシュ・ピクトの聖ドンナンまたはドナン (St Donnan or Donan, d.618) と，アイリッシュ・ピクト教会 (the Church of Irish Picts) の総本山，バンゴール・モア (Bangor Mor) の大修道院院長，聖コムガル (St Comgall. d.600) の弟子で，同様にアイリッシュ・ピクトの聖ブラーン (St Blaan) が活発な布教活動にのりだす。聖ドンナンは，ホイットホーンの西に「カークメイドン」(Kirkmaiden) を建て，主に聖ニニアン (St Ninian) の足跡を辿って布教活動を行ない，エアシャー (Ayrshire) のセント・ニニアンズ (St Ninian's) の近くや，サザランドのセント・ニニアンズの近くなど，各地に「キルドナン」(Kildonan) を建て，聖ブラーンは，スターリングに近いダンブレイン (Dunblane) に本拠を置き，キルマホエ (Kilmahoe) の「キルブレイン」(Kilblane)，カィアーラヴェロック (Caerlaverock) の「キルブレイン」など，各地に「キルブレイン」を建てた。

　ネクタンのあとには，[16] キニアス・マック・ルスレン (Ciniath Mac

2. ピクト王朝の興亡

Luthrenn, 621-31), ガートナイ・マック・ウィッド (Gartnaidh Mac Wid, 631-35), ブルード・マック・ウィッド (Brude Mac Wid, 635-41), タローグ・マック・ウィッド (Talorg Mac Wid, 641-53), タローガン・マック・エンフレッド (Talorgan Mac Enfred, 653-57) などが継承者となるが,[17] このタローガンの父, エンフレッドは, 617年, ノーサムブリアの「デイラ王国」(the Kingdom of Deira) の王, エドウィン (Edwin, 585-633) によって殺害された「ベルニシア王国」の王アエセルフリス (Aethelfrith d.617) の子で, 長い間アイオナの僧院に亡命し, 修業後, ノーサムブリアの大王となる聖オズワルド (St Oswald, 634-42) とオスイウ (Oswiu, 651-70) の血兄弟である。エンフレッドは追放された際, 南部ピクトのアンガス族に庇護を求めた。

[18] このタローガンのあとにガートナイ・マック・ドンネル (Gartnaidh Mac Donnel, 657-63), ドラスト・マック・ドンネル (Drust Mac Donnel, 633-72), ブルード・マック・バイル (Brude Mac Bile, 672-93) が続いて, このブルードの治世下の685年には, 彼は「ネヒタンズミアの戦い」(the Battle of Nechtansmere) を戦うことになる。ブルードの敵は, 上に述べたオスイウの子, エグフリッド (Egfrid, 675-85), つまり彼の叔父である。その戦いの模様は頁を改めて述べることにするが, エグフリッドは戦死, ノーサムブリア軍は壊滅的な大敗北を喫する。

[19] このブルードのあとを, タラン・マック・エンティフィディッヒ (Taran Mac Entifidich, 693-97), ブルード・マック・デレレイ（Brude Mac Derelei, 697-706), ネヒタン・マック・デレレイ (Nechtan Mac Derelei, 706-29) が継承するが, ネヒタン・マック・デレレイの年代は専ら「ネヒタンズミアの戦い」の後始末の年代, 戦いに負けた「ベルニシア王国」がピクトランドに対して友好関係を温めようとした年代であるが, 次男であったがゆえに [20] 内政外交, 政治には全くの素人で, 大王としての素質など微塵もないネヒタンは, 710年, ノーサムブリアの「ウイアーマウスとジャロウの僧院長」, セオルフリス (Ceolfrith, Abbot of Wearmouth and Jarrow) の薦めで, ピクトランド (Pictland) の守護聖人を「聖ペトロ」(St Peter) とし, ネクタン・マック・アープが「アバネッシィ教会」を本山として創始した「ピクト教会」(the Pictish Church) を「ローマ教会」(the Roman Church) に転向する。この結果, このピクトランドは, 以後729年まで, 全くの騒乱状態が続くことになる。

第 1 部　スコットランドの歴史

　このネヒタンは「ピクト教会」を「ローマ教会」に転向したあとは自ら大王であることを辞して，ただの僧籍の人となり，一切治世を顧みることをしなかったために，「ドラスト・何某」(Drust Mac ?) と名乗る大王の僭称者が現れたり，大王不在を理由に自らをピクト族の大王と僭称して，転向された「ローマ教会」をもとの「ピクト教会」に戻そうとした「アンガス族」(the Royal House of Fergus) の陪臣，父方にダルリアーダの王族ガラン家の血を引き，母方にアンガス族の王家の血を引くエルピン・マック・イーハッハ (Elpin Mac Eachach) が現れるなど，729 年ネヒタンの後継者[21]アンガス一世 (Angus I Mac Fergus, 729-61) が即位し，ネヒタンが廃位する時までこのアンガス族領には混乱が続く。

　アンガス一世は，伝統的に，例のアープ家と同様に，アンガス族の大王家の中の名家，ファーガス家 (the House of Fergus) の出で，彼がこの混乱の救世主となる。悪いのは，ネヒタンは勿論であるが，エルピン・マック・イーハッハである。彼は転向された「ピクト教会」を元の「ピクト教会」に戻すことを口実にネヒタンが治世を顧みなくなったことを利して，大王を僭称して領内を騒がせ，アンガス一世がこの状態を解決しようと立ち上がると，ネヒタンと結束して，アンガスに矛先を向けるなど，彼は紛れもなくアンガス領を我が物にしようと考えていた奸物であった。729 年，アンガスはこの 2 人の連合軍を「グラムピアン山塊」(Grampian Massif) の西，ロッホ・インシュ (Loch Insh) の岸辺で粉砕，2 人を南部ピクト領から追放，前王ネヒタンが守護聖人とした「聖ペテロ」(St Peter) を廃してあらたに「聖アンドルー」(St Andrew) をピクトランドの守護聖人とし，自ら大王として即位，この件の一切の後始末をする。[22]

　また，このアンガス一世の治世下の 733 年には，後述のように，ダルリアーダの先々王ドンガル・マック・セルバッハ (Dungal Mac Selbach, 723-26) が，ターレット (Turret) にあった，アンガスの子，ブルード・マック・アンガス一世 (Brude Mac Angus I) の教会を損壊する事件が起る。このアンガスは，翌 734 年にアーガイルへ懲罰遠征軍を送ることになるが，729 年に彼が南部ピクト領から放逐したガラン家のエルピン (Elpin Mac Eachach, 733-37) がダルリアーダの王位にあり（第 2 部，4 の項を参照），アンガスに執拗に抵抗を繰り返したために，このエルピンの勢力の一掃を決意した

2. ピクト王朝の興亡

のである。そして，740年以後，約1世紀の間，ダルリアーダを属国として支配することになる。[23]

アンガスは761年に他界する。彼はファイフの聖アンドルー (St Andrew) の母教会「聖レグルス教会」(St Regulus Church) の近くに「王領の野原の教会」(Cill Righ Monaidh) を建立，これを「聖アンドルー」に献じ，自らの墓所とすることにしていたが，これは彼の弟のブルード・マック・ファーガス (Brude Mac Fergus, 761-63) によってなされた。それはピクトランドの守護聖人「聖アンドルー」に国体の護持を願ったアンガスの遺志によったものであったが，南部ピクト族はこのアンガス一世の時代を黄金期として，以後は徐々にその勢力が減退してゆく。被支配者の座にすわらされ，族外婚姻制女家長制の南部ピクト族の王族の配偶者ないし陪臣となった，代々のダルリアーダの王族たちの隠然とした反乱が鬱勃として増大化してゆく。

このブルードのあとをケネス・マック・フェレッダ，またはキニオッド・マック・ウレデッヒ (Kenneth Mac Feredach, or Ciniod Mac Wredech, 763-75) が継承するが，彼の治世下の768年には，741年に暗殺されたエルピン・マック・イーハッハの甥，ダルリアーダの「長官」(ardfhlaith)，アエダ・フィンチ・マック・イーハッハ (Aeda Find Mac Eachach) がダルリアーダの王国としての権利回復を要求して兵を挙げ，ケネスと対峙する。しかし，時に未だ利あらず，アエダ・フィンチは敗退する。

そして，このケネスの後に，[24] アルピン・マック・フェレッダ，またはエルピン・マック・ウロイド (Alpin Mac Fereda, or Elpin Mac Wroid, 775-80)，ドラスト・マック・タローゲン (Drust Mac Talorgen, 780-83) が続き，このドラストの治世下の781年には，ファーガス家の陪臣でダンスタフニッヂ砦 (the Fort of Dunstaffnage) の長官，上述のアエダ・フィンチの子，ダルリアーダのガラン家のファーガス・マック・アエダ・フィンチ (Fergus Mac Aeda Find) がダルリアーダの独立を要求して兵を挙げる。しかし，彼は同年死去，試みは失敗に終わる。

このドラストの後を[25] タローゲン・マック・アンガス (Talorgen Mac Angus, 783-85) が継承，このタローゲンの後を[26] コナル・マック・ケイム (Conall Mac Caeim, 785-90) と，スコット族とピクト族の混血，[27] コネイル・マック・テイ (Conail Mac Taidg, 789-90) が共同主権者として継承するが，

第 1 部　スコットランドの歴史

　父系にスコット族の血をひくコネイルはピクト族とスコット族の 2 つの王位を要求，後継の [28] コンスタンティン・マック・ファーガス (Constantine Mac Fergus, 790-820) と対立，約 2 年に亘る戦いの末，廃位追放される。

　そして，このコンスタンティンの後継者，[29] アンガス二世・マック・ファーガス (Angus II Mac Fergus, 820-34) の年代に入ると，西方諸島への北欧海賊の侵犯がにわかに煩雑となる。アンガスはスコット族領，ダンスタフニッヂ での軍事力の強化を余儀なくされる。そして，この軍事力の強化が長い間ピクト族の支配下にあったダルリアーダの反逆を助長することになる。現に，このアンガスの治世下の 834 年，復活祭の日にはアンガス族の陪臣，当のダンスタフニッヂの防衛長官，父系にガラン家の血をひく [30] アルピン・マック・イーハッハ (Alpin Mac Eachach, 832-34) が挙兵，テイサイドで北欧海賊と交戦中であったアンガス軍の中枢を襲う。そして，その 8 月にも彼は反乱を起こすが，この際には彼は捕らえられて斬首される。

　このアンガス二世の後には [31] エイ・マック・ボアンタ (Aedh Mac Boanta, 834-36)，[32] ドラスト・マック・コンスタンティン (Drust Mac Constantine, 836-37)，[33] タローガン・マック・ソイル (Talorgan Mac Wthoil, 836-37)，837 年までタローガンと 2 人で大王を勤めた [34] オーエン・マック・アンガス (Owen, or Uven Mac Angus, 836-39) など，国難時ゆえをもって，同時に 2 人ないし 3 人の大王が主権者となるが，839 年にはアンガス地区に北欧海賊の大襲撃があり，これへの対応のために出陣したエイ・マック・ボアンタ，オーエン・マック・アンガス (Owen Mac Angus II) とその弟 [35] ブラン・マック・アンガス二世 (Bran Mac Angus II) が討ち死にする。

　この戦いは後述の「ネヒタンズミアの戦い」や「デグザスタンの戦い」のような大規模な殺戮戦であったと言われる。そして，840 年には，北部への北欧海賊の侵攻に対応するため，北部ピクトの 3 部族は南部ピクトとの提携をはなれ，マレイ地区 (Moray) に本拠を置いて「モラヴィア王国」(the Kingdom of Moravia or Moray) を建国，南部ピクト領から引き上げる。

　このために南部ピクトは日に日に疲弊，[36] フェラット・マック・ダーガート (Ferat Mac Dergart, 839-41) の後継，841 年まで父フェラットと 2 人で大王を勤めたブルード・マック・フェラット (Brude Mac Ferat, 839-42) の治世下の 842 年には，父アルピンの跡を継いで同様にダンスタフニッヂの防衛長

2. ピクト王朝の興亡

官であった，ガラン家の[37]ケネス・マック・アルピン (Kenneth Mac Alpin, 834-43) の大規模の謀反が起こる。そして，この反乱によって，ダルリアーダの掌握後，約1世紀，ファーガス家を宗主としたこの南部ピクト族は四分五裂の状態となり，ファーガス家も一挙に王家としての命脈に終止符を打つことになる。スコット族の膝元の北欧海賊に対する軍事力の増強，ガラン家を手中におくために，あまりにも長期に亘ってガラン家の王侯，貴族を配偶者とした女系家長制への拘りが，この王朝の終焉の原因となっている。

第 1 部　スコットランドの歴史

3. ダルリアーダとピクト・スコット連合王国の興亡

　498 年か 500 年に，北アイルランドのフォイル (Foyle) とフェアー・ヘッド (Fair Head) の間のアントリム (Antrim) から，主家のオニール家 (the House of O'Neill) のしめつけ, 周囲のピクト族の圧力を逃れて, キンティアーに入植したスコット族は，アーク (Erc) の子，長兄ローン (Loarn or Lorn), 次兄アンガス (Angus), 末弟ファーガス (Fergus) と，約 350 名のその配下からなる小地域氏族 (cineal) で, ダルリアーダ（Dalriada）は, この末弟のファーガス・マック・アーク (Fergus Mac Erc, 498 or 500-501) の一族を始祖として始まる。しかし，このファーガスは入植後，3 年ないし 1 年を経ることなく他界する。この後をその子, ドモンガート・マック・ファーガス (Domongart Mac Fergus, 501-6) が継承，彼も在位短くして他界する。
　そして，肥大化したピクト族とは大いに異なり，未だ王国と呼ぶのにはほど遠いこの集団は，その氏族の長を，ドモンガートの子, コムガル・マック・ドモンガート (Comgal Mac Domongart, 506-38) とする。彼は，既述のように，何ゆえか 537 年, ロス族のメドロウトの傭兵として，アングル族と共に, カメロンで同族のケルト族，ブリト・ピクティッシュ (the Brito-Pictish) の雄，アーサー王を敵として戦う。彼は 538 年に死去, このコムガルの後を，弟のガラン・マック・ドモンガート (Gabhran Mac Domongart, 538-60) が継承，560 年にはいまだピクト族領であったアーガイル地区を侵犯, 大王ブルードの不興を買って斬首される。
　ガランのこの時の派兵がどれほどのものであったかは判然としてはいないが，彼らが入植後 100 年を経て，その戸数は僅かに 430 戸 (?) とする文献もあるゆえ，1 戸の派兵 3 人としても，その派兵の規模は，如何に少ないものであったかが伺える。兄ローン家の戸数 560 戸 (?), アンガスのそれ 420 戸 (?) からの援軍を得たとしても，その数は 5,000 に満たない。[1]
　そして，この侵犯事件の終戦処理は，皮肉にも，入植に際して，スコット族が見捨てた主家オニール家の 1 員，563 年にアイルランドからアイオ

3. ダルリアーダとピクト・スコット連合王国の興亡

ナ島 (the Isle of Iona or Icolmkil) に渡って，そこにスコットランドへの布教の本拠地を構築した聖者，言わば初期のダルリアーダの軍師ともいうべき知恵者，聖コロンバ (St Columba, 621-97) によってなされた。それは565年，聖コムガルの執り成しで得たアイオナ島に対する礼と，ハイランド (Highlands) での布教の裁可を得ることを口実に，既述のように，アイリッシュ・ピクトの聖者，コムガル (St Comgall) と聖キャニッヒ (Cannech) の助力を得て，インヴァネス の大王ブルードの居城で行なわれたが，その結果，このガランの後を継承するコネイル・マック・コムガル (Conal Mac Comgal, 560-74) (FG) は大王ブルードの人質のままとし，アエダン・マック・ガランは大王ブルードの陪臣の身分に置かれ，既述のように，ブルードに重用されることになる。

574年には，彼の父のガランの兄コムガルの子，生前には常にいさかいが絶えなかった彼の従兄弟コネイルが死去。[2] アエダンは聖コロンバの勧めで「ダルリアーダ」の王となる。このファーガス・マック・アークを始祖とする1小集団は，「アイルランドの王国から来た王国の一部」の意味で「ダルリアーダ」(Dalriada) と呼ばれていたが，これを機に「ダルリアーダ」は1小氏族の「ダルリアーダ」ではなく，真の「王国の一部」の「ダルリアーダ」の意味で用いられるようになる。

ブルードの死後，晩年の600年頃のアエダンは，[3] ノーサムブリアのアエセルフリス (Aethelfrith d. 617) によるストラスクライド・ブリトン族 (the Strathclyde Britons) の領内への侵犯，聖ビード (St Bede, 673-735) が『聖カスバートの生涯』(*The Life of St Cuthbert*) の中で言う「ニドゥアリ・ピクト」(Niduari Picts or Picts of the Nith)，ないしは「ブリト・ピクティッシュ」(the Brito-Pictish) の領内への侵犯など，すでにその領地を西はダムフリーズ・アンド・ガロウェイ (Dumfries & Galloway) まで，北はロージアン地区 (the Lothians) にまで広げていたノーサムブリアの「ベルニシア王国」(the Kingdom of Bernicia) のアングル族の動きが大いに気になりだしていた。史実によれば，彼はこの時キンタイアー にソルウェイ・ファース (Solway Firth) を経て，ベルニシアの中枢部バムバラ (Bamburgh) 攻めのための大兵力が運べる大船団を用意していたと言われる。

彼は南部ピクトの謀反鎮圧遠征の前年の583年には，ドラムアルバンを

第 1 部　スコットランドの歴史

越え，スターリング (Stirling) からクラックマンナン (Clackmannan) に入り，アングル族の援助を受けたサクスン族に大勝，[4] 大王ブルード亡き後の 590 年には南部ピクト族の彼への恨みもあってか，彼はロージアン地区に入ろうとして，クラックマンナン近くで，既述のガートナイ・マック・ドムネスの手酷い攻撃を受ける。[5] 596 年には「アントニヌスの城壁」の北側に入り，そこで「ピクティッシュ・マエタ」(the Pictish Maetae) と遭遇，300 名の兵士と 3 人の子アーサー (Arthur)，イーハッハ・フィオン (Eachach Fionn) とブラン (Bran) を失う。

そして，[6] 600 年より 3 年の間は，後述することになる，イースト・ロージアン (East Lothian) の「ギフォード」(Gifford) の南東の「ドウステイン・リッグ」(Dawstane Rig) でノーサムブリアのベルニシア王国のアエセルフリスと対峙，603 年，ストラスクライド・ブリトンとブリト・ピクティッシュの軍勢を味方に，数万(?)の大兵力を擁して，世に言う「デグザスタンの戦い」(the Battle of Degsastan) に臨む。彼は戦術家の誉れ高い武将であったが，この時は彼に利有らず，大敗を喫し，彼の三男ドモンガート (Domongart) を失う。彼はこの時，ローン家 (the House of Loarn or Lorn Mor) のベーダン・マック・ムリアフ (Baedan Mac Muredhach) らと共に辛うじて戦場を脱出するが，この敗戦によってダルリアーダは以後，約 200 年，如何なる対外遠征もできないほどに部族としての力を喪失する。

606 年に他界するこのアエダンの後を，[7] 彼の子，唯一の生き残り，エオハ・ブイ・マック・アエダン (Eochadh Buidhe Mac Aedhan, 606-22 (GB)) が継承する。[8] 彼の治世下 617 年には，既述のように，ノーサムブリアのベルニシア王国の 2 人の王子オズワルドとオスイウが，デイラ王国のエドウィンに追放されて，アイオナの僧院に亡命するが，この頃を契機としてダルリアーダは，「デグザスタンの戦い」の敗戦の後遺症か，それともタキトゥス (Tacitus Cornelius, 55?-117) が言うように，「公平性」に拘りの強いケルト人の宿命的な性癖からか，ないしは，特に王位の継承に対する不満がその原因であったのか，常に 1 枚岩ではなかったアエダン家は，自ら求心力を失い，次第に細分化の道を辿ってゆく。彼らは，ほとんど族外には目が向かず，もっぱら族内の王位の継承権争いに明け暮れするようになる。

この初期の氏族内の紛争は，アエダン・マック・ガランの子，エオハ・

3. ダルリアーダとピクト・スコット連合王国の興亡

ブイ・マック・アエダンを始祖とする「エオハ・ブイ家」(the House of Eochadh Buidhe)(GB) とアエダンの孫，ファーハー・マック・コネイグ (Ferchar Mac Conaig Mac Aedhan, 622-338) を始祖とする「コネイグ家」(the House of Conaig)(GC) との間の王位継承権争いであったが，後には初代ファーガスの兄のローン (Loarn or Lorn Mor) に発する「ベーダン家」(the House of Baedan)(LB) がこれに加わり，壮絶な王位継承権争いとなる。ために，ここでは暫くの間，以後のダルリアーダの王の譜系には，アエダン・マック・ガラン家を (FG) とし，以下，(GB)，(GC)，(LB) などの家系表示を付すことにする。

622年にはこのエオハ・ブイ家 (GB) の後を，アエダンを祖父とするファーハー・マック・コネイグ・マック・アエダン (Ferchar Mac Conaig Mac Aedhaan, 622-38) (GC) が継承するが，[9] 629年にはコナハ・キア・マック・エオハ・ブイ (Conadh Cerr Mac Eochadh, Buidhe, 629) (GB) がファーハーと共同主権者として王位につく。そして，以後のダルリアーダには，アエダンの子「エオハ・ブイ家」と，アエダンの孫の「コネイグ家」から各々王位継承者が現われ，時には骨肉の争いを交えながら，主権者争いを演ずることになる。そして，このアエダン家内部の王権争いは，ローンのベーダン家がこの争いに参加する676年まで続くことになる。

コナハ・キアは即位の629年に死去，彼の代わりにドムナル・ブレック・マック・エオハ・ブイ (Domnal Brec Mac Eochadh Buidhe, 629-42) (GB) が即位する。ドムナル・ブレックとファーハーは，すでに621年にロッホ・ファイン (Loch Fyne) の近くの小競り合いで刃を交わした仇敵同士の間柄であった。しかし，このドムナル・ブレックも，642年，ストラスクライド・ブリトンの王，ホーン (Horn) との戦いで討死にする。[10]

このブイ家のドムナルの後を継承して，コネイグ家のダンカン・マック・コネイグ (Duncan Mac Conaig, 642-48) (GC) が即位すると，同年にブイ家のコナル・クランダムナ・マック・エオハ・ブイ (Conal Crandamna Mac Eochadh Buidhe, 642-48) (GB) も即位する。しかし，この2人の共同主権者はコナルの弟ドムナル・ドン・マック・クランダムナ (Domnal Donn Mac Crandamna, 648-60)(GB) によって王位から追放される。ダンカンは654年，ピクト族との小競り合い，ストラス・イサート (Strath Ethairt) の戦いで戦死，

25

しかし, 2人の主権者を追放したこのドムナルも660年, 弟のマルディン・マック・クランダムナ (Mailduin Mac Crandamna, 660-76) (GB) によって王位を追われ696年に死去する。そして, 王位の継承権の主流はエオハ・マック・ブイ家のものとなるが, このマルディンの後をローンのベーダン家のファーハー・ファタ・マック・フェラダイヒ (Ferchar Fada Mac Feradaich, 676-97)(LB) が継承する。[12]

これ以後のダルリアーダの王位継承権争いは, エオハ・マック・ブイ家と, ローンのベーダン家との間で, 例の南部ピクトのアンガス一世と競い合ったエルピン・マック・イーハッハ (Elpin Mac Eachach, 733-37) の年代まで争われることになる。[13] このファーハー・ファタの治世下, 684年にはダルリアーダはブルード・マック・バイルの侵攻を受ける。「ネヒタンズミアの戦い」への不介入, ベルニシア王国のエグフリッドとの不提携を迫ったもので, 多数の婦女子が人質として拉致される。そして, [14] 694年には, ドムナル・ブレック・マック・エオハ・ブイの孫, エオハ・リアムナハル (Eochadh Riamnahail, 94-96)(GB) がこのファーハー・ファタの共同主権者になる。このファーハー・ファタが死去した697年には, その子のアインキーラ・マック・ファーハー・ファタ (Ainbhcealla Mac Ferchar Fada, 697-98)(LB) が即位するが, 2年後, 彼の王位は弟のセルバッハ・マック・ファーハー・ファタ (Selbach Mac Ferchar Fada, 698-723)(LB) によって篡奪される。[15]

このセルバッハは約26年間王位にあったが, ダルリアーダ全体を束ねるのには不適格な王であった。彼は701年には兄のダノリイの砦 (the Fort of Dunollie) を焼き, 同族のローンの「カハバ家」(the Chathbath) の人たちを多数殺傷する。704年にはストラスクライド・ブリトン族 (Strathclyde Briton) のダムバートン (Dumbarton) に遠征し, レヴン渓谷 (Leven Valley or Valle Limae) で大敗を喫する。707年には同族のガラン家のダンカン・マック・コネイグ (Brec Duncan Mac Conaig)(GB) の孫, ブレック (Brec) を殺害, 711年にはダムバートン (Dumbarton) へ遠征して, ロッホ・アークレット (Loch Arklet) で前回の敗戦のお返しをするが, 翌年にはガラン家 (the House of Gabhran) の南部キンタイアーに遠征, その要衝「ダナヴァーティ砦」(the Fort of Dunaverty) を焼き払う。714年にはダノリイを修復するが, 娘アイリー

ン (Eilean) によって焼失。717年には，ロッホ・ローモンド (Loch Lomond) の湖頭クラッハ・ナ・ブラエタン (Clach na Braetan) で，再度ストラスクライド・ブリトン族に勝利するが，723年自ら退位，王位を南部ピクトのアンガス一世のダルリアーダ遠征の直接の原因を作った，例のドゥンガル・マック・セルバッハ (Dungal Mac Selbach, 723-26)(LB) に移譲する。[16]

王位は[17]ドゥンガルからイウン・マック・ファーハー・ファタ (Ewen Mac Ferchar Fada, 726-42)(LB) へと継承されるが，733年まではガラン家のエオハ・マック・イーハッハ (Eochaidh Mac Eachach, 726-33)(FG) が，また，733年より737年までは例のエルピンが，このイウンの共同主権者として即位。734年に始まるアンガス一世のドゥンガルの懲罰遠征時にはイウンは先王の不始末ゆえにアンガスに対して恭順の意を示したが，エルピンは敵対した。[18]

南部ピクトのアンガス族の属領となった後のダルリアーダの王位には，ベーダン家のムリアフ・マック・アインキーラ (Muredhach Mac Ainbhcealla, 737-45) (LB)，イウン・マック・ムリアフ (Ewen Mac Muredhach, 745-48)(LB) が即位し，イウンの後をガラン家の[19]アエダ・フィンチ・マック・エオハ・リアムナハル (Aeda Find Mac Riamnahail, 748-78)(FG)，[20]ファーガス・マック・アエダ・フィンチ (Fergus Mac Aeda Find, 778-81)(FG) が継承。[21]この後をセルバッハ・マック・イウン (Selbach Mac Ewen, 781-95)(LB)，[22]イーハッハ・マック・アエダ・フィンチ (Eachach Mac Aeda Find, 795-25)(FG)，イウンの孫，ドゥンガル二世・マック・セルバッハ (Dungal II Mac Selbach, 825-32)(LB)，アルピン・マック・イーハッハ (Alpin Mac Eachach, 832-34)(FG)，ケネス・マック・アルピン (Kenneth Mac Alpin, 834-43)(FG) が継承する。

しかし，アンガス一世のダルリアーダの征服後は，アンガスに好意的であったベーダン家の王は「王」(righ) であったが，ガラン家の血筋を引く王は，スコット族の王であっても，アンガス族内では「王」を僭称することを禁じられた「陪臣」ないし「人質」であるのを常とした。しかし，761年のアンガスの死後，代々のダルリアーダの目付役が習いとしていたこの差別は，いつしかガラン家のスコット族を主人に仇なす飼い犬と化さしめていた。そして，裏切り，謀反によって，栄光の一族が敗れ去るのも，乱世の習い。南部ピクト族は，例の842年のケネス・マック・アルピ

第1部　スコットランドの歴史

ン (Kenneth Mac Alpin, 843-59) の血による決定的な背信によって解体。既述のように，スコット族に併合されることになる。しかし，併合する側も併合される側も，今やピクトの血をひいた，かつての主従の関係がただ逆転しただけの上層部からなる「ピクト・スコット連合王国」(Rex Pictorum) の誕生となり，パースの南西フォーテヴィオット砦 (the Fort of Forteviot) を居城として発足する。[23]

　このケネス・マック・アルピンを始祖として843年に始まるこの王国の去就については，「第2部 5. ファイフ地区」の項で述べることになるが，王国はわずか半世紀しか存続しなかった。878年にブリトン人で，北部ピクト族の[24]聖キリック・マップ・ドゥンガル (St Cyric or Grig Map Dungal, d.896) が[25]ケネスのストラスクライド・ブリトン族の王クウ (Cu) の子，エオハ (Eocha Map Cu, 878-89) を新王とするためにケネスの次男，アオ・マップ・ケネス (Aodh Map Kenneth, 877-78) を殺害，エオハの後継者とし，エオハと次王ドナルド二世 (Donald II, Mac Constantine I, 889-96) の後見職を務め，キリックの死の直前頃には，この王国は彼の独裁の王国となるが，896年に彼の死をもって終焉する。

4. アルバン王国の興亡

　キリック・マック・ドゥンガルの死とともに誕生するのが「アルバン王国」(the Kingdom of Alban)，スコット族がキンタイアーに入植する際アイルランドから運んで来た「戴冠のための岩」(Lia Fail) を，その新しい拠城，パースの北東のスクーン宮殿 (the Scone Palace) に移し，「ピクト・スコット連合王国」の最後の王，ドナルド二世を始祖としてこの王国は発足する。しかし，北部ピクト族が南部ピクト族と袂を分ったのも，また南部ピクト族が解体したのも，その因子の1つに北欧海賊の侵攻と定住があったように，このアルバン王国の時代も北欧海賊の侵攻期，北部のモラヴィア王国領のケイスネス，サザランド，西方諸島と本土西海岸は海賊たちの定住地となり，ピクトランドの東海岸は彼らによって恒常的に侵犯を受けた。この「アルバン王国」の王位継承法は，エオハの後見人，キリックがもとに戻したピクトの王位継承法ではなく，後述のように，ケネス・マック・アルピンが案出した継承法をとる。ここでも便宜上，彼の子コンスタンティン家 (the House of Constantine) には (C)，アオ家 (the House of Aodh) には (A) の符号を付し，家系の分類表示をする。

[1] 896年，アルバン王国の初代の王として即位したドナルド (C) は不運な王で，在位僅か7年の王であった。877年デーン人海賊 (Danish Viking) によって斬首されて果てた父コンスタンティン一世 (Constantine I Mac Kenneth, 863-77) と同様に，900年にアンガス地区へ侵攻した，イムバーの子シトリック (Sitric Mac Imbhir) を首領とするデーン人海賊の一団によってダン・フォートレン (Dun Fortrenn) で斬首されて果てる。

　彼の後継者は「速足のコンスタンティン」の渾名があったコンスタンティン二世・マック・アオ (Constantin II Mac Aodh, the Swift-footed) (A) で，史実によれば常勝の利発な王であったと言われる。

[2] 彼は，903年の暮れにダンケルド (Dunkeld) へ襲来したデーン人海賊を翌年の春に見事に殲滅，906年にはスコット族の教会法の改革を手がけ

第1部　スコットランドの歴史

る。918年にはノーサムブリアを掌握するデーン人海賊と，923年に他界するレヌワルド (Regnwald) と戦い大敗するが，時にエドワード・ジ・エルダー (Edward the Elder, 870-924) を擁して，旧デイラ王国領の鬱勃とした勢力のサクスン族のことを考えに入れ，レヌワルドと和睦する。その昔，アンガス一世がダルリアーダと戦いながら，ノーサムブリアのエドバート (Edbert, d.768) と対峙した際，エドバートは隣のサクスン王イーセルバルド (Eathelbald, d.757) によって居城を奪取されたが，彼はアンガスと和して居城を奪回した。コンスタンティンは，南部ピクト族の猛将アンガス一世やアングル族のエドバートと同じように，決して2つの敵を1度に相手にはしない王であった。

[3]彼は，また，レヌワルドの異母兄弟で後継者のシトリック (Sitric) を援助した。シトリックの子オーラフ・クアラン (Olaf Cuaran, Sitricson, d.981) に彼の娘を与えることを約束する。そして，924年には，すでに存命しているはずもないレヌワルドの名前も記載され，真偽のほども定かでない，[4]《この年，王エドワード・ジ・エルダーは，スコット族の王とその民，王レヌワルドとすべてのノーサムブリアの民，ストラスクライドのウェールズの王とその民の父となるよう選ばれた》と記す『アングロ・サクスン・クロニクル』の924年の記述，「臣従の礼」事件の中に名前を連ねる。

933年には，927年エドワードの後継者アエセルスタン (Aethelstan, 924-40) に略取された父シトリックのノーサムブリアの領土奪回のために，ダブリン (Dublin) からシトリックの子，オーラフがスクーン宮殿に入る。幾度かのノーサムブリアへの遠征も無為に終わり，彼は，コンスタンティンとの約束通り，コンスタンティンの娘と結婚する。しかし，アエセルスタン (Aethelstan, 924-40) はこのデーン人海賊とスコット族の提携を心よしとはせず，当付けがましく，アルバン王国の東海岸を陸路と海路から広範囲に亘って蹂躙する。[5]937年の「ブルナンブルフの戦い」(the Battle of Brunanburh) は，このアエセルスタンに対するオーラフとコンスタンティン二世の報復の戦いであったが，「ネヒタンズミアの戦い」，「デグザスタンの戦い」と同規模の戦いで，その死者数万(?)，双方が壊滅的な大打撃を受けた血みどろの戦いであったと言われる。

[6]オーラフの領土奪回のためのノーサムブリアへの遠征は，アエセルスタ

4. アルバン王国の興亡

ンが死去する 940 年まで続く。そして，彼は，ノーサムブリアで洗礼を受け，多くをこのノーサムブリアで過ごすようになった。アエセルスタンの後継者，エドムンド (Edmund, 940-46) の治世下には，ノーサムブリアは，彼の陪臣ノルウェイのハラルド一世 (Harald I, the Fairhaired,860-930) の後継者, 自分の王位 (930-34) の安全を計るために血兄弟を次々と殺害し, 934 年, 後のノルウェイ国王, 異母兄弟のハーコン一世 (Haakon I, 935-61) によってノルウェイから追放された, 「血染め斧」の異名があったエリック (Eric the Bloody Axe) への委任統括領に移行する。

[7] コンスタンティン二世は, 942 年, 彼の 42 年間に亘る治世に終止符を打ち, ファイフの「王領の野原の教会」に隠遁する。[8] アルバン王国はマルコム一世・マック・ドナルド二世 (Malcolm I Mac Donald II, 942-54) (C) の治世となるが, [9] ノーサムブリアがエドレッド (Edred,946-55) の治世下に入った 949 年には, コンスタンティンは僧衣の上に鎧をまとい, 娘婿オーラフと共に最後のノーサムバーランド奪回のための遠征を繰り出し, ノーサムブリアをくまなく蹂躙する。

[10] ノーサムブリアは 5 年後の 954 年, エリックの死により, オーラフの統轄領になったが, オーラフはこれを拒否, 同年アイルランドに引上げる。そして, 以後, 980 年までアイルランドのデーン人海賊の王として君臨する。[11] コンスタンティンの後継者マルコム一世は, 950 年, モラヴィア王国のマア族のセラッハ (Cellach) の勢力を押さえるために, マア族の領内に遠征, セラッハの領民たちを多数殺害する。しかし, 954 年にはおそらくそれへの復讐のため, キンカーディン (Kincardine) のフェッターケァーン (Fettercairn) でマア族の刺客によって殺害される。

[12] このマルコム一世の後をインダルフ・マック・コンスタンティン二世 (Indulf Mac Constantine II, 954-62)(A) が継承する。『ピクティッシュ・クロニクル』(The Pictish Chronicle) は, 彼の治世下に, 《アングル族はスコット族に降伏し,「エデンの砦」(Oppidum Eden), 即ち「エディンバラ」はスコット族に明け渡された》と記している。彼はフォース川 (the River Forth) とトウィード川 (the River Tweed) の間にスコット族の領地を得た最初の王であった。彼の治世下, グラムピアン山塊 (Grampian Massiff) の北, マレイ・ファース (Moray Firth) に面する海岸地帯は入り江で平地が多く, 北欧海賊たちの

第1部　スコットランドの歴史

絶好の上陸地であった。彼は、執拗にかつ効率的に、彼らに抗したと言われるが、962年の遠征を最後に、彼の消息は一切の記述から消えている。

[13] 王位はインダルフよりドゥ・マック・マルコム一世 (Dubh Mac Malcolm I, 962-67) (C) に移る。彼は5年の間在位するが、配下のものの忠誠を得ることができるほど聡明な王ではなかった。965年、彼の後継者となるキリーン・マック・インダルフ (Cuilean Mac Indulf, 967-71) (A) が、ダンケルドの大修道院の院長ダンハッド (Dunchad) とアソール (Athole) の統括者ドゥドゥ (Dubhdubh) の力を利して、彼を追放しようと試みる。ダンハッドとドゥドゥは、このために起こったストラスアーン (Strathearn) の「ドラムクラブの戦い」(the Battle of Drumcrub) で討ち死にするが、2年後、ドゥはキリーンによって追放され、同年他界する。彼は2人の刺客によって殺害され、967年7月10日、日食の日にキンロス (Kinross) の橋の下に埋められたと言われる。ドゥを追放したキリーン・マック・インダルフも971年に殺害される。彼は、ドゥの死後4年間在位したが、ロージアン地区で彼の弟エオハ (Eocha) と共にブリトン人によって殺害される。

[14] このキリーンの後をケネス二世・マック・マルコム一世 (Kenneth II Mac Malcolm I, 971-95) (C) が継承する。彼は、北のモラヴィア王国もアルバン王国の自治領と考えていた王であったが、今や完全に北欧海賊領となったこのモラヴィア領には手を触れなかった。即位の年に、おそらく先王のための何かの仕返しとして、ロージアン地区のブリトン族領を蹂躙する。そして、この後サクスン族の領土、ノーサムブリアへ遠征し、昔のデイラ王国領まで南下して、ノーサムブリアをくまなく蹂躙する。

彼は、その翌年の972年にはフォース川畔に要塞を構築、973年には再度ノーサムブリアに遠征して、サクスン王エドガー (Edgar, 959-75) の子を捕虜として連れ帰る。彼は24年の間王位にあったが、彼の施政の中にはしばしば手違いもあったようである。[15]『スコッティッシュ・クロニクル』(*The Scottish Chronicle*) は、《彼は、995年、その1人息子が、何年か前に彼の手違いよって、ダンシネイン (Dunsinane) で処刑された「アンガスの伯爵」(the Mormaer of Angus) クンハー (Cunchar) の娘の手によって、キンカーディンのフェッターケーンで殺害された。》と記している。

[16] このケネス二世の後を、子に恵まれなかった、アオ家の最後の王コン

4. アルバン王国の興亡

スタンティン三世・マック・キリーン (Constantine III Mac Cuilean, 995-97) (A) が継承するが，2年後に，理由は不明であるが，手飼いの郎党たちによって殺害される。そして，この後をケネス三世・マック・ドゥ (Kenneth III Mac Dubh, 977-1005) (C) が継承。[17] 彼は，1000年にノーサムブリアのアエセルレッド二世 (Aethelred II the Unready, 978-1016) の大軍を敗走させて，当時サクスン領であったカムブリア (Cumbria) を手に入れた。しかし，アルバン王国は，北欧海賊の襲来，内紛，騒擾などが恒常化し，陰鬱な暗雲の下にあった。そして，このケネス三世は1005年，次王マルコム二世・マック・ケネス二世 (C) (Malcolm II Mac Kenneth II, 1005-34) と，977年にコンスタンティン三世・マック・キリーンを継承したケネス自身の王位継承権の正当性が争いのもととなり，ストラスアーン (Strathearn) で「モニーヴァードの戦い」(the Battle of Monzievaird) を戦うことになり，そこでマルコム二世によって殺害される。また，彼の後継者，ボエ (Boedhe) も殺害されることになる。

[18] 戦乱の暗黒時代に生をうけたこのマルコム二世は数多くの戦いを戦うよう運命づけられていた。上の1005年のケネス三世との戦いもその1つ。即位した1006年には，時のサクスン王アエセルレッド二世 (Aethelred II, 978-1016) の大軍と戦ったダラムの包囲戦では大敗を喫し，[19] 同年グラムピアン山塊の北側スペイ湾に流れ込むスペイ川 (the River Spey) の河口から侵入したデーン人海賊の大軍との戦いには初戦で負傷しながら勝つ。また，その翌年の早春，ファース・オヴ・テイ (Firth of Tay) に面するモニフィース (Monifieth) の北東，バリィ (Barry) のデーン人海賊カムス (Camus) の大軍との戦いでは，首領カムスを葬り大勝，1014年にはフィンドホーン湾 (Findhorn Bay) に面するフォリス (Forres) の郊外で，デーン人でイングランド王，クヌート・ザ・グレート (Cnute the Great, 1016-35) の父，スエイン・ザ・フォークベアード (Swyne the Forkbeard, d.1016) の大軍と戦い，スエインを葬る。

彼はまた，1018年には，同年死去するストラスクライド・ブリトン族の最後の王，オーエン (Owen or Eoghainn, the Bald, d.1018) と共に，国境地帯のコールドストリーム (Coldstream) の近くのカーラム (Carham) で，このスエインの子，クヌート・ザ・グレート (Canute the Great) の大軍との「カー

第 1 部　スコットランドの歴史

ラムの戦い」(the Battle of Carham) に圧勝，ベリック・アポン・トゥイード (Berwick-upon-Tweed) と，西のバウネス・オン・ソルウェイ (Bowness on Solway) を結ぶ線以北をスコットランド領とするという国境線の確定が初めてなる。そして，1034 年 11 月，このマルコムは齢 80 歳，グラームズ (Glamis) 近くの森の中で暗殺され，「アルバン王国」は終焉を遂げるが，彼のあとを「カーラムの戦い」の直後に死去したスクライド・ブリトンの王オーエンの死を契機に，ストラスクライド・ブリトン領の統括者となっていた孫のダンカン一世マック・クリナン (Duncan I Mac Crinan, 1034-40) が継承，彼の即位を以って現在の「スコットランド」の前身，「統一スコットランド王国」(the United Kingdom of Scotland) が誕生する。

　マルコムは「モラヴィア王国」領もアルバン王国の一部と考えていた王であった。そのためにマレイ地区に侵攻したデーン人海賊に対しては常に大軍を送って戦ったが，オークニイ諸島を所領とし，西方諸島のほとんどを領有し，モラヴィア王国領のケイスネス，サザランドにも大きな影響力をもっていたフロッドヴァー (Hlodver) の子，ノルウェイの「オークニイの伯爵」ジガード・ザ・スタウト (Sigurd the Stout, d.1014) を，1008 年，彼の陪臣の 1 人に取り込むに際しては，このモラヴィア王国の地領を彼に供与することも「否」とはしなかった。

　モラヴィア王国のマレイの伯爵 (the Mormaer of Moray)，ケネス二世の娘ドナダ (Donada) と結婚したフィンリィック・マック・ルウリ (Finlaic Mac Rudhri) は，スコットランドの掌握の尖兵，872 年にノルウェイのウェスト・モア (West More) の伯爵家ロヌワルド (Rognwald, Earl of West More) に発するノルウェイのオークニイ伯爵家の当主で，このジガードとは 987 年ケイスネスのスキッダ・ムーア (Skida Moor) で大殺戮戦を演じ，戦いを分けたままにしていたが，[20]マルコムは 1008 年，このジガードに彼の娘とケイスネスの地領を与え，ケイスネスの伯爵として処遇し，このジガードが 1014 年アイルランドで戦死すると，彼はこの爵位と地領を彼の子すなわちマルコムの孫，トーフィン・ザ・マイティ (Thorfinn the Mighty, 1009-69) に移譲した。

　[21]ジガードの西方諸島での活躍は，987 年頃より約 10 年にわたって加速して行った。ゴッドフレイ・マック・ファーガス (Godfrey Mac Fergus) のマ

4. アルバン王国の興亡

ン島, アイスランド (Iceland) のケティル・フラットノーズ伯爵 (Earl Ketill Flatnose) のルイスとハリス島 (the Isle of Lewis & Harris), シトリック・マック・イムバー (Sitric Mac Imhair) のバーラ島 (the Isle of Barra), コンスタンティン二世の娘婿, 954 年, ノーサムブリアの委任統括を拒否してアイルランドに戻り, デーン人海賊の王として君臨し, 980 年ターラ (Tara) で現地の大軍に破れた後, 約 1 年をアイオナ (Icolmkil) で過ごし, 翌年他界したオーラフ・クアラン (Cuaran, Olaf, Sitricson, d.981) とマッカス・マック・ハラルド (Maccus Mac Harald) 一族のインナー・ヘブリディーズ諸島 (the Inner Hebrides) など, その全域がことごとく彼の配下の非情な殺戮によってジガードのものとなった。また, 986 年のクリスマス・イヴに僧院長と 15 名の聖職者を殺害したアイオナ島の襲撃, 987 年, 3 隻の船で襲来して北西部の島嶼の住民, 150 人を縛り首にした襲撃等々もみな彼の配下の手によって行なわれたものである。

マルコム二世にとってはジガードは, 誰よりも危険人物に思えたのかも知れないが, こうした「アルバン王国」の王が「モラヴィア王国」の地領をいともたやすくノルウェイ海賊に供与するということは許されるべき行為ではなかった。それは, ケネス三世につながる家系に対するマルコムの偏見から起こったことであったのか, かつて「アルバン王国」の前身, ピクト・スコット連合王国 (Rex Pictorum) が成立する少し前, 北欧海賊の侵攻から領土の保全を期すべく同盟をはなれ, 「モラヴィア王国」の建国を余儀なくされた, かつての同族の北部ピクト族に対していささかの斟酌もない行為であった。マレイの伯爵フィンリックは, 1020 年, 弟のサザランドの伯爵マエールブライト (Maelbright) の子たちとの争いでサザランドで殺害されるが, その 2 年前の「カーラムの戦い」(the Battle of Carham) では, 彼の子, ケネス三世の後継者ボエの娘, グルオッホ (Gruoch) と後に結婚, 1040 年ダンカン一世の後継者となるマクベス (Macbeth or Mac Bheatha (Son of life) Mac Finlaic, 1040-57) と, 西海の雄イエマルク (Iehmarc or Imergi) らと共に, クヌート・ザ・グレート (Caunute the Great, king of England 1016-35, king of Denmark 1018-35) の側についた。

マルコムは 1029 年トーフィンの異母兄弟, ノルウェイの「オークニイの伯爵」ブルージの死を機に, オークニイ諸島のスコットランドへの吸収

第 1 部　スコットランドの歴史

併合を計ったが，トーフィンの反対で計画は無に帰した。このマルコムは，既述のように，1034 年 11 月，齢 80 歳でグラームズ近くの森の中で暗殺されてこの世を去るが，[22] 彼が生前，このジガードの子，トーフィンに与えていた地領はすべて軍備が拡充，強化され，ケイスネス，サザランド，ロス地区などに及び，今やオークニイ諸島の地積にも匹敵するほどの膨大な地領になっていた。即位後のダンカンはこの地租のことでトーフィンと対立していたが，1040 年，ついにこの対立は戦へと発展した。マクベスはダンカンの側に味方したと言われるが，ケイスネス，サザランド，ロスからのトーフィンの大軍が陸路と海路を経て，ファース・オヴ・マレイ (Firth of Moray) の南，バーグヘッド (Burghead) 近くに集結，ダンカン軍と接触し，ダンカンは 8 月 14 日，近くのボスゴワナン (*Bothgowanan*, or Smith's House) で戦死する。そして，[23] このダンカンのあとをマクベスが継承する。

5. スコットランドとノーサムブリアのアングル族とサクスン族

ノーサムブリア (Northumbria) のアングル族とサクスン族は，初期のスコットランド王朝にとっては因縁浅からぬ王族である。ノーサムブリアには 5 世紀中頃にゲルマン人のアングル族の 2 集団が定住を開始，¹ 6 世紀初め頃には首都をバムバラ (Bamburgh) とし，アイダ (Ida, d.559) を初代の王とした「ベルニシア王国」(the Kingdom of Bernicia < (AS) Bryneich (the country of the braes)) と，² 現在のヨークシャー (Yorkshire) の東側，ティーズ川 (the River Tees) とハムバー川 (the River Humber) の間あたりを所領とした「デイラ王国」(the Kingdom of Deira) が成立するが，7 世紀の始め頃にはこの前者のベルニシア王国のアイダの孫アエセルフリス (Aethelfrith, d.617) が彼の治世下にこの後者を併合，タイン川 (the River Tyne) とフォース川 (the River of Forth) の間の国境地帯 と，ベリックシャー，ロージアン地区の 1 部，更にはダムフリーズ・アンド・ガロウェイ地区をもその所領の中に加え，「ノーサムブリア大王国」(the Great Kingdom of Northumbria) が成立する。

彼は 617 年，デイラ王国のエドウィン (Edwin, 617-33) に殺害され，この大王国はデイラ王国のものとなるが，633 年，このエドウィンが「メルシア王国」(the Kingdom of Mercia) のペンダ (Penda) に殺害されると，その王位は彼の子オスリック (Osric, 633-34) に引き継がれ，その翌年にはアイオナ帰りのベルニシア王国のオズワルドのものとなり，642 年，オズワルドが同様にメルシア王国のペンダとの戦いで戦死した後は，デイラの最後の王，オスウィン (Oswine, 642-51) がそれを引き継ぐが，彼の死後はベルニシア王国のオズワルドの弟，オスイウ (Oswiu, 651-70) に引き継がれ，以後ベルニシア王国のものとなる。

デイラ王国とベルニシア王国の覇権争いに終始したノーサムブリア大王国は，このオスイウの時代を黄金期として，彼の子エグフリッド (Egfrid, 670-85) のフォートレン (Fortrenn < (L) *Verturiones*) 攻め，後述のように，「ネヒタンズミアの戦い」の惨敗，750 年，エドバートの時代にエアシャー (Ayrshire)，ストラスクライドを所領として加えるが，756 年，エドバー

第1部　スコットランドの歴史

ト (Edbert, d.768) のダムバートン (Dumbarton) からの引上げの際の大惨事，793年のノーサムブリア全域に亘る北欧海賊の侵攻などがあり，829年，アングル族のサクスン王，エグバート (Egbert, 828-39) への臣従により，この王国はサクスン王国領となる。

　サクスン領になってからのこのノーサムブリアは，北欧海賊の侵攻期と重なり，エセルウルフ (Ethelwulf, 839-58)，エセルバルド (Ethelbald, 858-60)，エセルバート (Ethelbert, 860-66)，エセルレッド (Ethelred, 866-71)，アルフレッド・ザ・グレート (Alfred the Great, 871-99, son of Ethelwulf) の時代は，ほとんど無防備の状態が続いた。このため，866年，869年，871年には北欧海賊の手酷い蹂躙を受け，多くのアングル人，サクスン人が国境地帯やダムフリーズ，ガロウェイ地区に移住することを余儀なくされる。そして，エドワード・ジ・エルダー (Edward the Elder, 899-924) の治世下918年には，既述のようにレヌワルドとシトリックを首領とするデーン人海賊が侵攻，トゥイード川よりフォース川までの領域が彼らのものとなるが，926年，これをアエセルスタンが略取し，以後，この領土問題をめぐっては，既述のようにレヌワルドの後継者，シトリックの子オーラフとアエセルスタンの間に紛争が続くが，940年にこのアエセルスタンが死去，北欧海賊の事は北欧海賊の手にまかせるのを良しとすると考えていたその後継者，エドムンドは，既述のように，ノーサムバーランドの統括を，954年に死去するかつてのノルウェイの王，サクスン族の陪臣エリックに委任する。

　946年に即位するエドムンドの後継者，デーン人贔屓で，かつてアエセルスタンの宮廷を追われたことがある，ウェスト・サクスン (West Saxon) の貴族の子，高位の聖職者ダンスタン (Dunstan, 910-88) を最高顧問としていたエドレッド (Edred, 946-55) は，954年，エリックの死を契機に，[3]シトリックの子オーラフにこのノーサムバーランドの統括を任せることを考えたが，これはオーラフによって拒否される。

　治世はエドウィ (Edwy, 955-59)，エドガー (Edgar, the Peaceful, 959-75) へと移り，エドガーの治世下，アルバン王国がインダルフの治世下にある971年には，ロージアンの「エデンの砦」が明け渡される。そして，ケネス二世・マック・マルコム一世 (Kenneth II Mac Malcolm I, 971-95) の治世下には，973年にケネス二世の人質となったエドガーの子が原因でか，ノーサムバー

5. スコットランドとノーサムブリアのアングル族とサクスン族

ランドはそのままサクスン領とし，ロージアン地区の旧北部ベルニシア王国領がアルバン王国に割譲される。

そして，エドワード・ザ・マーター (Edward the Martyr, 975-78) の治世を経て，その後継者アエセルレッド二世は，994 年にロンドン (London) に大艦隊を組んで襲来した，クヌート・ザ・グレート (Canute the Great, 1016-35) の父，スエイン・ザ・フォークベアード (Swyen the Fork-beard, d.1014) と戦う。1000 年には，スエインとノルウェイのオーラフ・トリグエッスン (Tryguesson, Olaf, 995-1000) の連合軍とロンドンで戦い勝利するが，同年，アルバン王国の王ケネス三世と戦った「カムブリアの戦い」(the Battle of Cumbria) では大敗，さらに 1006 年にはマルコム二世との「ダラムの戦い」には勝利を得るが，1003 年より 1014 年までの間は，年々遠征を繰り返すスエインに対して退散を願うための莫大な「貢」(みつぎ)(Danegeld) を支払うことになる。しかし，このスエインは，1014 年，マレイ地区 (Moray) に侵攻，マルコムと戦い討ち死にする。そして，1016 年にはクヌートが「英国王」となり，サクスン領は，南部のイングランドの「もろさ」がもとで，1042 年エドワード懺悔王 (Edward the Confessor, 1042-66) の即位時まで「デーン王朝」の領土となるが，このクヌートの治世下，1018 年にはマルコム二世の「カーラムの戦い」の勝利によって，トゥイード川の河口ベリック・アポン・トゥイード（Berwick-upon-Tweed）と西のバウネス・オン・ソルウェイ (Bowness on Solway) を結ぶ線以北のスコットランド領が確定する。戦いは凄惨を極め，国境地帯はしばらくの間，無人の状態が続いた，と [4] 1130 年代のノーサムブリアの年代史家シメオン (Simeon of Durham) は記している。

617 年，デイラのエドウィンによって追放され，弟のオスイウとともにアイオナに亡命，エドウィンの死後，共にノーサムブリアに戻り，大王となる、ベルニシア王国のオズワルドには，彼の「ベルニシア王国」の本拠地バムバラ (Bamburgh) に彼の修行先の師，アイオナの聖エイダン (St Eidhan,d. 651) を 635 年，アイオナから招聘し，後に今の「ホーリィ・アイランド」(Holy Island) の「リンディスファーン」(Lindisfarne) に「コロンバン・チャーチ」(Columban Church) [3] を建てて，ベルニシアの民をキリスト教化したことから，「聖オズワルド」(St Oswald) の名があるが，[5] この農村型，庵を中心としたコロンバン・チャーチは，オスイウの治世下の 664

第1部　スコットランドの歴史

年, デイラの「ホィットビィ」(Whitby) で開かれたローマ教会との「宗教会議」(synod) の結末が原因で解体する。デイラは, 627年にエドウィンがヨークの司教パウリヌス (Paulinus, d.644) によって洗礼を受けて以来, 都市型のローマ教会が肥大化しつつある地域であった。

　この会議は, 通常のように, ローマ教会が聖ペトロ, ケルト教会が聖ヨハネを旗印に, 「法」と「愛」を標榜するという教義の論争では一切なく, 予てより, 相互にまちまちであった剃髪のありかた, それぞれが月の還暦の異なる暦に則っていたためにまちまちであった, イースターの日取りなどを調整するための会議であった。ケルト教会側はもちろん彼ら本来のイースターの日取り, 剃髪を「是」として主張したが, ローマ教会側には, かつてのリンディスファーンの聖エイダンの弟子, ローマ帰りの論客, ウィルフレッド (Wilfred, 634-709) が臨席しており, ケルト教会側の主張をすべて時代遅れの古い (obsolete) 仕来たりとして辱めた。このためケルト教会はノーサムブリアから総引き揚げすることになった。[6]

　この会議はオスイウが招集した会議で, 彼は即位と同時に併合したデイラ王国と融和する。都市型で教区教会を地盤とし, 時に普遍の地歩を固めつつあったローマ教会を認めることは, 彼が得てきた領土の宣撫工作にもより有利と考えていたが, 会議の結果は自らの手で自らの修行地アイオナのコロンバン・チャーチをノーサムブリアから追い出す羽目となった。オスイウは, この後すぐ, 同様にかつて聖エイダンの弟子の1人であった[7]キァッダ (Ceadda, d.672) をヨークの司教に登用, ウィルフレッドの登用を退けた。ウィルフレッドはオスイウが他界する前年にヨークの司教となるが, 678年, 自らの不行跡がもとでエグフリッドによってヨークの司教の座から引き降ろされ, ノーサムブリアから追放された。

　ピクトランドでは740年, ネヒタン・マック・デレレイがピクトランドの守護聖人を聖ペトロとして, ピクト教会をローマ教会に転向するが, ノーサムブリアは685年, アンガス領のネヒタンズミアで, 彼の甥ブルード・マック・バイルに一敗地に塗れるエグフリッドの治世下頃を契機として, より活性的にローマ教会化の方向に向かう。

　「ネヒタンズミアの戦い」の4年前の681年には, ウェスト・ロージアン (West Lothian) のリンリスゴウ (Linlithgow) の北, アバコーン

5. スコットランドとノーサムブリアのアングル族とサクスン族

(Abercorn) にノーサムブリアの司教管区 (the Bishopric of the Great Kingdom of Northumbria) が置かれ，同年リンディスファーンはベルニシア王国の司教管区 (the Bishopric of the Kingdom of Bernicia)，ヨークはデイラ王国の司教管区 (the Bishopric of the Kingdom of Deira) の修道院となるが，何れもがアイオナと同様に北欧海賊の蹂躙の場となる。リンディスファーンは後の793年の海賊たちの侵攻時に多くの良民多くの聖職者が惨殺され，教会は焼失する [4]。ヨークは，866年にハラルド一世の子ハルデーン (Haldane) と配下の侵攻と定住によって，最もひどい被害を受け壊滅する。

そしてこの，ベリック・アポン・トゥイード (Berwick-upon-Tweed) の南 A1 をハッガーストーン (Haggerstone) 辺りから「土手道」(causeway) [5] を経て入る「ホーリィ・アイランド」のリンディスファーンは，約3世紀の間，無住の状態が続き，1082年にそこにあったベネディクト会派の庵が司教管区の修道院となり，島全体が「ホーリィ・アイランド」と改称されて，ベルニシアの聖地として復活するが，この建物も今は廃墟と化す。そこには聖オズワルドがアイオナから招聘した聖エイダンの銅像 [6]，メルローズ修道院 (Melrose Abbey) [7, 8] の司教エアドフリス (Eadfrith, d.721) が聖カスバート (St Cuthbert, 635-687) の遺徳に敬意を表して，自ら筆をとったという「リンディスファーン・ゴスペルズ」("Lindisfarne Gospels") の写し [9] などとともに，北欧海賊たちの生々しい「ヴァンダリズム」(vandalism) の跡が残される。

現在アイルランドの「トリニティ・カレッジ」(Trinity College) にある『ケルズ本』(*The Book of Kells*) と同様に，美しい字体の本物の「ゴスペルズ」は，北欧海賊の手に渡るのを恐れて，875年に1部の僧侶たちが，密かに聖オズワルド，聖エイダン，聖カスバートの遺骨や聖遺物とともに，ソルウェイ・ファース (Solway Firth) を経てアイルランドに運ぼうとして船出したが，途中西風に押し戻され，船は難破し，船ごと海中に投げ出されたが，ホィットホーン (Whithorn) 近くの海岸で奇跡的に発見されたという伝説つきの「ゴスペルズ」である。

第1部 スコットランドの歴史

6. 中世と近世のスコットランド

　1034年，ダンカン一世の即位によって「統一スコットランド王国」が成立し，彼の死をもって，スコットランドは1度「モラヴィア王国」(the Kingdom of Moravia) の「マレイの伯爵」(the Mormaer of Moray)，マクベス (Macbeth or Mac Bheatha (Son of life) Mac Finlaic,1040-57) の治世に移行する。彼は在位中の1045年，何かにつけて彼に反抗を企てるダンカンの父，当時スコット族最高の権力者，ダンケルドの僧院長 (Abbot of Dunkeld) で，「アソールの伯爵クリナン」(Crinan, Mormaer of Athole) をダンケルド (Dunkeld) で殺害する。しかし，ダンカンの殺害については，少なくとも，シェイクスピア (Shakespeare, William, 1564-1616) が『マクベス』(Macbeth, 1605) の中に言うような殺害は彼は行なってはいない。ダンカンの殺害に関しては『アイルランド年史』(The Irish Annals) にも『アルスター年史』(The Annals of Ulster) にもそれらしい記述は殆んどなく，『北欧伝説』(Orkneyinga Saga) の中にのみ，《ダンカンの殺害に際しては，トーフィンがマクベスに力を貸した》(p.283参照)，ダンカンは，《1040年8月14日バーグヘッドの近くのボスゴワナンのトーフィンとの遭遇戦で戦死する》の記述がある。あるいはマクベスは影の協力者としてダンカンの殺害に力を貸していたかも知れないが，真の立役者は彼の叔父，トーフィン・ザ・マイティ (Thorfinn the Mighty, 1009-69) である。

　マクベスについては，その在位が17年に及んでいるように，国の統治については，ダンカンの比ではないと言われるほどに，有能で高潔な王であったというのが定説であるが，彼は，1054年，ダンカンの王妃，シビル (Sibil) の兄，ノーサムブリア伯シワード (Siward, Earl of Northumbria) の援助を得た[1] ダンカン一世の子，後のマルコム三世 (Malcolm III,1058-93) との「スクーンの戦い」(the Battle of Scone) に敗退，さらに3年後の1057年4月，同様にマルコムとのアバディーンの西「ランファノンの戦い」(the Battle of Lumphanon) にも敗退してこの世を去るが，その王位は，マクベスの王妃グルオッホ (Gruoch) と彼女の先夫との子，ルラッハ (Lulach, Mac

6. 中世と近世のスコットランド

Gillacomgan, 1057-58) の手に移る。しかし，このルラッハは，翌年の1058年3月にストラスボギイ (Strathbogie) でマルコムとの戦いに負け戦死。このルラッハの後をマルコムが継承する。

彼には「大首長」(Canmore < Ceann Mor) の渾名があったように，マルコム以後のスコットランドは暫時，氏族制型王朝「キャンモア王朝」(the Canmore Dynasty) に移行する。彼は，サクスン王朝とは因縁浅からぬ関係にはあったが，いまだに隠然とした勢力を持っていた彼の父の殺害の張本人である彼の叔父，ノルウェイのオークニイ諸島の統括者，ロヌワルド伯爵家のトーフィン・ザ・マイティに対しては何故か多分に低姿勢であったようで，トーフィンの娘インガボーグ (Ingibjorg) を彼の妃とする。しかし，このインガボーグが死去した後の1069年，この年トーフィンもこの世を去り，マルコムは，1066年の「ノルマン人の英国征服」(the Norman Conquest) を逃れてマルコムに庇護を求め，スコットランド入りしていたサクスン王エドムンド二世・ジ・アイアンサイド (Edmund II, the Ironside, 980?-1016) の孫，聖マーガレット (St Margaret, d.1093) と結婚する。このためにスコットランドは，以後，暫時その政治，社会機構において少なからずサクスン風化を余儀なくされ，徐々に封建制度型氏族制の王国への道を辿り始める。

因みに，スコットランドに「通貨制度」が成立するのは，スコットランドがまさに封建制氏族社会に移行するこの「キャンモア王朝」(the Canmore Dynasty) の終り頃で，その最初の例はアレキザンダー三世の「シルヴァー・ペニイ」(silver penny) [10] の発行である。ノルウェイのハーコン四世 (Haakon IV, 1213-67) と戦い，「ラーグズの戦い」(the Battle of Largs) に勝ち，ハーコン四世の子マグナス六世 (Magnus VI, 1263-80) の治世の1266年に「パース条約」(the Treaty of Perth) の発効によって，「西方諸島」をスコットランド領に編入した，アレキザンダー三世が，この戦いで逼迫した財政事情の立て治しのために発行したもので，そこには「国家主義」の高揚と氏族よりの租税徴収の徹底，王家としての「富」の蓄積がその目的にあった。そして，スコットランドに，本格的に石造りの大聖堂や，宮殿，城の類が漸次建ち始めるのは戦乱の時代を潜り抜けたこの「キャンモア王朝」の終り頃からのことである。それらは，専ら王家や有力な貴族，豪族たちの富と権力を

43

第1部　スコットランドの歴史

誇示するものとして建ち始める。

A. キャンモア王朝

このマルコム三世の死後この「キャンモア王朝」(the Canmore Dynasty) は，ダンカンの子でマルコムの弟，ドナルド・ベーン (Donald Bane Mac Duncan I, 1093-94)，マルコムと彼の最初の妃，インガボーグとの子，ダンカン二世 (Duncan II Mac Thorfinn the Mighty, 1094)，再びドナルド・ベーン (1094-97)，マルコムと彼の2度目の妃，エドムンド二世・ジ・アイアンサイドの孫聖マーガレット (St Margaret, d.1093) との子，エドガー (Edgar Mac Malcolm III, 1097-1107?)，アレキザンダー一世 (Alexander I Mac Malcolm III, 1107?-24)，デイヴィッド一世 (St David I Mac Malcolm III, 1124-53)，デイヴィッドの子ヘンリイ (Henry,d.1152) の子，マルコム四世 (Malcolm IV Mac Henry (Mac David I), 1153-65)，同じくヘンリィの子，ウィリアム一世 (William the Lion Mac Henry, 1165-1214)，アレキザンダー二世 (Alexander II Mac William I, 1214-49)，アレキザンダー三世 (Alexander III Mac Alexander II, 1249-86) と継承される。

しかし，この「キャンモア王朝」の最後の継承者アレキザンダー三世の死後，スコットランドにはただ1度だけ「独立王国」でなくなる大変事が起こる。1286年に急死したアレキザンダー三世の後継者，アレキザンダーの娘，スコットランドのマーガレット (Margaret of Scotland Mac Alexander III, d.1283) とノルウェイのエリック二世 (Eric II, Magunusson, 1280-99) の子，名目上のスコットランド女王，ノルウェイのマーガレット (Margaret, the Maid of Norway, 1283-90) は，1287年，すでにイングランド王エドワード一世 (Edward I, 1272-1307) の子，後のエドワード二世 (Edward II, 1307-27) との婚約を完了していて，1290年，イングランドに向かう途中，オークニイ諸島で謎の死を遂げる。その大変事というのは，その後継者の決定をめぐる騒動のことである。

王位を争う継承権者はデイヴィッド一世の子ヘンリイの子，マルコム四世とウィリアム一世と血兄弟のハンティンドンの伯爵のデイヴィッド (Daivid,Mormaer of Huntingdon, d.1219) の血に繋がる「バリオール家」(the Royal House of Balliole) と「ロバート・ザ・ブルス家」(the Royal House of

6．中世と近世のスコットランド

Robert the Bruce) の13人である。しかし，この決定には，すでにスコットランド王家とは姻戚関係にあって，このマーガレットを自分の子エドワード二世に娶らせてスコットランドを丸ごと全部イングランドに併合しようと考えていたエドワード一世が仲裁人として介入する。

B. 前スチュアート王朝

[2]マーガレットの急死によってその思惑が見事に外れたエドワード一世は，1292年，エドワードに対し即位後「臣従の礼」を執ることを密約していたバリオール (Balliol, John, 1292-96) を王に決定するよう計るが，このバリオールは，エドワードの傲慢不遜さに毛嫌いを感じていたのか，即位の2年後の1294年，エドワードの命によるフランスへの出兵を拒否してかえってフランス王フィリップ四世 (Phillip IV, 1285-1314) と同盟を結び，1296年4月にはエドワードへの臣従の拒否を宣言する。そして北部イングランドに侵攻する。

しかし，それは，スコットランドをわが物にしようと考えていたエドワードにとっては，スコットランドへの侵攻を正当化するのに充分な理由となるものであって，エドワードは即刻スコットランドに侵攻する。国境地帯，ベリックシャー，さらに北上してダンバー (Dunbar) を制圧，各地の貴族を臣従させ，同年7月，アンガス地区 (Angus District) に侵攻。同年秋にはバリオールが布陣するストラカスロウ (Stracathro)，今のブレヒン (Brechin) に侵攻，そこで彼を捉え投降廃位させ，重要な犯罪人としてロンドンに護送し，ロンドン塔に幽閉する。エドワードはさらにエディンバラ，スターリング (Stirling)，パース，北部のエルギン (Elgin) などを蹂躙占領する。

ロンドンのウェストミンスター・アービイ (West Minster Abbey) の中には，「戴冠の椅子」(the Coronation Chair) という，その昔イングランド王が即位の際に座したという椅子がある。この椅子の下にはスコットランドの歴代の王が戴冠の際にその上に座して戴冠の誓いをするのを習いとしたと伝えられる，長さ0.66メートル，幅0.41メートル，厚さ0.28メートル，重さ152キログラムの，「ヤコブの枕」(Jacob's Pillow)，「運命の石」(the Stone of Destiny)，または「スクーンの石」(the Stone of Scone) などの名がある，スコット族がキンタイアーに入植した際，アイルランドから運んできた「戴冠の

第1部 スコットランドの歴史

ための岩」(Lia Fail)[11] が置かれている。この石は，1950年のクリスマスの早朝，「スコットランド国民党」(the Scottish National Party) の党員たちの手によってここから持ち去られ，4ヵ月後に返還されたという石でもあるが，[3]1296年，このエドワード一世がパースへの侵攻時に「スクーン宮殿」(the Palace of Scone) から戦利品として押収，ロンドンに送ったという石で，この1292年のバリオールの即位を最後として，このスコットランド王朝の歴代の王の戴冠の際の伝統的な習わしは立ち消えとなる。

[4]スコットランドは，1292年のバリオールが廃位以後は主権をイングランドに簒奪された形で，王空位のまま1297年9月11日の「イングランドの天敵」ウォーレス (Wallace, Sir William, the Hammer and Scourge of England, 1272?-1305) の「スターリング・ブリッヂの戦い」(the Battle of Stirling Bridge)，パース，ラナーク (Lanark) のエドワード軍の制圧，カムバーランド (Cumberland)，ノーサムバーランド (Northumberland) へのイングランド軍の追討遠征，1298年7月22日の「フォルカークの戦い」(the Battle of Falkirk) の敗戦など，イングランドからの独立を目指す抗争の年代に入る。

[5]ウォーレスは1305年，裏切りによって捕らえられ，ロンドンに護送されて「八つ裂きの刑」に処せられるが，[6]その翌年の1306年，このウォーレスの後をロバート・ザ・ブルス一世 (Robert the Bruce I, 1306-29) がスコットランド王を自称して即位し，各地でゲリラ戦に連勝。エドワード二世の治世に入った1314年6月には，スターリング近くのバナックバーン (Bannockburn) でエドワード軍を殲滅する。そして，1318年までには全てのイングランド軍をスコットランドから駆逐し，エドワード三世 (Edward III,1327-79) の治世に入った1328年，「ノースハンプトン条約」(the Treaty of Northampton) の締結によって独立王国の権利を回復する。

この時代のスコットランドは，ようやく確立しつつあった氏族制度 (clanship) のために，国の権威と意思を優位に考える国家主義よりは氏族のそれらを優位に考える氏族主義的思考が勝っていた時代で，各氏族は国が破れても氏族が安泰ならばそれでよいとし，イングランド側につくかスコットランド側につくかの選択はもっぱら各氏族の胸算用によっていた。要するにスコットランドは，今でもそうであるように，国家としては纏りにくい時代にあったが，ロバートはこうした時局を見事に克服して難局に

6. 中世と近世のスコットランド

対処した。

　このロバート・ザ・ブルスはデイヴィド一世 (David I,1124-53) の子ヘンリイ (Henry, d.1152) の子，上述のマルコム四世，ウィリアム一世とは血兄弟のハンティンドンの伯爵デイヴィド (David, Mormaerl of Huntingdon) の血を引き，[7] 世襲的王の家老または「大執事卿」(the Seneschal or Lord High Steward of the king) の家柄に繋がる1人で，例の13人の王位継承権者の中の1人である。彼のスコットランド王としての認証は，彼の死後，法王ヨハネ二十二世 (Pope John XXII, 1316-34) によって追認される。しかし，[8] 彼は，1306年，バリオールとは義兄弟イングランド派のジョン・コミン (Comyn, John, d.1306) とダムフリーズの教会の中で行われたスコットランド独立の論争の際，口論が高じ彼を刺殺した廉で，法王クレメンス五世 (Pope Clemens V, 1305-14) より破門の宣告を受けている。

　ロバート・ザ・ブルス一世は1329年に他界，このあとを彼の子，継承者がなかったデイヴィッド二世 (David II Mac Robert the Bruce I, 1329-32, 1346-71) が継承する。このデイヴィッド二世は，愚王で知られた父エドワード二世の「バナックバーンの戦い」(the Battle of Bannockburn) の屈辱的敗戦と，その結果招来した「ノースハンプトン条約」の承認により，スコットランドの再独立を許した恥辱が身にしみていたエドワード三世によって，王としては数奇な運命を辿ることになる。

　[9] デイヴィッド二世は，このエドワード三世によって，即位の翌々年の1331年11月に，彼の姉か妹かは定かではないが，エドワード二世の娘，ジョアン (Joan) を娶ることになり，その翌年の1332年8月には，エドワードと呼応していたバリオール家の不平分子らの共同謀議によって廃位を強いられる。そして，同年9月にはエドワード三世の任命によって，先々王バリオールの長男，ブルース家とは常に対立的なバリオール家のエドワード・バリオール (Balliol, Edward, 1332-46) が彼の代わりに即位する。

　デイヴィッドはフランスに亡命。14年の亡命生活を経て，1346年フランスより帰国，王位に復するが，同年イングランドに出兵，その直後に捕われの身となり，以後1357年までの11年間を「ロンドン塔」の中で暮らすことになる。そして，当然のこととして，この間スコットランドは莫大な身代金をエドワードに対して支払うことになる。この1357年という年

47

第 1 部　スコットランドの歴史

はスコットランドとイングランドが和解をした年で，スコットランド議会は，「ノーブル金貨」(noble gold，1400 年代まで約 6 シリング 8 ペンス) と「グロート銀貨」(groat silver，同様約 4 ペンス) [12] を発行するが，この通貨はエドワード三世が自ら得るために自ら鋳造し，スコットランド議会に押し付けたデイヴィッド二世の身代金であった。

　このデイヴィッド二世が 1371 年に他界すると，彼のあとを，1314 年の「バナックバーンの戦い」(the Battle of Bannockburn) でジェイムズ・ダグラス (Douglas, Sir James) と共に司令官をつとめた，第六代の大執事卿，ウォルター (Stuart, Walter, 6th Lord High Steward,1293-1326) とロバート・ザ・ブルス一世の娘マージョリイ (Marjorie) の子，ロバート (Robert) がロバート二世 (Robert II, Mac Walter,1371-90) として継承し，スコットランドには，新たに「スチュアート王朝」(the Stewart Dynasty) が創始する。

C. スチュアート王朝

　父がかつてのウェルッシュ・ブリトン (the Welsh Britons) の王，母がピクト族の原人，「北部ブリトン族」を祖とする，オークニイ諸島 (the Isles of Orc or the Boars) の「猪族」の母系家長であった，北部ピクト族の雄，ブルード・マック・マエルコン (Brude Mac Maelcon) が氏族とそのトーテムを「猪」としたように，ケルト族は，ブリトン族もスコット族も，「猪」を彼らのトーテム，軍神かつ守護神として敬愛するのが好きな種族である。このことは，カエサル (Caesar, Gaius Julius, 99-44 B.C.) が，『ガリア戦記』(De Bello Gallico) 第 6 章 12 項の中で述べている通りであるが，「スチュアート王家」(the Royal House of Stewart) も，ブルターニュ (Brittany) の高家，ロバート・ザ・ブルス家の血はひいてはいても，その例外ではなく，文字通り，スコット族の守護者「猪科の動物小屋の番人」(sty+ward) を自称した。そして，この王朝は，後の 1603 年，イングランドとの「同君連合」の共同主権者 (the co-sovereign of England and Scotland) となるジェイムズ一世 (James I, Mac Mary I, 1603-25)，またはスコットランド王ジェイムズ六世 (James VI, 1567-1625) の時代まで，世襲的摂政政治の君主国として存続して行く。しかし，摂政政治の君主国であったがゆえに，野心のある摂政ないし家老による事実上の王権の簒奪，王室と貴族や地方の豪族との反目は絶えることがなかった

6．中世と近世のスコットランド

が，常にフランスとの「固い絆の同盟」(Alliance of firm ties) を堅持しながら，強力なイングランドの圧力に抗し，よく危機に耐え，遥か後の1714年に死去するアン女王 (Queen Anne Mac James II, 1702-14) の時代まで，イングランドとの同君連合の共同主権者の王家として存続して行く。

ロバート・ザ・ブルスの孫，[10] ロバート二世 (Robert Mac Walter, 1371-90) は，1316年3月2日，グラスゴウの西，ペイズリィ (Paisley) の館で生まれる。母マージョリイ (Marjorie) はロバートを出産後に死去し，祖父ロバートも1329年に死去すると，わずか12歳で王家の大執事卿の職 (the Lord High Steward) とその地領を継承する。そして，彼は，1333年17歳の時，ベリック・アポン・トゥイードの近くの「ハリドン・ヒルの戦い」(the Battle of Halidon Hill) に第2軍を率いて従軍するが，エドワード・バリオールを援護するエドワード三世軍に大敗する。1347年11月，彼は，1355年に他界するアダム・ミュア卿 (Muir, Sir Adam of Rowallan) の娘，エリザベス (Elizabeth, d.1355?) と結婚するが，彼女の他界に伴ない，1355年5月にはマレイの伯爵ジョン・ランドルフ (Randolph, John, Mormaer of Moray) の未亡人，ユーフィミア (Euphemia, d. 1387?) と再婚する。

ロバート二世は先王ディヴィッド二世がエドワード三世の人質として長い間イングランドにあり，不在であったために，この間摂政役を務め，1371年2月，デイヴィッドの他界をもって王位を継承するが，55歳に近い遅い即位であった。イングランドに支払うデイヴィッドの身代金は半分以上が滞っていて，その支払いを巡るイングランドとの交渉は，エドワードが他界する1379年まで続いた。王室の財政事情の悪化は，王国内にあっては，王室の権威の低下に繋がり，貴族間の抗争，租税がらみの王室と貴族間の反目をまねき，対外的には，国境地帯へ侵入を繰り返すイングランド軍への対応を困難にし，決して良い時代の在位ではなかった。そして，19年の在位中，特記に値する業績は何も残さず，2度の結婚と愛妾との間に生まれた子を含めて20人を超える子の父親として，1390年4月19日，キルマーナック (Kilmarnock) の南西「ダンドナルド城」(Dundonald Castle) で74歳の生涯を終える。

このロバート二世を継承する[11] ロバート三世 (Robert III, Mac Robert II, 1390-1406) は，ロバート二世が正式に結婚する前の1337年に生まれた

第 1 部 スコットランドの歴史

子ジョン (John) で，1388 年，馬に蹴られて不治の重傷を負い，即位してからもその実権を摂政役の異母兄弟のロバートに移譲したほどにひ弱な王であったと言われる。そして，もう 1 人の異母兄弟が，王としての兄ロバートにも，その非行ぶりを阻止することができなかったほどの無法者で，徒党を組んでは武装強盗や家畜さらいを平気で行ない，マレイの司教アンドルー (Andrew, Bishop of Moray) がその非行を咎めたということで 1390 年には「エルギンの大聖堂」(Elgin Cathedral) [13] を焼き払うなど，余りの無頼さのゆえに，「ベイドノフの狼」(the Wolf of Badenoch) の悪名があったバハンの伯爵，アレキザンダー (Alexander, Mormaer of Buchan, 1342?-1406) である。

このロバート三世の後継者は，彼とアナベラ・ドゥラモンド (Drummond, Annabella, 1350?-1401) の三男として生まれ，1406 年の即位の年（12 歳の時）に，同盟国フランスの宮廷で教育を受けるべくフランスに向う途中，海路でヘンリィ四世 (Henry IV, 1399-1413) の手の者によって誘拐され，以後，ロンドン塔内の王宮，グロースター (Gloucester) の北東の「イヴシャム城」(Evesham Castle) や，ヘンリィ五世 (Henry V, 1413- 22) の時代には「ウィンザー城」(Windsor Castle) などに幽閉され，計 18 年の間，イングランド王朝の人質となる [12] ジェイムズ一世 (James I, Mac Robert III, 1406-37) である。

彼は幽閉中のこの 18 年間にイングランド事情に精通するようになる。1420 年，当時フランスとの戦いで常勝の勢いにあったヘンリィ五世 (Henry V, 1413-22) に同伴して野戦の実態を見学している。彼は，ヘンリィ四世 (Henry IV, 1399-1413)，五世の 2 代にわたるイングランド統治者たちの施政の「ノー・ハウ」を肌で感じており，これが，後の帰国後の内政，外交に関する，彼の施政の原動力となる。ジェイムズは 1424 年 2 月，サマーセットの伯爵 (Earl of Somerset) の娘，ジョアン・ボーフォート (Beaufort, Joan, d.1445) と結婚するが，同年，わずか 2 歳の幼王，ヘンリィ六世 (Henry VI, 1422-61, 1470-71) を抱えて，当時は対フランス戦で押されるばかりであったイングランドが，その同盟国スコットランド軍をフランスから引き上げることを条件に，ジェイムズを釈放する。

この 1424 年にスコットランドで戴冠を済ませたジェイムズは，王国に強固な平和を徹底するために，国王に反逆するものはその生命，財産を失

6．中世と近世のスコットランド

うこと，みだりに戦いを仕掛けたものは法に照らして処断すること，反逆者の追討について王に協力しないものは反逆者と見做(みな)されること，徒党を組んで王国内を騒がすことを禁ずること等を骨子とした法令を公布する。そして，その翌年には，ジェイムズは，彼が不在の18年の間，自己の保身のために，王家の土地から上がる収入を有力貴族たちが横領するのを黙認していた彼の叔父，オルバニイ公爵ロバート (Robert, Diùc of Albany) 一族を王権の壟断の罪で処断する。彼は，従兄弟のオルバニイ公マドック (Madoc)，次男のウォルター (Walter)，三男アレキザンダー (Alexander) を処刑する。また，1430年にはこの土地の収入の横領に絡んで，五代ダグラス伯アーキボルド (Archibold, 5th Mormaer of Douglas, 1391-1439) と，ロバート・グレアム卿 (Graham, Lord Robert, d.1437) を左遷処分とする。

しかし，この目を見張るような彼の統治も，年を経るごとに惰弱なものとなり，1436年，12歳の長女マーガレット (Margaret, 1424-45) と11歳の後のルイ十一世 (Louis XI, 1461-83) との結婚式の時のように，公然とした公費の流用，無駄使いが恒常化し，不平分子の不満が高じて，1437年2月，パースで叔父のアソールの伯爵，ウォルター・スチュアート (Stuart, Walter, the Mormaer of Athole) らの手によって暗殺される。

[13] その子ジェイムズ二世 (James II Mac James I, 1437-60) は，生年が1430年10月16日であるゆえに7歳時の即位になる。幼王の即位には摂政制がつきもので，その初期の摂政会議の議長には，父ジェイムズ一世とは従兄弟の関係にあった，5代目のダグラス伯爵，アーキボルド・ダグラス (Douglas, Archibald, 5th Mormaer of Douglas, 1391-1439) が摂政役として決定されたが，これに異を唱える2人の野心家，エディンバラ城の城代サー・ウィリアム・クリヒトン (Crichton, Sir William, d.1454) とスターリング城の城代サー・アレキザンダー・リヴィングストーン (Livingstone, Sir Alexander, d. 1450) らが絡んだ権謀と術策の中で幼年期を過ごす。しかし，青年期の彼は，父王と同様に，聡明で行動力もあり，決断も早い王であった。イングランドはヘンリィ六世が強国フランスを相手に手を焼いていたという事情もあり，彼は「古い絆」(Auld Alliance) のフランスとの同盟を大切にして，イングランドに備えるのをよしとし，1449年7月，フランスの有力貴族の娘マリイ・ドゥ・グェルダー (Marie de Gueldres, d. 1463) と結婚する。

第1部　スコットランドの歴史

　彼は，父と同様，内政面では力と富の復活，軍備の拡充に力を入れ，王国内の紛争を戒め，王権を侵害する奸臣どもを反逆者としてきつく処罰した。王権を壟断した野心家ダグラス伯一族は，当然の事として，この粛正の対象となり処断された。当時，財務長官で，造幣局長官と王室財務官を兼ね，不正の多かったサー・アレキサンダー・リヴィングストーンも 1450 年，反逆罪で処刑される。1660 年にはイングランドのヘンリィ六世の「ランカスター家」(the Royal House of Lancaster)，エドワード四世の「ヨーク家」(the Royal House of York) の抗争で，南部スコットランドとの隣接地帯の防備を懸念した彼は，当時北部イングランド領になっていたベリックシャーとロックスバラ (Roxburgh) の奪還に立ち上がる。しかし，8月3日，ケルソウ (Kelso) のロックスバラ城 (Roxburgh Castle) を攻撃中，彼が新たに買い入れた破壊力の強烈さが自慢の巨砲「モンス・メグ砲」(Mons Meg) の1門が炸裂し，若干 30 歳の若さで他界する。

　[14] この父の大砲事故の直後，8歳の若さで，母マリイとジェイムズ二世の従兄弟で，セント・アンドルーズの司教ケネデイ・ジェイムズ (James, Kennedy, 1408?-65) を摂政役として，「ケルソウ・アービイ」(Kelso Abbey) で即位するジェイムズ三世 (James III Mac James II, 1460-88) もまた，1462 年，父ジェイムズ二世の粛正の目を逃れて，イングランドの「ヨーク家」に支援を求め，エドワード四世のもとに身を寄せていたダグラスの伯爵ジェイムズ (James, 9th Mormaer of Douglas)，ハイランド北西部のロスの伯爵マクドナルド (MacDonald, Mormaer of Ross) などが不穏な動きを見せつつあった時代で，スコットランドの摂政会議が，廃位はしていても，未だに健在であったヘンリィ六世の「ランカスター家」を支援していた関係から，王として不穏な幼年期を送ることになる。

　1463 年にはこのスコットランドの摂政会議が突然，この「ランカスター家」への支援を廃棄するという事態が起るが，それは，このダグラス伯ジェイムズとロス伯のマクドナルドが 1462 年，摂政会議統治下のスコットランドを占領し，南はジェイムズの，また北はマクドナルドの支配領とすることを画策，エドワード四世 (Edward IV, 1547-53) に宗主権（sovereignty）を認めることを約束して支援を求めたことから起こった事件である。この申し出を先取りしたエドワード四世はスコットランドに「ランカスター家」

52

6．中世と近世のスコットランド

の支援を廃棄させ，スコットランドの摂政会議は，エドワード四世に向こう15年の休戦を守ることを取り付けた。

　しかし，この摂政会議の主要構成員，母マリイは同年の12月に，また，ケネデイ・ジェイムズは2年後の1465年に死去。後見人を失った，父王とは全く異なり繊細で，弱気で，行動力，決断力に欠けたこのジェイムズ三世の前には，何れも野心家の摂政会議の面々が現れる。その1人はすでに摂政会議の1員であったボイド卿ロバート (Boyd, Lord Robert, Mormaer of Kilmarnock) で，これにジェイムズ三世の実弟でエディンバラ城代のアレキザンダー (Alexzander, 1454-85) と，先のケネデイ・ジェイムズの義兄弟，ブレヒンの司教パトリック・グレアム (Graham, Patrick, Bishop of Brechin) が加わり，このジェイムズ三世を取り込んで，1466年7月頃よりは，事実上，王権によらない彼らの独裁政治となる。

　弱気で，行動力，決断力に欠けているとは言え，繊細なジェイムズは，このボイドらの王権の壟断ぶりには常々，気を許してはいなかったが，ボイドの執り成しで，1469年7月，17歳の時にデンマーク (Denmark) とノルウェイ (Norway) の王，クリスティアン一世 (Christian I, Danish king 1448-81, Norwegian king 1450-81) の娘，13歳のマーガレット (Margaret) と結婚する。この結婚に際しては，手許不如意のクリスティアン一世 (Christian I, king of Denmark 1448-81, king of Norway1450-81) がジェイムズ三世に対して，マーガレットの持参金 (marriage portion) の代りとして，1470年にオークニイ諸島，1473年にシェトランド諸島を割譲するという有名なエピソードが付帯するが，新たにデンマークとノルウェイを後ろ盾としたジェイムズは，この結婚を機に思い切った綱紀の粛正に乗り出す。そしてボイド一派の一掃を決意する。ボイドと息子のトマスはノーサムブリアのアニック (Alnwick) に逃れ，トマスの弟アレキザンダーは処刑される。

　しかし，ジェイムズ三世の実弟で摂政の1人，幼年時代からの兄の優柔不断さ，王としての歯切れの悪い施策にほとほと嫌気がさしていたアレキザンダー (Alexander Mac James II) は，いつしか兄の王位の簒奪を考えるようになっていた。彼は，亡命しているダグラス伯がしたのと同じように，エドワード四世と面会し，彼をスコットランドの宗主権者にすることを条件に，兄の廃位への支援を彼に要請する。エドワードはスコットランドと

53

第1部　スコットランドの歴史

フランスとの「古い同盟」の廃棄,ベリックシャーと南部スコットランドのアンナンデイル (Annandale) とリッヅデイル (Liddesdale) のイングランド領への編入などを条件に同意。1482年,彼は,エドワードの弟,1485年にリッチモンドの伯爵 (Earl of Richmond) となる,後のヘンリィ七世 (Henry VII, 1485-1509) によって「ボズワースの戦い」(the Battle of Bosworth) で殺害される,後のリチャード三世 (Richard III, 1483-85) のイングランド軍の助けを得て,ダグラス伯ジェイムズらとともに,ベリックシャーの総攻撃に出立する。

ジェイムズ三世側は,これに対応できる兵力が集まらず,ひとまずロウダー (Lauder) まで後退する。しかし,ここで,五代アンガス伯アーキボルド・ダグラス (Douglas, Archibold, 5th Mormaer of Angus),バハン伯ジェイムズ・スチュアート (Stuart, James, Mormaer of Buchan),ハントリイ伯ジョージ・ゴードン (Gordon, George, Mormaer of Huntly) などの不平分子が続出して,ジェイムズ三世はさらにエディンバラまで後退,そこでそのまま実弟のエディンバラ城に幽閉される。

しかし,翌1483年,ジェイムズの弟アレキザンダーは,不満貴族一派のやり方に対する市民の反感が強いのに驚き,兄のジェイムズを釈放する。しかし,彼の子で後継者,後のジェイムズ四世がジェイムズの廃位を狙うもう1人の不平分子アーガイル伯,コリン・キャムベル (Colin Campbell, 1st Mormaer of Argyle, d.1493) らの手に取り込まれていて,これを奪回することで頭が一杯であった彼は,5年後の1488年の6月,スターリングの南,ソウキィバーン (Sauchieburn) でこの反乱軍と戦うことになる。しかし,彼はこの戦いに敗れ,近くの粉引き小屋に身を潜めていたところを密告され,刺客の一団によって殺害される。墓所は王妃の墓と同じ,セントラル地区の「カムブスケンネス・アービイ」(Cambuskenneth Abbey) 跡にある。

彼と父王ジェイムズ二世も多額の「グロート銀貨」(groat silver) を発行しているが,それは,度重なるイングランドとの戦いの軍事費と,1127年,デイヴィッド一世の治世下に司教の座が置かれたことから,ロバート・ザ・ブルス一世の治世下の1318年に始まり,後のジェイムズ四世の治世下の1501年までを要して終了する「ダンケルド大聖堂」(Dunkeld Abbey) の改構築に要する工事費を得るための発行であった。

6．中世と近世のスコットランド

　このジェイムズ三世の後継者は，アーガイル伯コリン・キャムベルらの手に落ち，5年もの間，極めて危険な日々を送っていた15 ジェイムズ四世 (James IV Mac James III, 1488-1513) で，彼が戴冠したのは，彼が15歳の時であり，摂政あるいは1部の有力貴族による王権の壟断，国内の混乱，壟断者の処刑という時代，過去約100年にわたって続いた形式によらない王が初めて誕生する。そして，前王の時代に王権を壟断したものは，新王の時代に入ると直ちに処断ないしは追放処分となるのが常であったが，彼はそうした報復手段もとらなかった。

　確かに，当初は，父王の抹殺の首謀者たち，アーガイル伯コリン・キャムベルやアンガス伯アーキボルド・ダグラスには摂政気取りの風があった。1491年には，このアンガス伯がヘンリィ七世と謀って反旗を翻そうとしたが，この報を受けるや，ジェイムズは直ちにイースト・ロージアンの彼の居城「タンタラン城」(Tauntallan Castle) を包囲し，彼を封じ込め，ロックスバラの「ハーミッテイジ城」(Hermitage Castle) は没収，アンガス伯は全面降伏したが，彼はアンガス伯を反逆罪で処断することはしなかった。封土をかえて他の地領を与え，忠誠を誓わせた。

　ジェイムズのこうした手法は，彼が戦国の世の厳しさが身にしみてよく分っていたこと，時代が今や氏族 (clan) の首長のもとに団結し，王権などが容易く及ぶところでない地方の豪族，氏族たちを軽視することができない時代に移行しつつあるということを知っていたための手法であった。

　彼は，内政面では，王室に対する貴族たちの反目の解消と，この氏族制度によって古来の兵役，労役，納税の義務を果たすことを第一義として強力な団結を誇る，地方の豪族たちを王権のもとに組み入れることを考えていた。ジェイムズは，彼らよりの徴税のこともあり，彼らとの融和にも意を注いだ。また，外交面では，1294年，バリオールとフランスのフィリップ四世が約束を交わして以来のフランスとの「古い絆」の同盟があったが，彼もまたこの同盟を大事にした。

　この同盟は，その詳細については省略するにしても，デイヴィッド二世治世下の1371年に1度，ロバート三世の治世下には1390年より，同91年にかけて1度，ジェイムズ一世の治世下には，1407年より同8年と1423年と1428年の計3度の更改があり，ジェイムズ二世の1448年，ジェ

第 1 部　スコットランドの歴史

イムズ三世の 1484 年にも更改があったが，彼の治世下の 1491 年より同 92 年にかけてもこの同盟は更改される。

　ジェイムズ四世が即位した年は，イングランド王位の簒奪者ヘンリィ七世が即位して 3 年目の年であった。両国の関係は旧態依然として変わりはなかったが，彼は 1503 年に，ヘンリィ七世 (Henry VII, 1485-1509) の娘マーガレット (Margaret, Tudor,1489-1541) を妃とすることになる。ヘンリィ七世にとっては，このスコットランドとフランスの同盟が「目の上の瘤」で，彼の長女マーガレットをジェイムズに娶らせたのは，この同盟関係を封ずるためのヘンリィ七世の苦肉の策謀であったが，しかし，ジェイムズはこのフランスとの同盟関係を頑なにまもった。そして，1509 年に即位するジェイムズの義弟，ヘンリィ七世の子，フランス嫌いのヘンリィ八世 (Henry VII, 1509-47) とは，一生涯を不倶戴天の仇同士の関係で終始することになる。

　そして，1513 年にはルイ十二世 (Louis XII, Père du Peuple,1493-1515) の援軍要請に応えたジェイムズと，このフランスを仇とするヘンリィの 2 人は，余儀なく無用な戦いをすることになる。ヘンリィ八世は，すべてを彼の重臣サーリイの伯爵トマス・ハワード (Thomas Haward, Earl of Surrey, 1443-1520) に託して，同年 6 月，大軍を率いてフランスに遠征する。ジェイムズは，ヘンリィが渡仏後も，軍使を送って，イングランド軍のフランスからの撤退を求めたが，両者譲らず，ヘンリィはジェイムズを討つべくサーリイ伯に命令，ジェイムズは北進する 2 万 6 千のこのサーリイ伯の軍勢と止む無く戦うことになった。スコットランド軍の兵力はハイランド氏族兵を含めて 4 万と言われ，同年 9 月 9 日，スコットランドのケルソウ (Kelso) の東 12 マイル，ノーサムバーランドの「フロデンの丘」(Flodden Hill) で遭遇戦に入るが，スコットランド軍は，傭兵の手違いから，有能な多くの貴族を含めて，死者 1 万を出して，大敗を喫し，ジェイムズ四世自身もこのフロデンの丘で戦死する。

　このジェイムズ四世を継承するのは，長男，次男が早世し，生後 1 年と 5 ヵ月で即位する [16] ジェイムズ五世 (James V, 1513-42) である。摂政には王の母マーガレットが選ばれたが，1515 年には，先王ジェイムズ四世とは従兄弟の関係にあった二代目オルバニィ公ジョン (John, 2nd Diùc (or Duke) of

6．中世と近世のスコットランド

Albany) がフランスから帰国し，摂政となり，王母マーガレット (Margaret, Tudor) が「チュードル王家」(the Tudors) の出であるということ，また前年の 8 月 6 日に彼女が親英派のアンガス伯，アーキボルド・ダグラス (Douglas, Archibold, Mormaer of Angus) と再婚しているということを理由に彼女をスコットランドから追放する。

　彼女は，ノーサムブリアの「ハーボトゥル城」(Harbottle Castle) に移り，ここで同年 10 月 18 日，アンガス伯との子，マーガレット (Margaret) を出産する。後日談とはなるが，このマーガレットと四代目レノックス伯マッシュウ・スチュアート (Stuart, Matthew, 4th Mormaer of Lennox, 1516-71) との間に生まれるのが，後のダーンリィ卿ヘンリィ・スチュアート (Stuart, Henry, Lord Darnley, 1545-67) で，このヘンリィと，1560 年にフランソワ二世 (Francis II, d. 1560) と死別し，帰国して再婚するメアリイ一世 (Queen Mary I of Scots Mac James V, 1542-87) との間に生まれるのが後のジェイムズ六世である。

　二代目オルバニィ公は 2 年後の 1517 年にはフランスに帰国する。スコットランドの摂政として，フランソワ一世 (François I, 1515-47) との例の「古い絆」の同盟を再確認するための帰国であったが，1521 年にはアンガス伯がヘンリィ八世と通じて陰謀を企む気配があったため，彼は再度スコットランド入りする。そして，1522 年と 1523 年，2 度にわたって，フランスからの援軍の助力を得てイングランド領への侵攻を企てるが，スコットランド軍兵士たちはオルバニィ公の命令には服さず，国境地帯に入ると，「フロデンの戦い」の敗戦を思い出してか，それ以南への進軍を拒否するという事態が招来，ために翌 1524 年に，彼はこの計画のすべてを断念，フランスからの援軍を引き上げ，自らもスコットランドを離れて 2 度とスコットランドの土を踏むことはなかった。

　オルバニィ公がいなくなった 1525 年には，ヘンリィ八世と通じていたアンガス伯がジェイムズ五世を取り込み，彼をファイフのフォークランド城 (Falkland Castle) に軟禁，アンガス一派による政権の樹立がなる。このためにヘンリィ八世の姉，マーガレットは不仲であったこのアンガス伯と離婚する。1527 年 8 月には軟禁中であった 16 歳のジェイムズがフォークランド城から脱出，スターリング城に入り，議会を召集，アンガス一族の

第 1 部　スコットランドの歴史

処刑と領地の没収を議決する。アンガスは 1529 年，イングランドに去り，ヘンリィ八世は彼の復権をジェイムズに申し入れたが，ジェイムズは取り合わなかった。

　ジェイムズは，この頃を契機として，ともすれば国の存亡などはどうでもよいとして氏族の存亡のみを考える地方の氏族，豪族たちを王権のもとに組入れようとした父王と同じように，王室にとっては難敵の彼らとの関係の融和のために，各地をめぐる遊説行脚の旅に出るようになる。そして，後のメアリイ一世の子，ジェイムズ六世の摂政となるマレイ伯ジェイムズ・スチュアート (Stuart, James, Mormaer of Moray, 1531-70) は，この行脚の際，ジェイムズがグレンコウ (Glencoe) に近いロッホ・レヴン (Loch Leven) の豪族の女性マーガレット・アースキン（Erskine, Margaret d. 1572) との間にもうけた子であるが，今や時代は徐々に王室が氏族を味方につけるか否かが，王室の存亡に係る時代となりつつあった。

　因みに，封建制氏族社会にあっては「王権」というのは，「屋上屋を架す」の喩えのように，氏族の上に架した屋根みたいなもので，氏族にとっては無用なもの。この氏族は，後の 18 世紀の中頃，「クロデンの戦い」(the Battle of Culloden) で「スチュアート王家」(the Royal House of Stuart) が「ハノーヴァー王家」(the Royal House of Hanover) に敗北する頃までには，その親氏族 (sept) 約 30 以上，その子氏族 (clan) 100 以上からなる例の「ジャコバイツ」(Jacobites) のような集団となる。

　1536 年，ジェイムズはすでに 24 歳，しかも未だに独身。娘，妹，姪などをもつ，大陸の列強の王族たちは，彼に縁談を持ちかけて来ていた。神聖ローマ皇帝のカール五世 (Karl V, 1519-56) は妹のカトリーヌ (Catherine) を，ヘンリィ八世はキャセリン・オヴ・アラゴン (Catherine of Aragon) との間の娘メアリイ・チュードル (Mary Tudor, 1553-58) を持ちかけて来たが，ジェイムズは 1537 年 1 月，フランスのフランソワ一世 (François I, 1515-47) の娘マドレーヌ・ドゥ・ヴァロア (Madeleine de Valois, 1520-37) と結婚する。時代は 1517 年，ドイツの宗教改革者マルティン・ルター (Luther, Martin, 1483-1546) が口火を切った新教が浸透しつつあたった時代で，フランスと同様に，旧教を国教としていたスコットランドはこの旧教を擁護する必要があった。この結婚はそのためのものでもあったが，彼女は同年の 7 月，「ホ

6. 中世と近世のスコットランド

リイルード・ハウス」(Holyrood House) で病没する。

　彼は翌 1538 年の 6 月，フランソワ一世の重臣ギース公，クロード・ドゥ・ロレーヌ (Claude de Lorraine) とアントワネット・ドゥ・ブルボン (Antoinette de Bourbons) の娘，マリイ・ドゥ・ロレーヌ (Marie de Lorraine, 1515-60) と再婚する。しかし，1541 年，今やローマと絶縁して孤立しているごり押しのヘンリィ八世は，娘メアリイを袖にされた恨みもあってか，スコットランドのフランスとの同盟が気に入らず，ジェイムズに対してフランスとの同盟の廃棄を強要，これが拒否されると「フロデンの戦い」の勝者トマス・ハワードの子，ノーフォーク公トマス (Thomas, Duke of Norfolk) に命じて，ロックスバラ，ケルソウに侵攻する。ジェイズ五世は，こうして始まった一連の戦いを指揮する最中の 1542 年 11 月 24 日，ダムフリーズシャーのロホ・マーベン (Loch Maben) の近くの「ソルウェイ・モス」(Solway Moss) の沼地で戦死する。30 歳の若さであった。

　このジェイムズ五世の後継者は，彼とマリイ・ドゥ・ロレーヌの長女，1542 年 12 月 8 日，ウェスト・ロージアン の「リンリスゴウ宮殿」(Linlithgow Palace) で生まれた，ジェイムズの王母マーガレット・チュウドル (Margaret Tudor) を祖母とする [17] メアリイ一世 (Queen Mary of Scots Mac James V, 1542-67) である。メアリイは生後間もなく即位，摂政にはジェイムズ二世の曾孫二代目アラン伯，親英派のジェイムズ・ハミルトン (Hamilton, James, 2nd Mormaer of Arran, 1516?-75) が就任。1513 年 9 月，スターリング城で戴冠する。

　しかし，彼女が 2 歳の 1544 年，ヘンリィ八世は，かつてエドワード一世がアレキザンダー三世の孫，ノルウェイのマーガレット (Margaret, the Maid of Norway) を彼の子エドワード二世の妃とし，スコットランドを丸ごとせしめようと考えたのと同様，彼の姉の孫メアリイを，彼と 3 度目の王妃ジェイン・セイモア (Seymour, Jane) との子，エドワード (後のエドワード六世 Edward VI, 1547-53) の妃にすれば，スコットランドとの同君連合が実現すると考え，ジェインの兄，ヘリフォード伯エドワード・セイモア (Edward Seymour, Earl of Hereford) に命じて軍を出動，ウェスト・ロージアンからエディンバラに攻め入り，この結婚を武力によって強要する。

　しかし，メアリイは，拉致されることもなく，事なきを得た。3 年後

第 1 部　スコットランドの歴史

の 1547 年，ヘンリィ八世が他界し，エドワード六世が王位に就くと，今や国王の叔父となったサマーセット大公，エドワード・セイモア (Edward Seymour, Duke of Somerset) が，これを実現するべく，エディンバラの近くのピンキイ (Pinkie) にイングランド軍を集結，3 万 6 千のスコットランド軍と「ピンキイの戦い」(the Battle of Pinkie) を戦うことになる。しかし，メアリイの渡仏が極秘裡にすすめられていて，彼女はフランスに逃れ，12 年後の 1559 年，即位するフランソワ二世 (Francis II, d.1560) と結婚する。

　彼女は，ヘンリィ七世の娘マーガレットの孫ということで，後に即位するヘンリィ八世の庶子，メアリイ (Mary, Tudor, 1553-58)，エリザベス一世 (Elizabeth I, 1558-1603) よりもイングランドの王位継承権において優位にあったことから，一時はフランス，スコットランドの王号と共にイングランドの王号をも自称した旧教派の女王であるが，1560 年，配偶者フランソワ二世と死別，帰国する。

　この時代のスコットランドは，ジョン・ノックス (Knox, John, 1505?-72)[14] を旗頭とする「長老教会派」(Presbyterians) と，従来の国教の，その聖職者たちが今や蓄財や妻帯，好色や淫行など腐敗と堕落の真っ只中にあった旧教徒 (Catholics) との間で，抗争の嵐が吹き荒れていた時代であった。そして，1557 年には，アーガイルの伯爵アーキボルド・キャムベル (Campbell, Archibold, 4th Mormaer of Argyle, d.1558)，グレンケァーンの伯爵アレキザンダー・カニングハム (Cunningham, Alexander, Mormaer of Glencairn, d.1574)，モートンの伯爵ジェイムズ・ダグラス (Douglas, James, Mormaer of Morton, 1516-81) など有力貴族たちによって「第 1 次信仰盟約」(the First Covenant) がなる。そして，メアリイが帰国した 1560 年はスコットランド議会 (the Parliament of Scotland) が旧教を廃し，長老教会 (Presbyterianism) を正教とすることを議決した年である。メアリイは 1565 年，既述の従兄弟で，彼女と同様，旧教徒のダーンリイ卿，ヘンリィ・スチュアート (Stuart, Henry, Lord Darnley, d.1567) と再婚するが，ここから彼女の悲劇の半生が始まる。

　彼女は，ダーンリイ卿と再婚した翌年の 1566 年にイタリア人の音楽家で宮廷の顧問，デイヴィッド・リッチオ (Riccio, David, 1533-66) と不倫の関係をもつ。その翌年の 3 月にはダーンリイ卿とその一派がこのリッチオ

6．中世と近世のスコットランド

を殺害，同年6月には息子ジェイムズ（スコットランド王ジェイムズ六世，後の同君連合の王ジェイムズ一世）を出産，さらにその翌年の1567年2月には，エディンバラのカーク・オ・フィールド (Kirk o' Field) 構内でこのダーンリイ卿の爆殺事件が起こる。殺害はメアリイのお気に入りである新教派のボスウェルの伯爵，ジェイムズ・ヘップバーン (Hepburn, James, 4th Mormaer of Bothwell, 1535-78) によるとされているが，同年5月にはメアリイはこのボスウェルと再婚する。しかし，翌月には彼女は反ボスウェル派の手に落ち，6月17日，ロッホ・レヴンにある小島のロッホ・レヴン城 (Loch Leven Castle) に幽閉され，[18] 彼女の異母兄弟，既述のマレイの伯爵，ジェイムズ・スチュアート (Stuart, James, Mormaer of Moray, 1531-70) の説得で，7月24日に廃位する。

このマレイ伯爵を摂政役として7月29日，ダーンリイ卿と彼女の子，生まれて間もないジェイムズ六世 (James VI, 1567-1625) が即位する。しかし，翌1568年5月2日メアリイはハミルトンの候爵，ジョン・ハミルトン (Hamilton, John, Marcus (or Marquis) of Hamilton, 1532?-1604) らの手によってロッホ・レヴン城から脱出，彼女に退位を説得したマレイ伯に対して6千の兵を向けるが，スターリング (Stirling) の近く，ラングサイド (Langside) で敗退，そのままロンドンまで逃避行をつづけ，亡命者として従姉妹のエリザベス一世 (Elizabeth I, Queen of England and Ireland, 1558-1603) に庇護を求める。そして，以後18年，後の1587年までこのエリザベスの捕われ人としてその生涯を過すことになる。しかし，1570年には，旧教徒で，エリザベスの従兄弟，第四代ノーフォーク大公，トマス・ハワード (Howard, Thomas, the 4th Duke of Norfolk, 1536-72) をメアリイと結婚させてエリザベスのイングランド王位を篡奪するという，フィレンツェ (Firenze) のロベルト・ディ・リドルフィ (Ridolfi, Roberto di, 1531-1612) が企てた「リドルフィ事件」(Ridolfi Plot) が起き，さらに1586年には，旧教徒のアンソニイ・バビングトン (Babington, Anthony, 1561-86) が企てたエリザベスの暗殺未遂事件が起こる．メアリイはこれに連座したと言う廉で，1587年2月8日，エリザベスによってピーターバラ (Peterburgh) の西，フォザリンゲイ (Fotheringhay) で処刑されることになる [15]。没年44歳であった。そして，このエリザベスも1603年に他界する。

第 1 部　スコットランドの歴史

[19]ジェイムズ六世がスコットランド王として即位してから約10年の間は、マレイの伯爵ジェイムズ・スチュアート，ダーンリイ卿の父，レノックスの伯爵マッシュウ・スチュアート (Stuart, Matthew, 4th Earl of Lennox)，マアの伯爵ジョン・アースキン (Earskin, John, 1st Mormaer of Mar, d. 1572)，ディヴィッド・リッチオ殺害の加担者モートンの伯爵，ジェイムズ・ダグラス (Douglas, James, 4th Mormaer of Morton) などを摂政役として在位したが，エリザベスの死に際して，彼女に後継者がいなかったこと，また，ジェイムズがヘンリィ七世の娘マーガレットとジェイムズ四世の曾孫であったということで，1603年，所謂「同君連合」の王，ジェイムズ一世 (James I of England and Scotland, 1603-25) として即位。すでにアイルランドを併合していたイングランドの王位も兼ねることになる。そして，このスコットランド王家からの「英国王」は，この後，血筋としては後の1714年に死去するアン女王の代まで続くことになる。

[20]このジェイムズ一世は，1611年，47人の学者，宗教家を選抜し，英語訳の『欽定訳聖書』(*The Authorized Version*) を編集出版したことで有名であるが，このジェイムズ一世を継承する彼の第二王子，1600年，ファイフの「ダンファームリン宮殿」(Dunfermlin Palace) で呱呱の声をあげるチャールズ一世 (Stuart, Charles I Mac James I, 1625-47) [16] もまた有名である。

D.　同君連合の時代よりスチュアート王朝の終焉まで

スコットランド議会はメアリイ一世の治世下の1560年，旧教を廃する旨の決議をしてはいたが，チャールズは新教嫌いの王であった。彼の余りにも旧教支持に傾いた宗教政策は，1637年以降，スコットランドにもイングランドにも大規模の反乱を引き起こすことになる。彼は即位後すぐに，旧教派の王妃，フランスのアンリ四世 (Henry IV, 1589-1610) の末娘，アンリエッタ・マリア (Maria, Henrietta, 1609-99) を妃とし，[21]1632年には，それまでフランスにあった，フランスとの古い絆の同盟に基づくスコットランド軍の駐屯地，スコットランド名義の領有地のほとんどをフランスに返還して，アンリエッタの持参金の割増分として着服する。[22]翌1633年には，カンターベリイ・キャシドラル (Canterbury Cathedral) の大司教ウィリアム・ロード (Laud, William, Archbishop of Canterbury, 1573-1645) を通じて，旧教よ

6．中世と近世のスコットランド

りの国教統一を図る。そして，これが原因となって王党軍と議会派軍の間が険悪となる。

彼は，同 1633 年，初めてスコットランド入りして戴冠式に臨むが，エディンバラの「セント・ジャイルズ教会」(St Gilles Kirk) [18] を司教の座の寺院とし，そこが長老教会を統括する本山であることを知りながら，大司教ロードが作った祈祷書を用いるよう強要した。そして，1637 年にはこのセント・ジャイルズ教会で大暴動が起こり，翌 1638 年，長老教会派は 1557 年の「第 1 次信仰盟約」をさらに強めた「国民盟約」(the National Covenant) を組織して王権の介入に対抗することを決し，チャールズは 1641 年，議会が承認したこの宗教改革の趣旨を認め，長老教会を認めることを約束した。

しかし，他方チャールズは，イングランドの清教徒 (Puritans) たちに対しては，強行姿勢を崩さなかった。1642 年 1 月，チャールズによる議会派の指導者，ジョン・ピム (Pym, John, 1583-1643) ら 5 名の下院議員の逮捕未遂事件をきっかけに，チャールズと議会派は全面対決の様相を強め，8 月には王党軍と議会派軍がノッティンガム (Nottingham) で内戦状態に入る。翌年 9 月の「神聖同盟と盟約」(the Solemn League and Covenant) は，この内戦でスコットランドの長老教会が議会派軍を助成する証として議会派軍からとった協定で，長老教会がイングランド教会の祈祷書，祈祷の方法を拒否していながら，イングランド教会側に長老教会の方式の採用を条件づけている。

そして，1644 年 7 月，レヴンの伯爵アレキザンダー・レズリイ (Leslie, Alexander, Mormaer of Leven, 1580-1661) 率いる 2 万 5 千のスコットランド兵は，トゥイード川 (the RiverTweed) を渡り，ノーサムブリア (Northumbria) を経てヨークシャー (Yorkshire) に入り，オリヴァー・クロムウェル (Cromwell, Oliver, 1599-1658)，トマス・フェアーファックス (Fairfax, Thomas, 1560-1649) らの議会派軍と合流，「マーストン・ムーア」(Marston Moor) で王党軍を破る。一方，スコットランド領内では，その真意のほどは不明であるが，かつての長老教会派の重鎮モントローズの伯爵ジェイムズ・グラハム，アーガイルの伯爵アーキボルド・キャムベルらがチャールズに味方し，レヴンの伯爵に抗して立った。

しかし，[23] 即位してから 24 年間，その宗教政策で余りにも多くの騒動

第1部　スコットランドの歴史

を引き起こしたチャールズは，2年後の1646年5月，ミドランド (Midland) のニュウアーク (Newark) でスコットランド軍に投降，議会派軍に引き渡される。そして，一旦は脱走に成功するが，再度捕らえられ，1649年1月30日，議会派のオリヴァー・クロムウェルらの手によって，ロンドンのホワイトホール (Whitehall) のバンケッティング・ハウス (Banqueting House) の前で処刑される。

　この後暫時，治世はクロムウェルの議会派の世となり，共和制の時代に移行するが，[24] スコットランド側は必ずしも王政の廃止を望んでいたわけではなかったために，チャールズの子，チャールズ二世 (Charles II Mac Charles I, 1660-85) をこのチャールズの後継者として擁立するが，議会派によって阻止される。しかし，1660年，国王の招集によらないで開かれた議会 (Convention Parliament) によって，「王政復古」(the Restoration) がなり，チャールズ二世の即位となるが，彼は議会との約束があり，極端な旧教主義者ではなかったが，[25] 彼を継承する弟のジェイムズ二世 (James II Mac Charles I, 1685-88) は，極端な旧教主義者であり，専制政治と旧教の復興を図り，清教徒を弾圧したために，1688年，国王の招集によらない議会の決定をもって廃位させられる。スコットランド側もこれに同調し，ジェイムズは国外に追放させられる。いわゆる「名誉革命」(the Glorious Revolution) の始まりである。

[26] 旧教の復興を阻止するために議会はこのジェイムズ二世の継承者を彼の娘，新教派のメアリイ二世 (Mary II Mac James II, 1688-94) とその配偶者で共同主権者である，オランダのオレンジ公の子，ウィリアム三世 (William III, 1689-1702) とした。この夫君ウィリアム三世は，1690年7月1日には，ダブリン (Dublin) の北西，ボイン川 (the River Boyn) 河畔の「ボイン戦争」(the Battle of the Boyn) で，メアリイの父，廃位後のジェイムズと戦い大勝するが，この戦いは，無色の白地を中に挟んでオレンジとグリーンが対立する現在のアイルランドの国旗に象徴されるように，北アイルランドの「プロテスタント」と「カトリック教徒」，ないしは「オレンジとグリーン」(Orange and Green) の抗争の「原点」とも言える戦いである。

[27] ウィリアム三世は1691年8月には，先にジェイムズ二世に味方した旧教主義者で王党派のハイランド氏族たちに対し，翌年1月1日まで

64

6．中世と近世のスコットランド

に，以後はウィリアムに対して忠誠を尽くす旨の誓約書を地方の司法長官 (sheriff) に提出することを以って，その罪科をさし赦すと言う布告を出すが，これに遅延した王党派の氏族，グレンコウ (Glencoe) のマックイアン (MacIan) 一族は1692年2月13日の早朝，その子女を含め一族のほとんど全員が惨殺されるという，スコットランド史でも悪名高い「グレンコウの惨劇」(the Tragedy of Glencoe) という，ハイランドの旧教派氏族への「見せしめ」とも言える事件が起こる。

メアリイとウィリアムには子がなく，王位は1698年のメアリイの死後，ウィリアムからメアリイの妹，やはり後継者がいなかったアン (Queen Anne Mac James II, 1702-14) に移ることになる。そして，アンの治世下，[28] 1705年5月1日をもって発効する，25項目からなる「連合条約」(the Treaty of Union)，1707年の両国議会の併合 (the Union of the Parliaments) が批准され，「グレート・ブリテン」(Great Britain) が誕生する。しかし，これらによってスコットランドは王位継承権の問題や議員定数など不利な条件を負うことになり，このアン女王が他界したあと，王位継承権争いを名目とした一連のスチュアート王家の支持者ジャコバイツ (Jacobites) の一揆が起こる。

イングランド議会 (the Parliament of England) は，1701年同君連合の王位継承者として，スチュアート王家のチャールズ一世に繋がる旧教派の王位継承者の廃絶を密かに決定，メアリイとウィリアムの後継者にはジエイムズ一世の孫ソフィア (Stuart, Sophia Elizabeth, 1630-1714) を決定していたが，スチュアート王家支持派，ジャコバイツの力も未だに根強く，彼らの反対によって，王位はメアリイ二世の妹，矢張りジェイムズ二世 (James II) の娘アンへ移ることになった。そして，このアンの死後，王位は「ハノーヴァー家」(the Royal House of Hanover) の創立者，ドイツのアーネスト・オーガスタス（Augustus, Ernest, 1629-98）とソフィアとの子，ジョージ一世 (George I, 1714-27) へと移譲される。[29] この王位継承権の移譲は，新教派のアンとイングランド議会の決定事項，1707年の「議会の併合」の素案となる1705年の「連合条約」の王位継承者に関する覚え書きによったものであるが，王位継承権を失ったスチュアート王家とその支持者たちには承服ができず，事態はジョージ王朝 (the Georgian Dynasty) とジャコバイツと

第 1 部　スコットランドの歴史

の王位継承権争いに発展する。

　また，この覚え書きの中には併合後のスコットランドの発言権を大幅に封ずることになる《スコットランドは上院議員 16 名，下院議員 45 名が選出される。》などという条項も含まれ，スコットランド側には到底受け入れられない条約であった。そして，大きな騒擾事件が 2 つ起こる。1 つはジョージ一世の即位の翌年，1715 年 11 月，マアの伯爵ジョン・アースキン (Erskine, John, 6th Earl of Mar, 1672-1732) がジェイムズ二世の子，メアリイ二世，アン女王とは異母兄弟のジェイムズ・フランシス・エドワード・スチュアート (Stuart, James Francis Edward, 1688-1766) を「ジェイムズ三世」とすることを同志と盟約蜂起し，ダンブレイン (Dunblane) 近くで政府軍と戦うが，援軍の到着が遅延し，ためにあえなく敗退する。また，ジョージ二世 (George II, 1727-60) の治世下の 1745 年には，ジェイムズの子，チャールズ・エドワード・スチュアート (Stuart, Charles Edward, 1720-88) が父ジェイムズの王位継承を実現するために，フランス (France) よりハイランド北部に軍艦を回航，特にハイランド氏族の支持を得て，西部海岸のグレンフィナン (Glenfinnan) で旗揚げ決起する。

　彼はパース，エディンバラへと進軍，各地で政府軍を撃破しながら，南下，カーライル (Carlisle) を占領，余勢をかつてイングランドのダービイ (Derby) に迫った。しかし，兵站線の伸び過ぎとイングランド派のジョージ・ウェイド (Wade, George, 1673-1748) 指揮下のローランド軍の介入，ジョージ二世の次男カムバーランド公 (George, Augustus William, the Duke of Cumberland) [19, 20] の指揮する 1 万の軍勢の北進によって退くことになり，その翌年の 1746 年 4 月 16 日の払暁，彼とその支持者たち (Jacobites)，ハイランドの 33 氏族，それに約 1 万の兵がインヴァネス の南東クロデン・ムーア (Culloden Moor) でイングランド (England) のハノーヴァー家（the House of Hanover）の兵約 2 万と戦った「クロデンの戦い」で，グレート・ブリテン (Great Britain) の王位継承権奪回を試みるが，死者 5 千をだして敗退する [21]。この戦いは，スコットランドが 1707 年の「議会の併合」による軍備引渡しの直後の戦いで，ジャコバイツにとっては条件が極めて不利な戦いであった。

　そして，この戦いの敗戦を機に，ロバート二世 (Robert II, 1371-90) 以来

6．中世と近世のスコットランド

375年存続した「スチュアート王家」が終焉し，以後スコットランドは王，女王を輩出することのない国へと転身することになる。敗れたチャールズはフローラ・マクドナルド (Flora MacDonald) [22] や，西部ハイランドの有力氏族の助力を得て，西方諸島を転々とし，同年9月20日，フランス政府より差し回しの船「幸運号」(*L'Heureux*) で，ノース・モラール (North Morar) のロッホ・ナン・ウアムヴ (Loch nan Uamh) よりフランスへ向けて脱出，20日後にフランスの地を踏むことになる。彼の父，ジェイムズ・フランシス・エドワード・スチュアートは1766年に没し，チャールズは「チャールズ三世」(Charles III) を自称したが，後継者がないまま，1788年1月31日，ローマ (Rome) で没し，弟の枢機卿ヘンリィ・ベネディクト (Stuart, Henry Benedict, Cardinal, 1725-1808) の手によって，ローマのセント・ピーターズ (St Peter's) の地下室に埋葬される。そして，この枢機卿も1808年に没し，スチュアート家は事実上終焉する。スコットランドは以後，暫時，厳しいイングランド軍の戒厳令下に置かれ，この騒動への係累者はことごとく反逆者として投獄されることになる。また，今も永々として残される，スコットランド伝統の王権の及びにくい氏族制度も，この敗戦を機に解体されることになり，バッグパイプの使用，キルトの佩用も1782年まで禁止されることになった。そして，以後イングランドとの数々の至難の経済的，行政的同化によって現在のスコットランドが成立するのであるが，その詳細につてはここでは省略することにする。

第2部

古代遺跡を訪ねて

1. 国境地帯，ベリックシャーとロージアン地区

　新石器時代 (the Neolithic Age) 人たちは海岸に近い平地に住むことを好んだ。青銅器時代 (the Bronze Age) 人たちは小高い丘の上や鞍部に居留地を構えた。鉄器時代 (the Iron Age) 人たちは，「ノアの洪水」(the Flood) で知られるように，気象条件の悪化がその原因で丘の中腹や頂上に山塞を構えて居留地としたと言われる。したがって多くが山岳地帯である国境地帯 (the Borders) やベリックシャー (Berwickshire)，ロージアン地区 (the Lothians) には，新石器時代の遺跡は多くはなく，あるのは青銅器時代の石墳 (cairn) や居留区 (settlement) 跡，祭祀の場，ストーン・サークル (stone circle)，ヘンジ (henge) の類で，祭祀と天体観測を兼ねた環状列石 (cromlech)，鉄器時代のストーン・サークル，「ナヴィティ」(navity) や砦跡，暗黒時代の砦や遺跡などが多く残されている。しかし，これらの地区は，現在ではその砦跡などの形跡はほとんどを残してはいないが，紀元 80 年より 368 年までの間，ローマ軍が断続的に遠征，3 度にわたって駐留した所である。

　カエサル (Caesar, Gaius Julius, 99-44 B.C) が，自著『ガリア戦記』(*De Bello Gallico*) の中で,《夏の季節は残り少ない。ゴールのこの部分 (ブリテン島のこと) は北に寄っているため，冬が早くやってくる。にもかかわらず，私はブリテン島への遠征の計画を押し進める。何故かなれば，我々のゴールへのほとんどの遠征において，敵のゴール人に増援部隊を送っていたのが，このブリトン族 (the Britons) であったからだ。》[1] と記すように，ローマ軍のブリテン島への侵攻はブリトン族に対する懲罰遠征として始まる。そして，この遠征は紀元前 55 年に始まり，1 世紀後の皇帝ネロ (Nero, Claudius Caesar Drusus Germanicus, A.D. 54-68) の時代には，逐次ブリテン島南部，後の「ハドリアンの城壁」(Hadrian's Wall) の南，イングランドとウェールズ地方に及び，これらの地区はローマの自治領となり，5 世紀の初頭頃までローマ軍は常駐するようになる。そして，スコットランドの場合も，このローマ軍の侵攻は不可避であった。

　ローマ軍ではタイトゥス・フラヴィウス・サビヌス・ヴェスパジアヌス

第 2 部　古代遺跡を訪ねて

■ベリ
■オーヒンホゥヴウ
△ミュアリフォルド
■イーサン・ウェルズ
■ダーノ
■キントア
■ノーマンダイクス
■レイダイクス

■ストラカスロウ
■フィナヴォン
■カーディーン

■ダルギンロス　■ドーノック
　　　　　　　　　　　　■アバネッシイ
■アードッホ　■ダニング　■カーパウ
■メンテイス　　　　　　　　　■ボニィタウン
　　　　　　■ダンブレイン

■カースルダイクス

■ダルスィントン

図4　アグリコーラによる第1次遠征の際の野営地

1. 国境地帯，ベリックシャーとロージアン地区

(Titus Flavius Sabinus Vespasianus, 71-81) 帝の治世下の紀元 80 年，ブリテンの総督アグリコーラ (Aglicola, Gnaeus Julius, A.D. 37-93) が国境地帯，ベリックシャー，ロージアン地区を経て，セントラル地区 (the Central Region)，パースシャー (Perthshire)，ファイフ地区 (Fife) に侵攻し，ドミティアヌス・オーガスタス (Titus Flavius Domitianus Augustus, 81-96) 帝治世下の 84 年頃まで，ここに常駐する。これが，以下図 4 に示されるように，ローマ軍の第 1 次スコットランド遠征 (the 1st Expedition to Scotland) である。

彼は，84 年には海路を経てストンヘイヴン (Stonehaven) 辺りからグラムピアン地区に侵攻，彼の養子タキトウス (Tacitus, Cornelius, 55?-117) の記すところによれば，ダーノ (Durno) 辺りで若干 3 万のハイランド軍を相手に「モンス・グラピウスの戦い」(the Battle of Mons Grapius) に臨み，勝つ。そして，ファース・オヴ・マレイ (Firth of Moray) より海路でオークニイ諸島 (the Orkney Islands) に遠征した後，同年ドミティアヌス・オーガスタス帝によりローマに召喚されるが，召喚後もこのパースシャー，セントラル地区，ストラスクライド地区 (Strathclyde) とこの国境地帯，ベッリックシャー，ロージアン地区などへのローマ軍の駐留は継続される。それはドミティアヌス・オーガスタス帝の指示によったもので，下の図 5 に示すように，その駐留はパースシャー，セントラル地区に重点をおき，ファース・オヴ・フオース (Firth of Forth) とファース・オヴ・クライド (Firth of Clyde) を結ぶ線以南をローマの自治領とする駐留となり，それは彼がデイシア (Dacia) への派兵を始める 94 年頃まで継続される。

そして，142 年よりはアントニヌス・パイウス (Pius, Antoninus, 138-61) 帝の命による第 2 次スコットランド遠征 (the 2nd Expedition to Scotland) が始まる。図 6 に見られるように，彼はこの侵攻を開始する直前の 140 年頃までに，先帝のドミティアヌス・オーガスタス帝が構築した兵站線の砦，軍用道路を改築整備し，あらたに新設の砦を付加して，ファース・オヴ・フォースの西，現在のセントラル地区のボネス (Bo'ness)，またはボロウズタウンネス (Borowstounness) からストラスクライド地区のビショップトン (Bishopton) に至る間に，全長 36.5 マイルに及ぶ「アントニヌスの城壁」(the Antonine Wall) を完成，142 年より約 14 年の間，この城壁を生命線として，この城壁の北側を支配地とする北方部族，カレドニア族 (the Caledonians),

第2部　古代遺跡を訪ねて

図5　ドミティアヌス・オーガスタス帝治世下のローマ軍砦の分布

1. 国境地帯，ベリックシャーとロージアン地区

図6 アントニヌス帝治政下のローマ軍砦の分布

マエタ族 (the Maetae) と対峙する。しかし，150年代の中頃に始まる外人部隊の兵員間の宗教上のいざこざが原因で，彼はこの城壁を放棄，撤退を余儀なくされる。

そして，この「アントニヌスの城壁」の放棄を契機として，漸次北方部族の城壁以南への越境侵入が頻繁となり，208年にはセヴェルス (Severus, Lucius Septimus, 193-211) 帝自身がスコットランド入りして，カレドニア族とマエタ族に相まみえるという第3次スコットランド遠征 (the 3rd Expedition to Scotland) が始まる。彼が動員した兵力の布陣は大体，**図7**に見られる通りで，その兵力は5万 (?) 以上と言われ，彼はカレドニア族とマエタ

第 2 部　古代遺跡を訪ねて

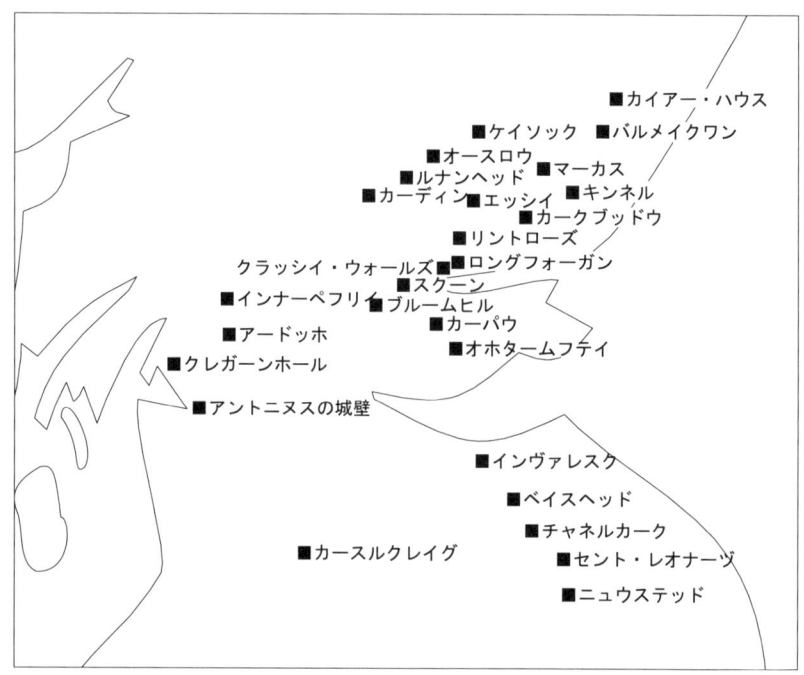

図7　セヴェルス帝による第 3 次スコットランド遠征後のローマ軍砦の分布

族の支配地，セントラル地区，ファイフ，パースシャーに，アグリコラやドミティアヌス・オーガスタス帝が構築ないし改構築した砦は，そのほとんどを放棄し，わずかにアントニヌス・パイウス帝が構築放棄した「アントニヌスの城壁」のみを改築修理し，20 を越える新設の砦を構築，この地区に近いベリックシャー，ロージアン地区にも新設の砦を構築して後方の兵站基地とし，軍用道路はやはりカレドニア族の支配地，遠くのファース・オヴ・マレイにまで延長して，この北方部族を殲滅しようと図る。しかし，兵員たちの気候，風土への不馴致，砦の新設，修理，改築と軍用道路の構築による過労，あわせて，しばしば起こる北方部族との遭遇戦のため，大多数の兵員を消耗，結局計画の全てが挫折して，遠征開始後わずか 4 年，211 年にこの遠征は終焉を迎えることになる。セヴェルス帝は同年，この遠征の失敗からくる挫折感と心労がもとで，ヨークの第 6 軍団 (the 6th Legion of York, or Eboracum) の宿舎で死去する。スコットランドは

1. 国境地帯，ベリックシャーとロージアン地区

しばらくの間，東側の「デア・ストリート」(Dere Street) のニューステッド (Newstead) 辺りにその地の「セグロス族」(the Seglos)，西側のダムフリーズ・アンド・ガロウェイ (Dumfries and Galloway) の「ローマン・ロード」(Roman road) の要衝，ネザビイ (Netherby) 辺りに「マボン族」(the Mabon)，ファース・オヴ・フォース の奥，クラックマンナン (Clackmannan) に「マヌー族」(the Manue)，ファース・オヴ・テイ (Firth of Tay) の奥，アバネッシィ (Abernethy) に「タバ族」(the Taba) など，比較的強力なケルト氏族の傭兵を残し，ほとんどが撤退。以後の 368 年まで，このファース・オヴ・フォース以北へのローマ軍の残留はなくなる。

いずれにしても，この第 1 次より第 3 次までのローマ軍のスコットランド遠征を通じて，この国境地帯，ベリックシャー，ロージアン地区に構築された砦は，いずれの遠征時にも，すべて西のストラスクライド地区のそれらと同様に，セントラル地区，パースシャー地区の最前線の作戦軍への軍需品や兵員の補給，南の「ハドリアンの城壁」(Hadrian's Wall) の兵站線との連絡を確保するための後方支援の兵站基地として使用されるにとどまる。

ここで言う「国境地帯」という名称は，「アルバン王国」の末期の王マルコム二世・マック・ケネス二世 (Malcolm II Mac Kenneth II, 1005-34) が，1018 年，同年に死去するストラスクライド・ブリトン族 (the Strathclyde Britons) の最後の王，オーエン (Owen or Eoghainn, the Bald, d.1018) とともに，この国境地帯のコールドストリーム (Coldstream) の近く，カーラム (Carham) [1] で，時のデーン人のイングランド王，クヌート・ザ・グレート (Canute the Great, 1016-35) の大軍に圧勝して確定したイングランドとの国境線に接する地帯ゆえに名づけられた名称である。

このカーラムの戦いもまた，その結果は悲惨きわまる戦いで，[2] 1130 年代のノーサムブリアの「アングロ・サクソン族」の年代記編纂者，ダラムのシメオン (Simeon of Durham) は，《この戦いが始まる前の 1 ヵ月の間，夜毎空に彗星が現われた。》そして，1038 年には，このマルコムの領有地であるはずのストラスクライド地区がはやくもノーサムブリアの伯爵イーダルフ (Earl Eadulf) によって侵攻を受けることになるが，《この戦いに破れたクヌートは早速ローマに赴いて，トゥイード川 (the River Tweed) 以北を

第 2 部　古代遺跡を訪ねて

スコット族の領土とすること，マルコムに忠誠を尽くすことというスコット族の条件を受け入れる決心をした。》と記し，《この国境地帯はしばらくの間，無人の状態が続いた。》と補足している。現在その国境線の出入り口となっているところが，国境線の表示がある今のカーター・バー (Carter Bar) で，その南に北東から南西に向かって走る標高 2,676 フィート (約 880 メートル) を最高峰とするチェヴィオット山脈 (the Cheviot Hills) とそれに連なる標高 1,700 フィートから 1,900 フィート (約 550 から 600 メートル) の山々を自然の要害とする，スコットランドのイングランドとの東側の出入り口である。

　そして，この「チェヴィオット山脈」の南，ブリテン島 (Great Britain) の東西のくびれが最も狭い，カーライル (Carlisle) の近くバウネス・オン・ソルウェイ (Bowness on Solway) とノーサムブリア (Northumbria) のタイン・マウス (Tyne Mouth) のサウス・シールヅ (South Shields) の間には 2 世紀の初頭ローマの皇帝ハドリアヌス (Hadrianus, Publius Aelius, A.D.76-138) が手がけ，その全体が 136 年に完成する，その総延長 73.5 マイルに跨る「ハドリアンの城壁」がある。それはローマ軍のスコットランド遠征時の兵站線 (supply trains) で，8 つの大規模な兵員，武器，食糧の集積基地を擁し [2]，各砦が軍用道路で結ばれ，北部部族の侵入に備えて，各 1 ローマ・マイル (1,482 m) ごとに「マイル・カースル」(mile castle) を備えた，南のローマの自治領の防衛線でもあった砦群であるが，ローマ軍は，東の「ルート」でスコットランドに入るのには，その兵站基地の 1 つ，「コーブリッヂ・ローマ軍砦」(Corbridge Roman Fort) の近くから A68 を北西に向かって進み，このカーター・バーの北東の「ウォーデン・ロウ」(Woden Law) の北裾「デア・ストリート」(Dere Street) を経由して入るのを常とした。

　カーター・バーがある国境地帯は，鉄器時代には，「セルゴヴァ族」(the Selgovae) の所領で，その北，ベリックシャー，ロージアン地区は，鉄器時代には，おおむね北部ウェールズから来たいわゆる「北部の人たち」(Gwr y Gogledd)，「ヴォタディニ族」(the Votadini) の所領で，ローマ軍が撤退した 368 年以後の暗黒時代には，その末裔，ゴッドゥディン (the Gododdin) の所領となるが，これらの地区には，6 世紀中頃を契機として，ノーサムブリアの「ベルニシア王国」(the Kingdom of Bernicia) や「デイラ王国」(the

1. 国境地帯，ベリックシャーとロージアン地区

Kingdom of Deira) の軍勢が北上，漸次 アングル族 (the Angles) やサクスン族 (the Saxons) の支配地となる。彼らは，ローマ軍が第1次侵攻以来構築使用した軍用道路「デア・ストリート」を北上，これらの地区を逐次彼らのものとした。そして，北欧海賊 (Viking) の侵攻期には，主にその海岸に近い地区はこの北欧海賊たちの所領となる。

スコットランドへの出入り口，既述のカーター・バーから北西に11マイル，今はカシミヤ織りの名産地，ホィック (Hawick) があるが，ここからまたさらに南東に向かって，6マイル入ったドッド (Dod) のバーグ・ヒル (Burgh Hill) の上には，図8のように，青銅器時代人たちが建てた石の並び，その数25個，直径16.14 メガリシック・ヤード (megalithic yard or my) の円形のストーン・サークル (stone circle) を，鉄器時代人たちが天体観測のためか，ないしは，他の理由のために，精密な幾何学的な手法によって13個の石で構成する直径 19.9 × 16.14 メガリシック・ヤードの卵型のストーン・サークルに組み替えた「バーグ・ヒル・ストーン・セッティング」(Burgh Hill Stone Setting)[3] がある。

また，これと同様な施設は，エトリック・アンド・ローダーデイル (Ettrick

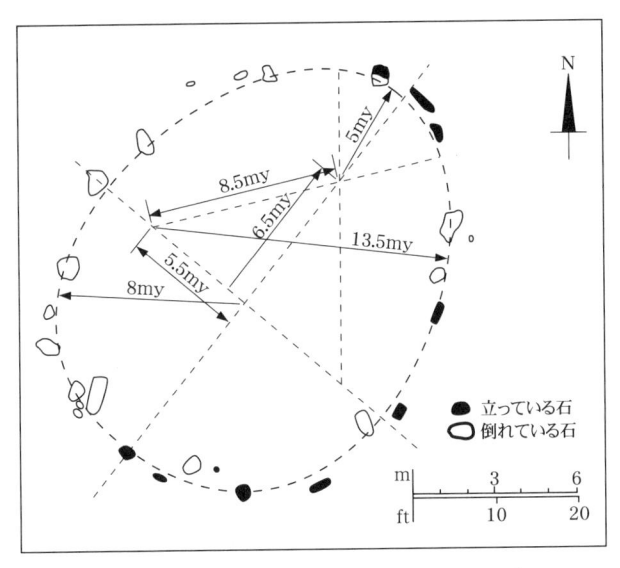

図8 「バーグ・ヒル・ストーン・セッティング」

& Lauderdale) のボロウズタウン・リッグ (Borrowstoun Rig) にもある。その直径は 46 × 43 メガリシック・ヤードの「ボロウズタウン・ストーン・セッティング」(Borrowstoun Stone Setting) である。ここも同様，鉄器時代人たちが組替えを行なう以前のその施設は，太陽崇拝者であったと思える青銅器時代人たちの集会の場で，祭祀の場と，太陽や 18.61 年に 1 度還暦する満月時の太陰の出入りの時と方位，その南限と北限などの観測を兼ねた場と考えられている施設であるが，組替え後の施設は，カエサルが記しているように，後のドゥルイドたち (Druid)（僧，予言者，詩人，裁判官，物理学者など）の集会場所であった「ナヴィティ」(navity < (Q) *neimhidh* holy circular space「森の中の聖域」) で，鉄器時代には祭祀や占い，審判，天体観測などを兼ねたと考えられている施設である。

　因みに，ここで言う「メガリシック・ヤード」(my「巨石尺」0.83 メートル) というのは，後述のケイスネス地区の「アハヴァニッシュ立石群」(Achavanish Standing Stones) やルイス島の「カラニッシュ石室墳つき立石群」(Callanish Chambered Cairn and Standing Stones) の立石の間隔などに見られるのと同じように，青銅器時代に始まった巨石の直径や間隔を測る尺度基準 (yardstick) のことである。

　また「バーグ・ヒル」の「バーグ」，「ボロウズタウン」の「ボロウ」は，アングル語の *burh* が語源で，アングル族の「王領の町」であったことを示す名詞である。この国境地帯，ベリックシャー，ロージアン地区は，7 世紀の始め頃からアングル族の所領となったが，ダラムのシメオンが記すように，793 年の夏以来，866 年，869 年，871 年の 3 度にわたったノルウェイのハラルド一世 (Harold I, the Fairhaired, 860-930) の子，ノルウェイ海賊 (Norwegian Viking) のハルデーン (Haldane) のノーサンブリアへの侵攻と定住がもとで，これらの地区と，ダムフリーズ・アンド・ガロウェイ地区には，主に 9 世紀の中頃を契機に，居所を失った多くのノーサムブリアのアングル人やサクスン人たちの流民の移住が加わり，ためにこれらの地区はスコットランドの中でも言語，習慣などに関してゲルマン色が極めて強い地区となる。

　[3] このブリテン島に鉄器時代人たちが移住するのは，紀元前 7 世紀初頭，まず，銅鉄の工芸に秀でた「ハルシュタット文明」(the Hallstattian Civiliz-

1. 国境地帯，ベリックシャーとロージアン地区

ation) の担い手，ゲルマン人 (the Teutons) やブリトン人 (the Britons) たちで，次いで紀元前5世紀頃から「ラ・テーヌ文明」(La Tène Civilization) の担い手たちが流入する。紀元前386年にローマを蹂躙し，後にギリシアのデルフィ (Delphi) で略奪を働いたのと同類のケルト人たち (the Celts) で，鉄の工芸に秀で，「火の文化」を主唱した「ドゥルイド教徒たち」(Druidists) である。

　このドゥルイド教徒たちの故郷は主としてゴール (Gaul) である。[4] カエサルは《ゴールは富んだ所ではないが，葬儀は贅沢で見事，死者が生前好んでいたと思われるものは動物まで含めて火葬の積み薪の上に乗せ，最後には死者がお気に入りであったと思われる奴隷や子供たちまで積み薪の上に乗せて火葬に付した。》と『ガリア戦記』の中で記している。そして，彼らのうちの一部，テクトサゲス族 (the Tectosages)，トロクミ族 (the Trocmi)，トリストボギイ族 (the Tolistobogii) は，紀元前280年頃，小アジア (Asian Minor) のゴールの地「ガラティア」(Galatia) に入る。

　[5] ギリシアのストラボ (Strabo, 63B.C.?-?A.D.21) は，《彼らが最初に必要としたことは，流血の事件を捌く審判のための300の諮問機関を設けることであった。軽微な犯罪は地方の長に任されたが，これらの機関はドゥルイドの最高の聖地「ドゥルゥネメトン」(Drunemeton <Druid+nemeton) として機能した。》と記している。

　「ネメトン」(Nemeton) は「ナヴィティ」と同義語である。[6] カエサルも《ドゥルイドが1年のある決まった日に，「カーヌーツ族」(the Carnutes) の聖地に集まって，あらゆる紛争を捌いた》と記している。ケルト族は部族としては共通の祖先をもつ，氏族集団 (clan) の大集合体 (sept) である。ゆえにケルト人は団結心も強かったが，平等性，ないしは公平性には敏感で，拘りが強く，不公平さが原因で起こる氏族間の仲間割れ，衝突，戦いは，通常，日常茶飯事的なものであったようである。

　[7] タキトゥス (Tacitus, Cornelius, ?55-117) は，"Fortune can give no greater boon than discord among our foes, praying that the tribes might retain their traditional hatred one for another."（我々には敵の不和ほど有り難い賜物はない。彼らの伝来の氏族間同志の憎しみあいが続くよう祈る。）と，ある戦記の中に記している。ローマ人は大同団結，妥協によって大帝国を打ち立てたが，ケルト人にはそれが無理であった。「ネメトン」ないし「ナヴィティ」とは，

第 2 部　古代遺跡を訪ねて

そんな纏まり難くて喧嘩好きの，ケルト人たちの審判や礼拝の場として建てられた森の中の「円形広場」のことである。

　ローマ軍が第 2 次スコットランド侵攻以後，スコットランドで最大規模の兵站基地となった「ニューステッド・ローマ軍砦」(Newstead Roman Fort) の北東，約 6 マイル，ブラザーストーン農場 (Brotherstone farmhouse) があるブラザーストーン・ヒル (Brotherstone Hill) の上には，この「森の中の円形広場」（ネメトン）と同様に，青銅器時代に農事暦作成や祭祀のために造られ，鉄器時代人たちも祭祀や集会，天体観測の場として使用した施設，「ブラザーストーン立石群」(Brotherstone Standing Stones) [4, 5] が残されている。おそらく牛や羊の放牧地の囲いを造るための盗石がその原因で，現在では，夏至時の日の入りと冬至時の日の出の方位，北西と南東の方位に，約 13 メートル離れて，2.5 メートルと 1.6 メートルの高さの 2 本の石のみが残るが，わずかに残るこの 2 本の石の延長線上，北西の方位に「エイルドン・ヒルズ」(Eildon Hills) を臨む施設である。

　スコットランドには高い山はない。最高峰の「ベン・ネヴィス」(Ben Nevis) でも標高は 4,406 フィート (約 1,445 メートル) しかない。標高が 1,550 フィート (約 500 メートル) 以下の山は「丘」という。したがって，既述の「チェヴィオット山脈」は，標高が大体 1,800 から 1,600 フィートであるから「山脈」にはなるが，この「エイルドン・ヒルズ」は標高が 1,385 フィートであるから，同じ Hills でも「丘陵」になるが，この「エイルドン・ヒルズ」[6] は，スコットランドの小説家，ウォルター・スコット卿 (Scott, Sir Walter, 1771-1832) が，その美しさに惹かれて，その近くのアボッツフォード (Abbotsford) に彼の居を変えたという，美しい 3 つの丘の群れである。

　そして，その中岳 (Mid Hill) には，その頂上に「墓所はより高いところにあるのを良しとした」青銅器時代の石墳があり，その麓にはストラボの言う「ドゥルイド」の中の「詩人」(bardoi) の後の姿，中世の吟遊詩人，伝説上のトマス・ザ・ライマー (Thomas the Rhymer) が妖精の女王とともに暮らしたという伝説上の洞窟があり，山それ自体が「トムナフーリ」((Q) *Tom na h-Iubraich*, the other world) の山である。ブリテン島第 2 の高峰，標高 3,560 フィート (約 1,168 メートル) の，北ウェールズ (Gwynedd) の「スノウドン」(Snowdon, Yr Wyddfa < (P) Gyddafa) と同様に，「墓」を意味する山である。

1. 国境地帯，ベリックシャーとロージアン地区

また，この北岳の頂上には，ローマ軍がこの地に侵攻した頃には，すでに放棄されていたと言われる，鉄器時代のこの地区の支配者「セルゴヴァ族」(the Selgovae) の首都 (oppidum) ないし居留区跡があり，保塁と 300 ほどの小屋の土台跡が残されている。また，ここにはローマ軍の駐留期，紀元 85 年頃よりその下の「ニューステッド・ローマ軍砦」に信号を送った信号所跡も残されている。

ピーブルズ (Peebles < (P) *pebyll*, tent) の西，暗黒時代に北欧海賊の襲来によってノーサムブリアから追い出された，アングル人たちが住み着いたブロートン (Broughton <(AS) burg or burh + tun) の近くの小高い丘の上には，その下，西方にかなりの広さの居留区を配し，東側に出入り口を備えた，巨礫が牙のように突き出ている崩れた重厚な 2 重の石壁の中に，60 メートル× 45 メートルの空間を砦内部とする「ドレヴァ・クレイグ砦」(Dreva Craig Fort) [7] がある。この砦の西の隅にも，青銅器時代の石墳が残されているが，これも鉄器時代の砦で，セルゴヴァ族が居留民たちを敵の「包囲攻撃」から守った「丘の砦」(hill fort) の 1 つである。

また，A68 と A697 の北の接点，カーフロウミル・ホテル (Carfaemill Hotel) から，ケルホープ川 (Kelphope Burn) に沿って，北東に 5 マイルほど登った丘の上には，同種の鉄器時代の砦「トリス・ヒル砦」(Tollis Hill Fort) [8] がある。居留区は大きく，直径が約 90 メートル，2 重の保塁と壕で囲われ，壕の深さは 3.5 メートル，家畜の収容施設も兼ねていたのか，壕は所々で仕切られ，外に通ずるかなりの数の出入り口がある。この地区には同種のかなりの数の砦が残存しているが，鉄器時代の砦というのは，青銅器時代のヘンジ施設の聖域部を居留区にかえ，周囲の環状列石を木柵にかえ，その壕や保塁をそのまま防護施設として残したというような施設が多く，ここにも青銅器時代の遺物，立石が 1 本だけがぽつんと残されている。

また，セルカーク (Selkirk) の西 9 マイル，ヤロウ (Yarrow) の道路わきには，「ヤロウ・ストーン」(Yarrow Stone) [9] という名の石がある。この石には，6 世紀中頃，国境地帯を北に向けてロージアン地区に侵犯を繰り返していた，「ベルニシア王国」(the Kingdom of Bernicia) の王，アイダ (Ida, d. 559) の息子，フッサ (Hussa, 564-74) か，デオドリック (Deodric, 580-87) との戦いで戦死したと考えられている，ストラスクライド・ブリトン族の「寛大王」

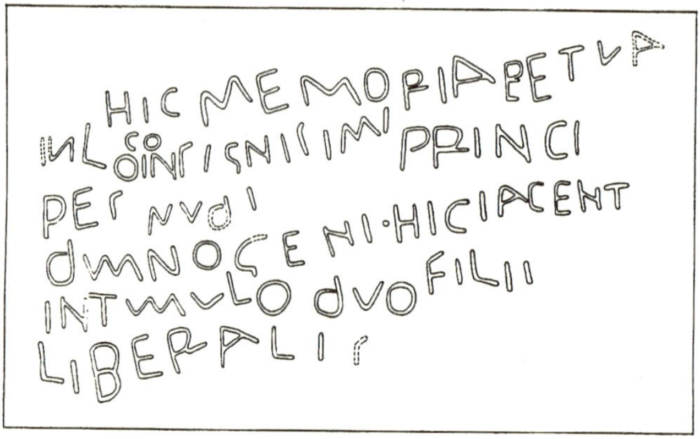

第 2 部　古代遺跡を訪ねて

```
HIC MEMORIA PET LA
IN L(U) S(?) INSIGNISIMI PRINCI
PE(R) NVDI
D(V)MNOGENI HICIACENT
INT(?)(?) MVLO DVO FILII
LIBERALIS
```

図 9　ダムノウニ族の 2 人の王子に献じられたラテン詩

ヌダ (Nuda Rhydderch) の 2 人の子の死を悼んで記したと言われる，風化して解読が不能に近いが，**図 9** に見られるような，《HIC MEMORIA ET(?) IN L(U)S(?) INSIGNISIMI PRINCI PE(R) NVDI D(V)MNOGENI HICIACENT IN(?)(?) MULO FILI LIBERALIS》(これ追悼の碑，ダムノウニ族 (the Damnonii) の寛大王ヌダ・ウラゼルフの最も高名なる 2 人の王子，ここに眠る) と解読される，6 行のラテン (Latin) 詩が刻まれている。

ベリックシャーのロングフォーマカス (Longformacus) の北西 4.5 マイルには，ダイ・ウォーター (Dye Water) を見下ろす，バイヤークル尾根 (Byrecleugh Ridge) の上に，リビア辺りからスペイン，フランスなどを経由して紀元前 2500 年頃より 2000 年頃にかけて定住したと言われる居留民たちが建立したか，ないしは既存の複数の石墳を積み石で繋ぎ合わせて造ったとされる「積石墳」(horned cairn) (**図 1** 参照)，ないしは「ロング・ケァーン」(long cairn) ——北東から南西に向かって長さ 85 メートル，幅東側 23 メートル，西側が 7.5 メートル，東の端の広い部分の高さ 2.5 メートルの，「石斧」を彷彿させる「楔型」の石の集積「ミュティニィ・ストーン・ロング・ケァーン」(Mutiny Stone Long Cairn) [10] がある。

骨壺の出土はあっても，石室は見当たらないゆえ，おそらく青銅器時代の埋葬施設と思われる。新石器時代の葬法は土葬で，遺体は石墳内部の石室の中に収められた。青銅器時代には，当初はやはり土葬で石棺を石墳の

1. 国境地帯，ベリックシャーとロージアン地区

中に埋葬した。ビーカー族 (the Beaker Folk) の時代に入ってからは，葬法が火葬となり，骨壺の挿入にかわり，鉄器時代に入ると火葬と土葬の2つの葬法になる。

　新石器時代の円形墳や円錐墳は部族や氏族の長か貴族たちの石室墳であったが，青銅器時代になって，こうした石室墳は，時折新たな居留民たちの手によって積み石で繋げられ，楔型の「ロング・ケァーン」(long cairn) となり，積み石の中に石棺や多くの骨壺などが挿入されて「群葬」の場となる。

　そして，この種の「ロング・ケァーン」は，バンフ・アンド・バハン (Banff & Buchan) にある「ケァーン・カットウ・ロング・ケァーン」(Cairn Catto Long Cairn)，キントア (Kintore) の南ミッドミル (Midmill) の丘の上にある，いまだに発掘を終えていない「ミッドミル・ロング・ケァーン」(Midmill Long Cairn)，ノース・ユイスト (North Uist) の北西端ハウガリィ (Haugharry) 近くの「クレットラヴァル石室墳」(Cletraval Chambered Cairn) などのように，グラムピアン地区やアウター・ヘブリディーズ諸島 (the Outer Hebrides) などにもその例を見ることができるが，これはケイスネスのカムスター (Camster) にある「カムスター・ロング・ケァーン」(Camster Long Cairn)，同じく，スラムスター (Thrumster) のロッホ・オヴ・ヤロウズ (Loch of Yarrows) の近くの「サウス・ヤロウズ石室墳」(South Yarrows Chambered Cairn)，サーソウ (Thurso) の南東ロッホ・カルダー (Loch Calder) の南の丘の上にある「ベン・フレイシーデイン・ロング・ケァーン」(Ben Freiceadain Long Cairn)，同じく，サーソウの西ストラスネイヴァ (Strathnaver) のネイヴァ川 (the River Naver) 河畔にある「コイル・ナ・ボーギイ・ロング・ケァーン (Coille na Borgie Long Cairn) など，分類上はスコットランド北部の「オークニイ・クロマーティ群」(the Orkney-Cromarty Group) の「カムスター型通路墳」(Camster-type passage cairn) に属する「ロング・ケァーン」である。

　また，このベリックシャーのプレストン (Preston) の北には「エデンズホール・ブロッホつき砦」(Edenshall Fort and Broch) という名の砦がある。その名は後のヴァイキング (Viking) の時代の命名か，その名を文字通りに解釈すれば，「チュートン神話」(Teutonic mythology) で戦死した英雄たちの魂が迎えられるオーディンの殿堂「ヴァルハラ (Valhalla) の砦」ということになっ

第2部　古代遺跡を訪ねて

て，まるで暗黒時代の北欧海賊の砦のように思える施設であるが，砦の方は紀元前2世紀頃の鉄器時代の砦で，規模は134メートル×73メートル，2重の保塁と壕で囲まれた施設である。この砦の北の隅に付帯するのが紀元前の終り頃建てられたこの「ブロッホ」(broch) で，その中庭の直径が22メートル，それがその外側にある階段つきの通路を内蔵する厚さ5メートルの石壁で囲まれ，南側に出入り口とそのわきに守衛室，中庭から石壁の中の通路へ通ずる出入り口が4ヵ所ある低い円形の城塞，いわゆる「回廊つき城塞」(galleried dun) [11] である。

鉄器時代の砦はみな周囲に壕や保塁を配した重厚な防護施設を伴うが，ピーブルズ (Peebles) の北西，メルドン川 (the River Meldon) の西，海抜約100メートルの小高い丘の東側側面には，防御施設を伴わない青銅器時代の「グリーン・ノウ居留地」(Green Knowe (Unenclosed Platform) Settlement) [12] がある。また，このメルドン川の東側，ホワイト・メルドン・ヒル (White Meldon Hill) の南西側にも同様な防護施設を伴わない居留地がある。青銅器時代の人々も鉄器時代の人々も，その生活の主体は主に農耕と牛，豚，羊などの飼育にたより，比較的にのどかな田園生活を送っていたと思われるが，銅鉄文明の「ハルシュタット文明」(the Hallstattian Civilization (or Bronze & Iron) Age) 期を過ぎて，鉄器文明の「ラ・テーヌ文明」(La Tène (or the Iron) Age) 期に入ると，にわかに鉄による武器の生産が盛んになり，堅牢な防護施設が必要になったと思われる。

この国境地帯は，鉄器時代にはおおむねウェルッシュ・ブリトン族 (the Welsh Britons) の「セルゴヴァ族」の支配地で，その名前は初期ケルト語 Selgovae「狩人」(Hunters) に由来している。またベリックシャー，ロージアン地区は個人名と思われる Fothad に由来する「ヴォタディニ族」(the Votadini) の領地で，これらの地区にある砦, 居留地はおおむね「ヴォタディニ族」のものであったが，チェヴィオット山脈の北裾の「ウォーデン・ロウ」(Woden Law) の頂上にある，北東から南西に向う線をほぼ直線とし，南東に向かって膨らみをもたせたD型状の空間の外側に保塁と壕を配した「ウォーデン・ロウ砦」(Woden Law Fort) [13] は，このセルゴヴァ族のものであったのか，ないしは，さらに南のノーサムブリアを居住地とし，117年にローマの第9軍団に壊滅的な打撃を与えた，セントラル地区の「雄」

1. 国境地帯，ベリックシャーとロージアン地区

マエタ族 (the Maetae) と同族の「ブリガンテス族」(the Brigantes) の先人たちのものであったのかは，いまだに不明のままであるが，この砦は，後のローマ軍の第2次スコットランド侵攻直前には，さらに重厚な壕や保塁が付加され，彼らの野戦訓練基地となる。そしてこの丘の北裾から下のペニイミュアー (Pennymuir < (P) *Pen-y-muir*, the Head of moor) に降りる道路は，ノーサムブリアのコーブリッヂ (Corbridge) からセントラル地区，パースシャー，ファイフ地区に抜けるローマ軍の兵站線の重要な軍用道路「デア・ストリート」(Dere Street) となる。

イースト・ロージアン (East Lothian) のイースト・リントン (East Linton) の南西2マイルにある，猪が伏したような楕円の丘の上の「トラプレイン・ロウ砦」(Traprain Law Fort) [14] は，現在は，その北東部が石切り場となり，一部が欠けてしまっているが，青銅器時代の初期から5世紀頃まで人々の居留地があった砦である。丘の北側の比較的に高く険しい所には，鉄器時代以来，ローマ期の終わり頃までの構築物，東と南と西側にわたって，厚さ約3.5メートル，全長約1,000メートルの泥炭塊の保塁で囲まれた30エーカーの区画があり，北側の低い斜面の多くの小屋の土台跡を保塁で取り巻いていた約40エーカーの区画は，その西側がより初期の構築物がある区画と重複しているが，「ヴォタディニ族」または「ゴッドゥディン族」(the Gododdin) の首都 (oppidum) で，暗黒時代には「ロス族」(the Loth) の首都となった所である。

ここは，地質的にはグラムピアン山塊 (the Grampian Massif) の南側まで伸びる，銅，鉄，錫などの鉱物資源の多い「中央地溝帯」の南端で，このトラプレイン・ロウ (Traprain Law) では，多数の人が鉄，錫，銅などの精錬，加工，農耕や畜産などに従事していたと考えられている。スプーン，ボウル，フラゴン，皿などの出土品の中に，ローマの銀器や貨幣が出土していることから，ローマ軍との交易も行なわれていたと考えられている。そして，この砦の南西約0.2マイルには「ロージアン」(the Lothians) の名祖，5世紀中頃台頭する「ブリト・ピクティッシュ族」(the Brito-Pictish) の「ロス族」(the Loth) の王，同じく「ブリト・ピクティッシュ族」のアーサー王とは義兄弟と考えられている「ロス」(Loth < (P?) *Leudonus*) の名に因む，高さ2.5メートルの「ロス・ストーン」(Loth Stone) があるが，この手の単独の立石はこ

第 2 部　古代遺跡を訪ねて

の地区には多い。

　同種の石はイースト・リントンの西 1 マイル，A 1 の道路わきと，同じくイースト・リントンの東 A1 と A198 の分岐点近くにも立っている。これらの石はみな青銅器時代の立石 (standing stone) で，単に氏族の地領の境界か目印とも考えられているが，前者の「ペンクレイグ・ヒル立石」(Pencraig Hill Standing Stone) [15] は，高さ 3 メートル，トラプレイン・ロウを真南に眺め，遠く北西の方位に真夏時の日没の方位ノース・ベリック・ロウ (North Berwick Law) を望む。後者の「カークランド・ヒル立石」(Kirkland Hill Standing Stone) [16] は，高さ 3.5 メートル，真冬時の日没の方位，南西にトラプレイン・ロウを望む。スコットランドは緯度が北に寄っているため，気候は夏と冬の 2 季に近く，真夏 (the summer solstice) 時の昼と夜の時間差は 17 時間対 7 時間くらい，もちろん真冬 (the winter solstice) 時になるとこの時間差は逆転するがで，このために，真夏時と真冬時の日没や日の出の方位角は日本のそれとは大きく異なる。

　既述の「トリス・ヒル砦」(Tollis Hill Fort) のように，スコットランドには円形か楕円の空間の外側に壕と土堤を配し，内側中央に立木か環状列石を配して聖域とした青銅器時代の祭祀と天体観測の施設，いわゆるヘンジ (henge) 施設はかなりの数が残されているが，このイースト・リントンのドレム (Drem) の南 1 マイルにある「チェスターズ・ドレム砦」(Chesters Drem Fort) [17] も，この「ヘンジ」施設を彷彿させる砦施設である。低い尾根のすぐ下に位置する 275 メートル× 150 メートル，高さ 7 メートルほどの楕円の高台の周囲を 2 重の壕と土堤で囲み，中央部の「聖域」にあたる約 110 メートル× 45 メートルの空間を居留区としている鉄器時代の砦である。今は牛たちの遊び場になっているが，最も内側の保塁を高く，壕を深くし，その外側にさらに 3 本の保塁と壕をまわし，出入り口を東西南北の各側に配して，中にいくつかの住居の土台跡を残す施設である。

　また，この辺りは，暗黒時代にはサクスン族の支配地，このドレムの近くにはサクスン王「アエセルスタン」(Aethelstan, 924-40) の名に因む「アセルスタンフォード」(Athelstanford) という所がある。アエセルスタンは『アングロ・サクスン・クロニクル』(Anglo-Saxon Chronicle) の 924 年の記述の中で，アルバン王国 (the Kingdom of Alban) の王，コンスタンティン二世

1. 国境地帯，ベリックシャーとロージアン地区

(Constantine II Mac Aodh, 900-43) が「臣従の礼」を執ったとする，サクスン王，アルフレッド・ザ・グレート (Alfred the Great, 871-99) の子，エドワード・ジ・エルダー (Edward the Elder, 870-924) の子である。

彼は，918 年にアイルランドから回航して来て，ノーサムバーランド (Northumberland) の一部を拠点とし，もとのアングル族領，当時サクスン族領となっていたフォース川 (the River Forth) とトウイード川 (the River Tweed) の間の全域をわずか 5 年の間に掌握したデーン人海賊 (Danish Viking) の首領，923 年に死去したレヌワルド (Regnwald, d.923) の異母兄弟で，彼の後継者シトリック (Sitric, d. 930) に，926 年，自分の妹を娶らせて，翌年に放逐，レヌワルドとシトリックが得ていた領土全域をまるごと手中に収めたサクスン族の王である。

サクスン族の台頭を憂慮し，レヌワルドとこのシトリックと提携していた，アルバン王国の王コンスタンティン二世は，この領土の奪回のために 930 年に死去したシトリックの弟，グスファース (Guthferth) と彼の子オーラフ・クアラン (Olaf Cuaran, Sitricson, d.981) に援助を尽くしていたが，一切がままならず，加えて，[8] 933 年オーラフと彼の娘の成婚がもとで起こった，アエセルスタンとの苦々しい一連の抗争事件を経て，[9] 937 年，このアエセルスタンとの，その現場はいまだに不明のままの，例の血みどろの「ブルナンブルフの戦い」(the Battle of Brunanburh) を交えることになる。オーフフ・クアランがアイルランドから回航した船 615 隻，アルバン王国軍，デーン人海賊，ストラスクライド・ブリトン族の連合軍合わせて無慮 6 万 1 千 (?) が，アエセルスタンの率いるサクスン族の軍勢と戦ったと言われる戦いである。

また，[10] このドレムの南，ギッフォード (Gifford) の南東にある「ドウステイン・リッグ」(Dawstane Rig)，または「ナイン・ステイン・リッグ (Nine Stanes Rig) [18] は，既述のように，600 年から 603 年までの 4 年の間，ダルリアーダの王アエダン・マック・ガラン (Aedhan Mac Gabhran, 574-606) の軍勢が領土の拡張をめざして北上しようとするベルニシア王国のアエセルフリス (Aethelfrith, d.617) の軍勢を押しとどめようとして対峙した現場であるが，603 年，ストラスクライド・ブリトン族，ウェッルシュ・ブリトンとブリト・ピクティッシュ族の支援を得て意を決したアエダンが，このア

第2部　古代遺跡を訪ねて

エセルフリスと，ローマ期の終り頃，北ウェールズを支配地としていたヴォタディニ族によってギネス王国 (*Gwynedd*) から放逐されて，この国境地帯に住み着いていた異教のローランド・スコット族 (the Lowland Scots) との連合軍に大敗を喫した「デグザスタンの戦い」(the Battle of Degsastan) の現場跡である。

この戦いでは，アエセルフリスはこの戦いの総指揮者，彼の弟セオバルド (Theobald) を，アエダンは彼の三男ドモンガートを失う。この戦もその詳細は不明の戦いであるが，上述の「ブルナンブルフの戦い」，後述の「ネヒタンズミアの戦い」などと同様に，暗黒時代のスコットランド史に残る大殺戮戦の1つである。ここには9つの石墳が今もなお寂しげに残されている。

現在のスコットランドの首都，ミドロージアン (Midlothian) のエディンバラ (Edinburgh) は，7世紀初頭この地を掌握したノーサムブリアの王エドウィン (Edwin, 617-33) の名に因む *Edwin's Burh*「エドウィンの王領の町」に由来しているとも，5世紀初頭頃ダムフリーズ (Dumfries) の北，ニスデイル (Nithdale) に台頭し始める「ブリト・ピクティッシュ族」(the Brito-Pictish) の末裔，アーサー王 (King Arthur, d. 537) が首都兼居城とした「アーサーズ・シート」(Arthur's Seat) の前身，ローマ軍が侵攻する前の「ゴッドゥディン族」の「山峡の砦」((P) *Din Edyn,* (Q) *Dun Eiddhean,* Fort of peak or gorge) の *Edyn* ないし Eiddhean + (AS) burh に由来するとも言われているが，このエディンバラも青銅器時代にすでに多くの集落を擁した町である。

そして，市内のフェアーマイルヘッド (Fairmilehead) のオックスガングズ・ロード (Oxgangs Road) には，青銅器時代の「ケィステイン立石」(Caiystane Standing Stone) [19] という名の石が残されている。高さ約2メートル，幅約1メートル，厚さ0.12メートルの手のひら状の赤色砂岩で直径0.02から0.025メートル，深さ0.015メートルほどの「くぼみ」状の無数の「カップ・マーク」が刻まれている石である。無数の「カップ・マーク」は青銅器時代の星座のコピイと言われているが，この石も青銅器時代には天体観測を目的とした，どこか近くの施設の中で中心的な役割を果たしていた石と考えられ，青銅器時代以来，多くの居留民たちを擁していた集落地であることの1つの証左とされている。

1. 国境地帯，ベリックシャーとロージアン地区

　エディンバラの南西 5.5 マイル，ミドロージアン (Midlothian) のシルヴァー・バーン (Silver Burn) に近い小高い丘の上にある「ブレイドウッド居留区」(Braidwood Settlement)，同じく，フェアーマイルヘッドの南西，3 マイルにある「カースル・ロウ地下構築物つき砦」(Castle Law Fort & Souterrain) は，既述の「トリス・ヒル砦」やイースト・リントンのドレム (Drem) の南 1 マイルにある「チェスターズ・ドレム砦」などと同じように，青銅器時代のヘンジ施設を鉄器時代人たちがそのまま居留区に組替えたと思える砦である。

　おそらく当時は深閑とした森の中の砦で，同様の砦ないし居留区は，このロージアン地区のみならず，ベリックシャーや国境地帯にも遍く散在したが，多くが今は単なる山肌と化している。これらの砦は，ローマ軍が侵攻する紀元前 1 世紀頃までは，みなベリックシャーとロージアン地区の支配者「ヴォタディニ族」の砦であった。前者の「ブレイドウッド居留区」[20] は，紀元前 6 世紀頃の施設で，楕円の 1.25 エーカーの空間を壕で囲み，その外側に分厚い土塁に，さらにまた，壕と土塁を施して，中央に居留区，出入り口は 4 ヵ所，余り高くはない丘の上にあり，防護設備も堅牢そうにも見えないゆえ，物騒な鉄器時代の頃には，外側の土塁の上には木の「矢来」を立てていたと考えられている施設である。

　また，後者の「カースル・ロウ地下構築物つき砦」[21] は，紀元 1 世紀の終り頃の施設で，前者に比べれば少々若く，この砦も木の矢来で周囲を囲っていたと考えられている砦であるが，砦の北東端の 2 本の土塁の間の地下に，長さ約 20 メートル，幅 1 メートルから 2 メートル，高さ 1.6 メートルのやや湾曲した石積みの通路があり，これが奥の直径約 3.5 メートルの小室につづくという地下構築物 [22] があり，全体的には，その構造，規模はこの「ブレイドウッド居留区」のそれとほぼ同じで，青銅器時代のヘンジ施設を彷彿させる「居留区」である。

　エディンバラの南西，ウェスト・リントン (West Linton) のドルフィントン (Dolphinton) の北 0.6 マイルを西に左折して入るノース・ミュア (North Muir) は，青銅器時代に多くの移住民たちが居留した所で，ここには青銅器時代の石墳群が残されている。中でも直径 15 メートル，高さ 3.7 メートル，幅 1.8 メートルの排水溝つきの円錐墳「ネザー・ケァーン」(Nether

第2部　古代遺跡を訪ねて

Cairn) [23] と，700 メール北に離れた直径 20 メートル，高さ 4.2 メートルの「アッパー・ケァーン」(Upper Cairn) [24] は建立時の姿をそのまま残している石墳である。このノース・ミューアはスコットランドの青銅器時代の石墳の宝庫であるが，同じウェスト・ロージアン (West Lothian) のバスゲイト (Bathgate) の北の孤立した丘の上にある「ケァーンパップル石墳つきヘンジ」(Cairnpapple Henge & Cairn) 跡 [25] も同様の施設である。

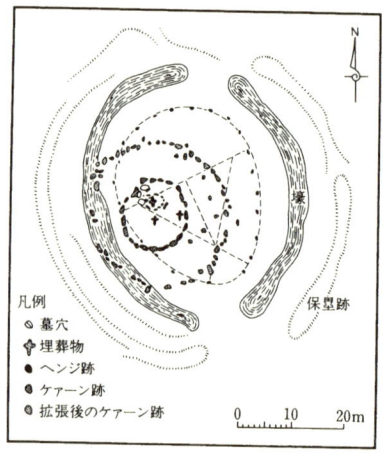

図10　「ケァーンパップル石墳つきヘンジ」の跡

　ヘンジ施設の概要についてはこれまで述べた通りであるが，ここを訪ねればその概要がつぶさに判ると思われる。ここで言う「パップル」というのは，英語の *of people* の意味の古代ケルト語で，この施設は図10に見られるように，紀元前2800年頃より1400年頃までに数回にわたって組み替えが行なわれた施設である。最初期の構築物は，直径1メートルほどの7つの連続した小穴からなる機能不明の半円の施設である。おそらく後の時代の挿入物であろう，多量の火葬にふした人骨が出土している。そして，紀元前2000年頃，この施設をまるごと全部その南西端に含めて，出入り口を北と南の2ヵ所として，高さ2メートル，深さ1メートル，幅3.5メートルの2重の保塁と壕の内側に，24本の立石からなる約35メートル×28メートルの楕円の石柱を配し，中央に長方形の石囲いをもつ，後述のオークニィ諸島の「ステンネス・ヘンジ」(Stenness Henge) に似たヘンジ施設 [26] が建てられる。紀元前1800年頃には，これが撤去され，そのヘンジ跡の南西端に時の部族の長か貴族のものと思われる2体の土葬体を埋葬した直径15メートル，高さ約4メートルの円錐墳が建立され，紀元前1400年代に入ると，その最終期の施設，直径が約2倍の30メートルの円錐墳に改築されるという長い歴史をもつ施設である。南部のカムブリア (Cumbria) 辺りのものとされる食器類が出土している。

1. 国境地帯，ベリックシャーとロージアン地区

　この「ケァーンパップル石墳つきヘンジ」の北西すぐのトーヒィフェン (Torphichen) は，昔は「バウデン・ヒル」(Bowden Hill) と呼ばれ，エディンバラの「アーサーズ・シート」をその本拠としたアーサー王が 516 年，アングル族の支援を受けたサクスン族に大勝を博した古戦場跡である。

　また，エディンバラ空港の西のニューブリッヂ (Newbridge) には，直径 30 メートル，高さ 3 メートルの扁平の青銅器時代の「フーリィ・ヒル円形墳」(Huly Hill Round Cairn) [27] がある。この石墳には立石群が付帯し，最も高いものが 2 メートル，石墳に向かって等距離ではないが，北，西，南の 3 方に立ち，東の立石は，遥かに 320 メートルほど離れて，東の方位に立つ。

　エディンバラの北西郊外，ファース・オヴ・フォース (Firth of Forth) に面するボネス (Bo'ness <Borrowstounness「王領の町の岬」) からストラスクライド (Strathclyde) のクライド川 (the River Clyde) の河口のビショップトン (Bishopton) までの間には，ローマ軍の第 2 次スコットランド侵攻の立役者，アントニヌス・パイウス帝の治世下，[11] 北方部族カレドニア族 (the Caledonians) とマエタ族 (the Maetae) の城壁以南への侵入を阻止するため，140 年頃に彼が時のブリテンの総督ロリウス・ウルビクス (Urbicus, Lollius) に構築を命じ完成を見た，その全長 36.5 マイルの「アントニヌスの城壁」(the Antonine Wall) がある。ロリウス・ウルビクスがヨークの第 6 軍団 (the 6th Legion of York)，チェスターの第 21 軍団 (the 21st Legion of Chester)，カーレオンの第 2 軍団 (the 2nd Legion of Caerleon) に構築させた城壁である。

　それはこの北のマエタ族とカレドニア族の居留区に向かって前面に幅 12 メートル，深さ 3.6 メートルの壕，幅 6 メートル，高さ 3 メートルのごつごつした石の土塁を配し，それに沿って，当時のローマ軍兵士の 1 日の標準行軍距離 15 ローマ・マイル (1 ローマ・マイルは 1.1 マイル) の距離範囲内に，0.65 エーカーから 7.3 エーカーの大小 17 の砦を軍用道路 (Roman road) でつなぎ，東と西の両ファースからは船による兵員，糧食の供給を可能とした，機能重視の城壁であったが，宗教上のトラブルが原因か，長い間の籠城から来る欲求不満が原因か，150 年代の初め頃より砦内の兵士たちの一揆が続発し，以後，砦の守備隊要員が外人部隊 (auxiliaries) に移管されたが，この外人部隊の兵士たちの間でも宗教上のトラブルは絶えることがなく，以後 156 年頃まで使用されたが，放棄を余儀なくされるとい

第 2 部　古代遺跡を訪ねて

う運命を辿った城壁である。

　[12] この年代はキリスト教信仰が台頭しつつあった年代ではあるが，ローマの正規兵の多くは，古来のローマの神々を崇拝していた。そして，[13] 外人部隊の兵士が駐留するようになると，ペルシャ (Parthia) やフリジア (Phrysia) 辺りから来ている兵士たちの間では，天界から地上界に降臨して原始牛「ゲウシュ・アーバン」(Geush Urvan) の血の放出をもって地上界に動物，植物の豊穣をもたらす神と信じられている「ミスラス神」(Mithras) [28] や，大地の母で穀物の実りを司る地母神「キュベレ」(Cybele) [29] などを崇めるようになる。ローマではキュベレ崇拝が認められるようになるのは，皇帝アレキザンダー・セヴェルス (Alexandar Severus, 222-35) の治世下で後のことになるが，外人部隊の兵士の多いブリテン島のような地方部隊では，すでに 2 世紀の初頭頃よりこの母なる大地の女神キュベレは，ローマの至高の女神ジュノウ (Juno) と彼らの至高神キュベレとの混合神，「ジュノウ・キュベレ」(Juno Cybele) の名で崇められるようになっていた。

　また，スイス (Switzerland) 辺りから来ていた兵士たちは，ローマの「ミネルヴァ」(Minerva) と同体の火と鉄器工芸の女神「ブリガンティア」(Brigantia) [30]，シリア (Syria) 辺りから来ていた兵士たちは「母なる女神」アターガチス (Atargatis)，不滅の太陽神「ソル・インヴィクタス」(Sol Invictus)，ローマの至高神ジュピターと彼らの至高神，火と鉄器工芸の神の混合神，ジュピター・ドリチェヌス (Jupiter Dolichenus) を崇め，ゴールからの外人兵士たちは彼らの故国の軍神コシドゥス神 (Cocidus) [31] やマース・コシドゥス (Mars Cocidus) [32]，彼らの太陽神「マポヌス」(Maponus) や，ローマ人とケルト人の神の混合神である結婚と出産の女神「ジュノウ・ルシナ」(Juno Lucina)，知恵，工芸，戦術の女神「スリス・ミネルヴァ」(Sulis Minerva) などを崇めるようになっていた。外人部隊の兵士たちが崇める神々はローマの神との混合神が多かったが，いまだに異教信仰が根強かった時代であった。

　このためこの年代に入ると，「ミスラスの神殿」(Mithoreum) [33] などは，キリスト教信者の兵士たちとミスラスの信奉者たちの間で破壊と再建が頻繁に繰り返されるようになった。当時のローマ軍は外人部隊の数の増加，それに伴う宗教の多様化によって，兵員たちの宗教上の内紛，騒擾事件は

1. 国境地帯，ベリックシャーとロージアン地区

すでに避けて通れない時代に入っていたように思われる。「アントニヌスの城壁」の宗教上のトラブルも同様な理由で起こったトラブルである。

　アグリコーラ (Aglicola, Gnaeus Julius, 37-93) は，ブリテンに戦略上必要な施政官として77年に赴任，78年より総督の職を2期と1年，計7年勤めることになるが，タイトゥス・フラヴィウス・サビヌス・ヴェスパジアヌス (Titus Flavius Sabinus Vespasianus, 71-81) の治世下の80年，[14] ローマ軍の第1次スコットランド侵攻の統轄者として，4個軍団の将兵2万とともにスコットランドに入ることになる。彼らは軍用道路と野営地のみを構築しながら国境地帯を北上，ベリックシャー，ロージアン地区を通り，ファース・オヴ・フォースの対岸のセントラル地区，パースシャー (Perthshire)，ファイフに入り，そこに大小の砦を構築し，ハイランド部族と対峙するが，81年，サビヌス・ヴェスパジアヌス帝が他界，弟のドミティアヌス・オーガスタス帝 (Titus Flavius Domitianus Augustus, 81-96) の治世下，4年後の84年の春には，彼は，北方部族征伐の命を受け，グラムピアン地区に侵攻する。テイサイド (Tayside) のストラカスロウ (Stracathro)，現在のブレヒン (Brechin) を拠点として，軍需品の供給，後方との連絡線を確保する兵站を船団に任せて (?)，東海岸沿いに北上し，グラムピアン地区に侵攻，その遠征の途上で，彼の養子タキトゥス (Tacitus, Cornelius, 55-117) が記すように，ローマ軍の死傷者360名，北方部族のカルガクス (Calgacus) が指揮する，ハイランド軍のそれが1万名という，いまだにその現場が不明のままの，今の「グラムピアン山塊」の語源となる，例の「モンス・グラピウス」(Mons Grapius) での戦いに勝利する。

　そして彼は，なおも北上を続け，ファース・オヴ・マレイ (Firth of Moray) に達して，そこからオークニイ諸島 (the Orkney Islands) への遠征に乗り出す。しかし，ローマの正規軍2万を動員しながら，実りの少なかった遠征がその原因であったのか，それともタキトゥスが記すように ('perdomita Britannia et statim omissa'《ブリトン族を制圧して即座に左遷》)，「モンス・グラピウスの戦い」(the Battle of Mons Grapius) の大勝利に対するドミティアヌス・オーガスタスの嫉妬によったものか，彼は同年ローマに召喚される。

　アグリコーラは，スコットランドに進攻する前年の78年と79年に，後

第 2 部　古代遺跡を訪ねて

の 122 年より 128 年にかけて皇帝ハドリアヌス (Hadrianus, Publius Aelius, 117-38) が構築することになる「ハドリアンの城壁」沿いに，土木工事を所管とする工兵部隊に命じて，軍用道路「ステイン・ゲイト」(Stane Gate) を構築していて，80 年にこの道路沿いのコーブリッヂ辺りを起点として北上し，北に向かって山越えの進路をとる。そして，海抜 550 メートル級の「チェヴィオット山脈」を越え，ウォーデン・ロウ (Woden Law, 423 メートル) の北裾をペニイミュアー (Pennymuir) に向けて降り，ニューステッド (Newstead) を経て，ロージアン地区に抜けるローマ軍の東側の軍用道路「デア・ストリート」(Dere Street) を進軍する ([12] 参照)。

　しかし，この軍用道路は，彼がスコットランドに入った時，すでに完成を終えていた道路であるはずはなく，彼が行軍中に例の「ステイン・ゲイト」を完成したのと同様な，土木工事を所管とする工兵部隊に構築させたか，ないしは彼らの監督による 4 個軍団の将兵 2 万の合同分担作業による作業であったのか，いずれかによって完成を見た軍用道路である。工期は不明であるが，「アントニヌスの城壁」(the Antonine Wall) の全長は 36.5 マイル，このコーブリッヂ辺りを起点として，ロージアン地区に至るこの軍用道路は，砦は造らず，野営の進軍であったにせよ，全長は約 250 マイル，80 年度内に完成を見ている。

　森と山と川，ほとんど人跡未踏に近い荒野の中の軍用道路と野営地の構築作業は兵站線を確保する上で，常に軍にとっては必要不可欠な作業，西のカーライル (Carlisle) からアンナンデイル (Annandale), ニスデイル (Nithdale) を北上して，ストラスクライド (Strathclyde), セントラル地区に抜ける「ローマン・ロード」の構築も全く同じで，それはアグリコーラの下図をもとに，85 年以降ドミティアヌス・オーガスタス帝期に完成を見ているが，ローマ軍の南部の兵站基地と北の作戦軍とを結ぶ重要な兵站線となっている。

　アグリコーラが国境地帯，ベリックシャー，ロージアン地区などに構築した砦はただの野営地で，周囲を壕と土塁で囲み，その中央部に本部，軍旗や重要書類，貴重品などを収納する仮施設，司令官の仮泊施設，兵員，車馬，糧秣を収容する仮泊施設など，多くがその屋根に麦わらの束か木の葉のついた枝などをのせた木造の野営用の仮泊舎屋であった。彼の場合，

1. 国境地帯，ベリックシャーとロージアン地区

「アードッホ・ローマ軍砦」(Ardoch Roman Fort) のように，後のセントラル地区やパースシャー地区の守備隊の施設はより耐久性のある砦とし，実戦移動部隊の砦については耐久性を無視した砦であったよに思われる。

しかし，アグリコーラがローマへ召喚された後，ディシア (Dacia) に遠征，初戦のカティ (Chatti) との戦いには勝利するが，以後の戦いには連敗して晩年は不幸がつづき，96年に側近のものたちによって暗殺される皇帝ドミティアヌス・オーガスタスの指令によってアンナンデイル，ニスデイル，ストラスクライド，セントラル地区，パースシャーなどに構築される砦は，アグリコーラが構築した野営用の砦とは異なり，城壁は石か煉瓦，施設の多くが土台に石，その上に屋根にスレートか瓦を用いた木造の舎屋を乗せるといったより耐久性のある砦に変化する。彼は，既述の図5に示すように，北方部族の侵入を封ずるための前哨基地，パースシャーの「インチトゥッシル・ローマ軍砦」(Inchtuthil Roman Fort) を兵站基地として，アンガス地区 (Angus) のモントローズ (Montrose) 近くのストラカスロウ (Stracathro)，つまり現在のブレヒンから南西に向けて，カーディーン (Cardean Roman Fort)，フェンドッホ (Fendoch Roman Fort)，ダルギンロス (Dalginross Roman Fort))，ボハースル (Bochastle Roman Fort)，メンテイス (Menteith Roman Fort)，ドリメン (Drymen Roman Fort)，そしてこのドリメンを経由してストラスクライドのバロハン (Barochan Roman Fort) に至る外側の弧形の砦群と，テイサイド (Tayside) のバーサ (Bartha Roman Fort) を起点としてオーヒル山塊 (Ochil Range) の北側を南西に向け，ストラギース (Strageath Roman Fort)，アードッホ (Ardoch Roman Fort)，セントラル地区のカメロン (Camelon Roman Fort) に至る内側の弧形に連なる砦群を構築する。また，これらの砦に連結する兵站線の砦を国境地帯，ストラスクライド，ロージアン地区，アナンデイル，ニスデイル，ダムフリーズ・アンド・ガロウェイ地区に多く新設ないし改築したが，これらもみな耐久性のある砦である。

しかし，これはアグリコーラに北方遠征を命じたドミティアヌス・オーガスタス帝の驚くべき「方針の転換」である。彼はこの砦群の配置の中に明らかに「攻め」より「守り」に転じ，ファース・オヴ・フォースとファース・オヴ・クライドの南側を恒久的にローマの自治領として確保するという彼の考えないしは方針を示唆している。

第 2 部　古代遺跡を訪ねて

　このドミティアヌス・オーガスタス帝の時代とそれ以後に構築ないし改築されるローマ軍の砦は，兵站線の繋ぎのために交通の便がよく，清らかな流れが近くにある場所に構築されるのを常とした。その点ではアグリコーラの野営用の砦の場合も同じであったが，すべてが機能性にとんだ砦である。ローマ軍のスコットランド侵攻の拠点基地「ハドリアンの城壁」沿いに復元されているローマ軍砦を例にとって，その概要を説明するならば，多くが，砦の大小を問わず，周囲に4つ，ないし6つの出入り口がある高い石の城門 [34] を深い壕と重厚な土塁で囲み，その土塁の内側に，火と竈の女神ヴェスタ (Vesta) の像を祀った兵員の自炊用のかまどなどの施設，砦中央部に井戸つきの基礎部分が石作りの司令官の執務室 [35] 兼ホール，ローマの神々に献じた祭壇や軍旗を収納する神殿，その下に貴重品，重要書類を保管する地下室 [36] などを備える軍の管理棟，司令官宿舎 [37]，近くの川から土管により取水している砦の飲料水の供給源，大きな水槽を備えた「泉の神殿」[38] などが置かれ，多く砦の北側に土台は石造り，建物は木造の高床式の穀物倉庫 [39]，砦の正門近くに，排水溝を備えた兵舎や厩舎 [40]，東側か西側に輜重関係の倉庫と作業場 [41]，医療施設などが配置され，近くの川に隣接して兵員の衛生管理を目的とした，7体の神々の像を安置する壁龕(niche) などが付帯する浴場施設 [42]，そして，砦の外に兵員のための神殿，民間の施設や，共同墓地などが付帯するようになる。
　既述の「アントニヌスの城壁」の砦群も同様な施設を備えた砦群であるが，この西側のルート沿いの砦は多くダムフリーズ・アンド・ガロウェイ地区とストラスクライド地区の砦になるため，ここでの説明は避けることにし，アグリコーラの第 1 次遠征から 3 世紀初頭のセヴェルス帝 (Severus, Lucius Septimus, 193-211 A.D.) の第 3 次遠征時までに，国境地帯，ベリックシャー，ロージアン地区に構築，ないし改築されたローマ軍砦を列記するとすれば，以下のようになる。
　まず，ノーサムブリアの「コーブリッヂ」(Corbridge) 辺りから，現在の A68 に接して北上するローマ軍の軍用道路「デア・ストリート」(Dere Street) を 16 マイル北上して，ウェスト・ウッドバーン (West Woodburn) に「ライジングハム・ローマ軍砦」(Risingham Roman Fort)，さらに 8 マイル北上して，A68 と A696 との合流点，エリスハウ (Elishow) の北西 3.5 マイルに

1. 国境地帯，ベリックシャーとロージアン地区

「ハイ・ローチェスター・ローマ軍砦」(High Rochester Roman Fort)，ここから A68 沿いに例のカーター・バーに向かう現在のルートではなく，真っ直ぐ約 8 マイル北上，途中フェザーウッド (Featherwood) を経由して，「チェヴィオット山脈」の南側，イングランドとの国境線に「チュー・グリーン・ローマ軍小砦」(Chew Green Roman Fortlet)，また，この砦からこの山脈の麓を真っ直ぐ 20 マイル東進，ノーサムブリア領，A697 と B6341 の合流点の北，今もなおローマ軍の軍用道路の跡を残している，スラントン・ウッド (Thrunton Wood) の東に，「リァチャイルド・ローマ軍小砦」(Learchilld Roman Fortlet) などが構築される。「ライジングハム・ローマ軍小砦」は 140 年頃アントニヌス・パイウス帝期に構築された砦で，他はみなドミティアヌス・オーガスタス帝期に構築された，今は跡地が残るだけの砦である。

そして，上の「ハイ・ローチェスター・ローマ軍砦」は，「ハドリアンの城壁」の兵站線を迂回するか，ないしは遥か西のラングホルム (Langholm) を経て到達するか，いずれにしても，このラングホルムの南 3 マイル，ドミティアヌス・オーガスタス帝期に構築されたダムフリーズ・アンド・ガロウェイの「ビレンズ・ローマ軍砦」(Birrens Roman Fort) と連結する「ブルームホルム・ローマ軍砦」(Broomholm Roman Fort) に通ずる西の軍用道路への中継基地でもある。

本来の「デア・ストリート」沿いのスコットランド領の砦は，まず，上述の「チュウ・グリーン・ローマ軍小砦」から「チェヴィオット山脈」を越え，「ウォーデン・ロウ」(Woden Law) の北裾を降り，「ペニイミュアー・ローマ軍仮設砦」(Pennymuir Roman Temporary Fort)，ここから北西 7 マイル，現在のジェッドバラ (Jedburgh) の東 3 マイルに，ドミティアヌス・オーガスタス帝期に構築された「カプック・ローマ軍砦」(Cappuck Roman Fort) があり，さらに，北西に 10 マイル，現在の A68 沿いのメルローズ (Melrose) の東 0.4 マイルに，トウイード川 (the River Tweed) に面して「ニューステッド・ローマ軍砦」(Newstead Roman Fort) がある。

アグリコーラは，野営地跡地のみを残し，ロージアン地区以南には「砦」の類は構築しなかった。上の「ペニイミュアー・ローマ軍仮設砦」[43] は，アグリコーラが第 1 次遠征の際に使用した野営地跡地で，2 つの長方形の 42 エーカーとその半分の約 20 エーカーの野営地の跡地が残される。前者

第2部 古代遺跡を訪ねて

も後者もその跡地に堡塁と壕跡を残し，長方形の長い側に各2つ，短い側に各1つの出入り口跡を残している。20エーカーの砦跡地はアントニヌス・パイウス帝が第2次遠征に先立ち，ウォーデン・ロウの頂上の野戦訓練の兵員たちの仮泊施設として付加した施設である。

また，この砦と連結する「カプック・ローマ軍砦」は10エーカー程度の小砦である。トゥイード川河畔にある砦跡地で，ドミティアヌス・オーガスタス帝の85年以降，セヴェルス帝の第3次遠征の終結時までのローマ軍の駐留期には，国境地帯，ベリックシャー，ロージアン地区で最大の兵站基地として，つねに中心的役割を果たした「ニューステッド・ローマ軍砦」は，構築，放棄，再建が繰り返えされた砦で，発掘調査の結果，80年のアグリコーラの第1次遠征の際の砦は野営地で，総規模は10.5エーカー，ドミティアヌス・オーガスタス帝期の85年以降，90年までの駐留期には，14.5エーカーの砦となり，105年に放棄されたが，アントニヌス・パイウス帝の第2次遠征が始まる140年代初期には，砦の南と東に6つの仮設砦を配し，厚さ14メートルにも及ぶ3本の重厚な土塁で防護した石の城壁に，東西に各1つ，南北に各2つ，計6つの城門，ないしは出入り口を配して，東西が270メートル，南北が240メートルの4つの砦が構築される。建物は木造，土台は石，中央に軍の管理棟，南の出入り口に近い所に司令官宿舎，東側に兵舎，西側に厩舎，北側に輜重関係の倉庫や作業場跡などがあることが判明している。ここに駐留したローマ軍兵士たちについてはほとんど明確にされていないが，第2次遠征の際には第20軍団の2個の歩兵旅団約1千名と，24個中隊(1個中隊は32騎)の騎兵旅団が駐留したとされている。また，この砦は第2次遠征の終結した後の163年に放棄されて，セヴェルス帝の第3次遠征時直前に再建される。

この「ニューステッド・ローマ軍砦」の南西にあるセルカーク(Selkirk)から南西に3.5マイル地点には，野営地の規模31エーカーの「オークウッド・ローマ軍砦」(Oakwood Roman Fort)跡がある。また，メルローズから西に25マイル，トゥイード川とライン・ウォーター(Lyne Water)が合流する地点，ハリン(Hallyne)には「ライン・ローマ軍砦」(Lyne Roman Fort)，または「イースター・ハップルウ・ローマ軍砦」(Easter Happrew Roman Fort)跡があるが，これらの砦はアグリコーラがこの第1次遠征中に，カーライルを起点とし

1. 国境地帯，ベリックシャーとロージアン地区

て，アンナンデイルやニスデイルを経て，ストラスクライド地区からセントラル地区に入る西の兵站線ないしは軍用道路を計画した際，この「デア・ストリート」の「ニューステッド・ローマ軍砦」とその西の軍用道路を結ぶ，いわゆる「つなぎ」の兵站基地として構築した野営地ないしは砦である。

前者は，ドミティアヌス・オーガスタス帝の90年代には，規模3.5エーカーの，小規模の歩兵旅団が駐留できる砦に改築されるが，後者は，85年に始まるドミティアヌス・オーガスタス帝の駐留期とアントニヌス・パイウス帝の第2次遠征の直前の140年代の始め頃に増改築が行なわれ，ストラスクライドの兵站基地の要衝となる，ビッガー (Biggar) の南西5.5マイルの「カースルダイクス・ローマ軍砦」(Castledykes Roman Fort) と連結する重要な兵站基地となる。現在では，砦の堡塁跡が部分的に残り，東側と南側の壕がわずかに見られる，そのサイズが7.75エーカーの砦である。

「ニューステッド・ローマ軍砦」以北に構築された「デア・ストリート」沿いの砦も多くが今は跡地を残すのみで，原形などをとどめている砦は1つもないが，このニューステッドの砦跡の北，A68に沿って8マイル，ロウダー (Lauder) の南東1.5マイルにはセヴェルス帝が第3次遠征に際して，セントラル地区，パースシャーの作戦軍の後方支援の兵站基地として構築した，かなり大規模の「セント・レオナーヅ・ローマ軍砦」(St Leonards Roman Fort) 跡がある。また，A68とA691の合流点の北西1マイルには，アントニヌス・パイウス帝期に構築された「オックストン・ローマ軍砦」(Oxton Roman Fort) 跡があり，この砦の北東1.5マイルにはこれも大規模の重厚な堡塁と壕跡を残す，セヴェルス帝が第3次遠征に際して構築した「チャネルカーク・ローマ軍砦」(Channelkirk Roman Fort) 跡が残されている。

また，ミドロージアン (Midlothian) のダルケイス (Dalkeith) の南東4.5マイル，A686とB6367の合流点近くには，セヴェルス帝期が第3次遠征に際してセントラル地区，ファイフ，パースシャーの作戦軍の兵站線の1つとして構築した「ペイスヘッド・ローマ軍砦」(Pathhead Roman Fort) 跡が残されている。また，同じミドロージアンのムッセルバラ (Musselburgh) のA6124とB1348が合流する地点近くの「聖マイケル教会」(St Michael's Church) とその共同墓地の下には，砦の東側部分に木造と石造りの建物，民間人用の居留区跡を残し，「インヴァレスク・ハウス」(Inveresk House)

第 2 部　古代遺跡を訪ねて

の所有となった敷地の中に床下暖房つきの浴室跡と思われる施設跡を残す，ドミティアヌス・オーガスタス帝期に構築され，アントニヌス・パイウス帝の第 2 次遠征の際に改構築されて，守備隊が駐留したと言われる 6.6 エーカーの砦「インヴァレスク・ローマ軍砦」(Inveresk Roman Fort) 跡がある。

　エディンバラの北西郊外，「アントニヌスの城壁」の起点，ボロウズタウンネス (Borrowstounness) から東に 11 マイル，アーモンド川 (River Almond) 河畔には「クラモンド・ローマ軍砦」(Cramond Roman Fort) 跡がある。このクラモンドの砦は，アントニヌス・パイウス帝の治世下 140 年頃に建てられた 6 エーカー規模の砦で，2 世紀中頃に駐留の途切れがあり，セヴェルス帝期には対岸のセントラル地区，パースシャーの作戦軍への兵站基地となったと考えられている砦である。現在は砦の堡塁や壕などの位置を示すものは残されてはいないが，砦内部にはセヴェルス帝期のものと推定される本部建物の土台，倉庫跡，中庭の列柱など砦の土台跡が残される。

　また，この砦が面するアーモンド川を小さな渡し舟でわたり，700 メートルほど歩くと，今は針金の網で覆われているが，ローマ軍兵士たちが彫った「鷲」の彫像があると言われる「イーグル・ストーン」(Eagle Stone) [45] という名の岩がある。「イーグル」はローマ人にとっては「マーキュリィ」(Mercury) の化身，神々の使者で雄弁，科学，盗賊よけの守護神であるが，この彫り物は 3 体の女神像であるという説もある。

＊　　＊　　＊

　さて，ここで，このローマ軍の軍編成について触れて，この章を終わることにしたいと思う。[15] ローマ軍は，① 中枢を警護する親衛隊で，要人の警護，地区の警察，消防要員でもあり，地方部隊では多少の騎兵を伴う砦の守備隊要員である「歩兵旅団」(cohort) と，② 地方部隊の主力実戦移動部隊で，例の「ハドリアンの城壁」や「アントニヌスの城壁」のような大規模の土木工事や橋梁工事などを担当する工兵や精密な作戦計画にしたがって遂行される軍事作戦に参加する医療関係者，投石機の砲兵要員，輜重，騎兵などの兵科を含む 10 個の歩兵旅団，ないしは 2 個の師団の鎧装の歩兵で構成される「軍団」(legion) と，③ 国境の管理，治安維持などを

1. 国境地帯，ベリックシャーとロージアン地区

専業とする外人で構成される「外人部隊」(auxiliaries) の 3 つの組織で構成される。

「歩兵旅団」は第 1 旅団の場合のみは通常の兵力の倍の 160 名であるが，兵役 15 年以上の経歴がある「百人隊長」(centurion) によって統括される 80 名からなる 5 個の百人隊 (century) からなり，通常は 480 名から 500 名でなり，長い間百人隊長を歴任した 50 〜 60 歳代の職業軍人，「将軍」(prefect) か，すでに外人部隊を指揮して 3 年を経た貴族出身の将校によって統括される。

「外人部隊」は守備隊要員であり，時に移動実戦部隊の要員でもあるが，歩兵と騎兵で構成される兜，楕円の盾，刀剣，槍などを佩用した通常 1 個旅団から 2 個旅団程度の兵力で，スコットランドを含むブリテン島北部に配属された外人部隊の兵員の多くは，カエサルの年代以後はローマの被征服国となった極めて広範囲にわたる，スペイン，ドイツ，ゴール，イタリア，フランス，ベルギイなどで応募，ないし懲募された兵の派遣旅団で，アグリコーラの「モンス・グラピウスの戦い」には，すでにバタヴィア人 (Vatavians) や他の外人部隊が，歩兵旅団の兵員として参加しているが，主に 2 世紀中葉頃を契機として，例の「アントニヌスの城壁」やスコットランド南部の守備隊要員の主力となる。その中にはヴォタディニ族，セルゴヴァ族，ノヴァンタ族 (the Novantae)，ブリガンテス (the Brigantes) 族なども含まれた。

この「外人部隊」は，少数編成の場合は大体 1 個旅団，大型編成の場合は 2 個旅団の編成で，歩兵と騎兵の混成部隊では，少数編成の場合 1 個旅団の歩兵と 4 個中隊の騎兵 (騎兵の 1 個中隊は 32 騎)，大型編成の場合では少数編成の場合の倍の兵力，騎兵のみで編成される時は，少数編成の場合で，16 個中隊，大きい編成の場合で 24 個中隊の騎兵で構成された。いずれの場合も「軍団司令官」(tribune) か「将軍」，または貴族出の騎兵将校によって統括されるのを常とした。

「歩兵旅団」と「軍団」は 1 世紀から 2 世紀前半頃までは，ローマの正規兵で構成された。そして，「外人部隊」の兵士の参加はまだ少なかった。軍を統括するのは総督 (governor)，軍団は 30 歳前半の元老院議員の「総督補佐官」(legate) か，この補佐官の代理を務める 20 歳代の元老院議員の貴族の「軍団司令官」によって統括された。そして，各編成単位は独自の管

理運営を任されていて，作戦日誌，兵員各個人の服務の明細や功科表，各編成単位の兵力，物品，備品などのファイルの作成がなされ，その年次報告が総督府 (the government-general) に提出されるよう義務づけられていた。

再任の制度もあるが，総督，総督補佐官，軍団司令官の任期は3年，貴族の出身者の兵役期間も3年，兵員の補充は志願制によって行なわれ，兵役期間は25年。3年の兵役期間を満了した貴族の出身者には外人部隊の指揮官として軍籍に残る道が開かれていた。貴族も兵員も兵役期間中は有給，退役の際には，すでにローマの市民権を得ている者には相応の退職金が，また外人部隊の兵員には退職金かローマの市民権かのいずれかが与えられた。ローマの軍人で結婚が許されるのは将校以上，また砦の中に居住できる子女は将校以上の妻子のみで，兵員の結婚は公式には許されていなかった。

因みに，ローマの市民権は，自らの国費の乱費の穴埋めとして，歳入の増収を計るために，奴隷を除いたすべてのローマの居留民に認めたセヴェルス帝の子カラカラ，すなわちアントニヌス・マルクス・オーレリウス (Caracalla, or Antoninus, Marcus Aurelius, 211-17) 以前の年代では，ローマ人以外にその交付は認められてはいなかった。

2. ダムフリーズ・アンド・ガロウェイ地区と
ストラスクライド地区

　ダムフリーズ・アンド・ガロウェイ地区 (Dumfries & Galloway) の沿岸地帯は平地が多く，ために古代の移住民たちの流入もより容易であったように思われる。ここには新石器時代の通廊墳 (galleried grave)，青銅器時代の立石群，単独の立石，石墳，ストーン・サークル，環状列石，ヘンジの類，「カップ・アンド・リング・マーク」のある石，鉄器時代の砦，ローマ軍砦，暗黒時代最初期の頃のキリスト教の十字架等々が多く残されているが，このダムフリーズとガロウェイ地区は，鉄器時代にその所領の東側の国境線をニス川 (the River Nith) と定め，その首都兼居留地をロカービイ (Lockerbie) 近くの「バーンズワーク・ヒル砦」(Burnswark Hill Fort) として，エアシャー (Ayrshire)，ダムフリーズ，ガロウェイを所領とした，「北部の人たち」の1部族，ノヴァンタ族 (the Novantae) の所領である。その北ストラスクライド地区はダムノウニ族 (the Damnonii) の所領で，彼らはグラスゴウの西の「ウォールズ・ヒル砦」(Walls Hill Fort) を彼らの首都兼居留地とした。

　85 年頃に始まるドミティアヌス・オーガスタス帝やアントニヌス・パイウス帝期のローマ軍の駐留期には，「ハドリアンの城壁」の西の端の砦, カーライル (Carlisle < (P) *Caer* fortress + *Luail* of Lug「軍神ルギの城塞」) を起点として，アンナンデイル (Annandale)，ニスデイル (Nithdale) を経てストラスクライドに通ずる軍用道路と砦群が構築ないし改築される。そして，このローマ軍の撤退後の暗黒時代の 400 年頃よりは，既述のノヴァアンタ族の支配地は，「老王コェール」(Coel Hen) の支配地となり，6 世紀の中頃にはイルブン・マップ・キルマック (Urbgen (*or* Urien) Map Cirmac, d. 585?) の所領となるが，このダムフリーズの北，アンナンデイル，ニスデイル辺りには，5 世紀の中頃よりアイルランドの「北部ブリトン族」(the Cruithnii)，いわゆるピクト族の原人たちと混血したブリトン族，後にエディンバラの「アーサーズ・シート」(Arthur's Seat) を首都兼居城とする，アーサー王 (King Arthur, d.537) やトラプレイン・ロウ (Traprain Law) を首都兼居城とするロス

族 (the Loth) の祖となる「ブリト・ピクティッシュ族」が台頭する。

　また，この北は，アイルランドに遠征した兵たちがキリスト教に帰依したばかりの信者たちの多くを殺害，捕虜にしたことで聖パトリック (St Patrick, 389?-?461) から捕虜の返還を求める非難の書簡を送られたという，ストラスクライド・ブリトン族のケレディック (Ceredig, 在位年代不詳) の所領で，これは，6 世紀中頃よりは，既述のように，その 2 人の息子をアングル族との戦いで失ったケレディックより五代目の「寛大王ヌダ」(Nuda Rhydderch) の所領となる。

　しかし，この 5 世紀中頃アイダ (Ida) を初代の王として始まるノーサムブリアのアングル族の勢力は，6 世紀中頃には，国境地帯，ベリックシャー，ロージアン地区に及び，漸次このウェルッシュ・ブリトン族やブリト・ピクティッシュ族のダムフリーズやガロウェイ地区にも及んで来る。そして，603 年，この侵犯がダルリアーダ (Dalriada) に及ぶと考えたアエダン・マック・ガラン (Aedhan Mac Gabhran) がアイダの孫，アエセルフリス (Aethelfrith, d.617) を相手に起した「デグザスタンの戦い」(the Battle of Degsastan) は，既述のように，アエダンの大敗に終ったために，アングル族のこのダムフリーズとガロウェイ地区への侵犯はいよいよ激しさを増し，これに加えて，9 世紀中頃よりはノルウェー海賊のノーサムブリアへの侵攻と定住が原因で居所を失ったアングル人，サクスン人の多くがこれらの地区へ流入，これが原因となって，これらの地区は徐々にアングル族領へと化して行く。

　また，9 世紀中頃よりはアイルランドからのノルウェー海賊が海路を経て，ソルウェイ・ファース (Solway Firth < (ON) *sul* pillar or stone monument standing + *voe* bay or creek)「石柱が立つ浅瀬」に入り，このダムフリーズとガロウェイ地区に侵攻定住する。Firth または Frith < (ON) *Fjördhr*「陸地に深く入り込んだ入江」は，Firth of Forth, Firth of Clyde, Firth of Moray, Firth of Clyde のように，全て北欧海賊の上陸点となったところで，スコットランドの「入江」にはすべてこの Firth が付着するが，このソルウェイ・ファースはこのノルウェー海賊たちの最悪の侵攻定住の上陸地点の 1 つである。Gallovians（ガロウェイ人たち）は P-ケルト語 *Gallgaidel* に由来し，*Galwegians*（ケルト語を話さないゴール人，ないしはノルウェー化したゴール人 (Foreign or Norwegianized Gauls)）を意味するが，このソルウェイ・ファー

2. ダムフリーズ・アンド・ガロウェイ地区とストラスクライド地区

スに面するガロウェイは、このノルウェイ海賊たちの侵攻定住によってその人種も北欧化を余儀なくされた地区である。

グレトナ (Gretna) の北、カートル・ウォーター (Kirtle Water) がソルウェイ・ファースに注ぐ河口近くには、ソルウェイ・ファースが「石柱が立つ浅瀬」の意味であるように、今は1個の石のみになってはいるが、青銅器時代の巨石記念物 (menhir) の *sul*「石柱」(pillar) の1つ、高さ2.1メートル、直径が6.4メートルの「クロックマーベン・ストーン」(Clockmaben Stone) [1] が残されている。ローマ軍の外人部隊の「マボン族」か、ウェルッシュ・ブリトン族 (the Welsh Britons) の「マボン族」(the Mabon) かは定かでないが、彼らの祭祀施設と言われる石である。

「マボン族」は、その名を「ニス川」(the River Nith <(L) *Novios*) の名に因んで、P-ケルト語 *newydd* fresh、ラテン語 *nov*- fresh, or new から「新しい、または、元気の良い(部族)」とした「ノヴァンタ族」(the Novantae) の1氏族であるが、ゴール人の太陽神「マボン」(Maponus or Mabon) の名に因むケルト部族で、セヴェルス帝がカレドニア族、マエタ族の懲罰遠征に失敗し、ローマ軍がスコットランドから総撤退を余儀なくされた3世紀中頃より漸次その勢力を増した部族である。

このウェルッシュ・ブリトンの「ノヴァンタ族」の首都兼居留地「バーンズワーク・ヒル砦」(Burnswark Hill Fort) は、「防衛工事、または、保塁がある丘」を意味する「バーンズワーク・ヒル」(Burnswark Hill < (P) *bryns* hill's + (ON) *verk* work + Hill) [2] の頂上にあるが、ここには紀元前600年頃の砦跡で275メートル×200メートルの周囲に、木の矢来を建てるための堀割付きの保塁に囲まれた砦跡と同居して、その原因は不明、1世紀中頃に放棄されたと見られる、北東から南西にかけて縦約500メートル、南西側の半分を幅250メートル、北東側のそれを約100メートルとする、総規模約17エーカーほどのほぼ凸型の居留区跡がある。

そして、このバーンズワーク (Burnswark) という地名の中にも、北欧海賊、特にノルウェイ海賊 (Norwegian pirates) の定住地によく見られる地名の音韻変化——6世紀の後半頃は北部ピクト族の「猪族」のブルード大王の島「バーゼイ島」(the Isle of Birsay or *Bredei's* + *ay*) で、9世紀の中頃からはノルウェイのロヌワルド伯爵 (Earl of Rognwald) 家の統治領となるオークニイ諸島の本島、

ボロウ・オヴ・バーゼイ (Borough of Birsay) の Birsay のように，ケルト語の *bru-*, *bry-* が古代ノース語の bir-, bur- に変化する音韻変化現象が見られる。

　また，このバーンズワーク・ヒルには1世紀の終り頃ローマ軍が到着し，頂上跡地の南東側面に300メートル×80メートルの，また，北西側面には100メートル×200メートルの仮設砦を構築，その丘全体が国境地帯の「ウォーデン・ロウ砦」(Woden Law Fort) と同様に，ローマ軍が第2次侵攻を前にして，野戦やその使用目的がブリトン族の砦の破壊にあったと言われる投石機 (catapult) [3] の実戦訓練基地として使用されたと言われている。このローマ軍砦は，既述のように，ファース・オヴ・クライドとファース・オヴ・フォース以南に強い拘りがあったドミティアヌス・オーガスタス帝 (Titus Flavius Domitianus Augustus, 81-96) の治世下にこのダムフリーズ・アンド・ガロウェイ地区に構築された砦の1つである。

　彼は，既述の**図2**に見られるように，ダムフリーズ・アンド・ガロウェイ地区とストラスクライド地区には，数多くの砦を構築，東の「デア・ストリート」(Dere Street) 沿いではその最南端に「コーブリッヂ・ローマ軍砦」(Corbridge Roman Fort) と直接兵站線を結ぶ砦としてノーサムブリア領に30エーカー規模の「ハイ・ローチェスター・ローマ軍砦」(High Rochester Roman Fort) とその北に5エーカー規模の「チュー・グリーン・ローマ軍砦」(Chew Green Roman Fort)，さらにその東20マイルに5エーカー規模の「レアチャイルド・ローマ軍砦 (Learchild Roman Fort) を新設，他のアグリコーラ以来の既存の「野営地」は「砦」に改構築，「カプック・ローマ軍砦」(Cappuck Roman Fort)，「ニュウステッド・ローマ軍砦」(Newstead Roman Fort)，「オークウッド・ローマ軍砦」(Oakwood Roman Fort)，「イースター・ハップルウ・ローマ軍砦」(Easter Happrew Roman Fort)，または「ライン・ローマ軍砦」(Lyne Roman Fort)，ロージアン地区の「インヴァレスク・ローマ軍砦」(Inveresk Roman Fort) などを構築する。

　エックヘーカン (Ecclefechan < (Q) Eaglais Fiachan Church of St Fiachan) は19世紀初頭の碩学トマス・カーライル (Carlyle, Thomas, 1795-1881) の生誕地であるが，この東にある「ビレンズ・ローマ軍砦」(Birrens Roman Fort) も同様な砦の1つ。この砦はA74沿いのアンナンデイルを通り，ストラスクライド地区に抜けるローマ軍の軍用道路 (Roman road) の出入り口に位置す

2. ダムフリーズ・アンド・ガロウェイ地区とストラスクライド地区

る砦で，1世紀末頃は小砦であったが，120年代，泥炭の土塁で囲った約4エーカーの砦として改築され，「ハドリアンの城壁」が放棄され，「アントニヌスの城壁」が建てられたアントニヌス・パイウス帝の第2次スコットランド遠征前の140年代初め頃には5.2エーカー程度の砦となり，この城壁が放棄される150年代中頃には30エーカー規模の砦となる。砦の中心部は南北約170メートル，東西約120メートル，内部の作りは既述の「ニューステッド・ローマ軍砦」のそれとおおむね同じ，南の土塁はメイン・ウォーター (Mein Water) の流れによって流されてしまっているが，東，北，西の土塁は低い土堤として残っていて，北側の土塁は6重ある。この時期には「第1ゲルマン歩兵旅団」(the 1st German Cohort) が駐留したが，「アントニヌスの城壁」の中の兵士たちの一揆と同じように，155年に砦内で一揆が起り焼失し，158年に再建されて外人部隊の「第2タングリア歩兵旅団」(the 2nd Tungrian Cohort) が駐留したが，3世紀には砦としては姿を消す砦である。

ドミティアヌス・オーガスタス帝は，またこの「ビレンズ・ローマ軍砦」の北東12マイル，A7に沿うラングホルム (Langholm) の南3マイルに30エーカー規模の「ブルームホルム・ローマ軍砦」(Broomholm Roman Fort) を構築し，遥か北東のノーサムブリアの「ハイ・ローチェスター・ローマ軍砦」とこの「ビレンズ・ローマ軍砦」を結ぶ兵站線の砦としたが，この砦はドミティアヌス・オーガスタス帝がデイシア (Dacia) に派兵したあと放棄され，以後アントニヌス・パイウス帝期にもセヴェルス帝の駐留期にも再建されることがなかった短命の砦となった。

また，この「ビレンズ・ローマ軍砦」から南西のグレトナ (Gretna) からアンナン (Annan) に抜けてB724に入り，西に5マイル行ったところには「井戸の傍に十字架が立つ村」)を意味する「ルスウェル村」(Ruthwell village < (AS) *Rod* Stick or Cross standing by the side of well + village) がある。この村の教区教会 (Ruthwell Parish Church) の中には，アングル族がオスイウ (Oswiu, 651-70) かエグフリッド (Egfrid, 670-85) の治世下の7世紀の終り頃に，ノーサムブリアの石工に彫らせた，その様式が東部地中海沿岸地区 (the East Mediterranean Coastal Districts) に見られるものと同一と言われる，高さ5.2メートルの「ルスウェル・クロス」(Ruthwell Cross) [4] がある。

109

第 2 部　古代遺跡を訪ねて

　十字架の柄（右より2つ目）の表側正面には，図11のように，上から，キリストの昇天を象徴する「鷲」，子羊を抱いているバプテスマのヨハネ，「公正なる審判者・イエス・キリスト」(Jesus Christ the Judge of Equity) の意味のラテン語を周囲に，2匹の動物の頭の上に立つ「宇宙の支配者たるキリスト」(Christ in Majesty) 像 [5]，砂漠でパンを分けあう隠遁の聖者「聖パウロ」(St Paul) と「聖アントニオ」(St Anthony)，子供を抱いてロバに乗っている「聖母マリア」(Virgin Mary) の図が，また裏側(左端)には，聖ヨハネ (St John) と彼の紋章である「鷲」，中央にキリストの足を洗っている「マグダラのマリア」(Mary Magdalene)，「盲人治療」(the Healing of the Blind Man)，「受胎告知」(the Annunciation)，「キリストの磔刑」(the Crucifixion) の図が彫られ，側面(右端と右端より3つ目には，縁の部分にアングル族のルーン文字 (runes) で「十字架の夢」("The Dream of the Rood") [1] が，またその内側にはつる草の渦巻き模様とともに聖書に所縁のある鳥や動物などの図が彫られている石である。

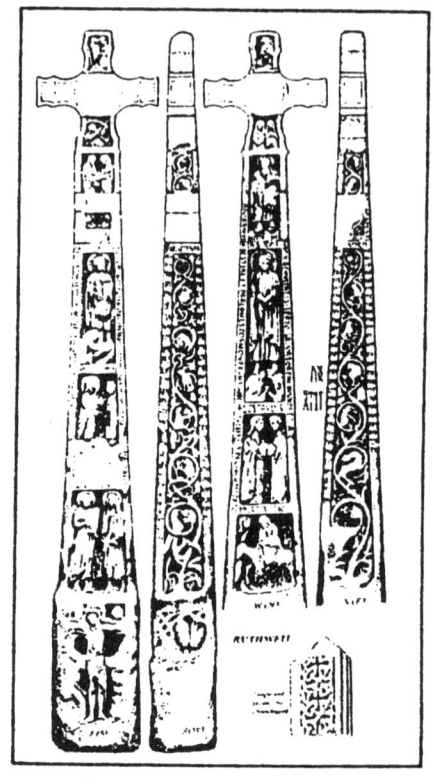

図11　「十字架の夢」が刻されたルスウェル・クロス

　この「十字架の夢」の詩文は，この十字架が北欧海賊の侵攻期と宗教改革 (the Reformation) 時の破壊行為 (vandalism) から逃れるために，長い間地中に埋られていたという事情もあって，その内容に解読できない部分がある詩文であるが，以下がこれまでに解読された部分である。

2. ダムフリーズ・アンド・ガロウェイ地区とストラスクライド地区

《神は十字架に登ろうと欲した時，勇敢にも人たちの前で自ら裸になり給うた。私は気高い天の王であり，天の主である神を支えていた。私は屈しまいとした。人たちは神と私の両方を一緒にして嘲った。私は血で汚れていた。…キリストは十字架の上にあったが，しかし，そこに熱心で，気高い人たちが，遠くから，一人ぼっちの神の方に向かってやって来た。私はその事を全て見ていた。私は悲しさで痛く打ちひしがれていた。…，彼らは，矢で傷つき，手足がぐったりとしているキリストを下ろし，神のみ頭の方に向かって立った。彼らはそこに…をみた。》(拙訳)

ノーサムブリアのアングル族にキリスト教が導入されるのは「デイラ王国」の王エドウイン (Edwin, 617-33) の治世下の 627 年，彼がヨーク (York) の司教パウリヌス (Paulinus, d.644) によって洗礼を受けた年に始まるが，ダムフリーズのこの小さな村にかくも恭(うやうや)しい十字架が建てられたのもこの地がいかにアングル族領化していたかをただただ物語るもの。王エドバート (Edbert, d.768) の治世下の 731 年には，ガロウェイのホイットホーン (Whithorn) に「アングリア司教管区修道院」(the Monastery under the Bishopric of the Northumbrian Kingdom) が建ち，このダムフリーズ・アンド・ガロウェイ地区はほぼ完全にアングル族の属領となる。この地区へのノーサムブリア (Northumbria) のアングル族の侵蝕は，ここが「ハドリアンの城壁」沿いに真っ直ぐ西に位置し，ノーサムブリアから近距離にあったということに起因している。

このルスウェル村からダムフリーズに抜けて，A76 を 3 マイル北上したニューブリッヂ (Newbridge) の近く，ニス川沿いには「トウェルヴ・アポッスルズ・ストーン・サークル」(Twelve Apostles' Stone Circle) [6] という巨石記念物がある。その規模はスコットランド本土で最大，ブリテン島で 5 番目と言われる青銅器時代の「メンヒル」(*menhir* < (P) *maen* stone + *hir* long, tall monument) 施設で，今は施設の敷地の所有者が異なるためか，境界を示す生垣によって施設が分断されているが，その直径は 88 メートル，最高の石を 2 メートルとし，本来の 12 本の立石のうち，11 本の石が残され，その中の 5 本の石が傾きながらもいまだに立ち続けていて，倒れている立

第 2 部　古代遺跡を訪ねて

石の 1 本には無数の「カップ・マーク」[7] が残されている。おそらくはカートル・ウォーターがソルウェイ・ファースに注ぐ河口に残る「クロックマーベン・ストーンと同じように，青銅器時代の巨石記念物で天体観測を兼ねていた祭祀施設であると推察される。

　この A76 に沿うニス川沿いの往時のローマン・ロードにはローマ軍が残した砦跡が多い。図 6 に見られるように，A76 沿いのニューブリッヂから小道に入って北に約 2.5 マイルの地点には，アントニヌス・パイウス (Antoninus Pius, 138-61) 帝が第 2 次遠征に先立ち構築した 50 エーカー規模の「カージールド・ローマ軍砦」(Carzield Roman Fort) がある。さらにまた 3 マイル北には 81 年にアグリコーラがカーライルからストラスクライドに抜ける軍用道路の下図をつくる検地測量のために構築使用し，ドミティアヌス・オーガスタス帝の治世下に改構築が行なわれた 50 エーカー規模の「ダルスィントン・ローマ軍砦」(Dalswinton Roman Fort) がある。さらにニス川に沿って北西に 6.5 マイル入った地点には，アントニヌス・パイウス帝が，彼の第 2 次遠征の備えとして構築した小規模 5 エーカー規模の「バーバラ・ミル・ローマ軍砦」(Barburgh Mill Roman Fort) があり，ここから，さらに A76 を北西に向かってカーロンブリッヂ (Carronbridge) で右折，A702 に入って，ポートレイル・ウォーター (Portrail Water) 沿いに約 6 マイル北上した所には，やはり，アントニヌス・パイウス帝が第 2 次遠征に備えて構築した 5 エーカー規模の「ドゥリスデア・ローマ軍小砦」(Durisdeer Roman Fortlet) がある。

　また，カーライルからストラスクライド地区に抜ける A74 沿いの「ローマン・ロード」(Roman road) 沿いには，ドミティアヌス・オーガスタス帝期に構築された約 5 エーカー，第 2 次遠征の始まる頃には 30 エーカー規模の砦となる，既述の「ビレンズ・ローマ軍砦」があり，この北西 5 マイルには 1 世紀の終り頃に構築され，アントニヌス・パイウス帝の第 2 次遠征の際の実戦訓練基地となった既述の「バーンズワーク・ローマ軍砦」(Burnswark Roman Fort) があり，さらに東に 11 マイル離れて，同様，アントニヌス帝の第 2 次遠征直前に構築される，30 エーカー規模の「ネザビイ・ローマ軍砦」(Netherby Roman Fort) 跡がある。そして，さらに北上して，ビートック (Beatock) の南 1 マイルには，ドミティアヌス・オーガスタス帝

2. ダムフリーズ・アンド・ガロウェイ地区とストラスクライド地区

の治世下に構築された「ミルトン・ローマ軍砦」(Milton Roman Fort) がある。このローマ軍砦は 10 エーカー規模の 2 つの砦からなる 1 世紀末に構築された砦であるが，2 世紀のアントニヌス帝の第 2 次遠征の直前に小砦と野営用の施設が付加され，約 50 エーカー規模の砦となる。砦内の主要施設は今は何も残されてはいないが，発掘調査の結果は，「ニューステッド・ローマ軍砦」や「ビレンズ・ローマ軍砦」のそれとおおむね同じであるとされる。

そして，ここから，さらに 9.5 マイル北上して，A74，A702 の合流点の近く，ホウクルウ (Hawcleugh) の尾根の上には，厚さ 5.5 メートルの大きな堡塁の中に 20 × 18 メートルの砦跡を囲う，アントニヌス帝の治世下に構築された，5 エーカー規模の「レッドショウ・バーン・ローマ軍砦」(Redshaw Burn Roman Fort) があるが，これらドミティアヌス・オーガスタス帝の指令によって 85 年以降に構築された砦は，この「ミルトン・ローマ軍砦」を例外として，彼がデイシアに派兵を開始する 90 年頃を契機に一旦，放棄され，142 年アントニヌス・パイウス帝の命によって始まる第 2 次遠征直前になって多くが再建ないし改築される。そして，その終結時の 150 年代中頃には「ミルトン・ローマ軍砦」，「ビレンズ・ローマ軍砦」(Birrens Roman Fort) を除き，すべての砦が再び放棄される。

また，ダムフリーズから A75 沿いのカースル・ダグラス (Castle Douglas) を経由して，A713 を北西に 2.5 マイル入った所には，ドミティアヌス・オーガスタス帝が構築した，その規模，10 エーカーの砦，遠征基地であった「ダルスィントン・ローマ軍砦」や「ビレンズ・ローマ軍砦」などと異なり，西の「ゲイトハウス・オヴ・フリート小砦」(Gatehouse of Fleet Roman Fortlet) を前哨基地として，第 2 次遠征が始まる 140 年頃に大きな改構築があり，この遠征が終了する 2 世紀の後半頃まで常備の守備隊が駐留，南部スコットランドに厳戒を布いた防備専用の 50 エーカー規模の「グレンロハー・ローマ軍砦」(Glenlochar Roman Fort) があるが，この砦は，アントニヌス・パイウス帝期には，彼が構築した遥か北西の A76 沿いの「カージールド・ローマ軍砦」と兵站線を結ぶ砦となった。

上述の「ダルスィントン・ローマ軍砦」や「カージールド・ローマ軍砦」がある A76 沿いの「ローマン・ロード」からカーロンブリッヂ (Carronbridge) で A702 に分岐し，「ドゥリスデア・ローマ軍砦」がある「ローマン・ロード」

第 2 部 古代遺跡を訪ねて

はクロウフォード (Crawford) の南のエルヴァンフット (Elvanfoot) 辺りで，既述の「ビレンズ・ローマ軍砦」や「ミルトン・ローマ軍砦」がある A74 沿いの「ローマン・ロード」と合流，A74 沿いの「ローマン・ロード」となって北上，その北のアビングトン (Abington) 辺りで再び A74 沿いの「ローマン・ロード」と A702 沿いの「ローマン・ロード」に分岐し，ストラスクライド地区に入るが，この「ローマン・ロード」に沿うストラスクライド領のローマ軍砦と軍用道路の分布については後述することにする。

　すでにそのいくつかについては紹介済みであるが，このダムフリーズ・アンド・ガロウェイ地区にも，もちろんローマ軍の駐留期以前の鉄器時代や，青銅器時代，新石器時代に人々が構築し，今もなお残存している施設は少なくない。まず，ニスデイル (Nithdale) の A76 沿いのカーロンブリッヂの南ソーンヒル (Thornhill) から A702 に入ると，ローマ軍が残した地名，ペンポント (Penpont)(<(L) *Penpont*, Hanging Bridge「吊り橋」) の南西，海抜 289 メートルのオーヒンギッバート・ヒル (Auchengibbert Hill) の東側の突端に「ティンロン・ドゥーン砦」(Tynron Doon Fort) [8] がある。崩れた石の保塁に囲まれた 45 メートル×40 メートルの空間が最上段の砦施設で，南西側の尾根の頂上に連続する。北東側は険しい斜面をなし，頂上の砦施設の下に自然の 3 段の段丘があり，各段丘が石の「ひめがき」で囲まれる砦である。

　また，A75 沿いのカースル・ダグラスから B727 を南西に下れば，ハイ・バンクス農場 (High Banks Farm) があり，その牛の放牧地の中には「ハイ・バンクス・カップ・アンド・リング・マーク石」(High Banks Cup & Ring Mark Stone) [9] がある。この類の石は，後述のキルマイケル・グラッサリィ・カップ・アンド・リング・マーク石や，ドラムトロッダン・カップ・アンド・リング・マーク石のように，中央の「カップ・マーク」(cup mark) が 2 重ないし 3 重の直径 0.1 より 0.15 メートルほどの同心円のリング・マークに取り巻かれて連続する彫刻石で，そのマークはスペイン (Spain) やアイルランドを経て渡来したマークと言われ，北部スペイン (Northern Spain) やアイルランドでは青銅器時代の初期に，スコットランドでは紀元前 1700 年頃に，アンガス領アーブロース (Arbroath) 辺りからアーガイル地区を結ぶ線以南の地区に現れ始める。カップ・マークも，おそらく，同じような経路

2. ダムフリーズ・アンド・ガロウェイ地区とストラスクライド地区

を経て渡来したと思われるが,カップ・マーク石は星座のコピイと言われるのに対し,このマークの機能は全く不明のままである。ここでは無数のこのマークが長さ約30メートル,幅5メートルほどの自然石の表面に連続して彫られている。

　ここからまた,クークッブリ (Kirkcudbright < (ON) *Kirkja* Church + (AS) *Cuth + beorht* Famous Bright or (St) Cuthbert) を経て,A75沿いのゲイトハウス・オヴ・フリート (Gatehouse of Fleet) の西,0.5マイルの「カードネス・カースル」(Cardness Castle) の近くには,鉄器時代の砦「トラスティ・ヒル砦」(Trusty Hill Fort) がある。この砦の出入り口の通路わきには,おそらく「ブリト・ピクティッシュ族」のものと思われる,そのトーテムが水生動物の海象 (sea elephant) で,2つの円盤と逆Z文字記号,三日月型の王冠を彫った第1型の「ピクト表象石」が残されている。

　因みに,このクークッブリは,684年にヘクサム (Hexham) の,685年にはリンディスファーン (Lindisfarne) の司教,687年にファーン島 (Island of Farne) の庵に引きこもりそこで死去する聖カスバート (St Cuthbert, 635?-87) が,若い頃,彼の布教活動の拠点とした教区教会 (St Cuthbert's) の名に因む町。彼の遺体は1104年,「ダラムの大聖堂」(Durham Cathedral) に移され,現在はそこに眠る。

　新石器時代に石室墳 (chambered cairn) を建てた人々は,すでに霊魂不滅,輪廻転生の信奉者たちであった。この「トラスティ・ヒル砦」の西カースルイス (Carsluith) の南東約3マイルには,2つの石室墳より成る「ケァーンホリィ石室墳」(Cairnholy Chambered Cairns) がある。

　この2つのケァーンホリィの石室墳は,ウィッグトン・ベイ (Wigtown Bay) を見下ろす丘の上に約150メートル離れて残されている。南の「ケァーンホリィ石室墳 (1)」(Cairnholy Chambered Cairn(1)) [10] は,約43メートル×20メートルの台地の上に,本来の石室,奥室と後に付け足した石室があり,この連続する石室の出口正面に,本来の石の数は不明であるが,後の青銅器時代人たちが祭祀か天体観測の施設として付加した,凹型の弧を描くような,高さ約2.5メートルの9本の立石群からなる「前飾り」(frontispiece) が附帯する。

　また,この「ケァーンホリィ石室墳 (1)」の北に位置する「ケァーンホリィ

石室墳 (2)」(Cairnholy Chambered Cairn (2)) [11] は約 20 メートル× 10 メートルの台地の中央に，2 つ連続する石室を地上に高く露出して，前者のそれと同じように，やはり青銅器時代人たちが付加した「メンヒル」(menhir)，約 3 メートルと 1.5 メートルの 2 本の立石が交差し支えあうようにして立つ「前飾り」がある。奥室からの出入り口はこの交差するようにして立つ 2 本の立石の間に通じ，その石室からは青銅器時代の葉状の矢じり，燧石のナイフ，食器やその破片，その他が出土しているが，これは青銅器時代人がこの石室墳を使用したということの証左で，石墳自体はもちろん，新石器時代の石室墳である。

[2]『ホワイト・ゴッデス』(The White Goddess, 1948) の著者ロバート・グレイヴズ (Graves, Robert) は，この新石器時代の石室墳を種の保存を常に意識している霊魂の輪廻転生の場「大地の子宮」(the Womb of Mother Earth) と呼んでいる。スコットランドには 2 種類の石室墳，「通廊墳」(galleried grave) と「通路墳」(passage grave) があるが，このガロウェイ地区やセントラル地区，アラン島 (the Isle of Arran)，アーガイル (Argyle) などに点在する石室墳は，「クライド・カーリングフォード群」(Clyde-Carlingford Group) と呼ばれ，その型がフランス (Southern France)，ブルターニュ (Britany)，アイルランド，イングランドなどに多く見られるのと同類の「通廊墳」で，最初期の石室に必要に応じて漸次石室をつぎたして行く石室墳 (**図1**参照) の類である。人は現世にあって懸命な努力，営みにも拘わらず，想い，願いが叶わない場合が多いと，これを来世にて実現しようと考えるものである。

新石器時代の石室墳には石や立木の「男根像」は付帯しても，この立石群の類は伴わないのを常とする。**図 12** の①青銅器時代の立石群や ② 石室墳に伴う青銅器時代の立石群の意味機能は，その内部を聖域として祭祀の施設，また 1 年の太陽の分点，至点，日月の出入りや時刻，その方位などを測る時辰儀 (chronometer) の意味をもつものであるが，後述の古代エジプトのヘリオポリス (Heliopolis) のオサイリス伝説を思い起させる，ルイス島の「カラニッシュ石室墳つき立石群」(Callanish Chambered Cairn and Standing Stones) やグラムピアン地区の「ストリッヒン横臥石つき環状列石」(Strichen Recumbent Stone Circle)，オークニイ諸島本島の最初期の「ステン

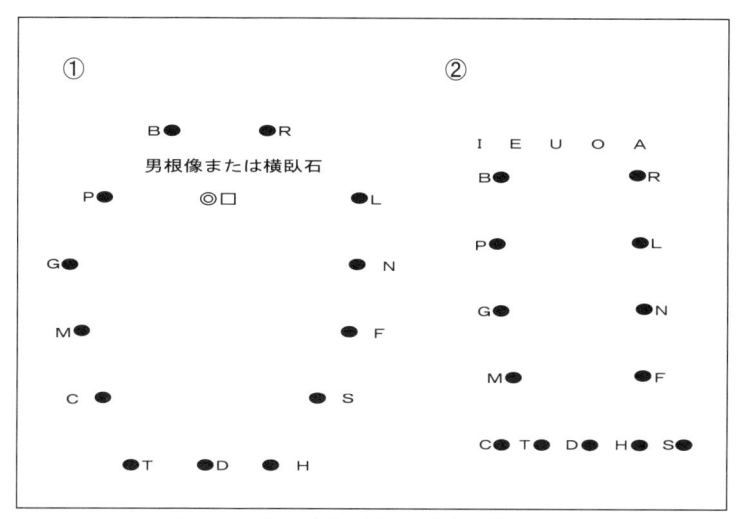

2. ダムフリーズ・アンド・ガロウェイ地区とストラスクライド地区

図 12 青銅器時代と新石器時代の「時辰儀」

ネス・ヘンジ」などに付帯する 13 本の立石群と 1 本の男根像からなる施設などに，その本来の意味機能の概要を垣間見ることができるように思われるが，それは，後の鉄器時代の「ドゥルイド」(Druid) の「木の暦」(Tree Calendar) の仕組みと同様，太陰が「元旦」を太陽が陽転に向かう「冬至」の翌々日とし，その周期を女性のメンス (menstruation) と同じように，各月 28 日とし，各 18.61 年毎に還暦を繰り返しながら，1 年に 13 回と 1 日 (holyday「祭日」) を辿る無終，無休の「時辰儀」の機能を果たすものである。

それは，通常，立石群の場合は，右手上隅を始点として右回りに，円の形で配される，Beithe「樺の木」(12/24 － 1/21)，Luis「ナナカマド」(1/22 － 2/18)，Nuin「トネリコ」(2/19 － 3/18)，Fearn「ハンノキ」(3/19 － 4/15)，Sail「柳」(4/16 － 5/13)，(H)uath「西洋サンザシ」(5/14 － 6/10)，Dair「オーク」(6/11 － 7/8)，Teine「ヒイラギ」(7/9 － 8/5)，Coll「ハシバミ」(8/6 － 9/2)，Muin「ツルクサ」(9/3 － 9/30)，Gort「西洋ツタ」(10/1 － 10/28)，Pethboc「葦」(10/29 － 11/25)，Rus「ハンノキ」(11/26 － 12/22) など，ケルト語の子音で始まる月が 1 年に繰り返す 13 の木の名の立石群と，この R 月と左手上隅の B 月とを結ぶ，万物の創造主を意味する「エホヴァ」(I. E. U. O. A. Jehovah) の名をもつ「男根像」(phallus, Missing day) を意味する立石

か，ないしはそれに替わる「横臥石」(recumbent stone) からなる。

　この「ケアーンホリィ石室墳」のように，新石器時代の石室墳の場合も同様に，右手上隅の B 月を始点として右回りに R 月で終わる 13 の月と，「冬至」(Iubhar「イチイの木」)，「秋分」(Eubh「ハコヤナギ」)，「夏至」(Ura「ヒース」)，「春分」(Oir「針エニシダ」)，元旦 (Fhalm「楡の木」) の 1 年の 5 日の特殊日の意味を内包する「エホヴァ」の日で，丸 1 年 (13 × 28=364+1) の時間の経過を計ることになるが，この場合の時辰儀の機能は，氏族の族長が死者とともに石室内に這って入り，死者の霊魂の「再生」(rebirth) の儀式に臨むための狭くて低い「聖なる出入り口」，石室墳の「リンテル」(lintel) とその支えの立石からなる「母なる大地の子宮」の羨道出入り口であるとされる。いずれにしても，それは死者が約束の再生の日を計るための時辰盤，丸 1 年の暦を形作っている。

　そして，この霊界の 1 日は，大概の民話のそれがそうであるように，地上界の 100 年にあたる。このドゥルイド暦は，カエサル (Caesar, Gaius Juius, 99 B.C-44 B.C) が紀元前 46 年頃にギリシアの天文学者，数学者ソシゲネス (Sosigenes) に改訂させる「ユリウス暦」(the Julian calendar) 以前の暦ということになるが，これを「ユリウス暦」で日数に換算するなら，それは 365 × 100 = 365,00 日と，400 年に 100 回の閏 25 日，計 36,525 日，途方もない時間ということになる。

　この深奥な 2 つの「ケアーンホリィ石室墳」から A75 を北上，ニュートン・スチュアート (Newton Stewart) から A714 を真っ直ぐ 7 マイル南下するとウィッグトン (Wigtown<(AS) wic+tun, farmstead) がある。ここから西に 3 マイルほど行った所には，青銅器時代の環状列石「トーハウスキィ・ストーン・サークル」(Torhouskie Stone Circle) [12] がある。直径 21 メートル×20 メートル，19 個の丸石で構成される列石の中央に，」祭壇と思われる大きくてどっしりした横臥石が置かれている。南に 25 メートル離れて 1 本の立石が，またその東側には 3 本の石からなるアリニューマン ((F) *alignement*) 跡がある。ストーン・サークルは青銅器時代の祭祀施設，アリニューマンは天体観測の施設である。

　また，このウィッグトンをさらに南下すると，ホィットホーン (Whithorn < (AS) *hwit ærn,* white house or (L) *Candida Casa*「白い家」) がある。[3] ここは

2. ダムフリーズ・アンド・ガロウェイ地区とストラスクライド地区

360年にカムブリア (Cumbria) に生れ，383年にローマ (Rome) に渡り，後のミラノ (Milan) の司祭，聖アムブローズ (St Ambrose) とともに学び，10年後，司祭職に列せられたが，布教活動のために帰国した聖ニニアン (St Ninian, d.432?) 所縁の地である。彼は，主にハイランド地区 (Highlands)，オークニイ諸島，シェトランド諸島 (the Shetland Islands) などを中心に布教してまわったが，この布教の旅に出かける前の397年に，このウィットホーンに後の「聖ニニアン修道院」の前身，「キャンディッダ・カーサ」(Candida Casa「白い教会」) を建て，この地のブリトン人 (Britons) やピクト人 (Picts) たちにキリスト教 (Christianity) を説いた。このウィッグトンから4マイル南の海岸淵には，彼が「キャンディッダ・カーサ」を建てる前に「庵」としていた「聖ニニアンの洞窟」(St Ninian's Cave) [13] が，また南東4マイルの「アイル・オヴ・ウィットホーン」(the Isle of Whithorn) には，彼が巡礼者たちのために建てた「聖ニニアンの礼拝堂」(St Ninian's Chapel) [14] がある。

この「キャンディッダ・カーサ」は，再建が繰り返され，731年にはこの地がノーサムブリアのアングル族領となっていたということもあって，「アングリア司教管区修道院」(the Monastery under the Bishopric of the Northumbrian Kingdom) となる。既述のように，「ガロウェイ人」(the Gallovidians or Gallgaidel) が「ケルト語を話さないゴール人」ないしは「ノルウェイ人化したゴール人」となったように，ここは北欧海賊，特にノルウェイ海賊 (Norwegian Viking) の襲来期にはその侵攻定住が最も激しかった所で，この辺りで発見される墓標の類には『讃美歌』第146番に似た出だしで始まり，「われ汝主を讃美す。ラティナス行年35歳，娘行年4歳，孫のバロヴァドスここに碑を建立す」と刻しているローマ軍の駐留期のラテン語による墓石 [15]，縁にアングル族のルーン文字，頭部が角型のアングル人たちに手向けられた「ノーサムブリア型墓標」(Northumbrian type tombstone) と呼ばれる墓標 [16] や，頭部が丸型で浮き彫りの十字架が彫られた「ウィットホーン型墓標」(Whithorn type tombstone) と呼ばれる，「ガロウェイ人」たちに手向けられた墓標 [17] などがある。そしてこれは，この地域がローマ軍の駐留期にはローマ化を余儀なくされ，暗黒時代にはアングル族の支配下に置かれ，ノルウェイ海賊の侵攻期には人種が変わってしまうなど目

第 2 部　古代遺跡を訪ねて

まぐるしく変わっていった暗黒時代の世相を物語るものである。

　ホィットホーンから A747 に出て西に 5 マイルほど行った，モンレイス (Monreith) の北には青銅器時代の祭祀と天体観測の施設，柱状の巨石群 (menhir) の残り物，」「ドラムトロッダン立石群」(Drumtroddan Standing Stones) [18] がある。後述のファイフのローアー・ラーゴウ (Lower Largow) のゴルフ場，ルンディン・リンクス (Lundin Links) の中にある「ルンディン・リンクス立石群」のように，本来の石の数は不明であるが，現在は高さ 3 メートルと 3.5 メートルの巨石が南北に 18 メートルほど離れて立ち，この北の石の根元には 2.5 メートルほどの巨石が横たわったままになっている。

　また，この施設の北，B7021 沿いにあるドラムトロッダン農場 (Drumtroddan (< (Q) *druimean* ridge + *troid-an*, of small-scale conflict) Farm) の中には，これも青銅器時代の残り物，既述のハイ・バンクス農場のそれと同じように，2 つの約 5 メートル平方の岩の上に中央のカップ・マークに対して，同心円をなした大小様々の 2 重，ないし 3 重のリング・マークが無数に連なって彫られた「ドラムトロッダン・カップ・アンド・リング・マーク石」(Drumtroddan Cup & Ring Mark Stone) [19] がある。ここからさらに A714 に出て，ポート・ウィリアム (Port William) から A747 を北西に 7 マイルほど行くと，コーウォール・ポート (Corwall Port) の近くには，「聖フィニアンの礼拝堂」(St Finian's Chapel) [20] の跡地が残されている。

　聖フィニアン (St Finian, or Finbar, d.578) は，544 年，アイルランドの聖モービ修道院 (St Mobhi Monastery) で発生した「黄熱病」(the Yellow Plague) でアイルランド全土がその恐怖に慄いていた年代の聖者で，彼はアイルランドの「デリイの僧院」(the Monastery of Derry) の近く，ロッホ・フォイル (Lough Foyle) の湖頭の「聖モーヴィルの僧院」(the Monastery of St Moville) の創立者でアウター・ヘブリディーズのバーラ島 (the Isle of Barra) とサザランド (Sutherland) のテイン (Tain) 近くに，僧院をもち，同時代聖ブレンダン (St Brendan, or Bran, 484-577) を主人公とした『約束の地への航海』(*The Voyage to the Promised Land*) の作者とされる聖者，聖ニニアン (St Ninian) の弟子でダルリアーダ (Dalriada) のアエダン・マック・ガラン (Aedhan Mac Gabhran) の時代の軍師，聖コロンバ (St Columba, 521-97) の師である。

　ここから，また A747 を北西に向かうと，グレンルース (Glenluce < (Q)

2. ダムフリーズ・アンド・ガロウェイ地区とストラスクライド地区

Glean valley + luise of herb) がある。この東南東 3.5 マイルには鉄器時代の砦「ノック・ファリル・フェル砦」(Knock Farril Fell Fort) 跡がある。規模は 170 メートル×90 メートル，今は荒廃しているが，主となる厚さ 4 メートルと副次的な 2.5 メートルの保塁の中に高台があって，それが別の独自の保塁で囲まれている。

このグレンルースから，さらに A75，A715，A757 を経由して西に向かうと，ウィッグトンシャー (Wigtownshire) の最西端，ポートパトリック (Portpatrick) に着く。ここからさらに北北西に 4 マイル行った所には「ケムプス・ウォーク砦」(Kemp's Walk Fort) という鉄器時代の砦跡がある。西側がブロードシー湾 (Broadsea Bay) に面する高い岬の上に建つ砦で，主要な防護施設は北と南と東の比較的に平坦な陸地側にある。内部は 50 メートル×90 メートルで，ややD形の弧をえがく陸地側の 3 つの側は，出入り口を東側に位置させて，外側に幾重にも連続した保塁と壕を配している。

＊　＊　＊

ストラスクライド地区にドミティアヌス帝の時代からローマ軍によって構築された砦は，10 エーカー規模の「クロウフォード・ローマ軍砦」(Crawford Roman Fort)，30 エーカー規模の「カースルダイクス・ローマ軍砦」(Castledykes Roman Fort)，同様 30 エーカー規模の「ラウダウン・ヒル・ローマ軍砦」(Loudon Hill Roman Fort)，5 エーカー規模の「カースル・グレッグ・ローマ軍砦」(Castle Greg Roman Fort)，同様に 5 エーカー規模の「バーヒル・ローマ軍砦」(Barhill Roman Fort)，30 エーカー規模の「バロハン・ローマ軍砦」(Barochan Roman Fort)，5 エーカー規模の「カースルカリィ・ローマ軍砦」(Castlecary Roman Fort)，その最終期には 50 エーカー規模の砦となる「カメロン・ローマ軍砦」(Camelom Roman Fort) などの砦で，大まかには**図 5, 6** に見られる通りであるが，これらの砦の多くは 95 年頃から 105 年辺りにかけて 1 度放棄され，アントニヌス帝の命令で始まる第 2 次遠征の前になって再建ないしは改築される。この際には，**図 13** に見られるように，新たに例の「アントニヌスの城壁」や 30 エーカー規模の「ボスウェルホフ・ローマ軍砦」(Bothwellhaugh Roman Fort)，5 エーカー規模の「ワンデル・ローマ軍砦」(Wandel Roman Fort) が新設されて加わるが，この遠征が終結する 150 年代中頃には「アントニヌスの城壁」の砦群を含めて，この城壁

第 2 部　古代遺跡を訪ねて

とカースルダイクスを結ぶ中間点のボスウェルホフ，クロウフォード，カースルダイクスなどの砦以外はすべての砦が放棄される。

「アントニヌスの城壁」は 142 年から 150 年中頃まで，北方部族，特にマエタ族，カレドニア族と対峙したが，この城壁の砦群の中にどれほどの兵員，どんな守備隊が駐屯したかについては余り明確にはなっていない。この城壁の中の「カメロン・ローマ軍砦」，「カースルカリィ・ローマ軍砦」，「バーヒル・ローマ軍砦」は，ドミティアヌス・オーガスタス帝の時代に構築された砦で，アントニヌス・パイウス帝の第 2 次侵攻の頃にこの城壁の中に組み入れられた砦である。

「バーヒル・ローマ軍砦」はその規模 100 メートル×100 メートル，約 5 メートル幅の城壁の外に 2 重の壕と土塁があり，砦内部中央に井戸つきの本部建物，司令官宿舎は東の出入り口近くにあり，南と北に兵舎，北西の隅に浴場，西側に穀物倉庫，作業場があり，南と東と北側には出入り口があるが，西側にはそれがない砦で，総規模は 5 エーカー規模の砦である。

80 年代前半にアグリコーラ指揮下の兵員が駐留し，ドミティアヌス・オーガスタス帝期の 85 年より 90 年の約 5 年間と第 2 次遠征の際に兵員の駐留があった 30 エーカー規模の砦であった「カースルダイクス・ローマ軍砦」は，アグリコーラが 80 年に「デア・ストリート」(Dere Street) を北上した際，野営地として構築し，ドミティアヌス・オーガスタス帝の治世下に改築が行なわれた東の国境地帯の「ライン・ローマ軍砦」(Lyne Roman Fort)，または「イースター・ハップルウ・ローマ軍砦」(Easter Happrew Roman Fort) と兵站線が通ずる砦である。眼下にクライド川 (the River Clyde) を見る高台の上の砦で，規模は 8 エーカー，泥炭の土塁は今も部分的には見ることが可能であるが，発掘調査の結果，第 2 次遠征時の本部とそれに隣接する建物の土台の規模が多少明らかになったという砦で，今は林が砦跡の中央を横切り，東と西側の土塁跡も見られるが，通常のローマ軍砦跡地と同じように，単に跡地というだけの文化遺産でしかない。因みに，スコットランドにあるローマ軍砦は，とにかく年代ものであるということから，そのほとんどが今はみな林か農地になっていて，どの砦跡も保塁や壕は浅くなり，壕が埋まった単なる山肌でしかない鉄器時代の砦と同様に，通常は発掘調査の結果によって得心できる砦でしかない。

2. ダムフリーズ・アンド・ガロウェイ地区とストラスクライド地区

ダムフリーズ・アンド・ガロウェイ地区に最も隣接する「クロウフォード・ローマ軍砦」跡は「クロウフォード・カースル」(Crawford Castle) の近くにある。その土台は残されてはいるが、耕地化によって今は土塁や壕の位置を示すものは何ひとつ残されていない。しかし、発掘調査と諸々の資料とによって、規模約 2 エーカーの砦で、本部跡や他のいくつかの建物の位置が確認され、1 世紀末と第 2 次侵攻のある時期に駐留の途絶えがあったとされる砦である。

このラナークシャー (Lanark(<(P) *llanerch* area enclosed in woods)+ shire) の「クロウフォード・ローマ軍砦」の東 1.2 マイル、ミドロック・ウォーター (Midlock Water) を南に見下ろすノーマンギル・リッグ (Normangill Rig <(AS) *hryeg* ridge) の南斜面には今は林に変身している、既述の国境地帯のピーブルズ (Peebles) 近くのメルドン川 (the River Meldon) 河畔に構築されている「グリーン・ノウ居留地」と同様の、青銅器時代の防御施設を伴わない「ノーマンギル・リッグ居留地」跡 [21] がある。

そして、この尾根の北側には今は車道が横切り、原型を留めてはいないが、青銅器時代の「ノーマンギル・リッグ・ヘンジ」(Normangill Rig Henge) 跡 [22] がある。「ヘンジ施設」(henge) は、後述のファイフのローモンド・ヒルズ (Lomond Hills) の南東にある「バルファーグ・ヘンジ」(Balfarg Henge) のように、聖域部に通ずる出入り口が 1 つのものは「第 1 型」、アーガイル (Argyle) の「バリミーノフ・ヘンジ」(Ballymeanoch Henge) のように出入り口が 2 つのものは「第 2 型」と言って分類されるが、この施設は後者に属し、南北に 2 つの長さ約 20 メートル、幅約 7 メートルの三日月形をした孤形の土塁が残され、その内側に、壕を挟んで、出入り口を東と西とした楕円の聖域があったと思えるヘンジ施設である。

また、このクロウフォードのローマ軍砦の北、海抜 429 メートルのアーボリィ・ヒル (Arbory Hill) の頂上には、鉄器時代の「アーボリィ・ヒル砦」(Arbory Hill Fort) がある。この砦は 2 期にわたって改築が行なわれた砦で、より初期の構築物は外側に約 80 メートル×70 メートルの楕円の壕を配し、その内側にその掘り返した土で 2 重の保塁と、東側に 1 つの出入り口がある約 60 メートル×50 メートルの楕円の空間を造り、その内側にさらに後期に付加した構築物、直径約 45 メートル、出入り口の前に 1 本の土塁が

第 2 部　古代遺跡を訪ねて

ある居留区を造った山塞である。

　このアーボリィ・ヒルの西,「ワンデル・ローマ軍砦」の北西約 5 マイルには, このストラスクライド地区の最高峰, 海抜 2,320 フィート (約 700 メートル) の「ティントウ・ヒル」(Tinto < (Q) titeach, place of Fire) Hill) がある。そして, その頂上には, エイルドン中岳の頂上の石墳と同じ様に,「墓所はより天に近いところにあるのを好し」とした青銅器時代人たちが建てた直径 43 メートル, 高さ 6 メートルの巨大な「ティントウ・ヒル円錐墳」(Tinto Hill Conical Cairn) [23] がある。「ティントウ・ヒル」とは「篝火の山」の意味で, ドゥルイドの鉄器時代以来, 夏至の朝と冬至の宵には大焚き火がたかれたと言われる山である。

　また, クライヅデイル (Clydesdale) のラナーク (Lanark) の南東 6 マイル, レズマハゴウ (Lesmahagow < (Q) *(eag) lais,* church+*mo Fhegu* of my Fechin or Mahago) には, クライド渓谷 (Clyde Valley) を見下ろす, 海抜 290 メートルの「ブラック・ヒル」(Black Hill) という丘がある。そして, この頂上にも, 同類の直径 18 メートル, 高さ 3 メートルの青銅器時代の石墳があり, この石墳と同居して「ブラック・ヒル・レズマハゴウ砦」(Black Hill Lesmahagow Fort) [24] がある。規模は 255 メートル× 110 メートルの楕円, 今は高さも深さも 1 メートルほどになった 1 本の土塁と壕で囲まれているが, 防御施設が貧弱なことから推測すれば青銅器時代の居留地とも考えられる。しかし, この砦の南東すぐの所には重厚な土塁や壕で防御した別の居留地跡がある。

　スコットランドは異教のゴール人 (the Gaul) の地母神 (Earth-mother Goddess) の泉水信仰が盛んな所である。夏至の朝に行なわれる, 厄払いを兼ねた「願掛けの井戸」(wishing well) 詣で, 川や湖で随時行なわれた病人や精神障害者の療治の「清めの井戸」(well of exorcism) や「治療の井戸」(curing well) 詣で,「薬効の井戸」(medicinal well) や「予言の井戸」(well of prophecy) 詣でなど, 色々の泉水信仰があった。

　ファイフのロッホ・レヴン (Loch Leven) の東岸の「スコットランド・ウェル」(Scotland Well) は「願掛けの井戸」で「薬効の井戸」, バーグヘッド湾 (Burghead Bay) に面する「バーグヘッドの井戸」(Burghead Well), インヴァネス (Inverness) の南東「クロデンの戦い」(the Battle of Culloden) の古戦場

2. ダムフリーズ・アンド・ガロウェイ地区とストラスクライド地区

跡近くの「ウッドサイド農場」(Woodside Farm) の裏の森の中にある「聖母マリアの井戸」(the Well of St Mary) は,「願掛けの井戸」で「厄払いの井戸」, ないしは「清めの井戸」, ブラック・アイル (Black Isle) のムンロッヒイ (Munlochy) にある「ぼろ布の井戸」は「願掛け井戸」で, 厄払いを地母神に託す「厄払いの井戸」, マル島 (the Isle of Mull) のトバーモリィ (Tobermory) の名祖となっている「トバー・モリィ」(Tobar Mhoire, the Well of St Mary) は独身の女性も含めて子宝がほしい婦人たちが詣でる「願掛けの井戸」, パースシャーのロッホ・アーン (Loch Earn) の氾濫原, 聖フィラン (St Fillan) が庵を建てた, キリン (Killin<Cill Fillan) の近くの「聖フィランの井戸」(St Fillan's Well) は, 聖マルイ (St Maruibhe) が庵を建てたロッホ・マリィ (Loch Maree) のマルイ島 (Eillean Maruibhe) の井戸と同じように, 精神障害者治療の「治療の井戸」, また, テイサイドのグラームズ (Glamis) の「聖ファーガス教会の洞窟と井戸」(the Cave and Well of St Fergus Church) は「願掛けの井戸」で「薬効の井戸」など, この泉水信仰の井戸や泉の類は枚挙に暇がないが, これらの施設は現存しているもの, 消滅しているもの, キリスト教ゆかりの聖者の名前があるもの, ないもの全てを含めて, 本来はみな異教の地母神の泉水信仰の場としての泉であり, 井戸であったものである。

『シルヴァー・バウ』(The Silver Bough) の著者マリアン・マック・ネイル (Marian Mac Neil) は, [4]《それは遥か歴史の幕開け以前に遡って存在する 1 つの習慣で, 前ドゥルイド時代に起源を発する泉水信仰の驚くべき生き残りである。「大地の女神」によって祝福された泉水には人々に健康と幸福をもたらす魔法の力が授けられている。》と記しているが, [5] 人々がこの世はいまだに異教とキリスト教の 2 つの世界からなるのを望ましいとしていた初期のキリスト教年代の布教者たちは, キルキアラン (Kilchiaran), キルドナン (Kildonan), キルバーカン (Kilbarchan) のように, Kil-(<Cell「庵」) の接頭辞で始まる教会がスコットランドには多いように, 多くがアイルランドから来た古代のゴール人たち (the Gaul) の血を引く聖者たちで, 彼らは薬石がなかったその時代に清澄な水の流れや薬効のある泉の近くに「庵」を建て, そこを布教活動の拠点とするのを習いとした。彼らはキリスト教の布教者であったが, この異教の地母神信仰の訓えを決して忘れてはいなかった。この訓えにしたがって, 彼らは願望や病気の平癒, 厄払いなどを

第 2 部　古代遺跡を訪ねて

託すことができる薬効のある泉水に，キリスト教ゆかりの聖者や聖母マリアなどの名前を与え，霊験あらたかな泉水の場とした。このことがスコットランドに夥しい数の泉水信仰の場を残している原因となっている。

　グラスゴウ (Glasgow) の南東マザーウェル (Motherwell) のレディウェル・ロード (Ladywell Road) の片隅にある「マザー・ウェル」(Mother Well) は，「聖母マリアの井戸」(the Well of St Mary or Tobar Mhoire) の跡地もその 1 つであるが，これも本来は異教の泉水信仰の場である。

　この「マザー・ウェル」と同様に，おそらくは，聖コロンバの泉，リュウマチ (rheumatism) を持病とした詩人バーンズ (Burns, Robert, 1759-96) が死期を目前に何度も訪ねたという，ダムフリーズの南，カィアーラヴェロック (Caerlaverock) の教区にある「ザ・ブロウ・ウェル」(the Brow < (Q) *Bruaigh* (Rags, Clutie) Well「ぼろ布の井戸」) [25] も同類の「願掛けの井戸」で「薬効の井戸」の 1 つである。

　イングランドの南部，皇帝ネロ (Nero, Claudius Caesar Drusus Germanicus, 54-68) の時代からローマ軍の駐留があった湯治場として有名であったウィルトシャー (Wiltshire) の「バース」(Bath) の温泉の中には，夥しい数のコインが投げ込まれている。あるいは，何か願掛けの意味があったのかも知れないが，スコットランドの薬効の井戸，清めの井戸，治療の井戸などの願掛け井戸の類にも，通常，若干の銀貨を泉水の中に投げ入れて地母神へ願いごとをするという習慣があった。また，厄払いの含みがある際には，自分の着物の 1 部を泉水の近くの木に結んで，厄払いを地母神に託すという習慣があった。「ぼろ布の井戸」(Clutie Well) というのはこの「厄払いの井戸」の類の泉水であったと思われる。

　今ある「グラスゴウの大聖堂」(Glasgow Cathedral) は，553 年，モレンディナー川 (the River Molendinar) 沿いの「聖ニニアンの教会」(St Ninian's Church) 跡に，ファイフのカルロス (Culross) の「聖サーフ」(St Serf) の庵で修行を終える「聖ケンティガーン」(St Kentigern, ?518-603) が建てた教会の後の姿である。

　[6] 彼は 553 年に異教の雄ブリト・ピクティッシュの首領，モーカント・マップ・コールダウク (Morcant Map Coleduac)，ソルウェイ (Solway) の雄グェンゾルウ・マップ・ケイディアン (Gwenddolew Map Caidian) らの迫害にあって，

2. ダムフリーズ・アンド・ガロウェイ地区とストラスクライド地区

ウェールズ (Wales) の「セント・アソウ」(St Asaph or Llanelwy) に逃れるが，ストラスクライド・ブリトン族のヌダ・ウラゼルフ (Nuda Rhyadderch Map Tudgual) が，即位の前年の573年，従兄弟のコネイル・マック・コムガル (Conal Mac Comgal, 560-74) とのいさかいがもとでダルリアーダから追放の身となり，当時の「カスレス」(Cathres)，ストラスクライド・ブリトン族の本拠地グラスゴウの彼のもとに身をよせていたアエダン・マック・ガラン (Aedhan Mac Gabhran, 574-606) の助力を得て，同年の573年，[7]ブリトン人同志との提携を拒み，時にアングル族への味方も辞さない異教のグェンゾルウをカーライル (Carlisle) の北のアースレット (Arthuret) で討ち異教の勢力を減じたことから，聖ケンティガーンはグラスゴウに召還される。そして，それが機となり，グラスゴウは「ストラスクライド教会」(the Church of Strathclyde) の首都となる。

[8]聖ケンティガーンの父は，ダムフリーズ・アンド・ガロウェイ，ニスデイル，クライヅデイル，カイル (Kyle) を所領とし，東のアングル族領に向かって領土の拡張を考えていた当時すでにキリスト教化されていたイルヴン・マップ・キルマック (Urbgen or Urien Map Cirmac) の子，オウエン (Owain Map Urbgen) とされている。このオウエンはタインマウス (Tyne Mouth) からロージアン地区までを自らの地領と考え，国境地帯に向けて侵犯を繰り返していた「ベルニシア王国」の初代の王アイダ (Ida) を559年，葬る。イルヴンと彼，ストラスクライドのヌダ・ウラゼルフ，異教徒のモーカント・マップ・コールダウクは，連合して，アイダの子フッサ (Hussa, 564-74)，その弟デオドリック (Deodric, 580-87) の北部侵攻を数度にわたって阻止するが，[9]イルヴンは585年，このデオドリックの治世下，アングル族の首都バムバラ (Bamburgh) の堅城 [26] を包囲攻撃中に，このモーカントの妬みによる裏切りによって殺害される。また，既述の「ヤロウ・ストーン」(Yarrow Stone) のヌダの子2人は，ヌダがフッサかデオドリックと戦った際に戦死したものと推定されている。

その最初期の建立が聖ミラン (St Meadhran) の手になる，グラスゴウの西の郊外ペイズリィ (Paisley < (L) *basilica* church) にある「ペイズリィ・アービイ」(Paisley Abbey)) [27] の前身も「グラスゴウ大聖堂」のそれと同時代の建立，その中には，もとは近くのキルバーカン (Kilbarchan, the Cell of St Barchan)

第 2 部　古代遺跡を訪ねて

の「バロハン・ローマ軍砦」(Barochan Roman Fort) 近くに立っていた石の十字架「聖バロハンの石」(St Barochan's Stone) [28] が立っている。聖バロハン (St Barochan) は 6 世紀の中頃アイルランドから来て，キルバーカンの，この昔のローマ軍砦跡の近くに「庵」(cell) を建てたアイリッシュ・ピクト (Irish Pict) の聖者である。この石はキルバーカンにあった石というのではなく，おそらく，この聖者に献じられたと推察される石で，7〜8 世紀頃の一連のストラスクライド彫刻石 (the Strathclyde-type sculptured stones) の初期のものである。

　風化が激しいが，高さは 2.5 メートル，表側の十字架の正面の腕と柄の上部にはレース模様が彫られ，柄の下部には 3 つのパネルに分かれた彫刻がある。ここは鉄器時代の終り頃から「鉱山の女神，ドムヌ」(Domnu, the Goddess of the Deep) を祖とする，ストラスクライド・ブリトンのダムノウニ族 (the Damnonii) の地領で，彫られている物語の意味は不明であるが,「勝利の凱旋」か「戦勝祝い」を彷彿させる図である。最上段のパネルには片手に槍状のものを携え，角状のワイン・グラスか角笛かを手にする人物と向き合う騎乗した人物，その下に手斧を手にした 2 人の人物像によって随行される小さな人物像，最下段に互いに向き合う 1 対の動物像が彫られている。裏面は 2 つのパネルに分かれ，上のパネルには外套を着た 4 人の人物像，下のパネルには槍と角笛をもつ人物像がある。

　このキルバーカンから A737 に出てハウウッド (Howwood) を経由して，南東に約 1.3 マイル入った所には「ウォールズ・ヒル」(Walls Hill) がある。この丘の上には鉄器時代の「ダムノウニ族」の居留地と思われる「ウォールズ・ヒル砦」(Walls Hill Fort)[29] がある。険しい斜面の岩棚の上に 480 メートル× 210 メートルの砦の塁壁の残骸の痕跡を辿ることができるが，約 18 エーカーの空間があり，鉄器時代に 2 回の居住があったこと，円形の木造住宅跡があったことが確認されている。「エイルドン北岳」(Eildon North Hill) の頂上のセルゴヴァ族 (the Selgovae) の居留地や「トラプレイン・ロウ」(Traprain Law) の上のヴォタディニ族の居留地などと同様に，ここは「ダムノウニ族」の首都と考えられている居留地跡である。

　そして，ここにもケルト語の *Bri-* が *Bar-* に変化するという，北欧海賊の侵攻地特有の音韻変化現象が残されるが，ファース・オヴ・クライドの「ダ

2. ダムフリーズ・アンド・ガロウェイ地区とストラスクライド地区

ムバートン・ロック」(Dumbarton Rock「ブリトン族の岩砦」)[30] は，この「ダムノウニ族」の出城。[10] この砦は 870 年にアイルランドから 200 隻の船団を組んで襲来した，オーラフ (Olaf) とアィヴァ (Ivar, king of the Vikings of Ireland, d.873) を首領とする，デーンの海賊の 4 ヵ月に及ぶ包囲攻撃と，砦への水の供給の遮断によって落城する。そして，このストラスクライド地区は，彼ら略奪と蹂躙の地となり，この地のブリトン人たちの多くが，北ウェールズに移住，海賊たちは多くのブリトン人，ピクト人を捕虜として翌 871 年，アイルランドに引き上げる。

このクライヅデイル，カイル (Kyle) などの地区と南のダムフリーズ・アンド・ガロウェイ，ニスデイル地区は，ローマ軍の撤退後の 5 世紀頃は，その名がブリトン族の軍神カミュルス (Camulus) に由来する，ウェルッシュ・ブリトンの「老王コェール」(Coel Hen) の所領で，6 世紀の中頃よりは，既述のイルブン・マップ・キルマックの所領となっていたが，このウェルッシュ・ブリトン族は相次ぐ「ノーサムブリア大王国」(the Great Kingdom of Northumbria) のアングル族のダムフリーズ・アンド・ガロウェイ地区への侵攻と定住により北上を余儀なくされ，8 世紀中頃にはこのエアシャー辺りを所領地としていた。しかし，ここも 750 年にはアングル族の領地に併合される。

当時ガロウェイにはホィットホーンに「アングリア司教管轄区の修道院」があり，アングル族領であったが，737 年，南部ピクト (the Cismontane Picts) のアンガス一世 (Angus I Mac Fergus, 729-61) のダルリアーダ遠征の際にアイルランドに逐電した，かつてのダルリアーダの王エルピン・マック・イーハッハ (Elpin Mac Eachach, 733-37) がこのガロウェイに現れる。

すでに自然廃位となり，今や所領もなく「根なし草」となった彼は，居所がほしかったのかも知れない。エルピンは，この地区からのアングル族を排除することを「歌い文句」とし，術策をもって,時のストラスクライド・ブリトン族 (the Strathclyde Britons) の王トゥダア・マップ・バイル (Taudar Map Bile, d.757) を誘う。トゥダアは 741 年，これに賛同，このガロウェイに兵を投入。これを契機に始まった，前年の 740 年に同盟関係を樹立した，アンガス一世とノーサムブリアのエドバート (Eadbert) の連合軍のダムフリーズ・アンド・ガロウェイよりストラスクライド・ブリトン族領にまで

及ぶ一連の懲罰遠征があり，これによって，トゥダァと同盟関係にあったウェルッシュ・ブリトン族のエアシャーは，750年，アングル族の領地となる。しかし，このエドバートも災難に会う。

[11] 歴史家 J. R. グリーンは《756年，ストラスクライド軍に対して軍事行動を行なっていたノーサムブリア軍は，ダムバートン (Dumbarton) からの帰途，沼地にはまって全滅した。そして，この後50年ノーサムブリアは無政府状態にあった。》と記す。このアングル族のストラスクライド地区の領有はわずか6年で終り，以後ノーサムブリアは，793年以降3度にわたるノルウェイ海賊の侵攻が原因となり，829年にはアングル族がウエスト・サクスン族 (the West Saxon) の王エグバート (Egbert, 808-37) に対して「臣従の礼」をとることとなり，サクスン領に編入される。そして，[12] エグバートは初の「アングロ・サクスン王」(the Overlord of the Anglo-Saxons) となった。

老王コェールの生存年代，人となりやその生涯についてはほとんど明確にはされていないが，彼は聖ニニアンと同時代人，また410年のローマ軍のブリテン島からの撤退の少し前の396年ローマの最後のブリテンの総督スティリコ (Stilicho, Flavius, 359-408) の最後のスコットランド遠征の相手役をつとめたブリト・ピクティッシュ族の祖で，記録にあるピクト族初代の大王タローグ・ケオサー (Talorg Keother) とも同時代人である。

ローマ軍は，368年にスコットランドから総撤退するが，以後，南の自治領の保全のために3回のスコットランド遠征を行なう。その最初の遠征は382年の，後の東ローマ帝国の皇帝であり，軍の総括者であったテオドシウス・フラヴィウス ((East), Flavius, Theodosius, 379-95) による遠征，2度目が後の西ローマ帝国のマキシムス・マグナス・クレメンス (Clemens, Maximus Magnus, 383-88) の遠征であるが，この時，このマキシムスの血が上述の老王コェール・ヘンの家系の中に残されることになる。そして，3度目が上に述べたスティリコの遠征である。

211年，セヴェルス・ルシウス・セプティムス帝 (Severus, Lucius Septimus, 193-211) のカレドニア族，マエタ族への懲罰遠征の失敗から約1世紀，コンスタンティウス・クロールス帝 (Constantius I, Chlorus, 305-6) がローマ軍兵士の士気を鼓舞するべくスコットランド入りした頃には，ローマ軍の士気はすでに地に落ちていた。そして，340年代に入ると，今の「アーガ

2. ダムフリーズ・アンド・ガロウェイ地区とストラスクライド地区

イル」(Argyle)，鉄器時代の「エピディウム」(Epidum) を所領としていた，ゴール (Gaul) の「馬の女神エポナ」(the Goddess of Horses, Epona) の名に因む「エポナ神族」(the Epidii) の末裔の「スコット族」(the Scots)，ブリトン族の「アタコッチ族」(the Attacottii) や「ピクト族」(the Picts) の勢力が強大化し，342年にはこれらケルト部族によって，チェヴィオット山脈 (Cheviot Hills) の南，アントニヌス・パイウス帝 (Antoninus Pius, 138-61) 期に構築された「ライジングハム・ローマ軍砦」(Risingham Roman Fort)，ドミティアヌス・オーガスタス帝 (Domitianus, Augustus, 81-96) 期に構築された「ハイ・ローチェスター・ローマ軍砦」の各砦が破壊され落城する。367年には「ハドリアンの城壁」の南のローマ軍の自治領が，ピクト族，スコット族，アタコッチ族の執拗な襲撃によって蹂躙略奪され，ブリテンの大公 (the Duke of Britain) フロフォーデス (Fullofaudes)，サクソニイ海岸の子爵 (the Count of Saxony shore) ネクタリドゥス (Nectaridus) が殺害される。

　アントニヌス・パイウス帝が時のブリテンの総督，ロリウス，ウルビクス (Urbicus, Lollius) に命じて構築した「アントニヌスの城壁」は行政区画変更で今はセントラル地区の中に繰り入れられている，東のボネス (Boness) からストラスクライド地区に跨る城壁 (図13) となっているが，この城壁の中に構築された最初期の砦は17，この城壁が放棄されるその最終期頃には9つの砦が付加されて，以下に見られるように26の砦群からなる城壁となる。

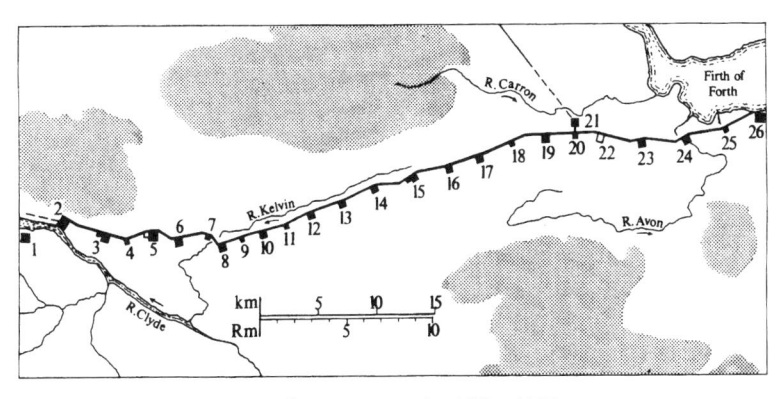

図13「アントニヌス帝の城壁」地図

第 2 部　古代遺跡を訪ねて

　すなわち，ストラスクライド地区では古代ケルト語 *Clota* に語源を発し，「押し流すもの」ないしは「力強く流れる川」を意味する，全長106マイルのクライド川 (the River Clyde) の河口，ダムバートン (Dumbarton) の南東2マイル，南側のローマ軍砦 (1) ビショップトン (Bishopton Roman Fort) とその対岸，北側の (2) オールド・キルパトリック (Old Kilpatrick Roman Fort) を兵員，糧食，武器などの陸揚げ基地とし，東に向って (3) ダントハー (Duntocher Roman Fort)，(4) クレッダンズ (Cleddans Roman Fort)，(5) カースルヒル (Castlehill Roman Fort)，(6) スコットランドの中では保存状態が最良という「ローマ風呂」を残すバースデン (Bearsden Roman Fort) [31]，(7) サマーストーン (Summerstone Roman Fort)，(8) バルミュイルディ (Balmuildy Roman Fort)，(9) ウィルダーネス・プランテイション (Wilderness Plantation Roman Fort)，(10) カッダー (Cadder Roman Fort)，(11) グラスゴウ・ブリッヂ (Glasgow Bridge Roman Fort)，(12) カーキンティロッホ (Kirkintiloch Roman Fort)，(13) オーヒンデイヴィ (Auchindavy Roman Fort)，(14) バーヒル (Barhill Roman Fort)，その砦跡から軍神マース，ローマの至高神ジュピターと東方の火と鉄器工芸の神ドリチェヌスの融合神「ジュピター・ドリチェヌス」(Jupiter Dolichenus) に献じた祭壇が出土している (15) クロイ・ヒル (Croy Hill Roman Fort) [32]，(16) ウェスターウッド (Westerwood Roman Fort) と続いて，(17) カースルカーリィ (Castlecary Roman Fort) と続き，以下はセントラル地区の砦となり，(18) シーベッグズ (Seabegs Roman Fort)，北のマエタ族とカレドニア族領に向って前面に幅約6メートル高さ4メートルの土塁を残す (19) ラフ・カースル (Rough Castle Roman Fort) [33]，同様に深さ3.6メートルの壕，幅6メートル，高さ3メートルの土塁を今でも残している (20) ワトリング・ロッヂ (Watling Lodge Roman Fort) [34]，(21) カメロン (Camelon Roman Fort)，(22) フォルカーク (Falkirk Roman Fort)，(23) マムリルズ (Mumllis Roman Fort)，(24) インヴァレイヴォン (Inveravon Roman Fort)，(25) キニイル (Kinneil Roman Fort)，そして，後の暗黒時代のアングル族の侵攻期にはアングル族領となっていたボネス，昔のボローズタウンネス (Borrowstounness) に近い，主に対岸のファイフやパースシャーへの兵員，武器，糧食の積み下ろし港でもあった (26) カリデン (Carrideen Roman Fort) と続くが，これらの砦はローマ軍がこの城壁を放棄し撤退する直前頃までに構築された全て

2. ダムフリーズ・アンド・ガロウェイ地区とストラスクライド地区

の砦であり，これら 26 の砦の中，(1)，(2)，(3)，(4)，(7)，(8)，(9)，(11)，(13)，(15)，(17)，(18)，(20)，(21)，(23)，(25)，(26) の砦が最初期以来の砦で，他は漸次構築付加されていった砦ということになるが，この城壁の砦のサイズについては，構築以来放棄されるまでの間，各砦がかなりの改構築を繰り返しているということもあって，明確な説明はない。

いずれにしても，各砦は重装備の城壁によって守られ，中に軍の管理棟，貴重品や重要書類を保管する地下室，司令官宿舎，兵舎，厩舎，穀物倉庫，輜重関係の倉庫や，武器の製作，修理などを行なう作業場，浴場施設，敬愛する神々をまつる神殿などが付帯した，これら各砦の間には，所々にローマ軍が車馬の往来を捌いた，現在のブリテン島の「円形交差点」(Roundabout) の原型となっている「ロータリイ」(Rotary) がついた軍用道路が走り，砦と砦を結んでいる。

第 2 次スコットランド遠征の発動を裁可したこのアントニヌス帝は，この城壁のみならず，既述のように，西のローマン・ロードに沿ったダムフリーズやストラスクライドにも多くの砦を構築ないし改築している。そして，東の「デア・ストリート」沿いでは「ハドリアンの城壁」の兵站基地「コーブリッヂ・ローマ軍砦」に最も近接した「ライジングハム・ローマ軍砦」(Risingham Roman Fort) を新設，ドミティアヌス・オーガスタス帝が構築した「ハイ・ローチェスター・ローマ軍砦」，「チュー・グリーン・ローマ軍砦」とニューステッドの南東の「カプック・ローマ軍砦」，ベリックシャーの「オックストン・ローマ軍砦」(Oxton Roman Fort)，「インヴァレスク・ローマ軍砦」(Inveresk Roman Fort) を改築し，「クラモンド・ローマ軍砦」(Cramond Roman Fort) を新設しているが，「アントニヌスの城壁」の前哨基地となるセントラル地区，パースシャーの，アグリコーラが野営地として構築し，ドミティアヌス・オーガスタス帝が 90 年代に改築した「アードッホ・ローマ軍砦」(Ardoch Roman Fort) は改築。同様にドミティアヌス・オーガスタス帝が 90 年代に新設した 30 エーカー規模の「ストラギース・ローマ軍砦」(Strageath Roman Fort) は改築。パース (Perth) の近くの 50 エーカー規模の「バーサ・ローマ軍砦」(Bertha Roman Fort) も改構築。城壁の西に「ホワイトモス・ローマ軍砦」(Whitemoss Roman Fort) を新設しているが，彼は，**図 3** に見られるように，アグリコーラやドミティアヌス・オーガスタス帝が

新設ないし改構築した，これらの地区の他の砦は全て廃棄処分とする。そして，このことが，北に所領を持つカレドニア族 (the Caledonians)，マエタ族 (the Maetae) の勢力の強大化を助長することになり，後のセヴェルス帝によるカレドニア，マエタ両族の懲罰遠征，ローマ軍の第 3 次遠征の重大な誘因となる。

3. セントラル地区

　セントラル地区 (the Central Region) の内陸地帯は中央地溝帯の中に入る。しかし，北には高さ 600 メートルから 1,000 メートルの峨々とした山々，西には山と氷河期の産物，渓谷と湖水地帯があって，海岸の平地地帯を居留地とした新石器時代人には好みの場所ではなかったようである。それゆえか，この地区には平野部を除いて新石器時代の施設は少なく，青銅器時代や鉄器時代の遺跡が多い。

　ストラスアーン (Strathearn) からクラックマンナン (Clackmannan) までを含む今のこの地区は，鉄器時代には「ヴォタディニ族」(the Votadini) の所領で，後に「マエタ族」(the Maetae) と南部ピクト族の「ストラスアーン・メンテイス族」(the Strathearn-Menteith) の所領。東のファイフは鉄器時代には「ヴィネコネス族」(the Vinecones) の所領で，後には南部ピクト族の「ファイフ族」(the Fife) の所領。北東のストラステイ (Strathtay) とストラスモア地区 (Strathmore) は鉄器時代には「ヴァコマギイ族」(the Vacomagii) の所領で，後にはやはり南部ピクト族の「アンガス族」(the Angus) の所領。また，このストラステイを境としてその西と北は遥かファース・オヴ・マレイまでが「カレドニア族」(the Caledonians) の所領で，テイサイド (Tayside) の北アソール・ゴウリイ地区 (Athole & Gowrie) も，鉄器時代には「カレドニア族」の所領であったが，後に南部ピクト族の「アソール・ブレアーゴウリイ族」(the Athole-Blairgowrie) の所領となる。しかし，このセントラル地区を含むパースシャー (Perthsihe)，ファイフ地区には，紀元 80 年のアグリコーラ (Agricola) の第 1 次スコットランド遠征に始まり，211 年のセヴェレス帝 (Severus, Lucius Septimus, 193-211) の第 3 次遠征の終結で終わる約 130 年の間がローマ軍とここを所領としていた「マエタ族」と「カレドニア族」との戦乱の場であったために，ローマ軍によって構築された砦跡が多く残されている。また，鉄器時代や，このローマ軍の撤退後，ここを所領としたピクト族の遺跡などが多く残される。

　ウェスト・ロージアン (West Lothian) の西の端に突き出ているセントラ

第 2 部　古代遺跡を訪ねて

ル地区の最南端にある「カメロン・ローマ軍砦」は，すでに何度か触れているように，2世紀の始め頃に「アントニヌスの城壁」の中に繰り入れられ，多くの歩兵旅団が守備隊として駐留したと言われる50エーカー規模のローマ軍砦で，現在の鉄道線路の北の野原の中に昔の砦の土塁跡を所々低い土堤として残し，石造りの本部建物，司令官宿舎，倉庫群，兵舎跡などを廃墟として残しているが，この砦近くには，鉄器時代の小さな居留地跡やドミティアヌス・オーガスタス帝の年代に構築された5つのローマ軍の野営地跡も残されている。

また，このカメロンは，6世紀初頭，[1]エディンバラのアーサーズ・シート (Arthur's Seat) を本拠とし，ミドロージアン (Midlothian) とウェスト・ロージアンを支配地区としていた「ブリト・ピクティシュ族」(the Brito-Pictish) のアーサー王 (King Arthur, d.537) が，537年当時，イースト・ロージアン地区 (East Lothian) を支配していた同じ「ブリト・ピクティシュ族」の「ロス族」(the Loth) の王子メドロウト (Medraut) との戦いに大敗を喫し討死した「カメロンの戦い」(the Battle of Camelon) の現場跡でもある。この戦いが起こるに到った経緯，また，何故に「カメロン」かについても，古い時代のことであり，史書も少なく，その詳細は明らかにされてはいないが，この戦いでメドロウト自身も戦死している。当時，「アングル族」はいまだに弱小でこのロス族の傭兵，この戦いはロス王の異端の王子メドロウトの独断によって行なわれた戦いで，アングル族の初代のアイダ (Ida, d.559) と同様に，キンタイアー (Kintyre) に入植して日もいまだ浅く，弱小であったスコット族のコムガル・マック・ドモンガート (Comgal Mac Domongart, 506-38) の軍が傭兵として加担している。ロス王の妻はアーサー王の妹で，ロス王とアーサー王は姻戚の関係にあったが，故人の言う《両雄並び立たず》の喩えか，ロス王はこのメドロウトの謀反を黙視した。そして，以後ロージアン地区の勢力分布は，このアーサー王の死によって一変，アングル族は北進の勢いを大いに増すことになる。

この「アントニヌスの城壁」の北のスターリング (Stirling) 地区には，フォース川 (the River Forth) という，西のキャムプシイ・フェルズ (Campsie Fells) にその源を発して全長66マイル，ファース・オヴ・フォース に注ぐ，古代ケルト語 *bodar* を語源とし，「静かなるもの」(the Deaf one, or the

3. セントラル地区

Silent one) を意味する川が流れているが,この川の流域「セントラル地区」は鉄器時代の終り頃から戦乱のローマ期を経て暗黒時代の7世紀頃までここを統轄したマエタ族の所領, デニイ (Denny) の西2マイルには, 東側を除いた3方に防御施設がなく, 頂上の1本の保塁が65メートル×42メートルの空間を囲う「マイオット・ヒル砦」(Myot Hill Fort, the Hill Fort of the Maetae) [1] が, また, スターリング城 (Stirling Castle) の北東, 南にフォース川を望む海抜418メートルの南と東側が切り立った岩壁をなすドゥムヤート (Dumyat) の丘の上には北と西側が2本の重装備の石壁で囲まれ, 約100メートル×55メートルの砦をなす「ドゥムヤート砦」(Dumyat (< Dun of the Maetae) Fort) [2] があるが, これら2つの砦は「マエタ族」の砦で, 特に後者はこの部族の首都 (oppidum) であったと思われる砦である。

また, この「ドゥムヤート砦」の北西2マイル, アースリィ・ヒル (Arthrey Hill) があり, その丘の上には, 直径18メートル, 高さ3.5メートル, 前面に凹形の前飾りをもった青銅器時代の石墳「フェアリィ・ノウ円錐墳」(Fairy Knowe Conical Cairn) [3] が残される。

スターリング (Stirling) の南東, アロア (Alloa) のすぐ近くのクラックマンナン (Clackmannan) には, 14世紀に建てられ, 以後, 増改築が繰り返されたブルース家 (the Bruce family) の「タワー・ハウス」(Tower House) が残されているが, そのわきには, 鉄器時代の「ヴォタディニ族」の1氏族, さらに溯れば青銅器時代の「トゥアハ・デ・ダナン」(the Tuatha de Dannan, or the Folk of the Goddess Danu),「ダヌ神族」の「海の神」, その名は今の「マン島」(the Isle of Man) の語源に残されているが, その「マナナン・マック・リア」(Manannan Mac Lir) の末裔「マヌー族」(the Manue) の名に因む「クラックマンナン立石」(Clackmannan Standing Stone) [4] が残されている。昔の刑務所の側に横たわっていた石で, 1833年にここに据えられたと言われる。高さ1.7メートル, 太古の人たちが子孫繁栄を願った石であるとされる見事な「男根像」(phallus) を象った石である。ここはまた, 3世紀の中頃, セヴェルス帝 (Severus, Lucius Septimus, 193-211) が「カレドニア族」と「マエタ族」の懲罰遠征に失敗したあとは, しばらくの間この「マヌー族」の所領となった所でもある。

また, このスターリングには, 1297年9月11日,「イングランドの天

第 2 部　古代遺跡を訪ねて

敵ウォーレス」(Wallace, Sir William the Hammer and Scourge of England, 1272?-1305) がイングランドのエドワード一世 (Edward I, 1272-1307) 軍と戦った「スターリング・ブリッヂの戦い」(the Battle of Stirling Bridge) の現場 [5] や，南に 2 マイル離れて，1314 年 6 月，ロバート・ザ・ブルス (Robert the Bruce, 1306-29) [6] が「バナックバーン」(Bannockburn) でエドワード二世 (Edward II, 1307-27) の大軍を殲滅した「バナックバーンの戦い」(the Battle of Bannockburn) の古戦場跡も現存している。

さらにまた，1 マイル東には「カムブスケンネス・アービイ」(Cambuskenneth Abbey) [7] があるが，ここは 1326 年ロバート・ザ・ブルスが 1328 年の「ノースハムプトン条約」(the Treaty of Northampton) の締結を前に召集した「議会の場」(Robert the Bruce's Parliament) として有名な場所である。アービイから独立して建っていた塔のみが残り，その場となった昔の「オーガスティノ修道会修道院」(St Augustinian Priory) の方はその土台が残るのみで何もなくなっている。しかし，ここにはスチュアート王朝 (the Stuart Dynasty) の初期の王ジェイムズ三世 (James III, 1460-88) の王妃デンマークとノルウェイ王のクリスティアン一世 (Christian I, king of Denmark, 1448-81, king of Norway, 1450-81) の娘マーガレット (Margaret) の墓がある [8]。このジェイムズ三世とマーガレットとの婚姻に際しては，既述のように父のクリスティアン一世が娘の持参金の代償としてジェイムズ三世にオークニイ諸島とシェトランド諸島を譲渡したというエピソードがある。

このスターリング地区は前スチュアート王朝と初期のスチュアート王朝に深い関わりがある地区であるが，鉄器時代の末期頃のこの地区全体考える時には，ここはおおむね「マエタ族」の所領である。[2]「マエタ」は，P- ケルト語で *Maiatai*, Q- ケルト語で *Gaisatai*, ともに「槍使い」(Spearmen) を意味した部族で，ローマの「ミネルヴァ」と同体の火と鉄器工芸の女神，トゥアハ・デ・ダナン神族の「ブリガンティア」(Brigantia) を祖とする「ブリガンテス族」(the Brigantes) の末裔でノーサムブリア辺りからこの地に移住した部族と言われている。そして，その名が「ケルト族」の語源となっている「カレドニア族」(Caledonians < (L) *Caledonii*) は既述のように，この地区の北，パースシャー (Perthshire) のストラステイ (Strathtay) 辺りを境としてその西側と，その北は遥か北の「ファース・オヴ・マレイ」(Firth of

3. セントラル地区

Moray) 辺りまでを彼らの所領とした。「カレドニア族の砦」(Dun of Caledonians) を意味する現在の「ダンケルド」(Dunkeld) は彼らの首都と居城の1つであったと思われる。

11世紀のビザンティウム (Byzantium) の著述家ジィフィリヌス (Xiphilinus, John, 1010-75) は，ローマの歴史家ディオ・カシウス (Cassius, Dio, 153-230) の『ローマの歴史』(*A History of Rome*) の要約の中で，場所の特定はしてはいないが，"In 209-10 …… Severus lost heavily in a swampy country without bringing his enemy to action." [3]《209年と10年，セヴェルスは湿地地帯で敵と戦うこともなく大規模の兵力を失った。》と記しているが，セヴェルスと戦った部族は，この水練の術に長けたカレドニア族か，「沼地の猟犬」(Swamp Hounds) の異名をもった今のファイフ (Fife) を所領としていた「ヴィネコネス族」(the Vinecones) か，ないしはマエタ族のいずれかであったと思われる。この「カレドニア族」とファイフの「ヴィネコネス族」の2つの部族は，4世紀の前半頃にピクト族 (the Picts) に吸収され，その所領はピクト族のものとなる。しかし，「マエタ族」は，590年，ダルリアーダ (Dalriada) のアエダン・マック・ガラン (Aedhan Mac Gabhran) がマエタ族の居留地クラックマンナン辺りに入った際，遭遇戦となり，3人の息子を失っているように，以後も生き残り，既述のように，その一部は，このピクト族と混血し，「ピクティッシュ・マエタ族」(the Pictish-Maetae) として7世紀の終わり頃まで存続する。

ローマの皇帝セヴェルスが在位した208年頃のこの地区の部族の分布と彼らの生活ぶりについて，既述のジィフィリヌスは，[4]《ブリテン島北部の2大部族はカレドニア族とマエタ族であり，全ての部族の名はこの2つの部族の中に併合されている。「マエタ族」は，この島を二分する城壁（アントニヌスの城壁）の近くに，また，これに隣接して「カレドニア族」が居留している。この2つの部族はともに城壁も砦も耕地ももたず，牧畜と狩猟と木の実によって生活し，沼地の間のごつごつとした岩山に居留し，沼地に魚類は豊富であるが，魚類は食さず，通常，妻と子供たちと仮小屋状のものの中に起居し，裸で履き物を用いることをしない。彼らの施政の在り方は民主的で，略奪を至上の喜びとし，2輪の戦車をあやつって戦い，小柄で敏捷な馬をもっている。そして，彼らの子供たちは，非常に足が速

第2部　古代遺跡を訪ねて

く我慢づよい。武器としては盾と元口に真鍮の丸い握りがある小槍と短剣をもち, 飢えや渇きなどのいかなる試練にも耐える。彼らは沼に飛び込み, 水面に頭だけを出して何日も耐えることができ, 森の中では木の皮や根を食す。豆粒ほどの何かを食べれば, 飢えることも渇くこともない特殊な食糧を彼らは用意している。》と記している。

　ローマ人の目にはマエタ族やカレドニア族の山塞は「砦」には見えなかったように思われるが, この記述はローマ期のケルト人の生活ぶりを知るのに大変貴重な資料である。そして, もしこのディオ・カシウスの記述が正しいものであるとすれば, このセントラル, ファイフ, パースシャー地区は, ローマ期には「マエタ族」と「カレドニア族」の所領であったということができる。

　このセントラル地区には, 現在の「法廷」にあたる施設, [5] 鉄器時代の「審判の座石」((Q) Suidhe a'Bhritheimh, the Judge's Seat) や「審判の石塚」(Judge's Cairn)[9] 跡などが残される。前者はカランダー (Callandar) の東, シヴェリイ (Severie) の農場の前の小さな丘にある。《人々はこの石の上に座らされて裁かれ, 有罪と決まればダンブレイン (Dunblane <Dun of St Blaan) の近くのキルブライド (Kilbride「聖ブリジッドの庵」の意) で縛り首の刑に処せられた。》[6] という伝承がある遺跡, 後者はこの「審判の座石」があるシヴェリイの農場への出入り口, ダウンの町の東端からウェスター・バウズ (Wester Bows) に向う農道を約2マイル北上した, ダルブラック (Dalbrack) という村の近くにある。《人々は, その昔その石墳の前で「審判の法廷」を開いた。》[7] という伝承がある「審判の石塚」である。この石塚は青銅器時代の円錐墳であるが, これらは, 「ナヴィティ」(navity) に準ずる施設であるから, 当然鉄器時代のドゥルイドの時代以来のものということになるが, スコットランドのこの種の施設の近くにはほとんどの場合, その名が「縛り首の丘」を意味する地名,「ガロウズ・ヒル」(Gallows Hill) が付帯する。したがって「縛り首の丘」の地名がある所の近くにはこの種の「法廷の場」があった, ということにもなる。

　アグリコーラ (Aglicola, Gnaeus Julius, 37-93) の第1次遠征時にこのセントラル地区に建てた砦は既述の**図4**に見られるように, 約30エーカーの「ダンブレイン・ローマ軍野営地」(Dunblane Roman Camp) と約7エーカーの

3. セントラル地区

「メンテイス・ローマ軍野営地」(Menteith Roman Camp) の 2 つである。「ダンブレイン」は，後の 578 年頃より 618 年頃までの間にアイルランドのアルスター (Ulster) の「アイリッシュ・ピクト教会」(the Church of Irish Picts) の総本山，「バンゴール・モア」(Bangor Mor) の大修道院長聖コムガル (St Comgall, d.600) の弟子，「聖ブラーン」(St Blaan) が建てた「砦」に対して命名された名前で，ローマ軍の駐留期のこの土地の名前は不明である。

メンテイス (Menteith) のローマ軍野営地は，スコットランドには 1 つしかない「湖」(lake)，「レイク・オヴ・メンテイス」(Lake of Menteith) の西の端に面してあるが，この湖の中の小島の上にある「インチマホルム小修道院」(*Inchmaholm* (the Islet of my St Colm) Priory) [10] も 514 年頃，やはり「アイリッシュ・ピクト教会」の「聖コルム」(St Colm) によって建てられたものである。「インチマホルム」の本来の名称は「インニス・ナ・ホルム」(*Innis na Cholm*,「聖コルムの島」) である。

スコットランドでは「湖」は通常「ロッホ」(loch < (Q) *lochaidh*) と言い，「レイク」(lake) とは言わない。スコットランドの川の水は多く「泥炭」を含んでいて，どのロッホの水も褐色である。スコットランド人の古来よりの色彩観からすれば，褐色は「黄泉の国」への入り口，黒は「死の世界」を意味する。その浅い所の水は褐色で，深い所の水は黒の，1,000 を越すロッホがスコットランドにはある。そして，それらはハイランド地区の氷河跡に集中し，「洪水の湖」を意味する「ロッホ・レヴン」(Loch Leven) という名の湖が 2 つもあるようにロッホはみな太古の昔から水難事故で人々を苦しめてきた厄病神のようなものであるから，スコットランドでは通常「死の女神」である「黒の女神」((Q) *lochaidh*) の住処として考えられている所である。しかし，ローランド・スコットのウォルター・スコット卿 (Scott, Sir Walter, 1771-1832) は，ヴィクトリア女王 (Queen Victoria,1837-1901) から爵位を頂戴している事情もあり，その著『湖上の美人』(*The Lady of the Lake*, 1810) の中でこの Loch を使わずに英語の Lake を使ったために，この湖はスコットランドには 1 つしか存在しない湖 (lake) となっている。

84 年のドミティアヌス・オーガスタス帝 (Augustus, Domitianus, 81-96) によるアグリコーラのローマへの召喚後，彼の命令でこのセントラル地区には 3 つの砦が新設され，1 つの砦が改築，1 つの野営地が放棄される。ア

第 2 部　古代遺跡を訪ねて

　グリコーラが構築した「メンテイス・ローマ軍野営地」は改築されて 50 エーカー規模の「メンテイス・ローマ軍砦」(Menteith Roman Fort) となり，この砦の北，カランダーの西には 30 エーカー規模の「ボハースル・ローマ軍砦」(Bochastle Roman Fort) が新設され，ロッホ・ローモンド (Loch Lomond) の岸辺に近いこの地区の最西端，ドリメン (Drymen) にも 30 エーカー規模の「ドリメン・ローマ軍砦」(Drymen Roman Fort) が新設される。既述のドミティアヌス・オーガスタスの命令によった新設である。

　そして，後に「アントニヌスの城壁」の「ワトリング・ロッヂ・ローマ軍砦」(Watling Lodge Roman Fort) の前哨砦となる「カメロン・ローマ軍砦」(Camelon Roman Fort) も，この時，あらたに構築された 50 エーカー規模の砦である。「ボハースル・ローマ軍砦」(Bochastle Roman Fort) は西と東側に城壁跡を残しているが，北側の城壁はレニィ川 (the River Lenny) によって浸食されている。そして，北の北方部族の居留地と対峙しながら，アグリコーラが構築した「ダンブレイン・ローマ軍野営地」と同様に，1 世紀末にすでに放棄された砦である。

4. パースシャー地区

このパースシャー地区 (Perthshire) は鉄器時代の終り頃から，既述のように，「カレドニア族」と「マエタ族」，「ヴァコマギ族」の所領，今はその跡も消え失せているが，ローマ軍の侵攻期には数多くのローマ軍砦が構築された地区である。

アグリコーラは，80年，セントラル地区に到着してから，主に野営地として，既述の「ダンブレイン・ローマ軍野営地」の北東，ブラッコ (Braco) の北2マイルに30エーカー規模の「アードッホ・ローマ軍野営地」(Ardoch Roman Camp)，クリーフ (Crieff) の南東2マイルに30エーカーの規模の「ドーノック・ローマ軍野営地」(Dornock Roman Camp)，ここから A85 に入って，コムリイ (Comrie) の南東1マイルに15エーカー規模の「ダルギンロス・ローマ軍野営地」(Dalginross Roman Camp)，オーヒル山塊 (Ochil Range) の北側，ストラスアーン地区 (Strathearn) の A9 沿いのオウターラーダー (Auchterarder) の東3.8マイルに115エーカー規模の「ダニング・ローマ軍野営地」(Dunning Roman Camp)，パースの北東5マイルに115エーカー規模の「アバネッシィ・ローマ軍野営地」(Abernethy Roman Camp) などを構築する。また，シッドロウ・ヒルズ (Sidlaw Hills) の北，ミーグル (Meigle) の北には，彼が84年の北方遠征のための兵站線として，30エーカーの規模の「カーディーン・ローマ軍野営地」(Cardean Roman Camp)，フォーファー (Forfar) の北東4.5マイルに同じく30エーカー規模の「フィナヴォン・ローマ軍野営地」(Finavon Roman Camp)，モントローズ (Montrose) の近くに，これも同規模の30エーカーの「ストラカスロウ・ローマ軍野営地」(Stracathro Roman Camp) などを構築する (**図4** 参照)。

しかし，85年より90年までのドミティアヌス・オーガスタス帝治世下のローマ軍の駐留期には，既述の**図5**に見られるように，これらアグリコーラが構築した野営地の内，フィナヴォン，ドーノック，ダニング，アバネッシィなどの野営地が放棄され，ストラカスロウの野営地を10エーカー規模の「ストラカスロウ・ローマ軍砦」(Stracathro Roman Fort) に改構築，こ

第 2 部　古代遺跡を訪ねて

れを北と西から侵入する敵に対処する外側の弧形の兵站線の北東端の砦として，南西に向けて「カーディーン・ローマ軍野営地」を改構築して，50 エーカー規模の「カーディーン・ローマ軍砦」(Cardean Roman Fort) とし，この砦からは南西に約 5 マイル，ダンケルド (Dunkeld) からは南東 7 マイルの地点に，あらたに 50 エーカー規模の「インチトゥッシル・ローマ軍砦」(Inchtuthil Roman Fort) を新設，この砦をこの地区の最大の兵站基地として，南西約 15 マイル，スモ・グレン (Sma' Glen) を抜けて北のハイランド地区に通ずる道路とアーモンド川 (the River Almond) に沿って東のバーサ (Bertha) に抜ける道路の接点に，約 30 エーカー規模の「フェンドッホ・ローマ軍砦」(Fendoch Roman Fort) [1] を新設し，この兵站基地と連結，さらにその南西約 10 マイル，アグリコーラが構築した「ダルギンロス・ローマ軍野営地」を 50 エーカー規模の砦に改構築して「ダルギンロス・ローマ軍砦」(Dalginross Roman Fort) とし，フェンドッホの砦と兵站線を連結，さらにこのダルギンロスの砦を既述のセントラル地区に新設する 30 エーカー規模の「ボハースル・ローマ軍砦」(Bochastle Roman Fort) と連結，アグリコーラが構築した「メンテイス・ローマ軍野営地」は 50 エーカー規模の「メンテイス・ローマ軍砦」(Menteith Roman Fort) に改構築して，A811 と B837 の分岐点のドリメン (Drymen) にはあらたに 30 エーカー規模の「ドリメン・ローマ軍砦」(Drymen Roman Fort) を新設，これと連結，さらにこれを同規模のストラスクライドの「バロハン・ローマ軍砦」と連結する。

　ドミティアヌス・オーガスタス帝が構築した弧形の内側の砦群は，ファース・オヴ・テイから侵入する敵に対処する攻守兼用の砦群で，パースの北東郊外に新設した 50 エーカー規模の「バーサ・ローマ軍砦」(Bertha Roman Fort) を起点として，やはり南西に向かって兵站線を繋いでゆくが，このバーサ砦の南に 2 つ繋がる，アードッホ (Ardoch) の北東 1.3 マイルの「ケイムズ・カースル・ローマ軍砦」(Kaims Castle Roman Fort) と，さらに北東 3 マイルに構築した「ストラギース・ローマ軍砦」(Strageath Roman Fort) はともに新設の砦で，前者は 15 エーカー規模の砦，後者は 30 エーカー規模の砦である。ブラッコの北 2 マイルの，アグリコーラ以来のアードッホの砦跡は説明に窮する程に大規模の砦であり，ドミティアヌス・オーガスタス帝はこの砦をこの南のセントラル地区の 50 エーカー規模の「カメロン・

4. パースシャー地区

ローマ軍砦」(Camelon Roman Fort) と連結する。しかし，彼が「ディシア」(Dacia) への遠征に失敗して苦境に陥る 90 年代中頃には，これらの砦からは兵員が逐次撤退，すべての砦が放棄される。

アントニヌス帝が第 2 次遠征の際，「アントニヌスの城壁」の前哨基地として，新たに建て直した砦 (図6) はアードッホ，ストラスギース，バーサの3砦のみである。「アントニヌスの城壁」が放棄され，この第 2 次遠征が終結する 150 年代中頃にはこれらの砦もすべて放棄される。そして，この前哨基地と「アントニヌスの城壁」が放棄されたことが直接の原因となって，2世紀の終り頃よりカレドニア族やマエタ族のファース・オヴ・フォースとファース・オヴ・クライド両ファースの南側への越境侵入が恒常化し，このことを苦慮した皇帝セヴェルスは，皇帝としての威厳のためか，[1] 193 年，時のブリテンの総督ヴァイルス・ルプス (Lupus, Virus) をカレドニア族とマエタ族領に派遣して金品による和平交渉にあたらせる。そして，この和平交渉は一旦は成功したかに見えたが，直後に破られ，業を煮やしたセヴェルス帝は彼自身によるカレドニア族とマエタ族への懲罰遠征に踏み切ることになる。

[2] セヴェルス帝は，正確にはセヴェルス・ルシウス・セプティムス (Severus Luciua Septimus, 193-211) といい，アフリカ (Africa) に生まれて，マルクス・オーレリウス帝 (Marcus Aurelius, A.D.161-180) の治世下には，ローマの審問官兼執政官，パノニア (Pannonia) とイリリア (Ilyria) 遠征の際には軍の最高指揮官を勤め，兵士たちによって「皇帝」に祭り上げられた皇帝である。193 年，彼は皇帝の座につくが，この 193 年にはローマのライヴァルのダイドゥス・ユリアヌス (Didus Julianus)，194 年には北部シリア (Syria) のペスセニウス・ニガー (Pescennius Niger)，197 年にはゴール (Gaul) のアルビヌス (Albinus) に打ち勝ち，この年から 202 年にかけてペルシァ (Parthis) との戦いにも連勝する。ローマ軍の第 3 次スコットランド遠征はこの天才的戦略家によって行なわれることになる。

[3] セヴェルス帝は 208 年にブリテン島入りする。彼が動員した兵員数は，ある歴史家の説明によれば，5 万以上，10 軍団以上に及んだと言われる。兵員の動員数が増えれば砦の数も砦の規模も大きくなるのは必定，1つの国のある部分をわがものとするのには嘆かわしいほどの大きな出費が伴う

第 2 部　古代遺跡を訪ねて

ものであるらしい。

　彼は国境地帯，ベリックシャー，ロージアン地区，ストラスクライド地区に，アグリコーラやドミティアヌス・オーガスタス帝が構築した砦はそのいくつかを後方兵站基地として改構築し，マエタ族とカレドニア族の支配地セントラル地区，パースシャーとファイフを重点視して，この地区にアグリコーラやドミティアヌス・オーガスタス帝が構築した砦はカーパウ，アードッホ，カーディーンの 3 砦以外は全てを放棄，わずかにアントニヌス・パイウス帝が構築放棄した「アントニヌスの城壁」を修理改構築して，特にドミティアヌス・オーガスタス帝が構築した例の弧形の外側に連なる砦群跡とその南側にファース・オヴ・テイを睨んだ砦群からなる新設の砦を数多く構築する。

　彼の新設の砦群は，**図 7** に見られるように，その北東端の砦をストラカスロウよりさらに北東の，ローレンスカーク (Laurencekirk) 辺りまでに伸ばし，30 エーカー程度の「カイアー・ハウス・ローマ軍砦」(Kair House Roman Fort) を新設，漸次南西に向けてその規模約 30 エーカーより 50 エーカーの砦を連結する。現在のブレヒン (Brechin) の北 3.5 マイルに 50 エーカーの「ケイソック・ローマ軍砦」(Keithock Roman Fort)，フィナヴォン (Finavon) の南西に 50 エーカーの「オースロウ・ローマ軍砦」(Oathlaw Roman Fort)，フォーファーの北 1 マイルに，30 エーカーの「ルナンヘッド・ローマ軍砦」(Lunanhead Roman Fort) を新設し，ミーグル (Meigle) の北の「カーディーン・ローマ軍砦」(Cardean Roman Fort) を 60 エーカーの規模の砦とし，今のメイクルアワー (Meikleour) の南東 1.5 マイルに，30 エーカー規模の「リントローズ・ローマ軍砦」(Lintrose Roman Fort)，例の「インチトゥッシル砦」(Inchtuthil Roman Fort) を経由して，パース (Perth) の北 6 マイルにあるルンカーティ (Luncarty) の近くには，新設の 60 エーカー程度の「グラッシイ・ウォールズ・ローマ軍砦」(Grassy Walls Roman Fort) を，またストラギース (Strageath) の東 0.5 マイルにも 30 エーカー規模の「インナーペフレイ・ローマ軍砦」(Innerpeffray Roman Fort) を新築する。またこの砦の南に例のアードッホの砦群 (Ardoch Roman Fort)，その南西に 30 エーカー程度の「クレイガーンホール・ローマ軍砦」(Craigarnhall Roman Fort) を最南端の砦として配備する。この砦群は主として北からの敵の侵入に備えた砦群である。

4. パースシャー地区

　セヴェレス帝が構築ないし改築する砦は，アグリコーラやドミティアヌス・オーガスタス帝が構築ないし改築した砦よりもより大規模である。それは彼がこの遠征に派遣した兵員の数が多かったという事情によると思われるが，この外側の弧形の砦群と同様に，さらにこれを支援しかつ海からの敵の侵入に対処する砦群も30エーカーより50エーカーの砦を主とする。

　この砦群の最北端の砦としてモントローズ (Montrose) の南西3マイルに，30エーカー規模の「バルメイクワン・ローマ軍砦」(Balmakewan Roman Fort)，フィナヴォンの北東2マイルに50エーカー規模の「マーカス・ローマ軍砦」(Marcus Roman Fort)，フォーファーの東6マイルにも50エーカー規模の「キンネル・ローマ軍砦」(Kinnell Roman Fort)，グラームズ (Glamis) の西2マイルに30エーカー規模の「エッシイ・ローマ軍砦」(Essie Roman Fort)，後に「ネヒタンズミアの戦い」(the Battle of Nechtansmere) の古戦場となるダニヒン (Dunnichen) の南4マイルにも50エーカー規模の「カークブッドウ・ローマ軍砦」(Kirkbuddo Roman Fort)，ダンディー (Dundee) の西5マイルにも30エーカー規模の「ロングフォーガン・ローマ軍砦」(Longforgan Roman Fort)，パース郊外，北東1マイルに30エーカー規模の「スクーン・ローマ軍砦」(Scone Roman Fort)，パースの南西3マイルにも30エーカー規模の「ブルームヒル・ローマ軍砦」(Broomhill Roman Fort)，「アバネッシィ・ローマ軍野営地」(Abernethy Roman Camp) 跡の北東3マイルのファイフ領に，かつてアグリコーラが構築した野営地を改構築した30エーカー規模の「カーパウ・ローマ軍砦」(Carpow Roman Fort)，同じく，アバネッシィの南5マイルに，同様30エーカー規模の「オホタームフテイ・ローマ軍砦」(Achtermuchty Roman Fort) などを新設して，攻守兼用の防衛線を強化する。

　これらの砦のうち，アグリコーラの時代からセヴェルス帝の第3次侵攻の際までに改築が繰り替えされた「アードッホ・ローマ軍砦」には，いまだに高さ2.5メートルの城壁の一部が残されている [2]。最初期の砦の総規模は約7エーカー，最終期のそれは約6エーカー，その土塁跡が各所に残る。今残る城壁はその中心部の砦の1つ，150メートル×170メートルを構成する砦の外壁で，アントニヌス帝期の終り頃，150年代中頃の構築物である。この北と東の城壁の外側には5重の壕跡が残り，西，北，東側には砦への出入り口がある。ここに残されるドミティアヌス・オーガスタス帝期の85

第 2 部　古代遺跡を訪ねて

年頃より 90 年頃までの構築物は土台が石で舎屋が木造であるものが多い。1 世紀末の守備隊は「ヒスパニア第 1 歩兵旅団」(the 1st Hispania Cohort) であるが，以後の守備隊については判然としてはいない。ここには隣接して，アグリコーラが遠征時に構築使用したと思われる 4 つの 15 エーカー程度の野営地と，130 エーカーと 65 エーカーの行軍用の野営地跡も残されている。

　ドミティアヌス・オーガスタス帝がパースシャーの最大の兵站基地としてインチトゥッシルに構築した砦は，規模が約 50 エーカーの砦で，その中心部の砦は約 500 メートル× 500 メートル，東側の壕の 1 部，西側の壕と南側の城壁，壕，出入り口跡が残っているが，85 年かその直後に構築されたもので，司令官宿舎跡は見られない。砦内の構築物は木造，土台は石，兵舎の区画，穀物倉庫，本部建物，病院，作業場と倉庫跡などは残されている。しかし，この砦を含め，このストラスモア地区 (Strathmore) の砦の構築は 90 年頃から始まるドミティアヌス・オーガスタス帝のディシア (Dacia) への出兵がその原因と見られているが，203 年のセヴェルス帝のスコットランド入りの頃まで，軍団のほとんどは撤退，わずかにファース・オヴ・テイの奥，アバネッシィ (Abernethy) に土着の「タバ族」(the Taba) の傭兵が残されるのみに留まった。

　そして，[4] アントニヌス帝の時代を経て，セヴェルス帝の第 3 次のこのカレドニア族，マエタエ族の懲罰遠征の年代に入るが，この遠征もその結果は悲惨極まるものに終る。兵員 5 万の死傷者を出したと歴史家たちが言うように，この遠征の範囲は遠くカレドニア族の支配地ファース・オヴ・マレイ (Firth of Moray) に面するバーグヘッド (Burghead) にまで達したと言われ，既述のように，兵員たちの気候風土への不馴致，この間に行なわれた砦や軍用道路の構築からくる過労，頻繁に起こる北方部族との小ぜり合いによる兵員の消耗，セヴェルス帝自身はこの遠征への挫折感と心労が原因で 211 年，「ヨークのローマ軍砦」(York or Eboracum Roman Fort) で死去，セヴェルスの子で後継者カラカラ (Caracalla, 211-17) は北部部族が和解したという形でこの遠征を終結する。そして，ローマへの聞こえのためか，セヴェルスの失態を取り繕うための裏取引があったためか，ないしはローマがこの寒冷の国，スコットランドへの介入に見切りを付けたためである

4. パースシャー地区

のか,後の368年,ローマ軍がスコットランドから総撤退する時までの約150年の間,ローマ軍のフォース川以北への侵攻はなくなる。

このパースシャーの中のストラスモア地区 (Strathmore) は,鉄器時代には「ヴァコマギ族」(the Vacomagi) の所領,暗黒時代には南部ピクトの「アンガス族」の所領となる。ブレヒン (Brechin) の北西5マイルにある海抜298メートルと,287メートルの2つの丘の上にある「ホワイト・ケイタートゥン砦」(White Caterthun Fort) と「ブラウン・ケイタートゥン砦」(Brown Caterthun Fort) のいずれかは,この「広大な平原の人たち」(Men of the Open Plains) を意味した「ヴァコマギ族」の居留地兼首都であったと思われる砦跡である。

「ホワイト・ケイタートゥン砦」の頂上 [3] は,巨大な青銅器時代の祭祀と天体観測の場,ヘンジ施設を居留地に変えたと言えるような砦で,出入り口を北と南に配し,約500メートル×370メートルの楕円の丘の頂上に今は壊れてはいるが,厚さ6メートルほどの外壁 [4] を配し,その内側に150メートル×70メートルほどの楕円の居留区を多量の石の堆積で囲み,さらにその外壁が低い保塁と壕とで囲まれているという施設である。砦の内部には井戸や住居の基礎の跡があり,かつては青銅器時代の天体観測の場によく見られるカップ・マークが彫られた,高さ2メートルの石がそこにはあったと言われる。

「ブラウン・ケイタートゥン砦」の方はこの砦の北東1マイルに位置する。外側にあるいくつかの石の保塁と壕の防御施設の中に約180×150メートルの保塁があり,その中に「ホワイト・ケイタートゥン砦」と同様の90×60メートルの居留地があり,外側のいくつかの保塁と壕の間には,そこが家畜の檻であったのか,数多くの出入り口が設けられている。

この両ケイタートゥン砦から南西寄りの地区は,その祖先が遠く紀元前6世紀頃,北アイルランドから北のオークニイ諸島やその他の島々に移住したピクト族の原人,「北部ブリトン族」(the Cruithnii) の末裔「フォートレン族」(the Fortrenn < (L) Verturioness) の1氏族,5世紀の初頭頃からその屈強さを誇ったアンガス族の所領である。

[5] ローマのイウメニウス (Eumenius) は,紀元297年にブリテン入りしてオークニイ諸島に遠征した皇帝コンスタンティウス一世・クロールス

第 2 部　古代遺跡を訪ねて

(Constantius I, Chlorus, 305-6) を賞賛する演説の中で,《ピクト族は，この時期，にわかに勢力を伸ばした新しい蛮族である。》"the Picts are the new barbarian tribes which spouted (*pullulaverrunt*) at this time." と述べている。

[6] 既述で触れているように，ピクト族の発祥の地，その移住の時期などについては，ウェールズの歴史家ネニウス (Nennius) は，発祥の地は現在の黒海 (the Black Sea) の北東部のシシア (Scythia),「アガシアーシ」(Agathyrsi) と呼ばれる，ヘラクレス (Hercules) の子，ゲロン (Gelon) の末裔たちがシシアより回航渡来，アイルランドの東海岸に漂着し，しばしそこでレインスター (Leinster) の王と交渉をもったあと，現在のアイラ島 (the Isle of Islay) の近く，タイリィ島 (the Isle of Tiree) からオークニィ諸島 (the Orcades) に移住，以後そこを根城として周囲の島嶼，スコットランドの本土北部に移住するようになったとし，彼らがオークニィ諸島に到着したのは紀元前 300 年頃のことであるとしている。

[7] いずれにしても，その初期の頃には，島嶼に住む彼らは漁師か，海賊たちで，内陸に住む彼らは大規模の農耕民たち，後の北欧海賊 (Viking) と同じように，当初は最北端の島嶼地区に住み，そこから本土に渡り，紀元 200 年頃を契機として，族外婚姻制女系家長制による肥大化とともに加速度的に南下を強めていったと思われる。そして，1 度インヴァネス辺りまで南下すると，時の雄「カレドニア族」と交渉をもつようになり，4 世紀に「カレドニア族」が劣勢にまわると，「アントニヌスの城壁」以北の全ての部族の雄と考えられるようになったと思われる。

[8] このピクト族は既述のように，4 世紀中頃に「デカリドネス族」(the Decalydones) と「ヴァーチュリオネス族」(the Verturiones) の北と南の 2 つの部族に分かれる。ケイスネス とサザランド の「猫族」，イースター・ロス (Easter Ross) とマレイ地区の「猪族」を含む「マレイ族」(the Moray)，グランピアン地区の「マア族」(the Mar) の北部ピクト 3 部族，この「デカリドネス族」は 9 世紀中頃，次第に激しさを増してゆく北欧海賊の襲来に対し領土の保全を期すために「モラヴィア王国」(the Kingdom of Moravia) を建国し，南部の「ヴァーチュリオネス族」，アソール・ゴウリイ (Athole-Gowrie) の「アソール・ブレアゴウリイ族」(the Athole-Blairgowrie)，パースシャー地区とクラックマナン地区 (Clackmannan) の「ストラスアーン・メンテイ

4. パースシャー地区

ス族」(the Strathearn-Menteith),ファイフの「ファイフ族」(the Fife)と,上述の2つのケイタートゥン砦があった,キンカーディン (Kincardine) と現在のテイサイド (Tayside),昔のアンガス地区 (Angus) をその所領とした「アンガス族」の南部ピクトの4部族は,同様に9世紀中頃にスコット族に吸収されて,「ピクト・スコット連合王国」(Rex Pictorum) の構成国となることを余儀なくされるが,この南北2つのピクト族の間には1つのピクト族として共通する伝来の「憲法」(the Constitution) があった。それは常に南北いずれかの部族の族長が「大王」として,かのオークニィ諸島の「猪族」の支配者で北部ピクト族の大王ブルード一世 (Brude Mac Maelcon) が正にそうであったように,[9] 発するその言葉は即〈大王の掟〉という絶大な権力をもち,非常の際には全部族で事にあたるのを習いとするという「憲法」であった。

[10]「百戦の王」(the king of a hundred battles) の異名があったドラスト・マック・アープ (Drust Mac Erp, 413-53) は,5世紀頃のこのアンガス地区の大王で,この家系はこの地区の大王家,彼を始祖としてこの「アープ家」(the House of Erp) は,その弟ネヒタン・マック・アープ (Nechtan Mac Erp, 456-80) や,『ピクティッシュ・クロニクル』(The Pictish Chronicle) の『セント・アンドルーズ稿本』(St Andrews Manuscript) の編集の創始者で,ピクト教会 (the Pictish Church) の総本山,「アバネッシィ教会」(the Church of Abernethy) の創立者ネクタン・マック・キャノン (Nectan Mac Canonn, 599-621) などを輩出する。後のアンガス一世・マック・ファーガス (Angus I Mac Fergus, 729-61) とそれに繋がる「ファーガス家」(the House of Fergaus) と同じように,常に南部ピクト族最強の大王家の1つで,その首都を昔のフォートレン (Fortrenn <(L) Verturioness),現在のフォーファー (Forfar) 辺りとした。

そして,このフォーファーの南カークブッドウ (Kirkbuddo) は,ドラストの弟[11]ネヒタン・マック・アープが大王であった時,弟子たち60名とともにこのネヒタンの砦「ダニヒン」(Dunnichen) を訪ねて来た聖ニニアン (St Ninian) の後継者,ローマで30年間学び,帰途ドイツを遍歴し,アイルランドに戻ったという「聖ブィッド・マック・ブロナ」(St Buidhe Mac Bronach) とその一行にネヒタンが砦と教会を寄進した所である。現在の「カークブッドウ」(Kirkbuddo < (ON) *Kirkja* Church or (P) *Caer* Fortress +

Buidhe)は「聖ブィッドの教会または砦」を意味する地名である。この聖ブィッドは521年12月7日，聖コロンバが生れた日に没する。

[12] また，このダニヒンは，既述のように，ブルード・マック・バイル (Brude Mac Bile, 672-93) が685年5月20日，スターリングからシッドロウ・ヒルズ (Sidlaw Hills) の北側を迂回し侵攻して来た彼の叔父，ノーサムブリアのエグフリッド (Egfrid, 670-85) の大軍を沼地の中に誘い込み殲滅したネヒタンの沼地「ネヒタンズミア」(Nechtansmere)，後述の「アバレムノウ・クロス・スラブ (1), (2) 」(Aberlemno Cross Slab (1), (2)) の裏面に見られるような，槍，刀をもった人馬がぶつかり遭う戦い，例の「ネヒタンズミアの戦い」の現場である [5,6]。エグフリッドは戦死し，ブルードの情けによって2万とも3万とも言われる死体の中からその翌日発見され，父オスイウがスコット族の女性に生ませた庶子，彼の後継者となるアルドフリス (Aldfrith) が修行中であった「アイオナの僧院」(Icolmkil) に運ばれて葬られた。因みに，「ネヒタン」(Nechtan) とはケルト人の「水の神」の名であり，ここは沼地が多く，守りやすく攻め難い地域である。

[13] ネヒタンは敬虔なキリスト教の信者，ファイフ領のアバドウア (Aberdour) の南西2マイル，ダルゲッテイ (Dalgety) にも，今は廃墟となっているが，キルディア (Kildare) の聖ブリジッド (St Bridgid) とその後継者聖ダールグダッハ (St Darlugdach<Daor Lugdach) に「ダルゲッティの聖ブリジッヅ・カーク」(St Bridgid's Kirk, Dalgety) [7] を建て寄進している。今はその後継者ダールグダッハの名前が英語化され,「ダルゲッテイ」という地名になっている。この教会は1200年代と1700年代に大改築が施され，現在は廃墟に近いが，スコットランドで最初の2階建ての教会である。

ブルード・マック・バイルが叔父エグフリッドを打ち負かしたネヒタンズミアの戦いに関しては，[14] 歴史家としての聖ビード (St Bede, 673-735) が以下のように記している。《エグフリッドは山間の隘路に引き込まれていた。その山がシッドロウ・ヒルズであったゆえに，エグフリッドにはブルードの本隊はすでにストラスモア (Strathmore) を通ってダニヒンに退却していたように思え，他方で，エグフリッドと彼の後続部隊を後方につけた部隊が，ゴウリイ道路 (Gowrie Road) の低い湿地を通って，シッドロウ・ヒルズ (の北側) を迂回し，アンガス地区の強固な首府ダニヒンに逃げ込んで，

4. パースシャー地区

そこを拠点としようとしているように思えた。そして，エグフリッドと彼の軍勢が周囲の丘と，当時のルナン川 (the River Lunan) とディーン川 (the River Dean) の支流に注ぐ沼地の間に完全に入ると見るや，ブルードは攻めたてた。時は安息日，我々の土曜日，685年(ないしは，686年)5月20日，戦いはエグフリッドの軍勢にとっては悲劇的結末に終った。王エグフリッドと彼が導き入れた軍勢の大半が殺された。》

南部ピクト領を掌中に入れようと考えていたエグフリッドの父オスイウ (Oswiu, 651-70) は，ブルードの祖父タローガン・マック・エンフレッド (Talorgan Mac Enfred, 653-57) に対して，エンフレッド (Enfred) とは兄弟の関係にあるということを理由に，アンガス族の内政，外交に関して半ば干渉に近い注文をつけていた。[15] このことと，オスイウとスコット族の関係を知っていたブルードは，早くからアンガス族のピクトランドへの侵攻があることを察知していた。ために，この戦いの前々年の683年には，その援軍になると見られたスコット族領に侵攻して，多数の婦女子を人質とし，スコット族のこの戦いへの介入を阻止，同時にピクト族伝来の「憲法」に則り参集した北部ピクトの「マレイ族」，「マァ族」の軍勢，南部ピクトの「ストラスアーン・メンテイス族」，彼の強力な氏族でなるアンガス族の軍勢等々の支援を得て，この戦いを勝ち取った。

アングル族は，この敗戦によって，以後半世紀の間，部族としての力を喪失する。しかし，エグフリッドの父，651年にデイラ (the Kingdom of Deira) を併合，655年に「メルシア王国」(the Kingdom of Mercia) の全土，スコットランドでは西のダムフリーズ・アンド・ガロウェイ，そして国境地帯以北は，ストラスクライド・ブリトン (Strathclyde Britons) 領を除いて，ファース・オヴ・フォースまでの領域を完全に掌握した征服王オスイウ (Oswiu, 651-70) の奢りから始まったこの戦いは，例の603年のダルリアーダ (Dalriada) のアエダン (Aedhan Mac Gabhran) とこのオスイウの父アエセルフリス (Aethelfrith, d.617) との「デグザスタンの戦い」(the Battle of Degsastan) に，もしアエダンが勝っていたとするなら，当然あり得なかった戦いであった。また，当時，北上してロージアン地区を所領としていた「ウェルッシュ・ブリトン族」(the Welsh Britons)，「ストラスクライド・ブリトン族」も，また，ダムフリーズ・アンド・ガロウェイの「ウェルッシュ・ブリトン族」

153

第 2 部　古代遺跡を訪ねて

「ブリト・ピクティッシュ族」も，もしアエダンが勝っていたとするなら，後々「アングル族」の侵攻や脅威に曝されることはあり得なかった。

　ある歴史家は，[16]《イルヴンのレゲッド（現在の「カーライル」辺りの自治領）とすでにイルヴンと同盟関係にあったロージアン地区，この 2 つの地区ないしは自治領の運命が関わっていた「デグザスタンの戦い」の問題については，レゲッドがダムフリーズとガロウェイの中に含まれているのが解るように，もしアエダンが勝っていたとするならば，その結果はその時にダルリアーダとともにイルヴンの支配地区（当時のストラスクライド地区も含まれていた）ロージアン地区との政治的融合，ダルリアーダとの政治的融合も叶っていたかも知れない。》と述べている。

　このフォーファーの東 1 マイルには，別のネヒタン大王，ノーサムブリアの「ウィアーマウスとジャロウの僧院長」セオルフリス (Ceolfrith, Abbot of Wearmouth and Jarrow) を介し，710 年，ピクトランドの守護聖人を「聖ペテロ」(St Peter) とし，「ピクト教会」(the Pictish Church) を「ローマ教会」(the Roman Church) に転向した「デレレイ家」(the House of Derelei) のネヒタン・マック・デレレイ (Nechtan Mac Derelei, 706-29) がノーサムブリアの石工に建立させ，「聖ペテロ」に献じたスコットランドで最初の石造りの教会がある。この教会は後に「聖オーガスティノ修道会修道院」(St Augustinian Priory) となり，今は「レステンネス・プライオリィ」(Restenneth Priory) [8,9] の名前で残る。

　このテイサイド (Tayside) やストラスモア地区 (Strathmore) には，異教の頃のピクト族の表象石 (Pictish symbol stone) やキリスト教化されたあとの「クロス・スラブ」(cross slab) が多く残されている。フォーファーの西 3 マイルに「聖オーランド・クロス・スラブ」(St Orland's Cross Slab)，南南西 7 マイルには「エッシイ・クロス・スラブ」(Essie Cross Slab)，同じく南東に 4 マイル，グラームズ (Glamis) の教区教会の牧師館の庭に「グラームズ・クロス・スラブ」(Glamis Cross Slab)，同じく北東 5 マイルのアバレムノウ (Aberlemno) に「アバレムノウ・ピクト表象石」(Aberlemno Pictish Symbol Stone) とそれに隣接して「アバレムノウ・クロス・スラブ (1)」(Aberlemno Cross Slab (1))，村の教区教会の入り口に「アバレムノウ・クロス・スラブ (2)」が残されているが，この「クロス・スラブ」については，多くはグラーム

4. パースシャー地区

ズの西の「ミーグル博物館」(Meigle Museum) や，アーブロース近くの「聖ヴィジーンズ博物館」(St Vigeans Museum) の中に所蔵されている。

　ピクト族は，スコット族と同様に，あらゆる自然物を心意のある生き物と信ずる「アニミスト」(animist) であり，彼らの祖先を蛇，鷲，鹿，海象，猫，猪，鮭などのような動物や鳥，魚として尊崇する「トーテミスト」(totemist) である。彼らに「表象石」をもたらしたのは，彼らのこの先祖崇拝であることはもちろんであるが，彼らの婚姻制度と家長制度にその原因があったようにも思われる。「ネヒタンズミアの戦い」でエグフリッド (Egfrid) と戦ったブルード・マック・バイル (Brude Mac Bile) の場合，祖父はエグフリッドの父，ノーサムブリア大王国 (the Great Kingdom of Northumbria) の大王家のオズワルド (Oswald, 634-42)，オスイウ (Oswiu, 651-70) と血兄弟のタローガン・マック・エンフレッド (Talorgan Mac Enfred)，母はこのエンフレッドの長女か次女で，父がブリトン族の王家バイル家 (the Royal Family of Bile) の王子ブルード・マック・バイル (Brude Mac Bile) であったように，彼らは族外婚姻制による母系家長制 (exogamic matriarchy) を原則とし，族内の婚姻の場合は過去の家系の中に婚姻関係がないトーテム (totem) の男女の婚姻は許されるのが習いとされていた。ために，ピクト族の男性，女性は常に新しい血を探すことを余儀なくされ，各氏族はその固有のトーテムを表示する必要があった。異教の時代の第1型の表象石はまさにこのピクト族の婚姻制度が生んだ石であるように思われる。この点，同じケルト族でありながら，各氏族がトーテムの表示を必要としなかった族内婚姻制父系家長制 (endogamic patriarchy) のスコット族にはこの手の表象石は一切存在してはいない。

　以下に示す**図14**と**図15**は，ピクト族の表象石に通常現れる記号と図案，動物，鳥，魚などのトーテム像を表わすが，この図案や記号の意味は，もちろん，当のピクト族のみが知るもので，我々にとっては永遠に不可解，謎のままということになるが，博物館の司書などの説明によれば，「海象」のような想像上の動物や「花」などをも含め，強力な角，牙，爪，嘴，歯などをもつ精悍な生き物の彫り物は彼らの「トーテム」，「大鍋」の様なリングは「氏族」ないしは「家族」，リング・マークは「兄弟姉妹」か「子孫」たちで，線で結ばれた2つのリングは「結婚」，折れた矢に似たV字の記号は「合戦での勝利」か「戦死」ないしは「影響力の大きさ」，2度折れた

第 2 部　古代遺跡を訪ねて

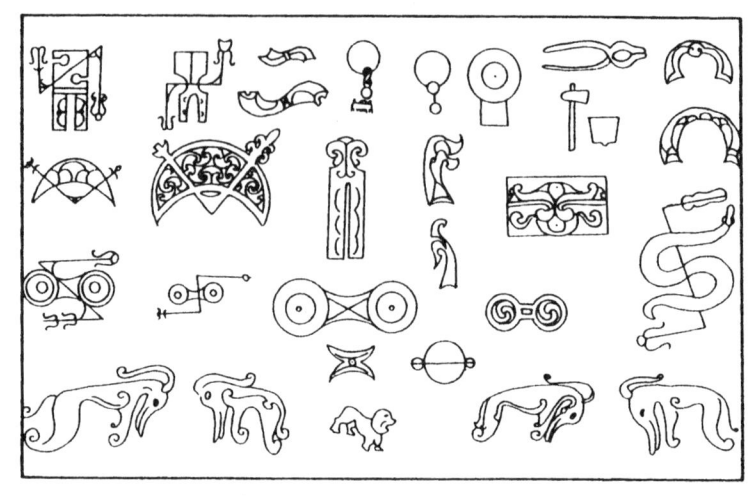

図 14　ピクトの表象石に通常現われる記号と図案

　矢のような逆 Z 文字記号が示す向きは縁組の相手とか遠征軍の出所先と帰着先の関係，王冠を思わせる伏せた三日月形の彫り物は，立派なものと単純なものとがあるが，それらは影響力のあるものとないものとの差を表わし，「族長」，長方形の「音叉」に似た彫り物は「砦」，ハムマーやピンサーのような彫り物は当時は貴族であった鉄器鍛冶の看板，通常石の下部に刻まれる櫛や鏡やトルク (torque，ブリトン人女性貴族の首飾り) などの図案は縁組の際の夫となる男性よりの引き出物で，当の女家長の表象で石の建立者の銘とされる。

　そして，第 1 型と言って分類される異教の時代の「ピクトの表象石」は，各氏族がその家系やその家系に関わる故事来歴を披露するために，青銅器時代の立石や自然石の表面にこれらの記号，図案，トーテム像をモチーフとして彫り，その所領の中に立てた野立ちの石で，キリスト教化された後の「第 2 型」の「クロス・スラブ」のように決して博物館の中などに収容されることがない石である。

　第 2 型と言って分類される「クロス・スラブ」は，自然石ではなく，高さが大体約 2.5 メートル，幅 1 メートルの加工された厚い平石で，キリスト教に帰依したことを示し，その表側には十字架がモチーフ (motif) として彫られる。そして，この十字架の頭部と腕と柄が交差する部分は繊細な

4. パースシャー地区

図 15 石に刻まれたトーテム像

組み糸模様,鉤模様,螺旋模様などの浮き彫り仕上げか単なる深彫り仕上げで,同様な仕上げの「光輪」を意味する大きなリングで囲まれ,交差するこの腕と柄の上下,左右に多くの場合,各々1つの突起するリングか,丸型か四分円の窪みなどが彫られ,柄の左右に慎ましやかにその氏族のトーテムを示すと思われる繊細な抽象化された蛇や馬,犬や狼などの動物の図案や天使像の彫刻があるのを常とする。そして,その裏面には第1型の石に彫られている図案が大体そのモチーフとなり,文字をもたなかった時代のこのピクト人たちの氏族の中に起きた社会現象,戦いや狩猟の情景などを表わす絵物語やキリスト教の聖者の伝説を題材とした絵が彫られるのを常とする。そして,この第2型の石は,各氏族が競って名のある聖者を氏族の聖者とするようになる大体8世紀以降に彫られた石が主で,ピクト族固有の十字架と言えるもの,スコット族の十字架は,アイオナ島の僧院 (Icolmkil) の「聖ヨハネの十字架」(the Cross of St. John) のように,独立した石の十字架であるのを常とするが,ピクト族の「クロス・スラブ」はこれに替わるものである。

第 2 部　古代遺跡を訪ねて

また，このパースシャーではない，遥か北のイースター・ロス (Easter Ross) やマレイ地区で多く出土している狼像 [10] や，猪像 [11]，雄牛像 [12] などを彫った石の断片や石額の類は第 3 型の石と言って分類される石であるが，それは氏族のトーテムか，願掛けの供え物か，ないしは魔除けの石と思われる。クロス・スラブよりは古い異教の時代の石で，同類の石額は鑑賞用の芸術作品 [13] の類で，この南部ピクト領からも北部ピクト領からも出土しているが，表面が鱗の彫刻で通常 5 トンほどの大きな猪の背に似た石 [14] は多くこのパースシャーから出土している。同類の石はストラスクライド地区にも多く，グラスゴウの西「ペイズリィ・アービイ」(Paisley Abbey) にもその展示があるが，それが置かれていた場所，ピクト族と同族のブリトン人たちが昔，猪の牙や鹿の角などを墓標代わりに墓に供えていたという古事などから推して，墓の笠石か墓標であったように思われる。

アバレムノウにある「アバレムノウ・ピクト表象石」(Aberlemno Pictish Symbol Stone) [15] は，高さ 1.5 メートル，石自体はその最下部に「カップ・マーク」を残している角笛のような格好の青銅器時代の第 1 型の石である。最上部に氏族のトーテム，くねった蛇の彫り物，中央に線で結ばれた直径 0.14 メートルくらいの 2 つのリング・マークに，石の左下から右上に向って逆 Z 文字記号が刻まれ，最下部に手鏡と櫛の表象がある第 1 型の石である。

「アバレムノウ・クロス・スラブ (1)」(Aberlemno Cross Slab (1)) [16] は，この第 1 型の「アバレムノウ・ピクト表象石」の隣に立っていて，その高さ約 3 メートル，表側の十字架はその頭部，クロスの腕と柄が交差する十字の上下，左右に各 1 個の丸い突起したリングがあり，それが大きな深い浮き彫りの組み糸模様の光輪ないしはリングで囲まれ，腕の下には柄の両側に，もつれ合う蛇の組み糸模様の浮き彫り，その下の鉤編み模様の柄の左右には天使像の浮き彫りがある。最下部には戦う 1 対の動物像が彫られている。そして，裏側 [17] には，Ｖ字形の切り込みがある伏せた三日月形の王冠，右下から左上に向う逆 Z 文字形の切り込みがある 2 つの線で繋がったリング・マークがあり，この下に騎乗の戦士たち，「スカート」(skirt) が「シャツ」(shirt) から分かれる前の原型の形か，「裾長のシャツ」をまとった徒歩の戦士，その下に再び騎乗の戦士たち，馬，猟犬などの彫り物など，戦いか遠征の場面を彫った絵物語があり，最下部に半人半馬の怪物，ケン

4. パースシャー地区

タウルス (Centaur) と羊と琴と, ライオンの顎をなでる人間像が彫られている。精緻をこらした彫刻石である。

「アバレムノウ・クロス・スラブ (2)」(Aberlemno Cross Slab (2)) [18] は村の教区教会の入り口の前にあり, 高さは 2.5 メートル, 幅約 1 メートル, 頭部が切妻状の平石で, 表側の十字架は腕が鉤編み, 柄が渦線模様と組み糸模様の浮き彫り, 切妻の部分, 柄の上, 左右に分かれて 1 対の動物像の浮き彫りがあり, 十字架の十字が「光輪」で囲まれ, 十字の腕と柄が交差する上下左右には各々 1 つの円形の深い窪みが彫られている。向かって右上の窪みは天体観測のためのものであったのか, 完全に貫通した穴になっている。柄の下左側には絡み合う 1 対の竜のデザイン, 右側には上下に 1 対の絡み合う蛇のデザインともつれあう馬のデザインが彫られている。裏側 [19] はおそらく 685 年の「ネヒタンズミアの戦い」の絵物語で, 切妻の下に「花」と「砦」を表わす「音叉」のデザインが右下から左上に向う逆 Z 文字記号の切り込みとともにあり, 右手横に 2 つのリングがついた大鍋のデザインがある。そして, その下に三日月形の兜をかぶり, 手に槍や刀, マントを羽織った騎乗の戦士たち, 例のシャッツの原型ワンピースの単衣をまとい, 同様に槍や刀を手にした徒歩の戦士たち, 角笛を吹く男などの浮き彫り, 騎馬武者の図案などが彫られている。

グラームズの教区教会の牧師館の庭にある「グラームズ・クロス・スラブ」(Glamis Cross Slab) は頭部が切妻の形をした高さ 2.7 メートルの荒い加工の平石である。トーテムを表わすくねった蛇, 魚, 手鏡の図案があるその裏側 [20] が本来の表側で異教の時代の第 1 型の表象石で, 今の十字架がある表側 [21] は後の付け足しかと思われる。クロスは頭部には十字を囲む光輪はなく, 十字が交差する上下, 左右に円形の「くぼみ」があり, 腕は組み紐模様, 柄が渦線模様のかなり深い彫りで, おおむね「アバレムノウ・クロス・スラブ (2)」(Aberlemno Cross Slab (2)) と同様な彫り物の十字架と言えそうに思えるが, 切妻の下, 柄の上部の右にケンタウルス, 左に犬の図案があり, 腕の下, 柄の右側に雌鹿の首の下に 2 つのリングのついた大鍋の図案があり, 柄の左側の下には手斧で戦っている 1 組の戦士像と, その上にピクト族の族内の処刑「水刑」を意味すると思われる, 1 対の足が突き出ている大鍋の図案が彫られている。

第 2 部　古代遺跡を訪ねて

「聖オーランド・クロス・スラブ」[22] は高さ 2.4 メートル，クロスの頭部は大きな光輪ないしはリングで囲まれ，腕と柄が交差する十字の上下，左右に四分円の窪みがあり，彫りは浮き彫り仕上げではなく深彫りの石である。裏面 [23] は 5 つのパネルに分かれ，最上段に V 字形の切り込みのある王冠，矢の方向がはっきりしない逆 Z 文字形の切り込みのある 2 つの輪があり，その下に猟犬を伴った騎乗した 2 人の戦士像，その下にも騎乗した 2 人の戦士像が彫られ，その下のパネルには 6 人の航海者が乗った舟の図案，怪獣に襲われる鳥などの図案が彫られている。この最後の 2 つのパネルは，聖フィニアン (St Finian) によって記された聖ブレンダンとその 1 行の西方諸島への旅『約束の地への航海』(*The Voyage to the Promised Land*) を彫った絵物語かと思われる。

このような「クロス・スラブ」があちこちに点在するこのアンガス地区は，584 年，この地で起こった謀反鎮圧のために陪臣アエダン・マック・ガラン (Aedhan Mac Gabhran, 574-606) とともにここに遠征した北部ピクト族の大王，ブルード・マック・マエルコン (Brude Mac Maelcon, 553-84) が壮絶な死を遂げたところであり，既述のように，例のネヒタン・マック・デレレイが，710 年，聖ペトロをピクトランドの守護聖人とし，ネクタン・マック・アープ (Nectan Mac Canonn, 599-621) が「アバネッシィ教会」を本山として創始した「ピクト教会」(the Pictish Church) を「ローマ教会」(the Roman Church) に転向，その結果，以後 729 年までピクト族全体を全くの騒乱状態に落とし入れた震央の地である。しかし，アンガス領の大王家のアンガス一世・マック・ファーガス (Angus I Mac Fergus, 729-61) がその一切を処理することになる。

また，[17] クリーフ (Crieff) の北西ターレット (Turret) はダルリアーダが 740 年以降，約 1 世紀の間，この南部ピクト族の属国となるというその「おこり」となった所である。このクリーフにはアンガス一世の子ブルード (Brude Mac Angus I) の「教会」があったが，733 年，ここを 726 年に退位したダルリアーダの先々王ドゥンガル・マック・セルバッハ (Dungal Mac Selbach, 723-26) が彼の子供たちとともに損壊するという事件が起こる。当時「王領の聖域を侵したものは極刑」というのが掟。アンガスは彼らの捕縛と懲罰のために，翌 734 年，アーガイルに懲罰遠征軍を送るが，そこに

4. パースシャー地区

は729年,彼がアンガス族領からネヒタンとともに放逐したエルピン・マック・イーハッハ (Elpin Mac Eachach, 733-37) が,あろうことか,このダルリアーダの王位にあって,アンガスに対して執拗な妨害を繰り返したため,彼はエルピンがかつて南部ピクト領内で行なったのと同じ「国取り」の返礼をエルピンにお返しすることを決意する。アンガスの兵力は約2万,エルピンは漸次兵を減らし,737年には,彼は,ダルリアーダを捨て,少単位の兵力を引き連れアイルランドに逃亡,その結果は「第1部 2. ピクト王朝の興亡」で述べている通りであるが,ダルリアーダは740年に南部ピクト族のものとなる。アンガスは,「ガラン家」に繋がるダルリアーダの王侯,貴族たちにアンガス族の家臣となるか,その地を去るかの選択を迫った。そして,このようにして南部ピクト族の家臣となったスコット族の王侯,貴族たちの末裔の中には,皮肉なことながら,この南部ピクトのアンガス一族を滅ぼすことになるアルピン・マック・イーハッハ (Alpin Mac Eachach, 832-34) やその子ケネス・マック・アルピン (Kenneth Mac Alpin, 834-43) を生むことになる。[18]

エルピンはアイルランドへの「逐電」によって737年,自然廃位となり,ダルリアーダは「ベーダン家」(the Baedan Family) のムリアフ・マック・アインキーラ (Muredhach Mac Ainbhcealla, 737-45) とイウン・マック・ファーハー・ファダ (Ewen Mac Ferchar Fada, 726-42) の共同主権の治世に替わる。739年には,エルピンが南部ピクト領から放逐された際,エルピンと同行してアーガイルに入り,この後継者たちのお預け人の身となっていたアソール (Athole) の族長タローグ・マック・ドロスタン (Talorg Mac Drostan, d.739) が引き渡されて,反逆者として処刑される。

アンガス一世は,740年,このダルリアーダの目付けとして,重臣ドムナル・マック・コンスタンティン (Domnal Mac Constantine, 785) を任命,740年にはアーガイルに兵を残したままノーサムブリアに遠征,タイン・マウス (Tyne Mouth) のカーティナン (Kirtinan<Caer Tinan) で,アングル族のエドバート (Edbert, d.768) と1戦を画すことになるが,既述のように,この年,南部ピクト族のアンガス一世とアングル族のエドバートが同盟関係を樹立することになった経緯には,この戦いの最中に,近くに居留していたサクソン王イーセルバルド (Eathelbald) の兵たちによって,エドバート

第 2 部　古代遺跡を訪ねて

が居城を奪取されるが，アンガスがエドバートと和睦してこの居城を奪回するのに協力したという裏事情があった。

　737 年，アイルランドに逐電したエルピンは，既述のように，740 年にガロウェイに現れる。そして，741 年，すでにアングル族領になっていたガロウェイに，この地区の奪回を歌い文句としたエルピンの術策にはまって兵を動かした「ストラスクライド・ブリトン族」のトゥダア・マップ・バイル (Taudar Map Bile) とエルピンの連合軍がエドバートとアンガス一世の連合の懲罰軍と戦うという戦いが起こるが，この戦いの最中に，このエルピンは暗殺者の手によってこのガロウェイで殺害される。またネヒタンは 732 年，隠遁先の隠れ家で死去する。

　しかし，ファーガス家を中軸とするこの南部ピクト族の黄金期はこのアンガス一世の時代までで，以後は，既述のように，いくつかのダルリアーダの謀反，大規模小規模の北欧海賊との戦いなどを経て，842 年，ガラン家 (the House of Gabhran Mac Domongart) の末裔，スコット族内ではダルリアーダの「王」(righ) であったアルピン・マック・イーハッハ (Alpin Mac Eachach, 834-34) の子，同様にダルリアーダの王でいまだアンガス族の家臣の身であったケネス・マック・アルピン (Kenneth Mac Alpin, 834-43) が起した謀反が直接その原因となって，843 年には，既述のように，アンガス族を首長としていた南部ピクト族はようやくその終焉期をむかえ解体，スコット族との併合を余儀なくされ，「ピクト・スコット連合王国」(Rex Pictorum) に移行することになる。

　パースシャーの「フォーテヴィオット砦」(the Fort of Forteviot) と「スクーン宮殿」(the Scone Palace) はこの連合王国の首府が置かれた所である。しかし，843 年，ケネス・マック・アルピンを始祖として始まるこの王朝下も，また 896 年，ドナルド二世 (Donald II Mac Constantine I, 889-896) を始祖として始まり，1034 年，マルコム二世 (Malcolm II Mac Kenneth, 1004-34) の死をもって終焉する「アルバン王国」(the Kingdom of Alban) の王朝下も北欧海賊の襲撃は納まらず，その主立った襲撃事件のことは頁を改めて述べることにしても，ケネス・マック・アルピンの子コンスタンティン一世 (Constantine I Mac Kenneth, 863-77) とその子ドナルド二世などはその襲撃の直接の犠牲者となった。

4. パースシャー地区

　また，この近くファース・オヴ・テイに面するモニフィース (Monifieth) の北東 1 マイルのバリィ (Barry) 辺りの地域は，このアルバン王朝の終焉期のマルコム二世が 1007 年の早春，シッドロウ・ヒルズ (Sidlaw Hills) の南東側に襲来したデーン人海賊カムス (Camus) の大軍を完全に殲滅した激戦地跡である。この戦いでマルコムは首領カムスを討ち，このファース・オヴ・テイの沿岸地区の海賊どもを一掃，以後このパースシャー地区への海賊の襲撃の憂いをないものにした。因みに，カークブッドウ (Kirkbuddo) の南東 4 マイル，モニフィースから北東 4 マイルにある「カムスのクロス」(Camus's Cross) はこのマルコムの戦勝記念碑と言われる。

　また，この地区には鉄器時代の終り頃の，その内部の通路が迷路状に入り組んだ 20 メートル×30 メートルほどの楕円の空間の中に広い空間を設け，上に梁を渡して屋根を乗せたと思われる半地下の構築物が近年になって 3 つ発見されている。1 つは 1871 年に発見された A929 沿いの「鍛冶場の地下構築物」を意味する「ティーリング地下構築物」(Tealing <(Q)teallaich, having Smith's forge) Souterrain) [24]，モニフィースの北，1949 年に発見された，「カーランギイ地下構築物」(Carlungie Souterrain) [25] と，「アーデスティ地下構築物」(Ardestie Souterrain) [26] であるが，通路の側壁に「カップ・マーク」や「カップ・アンド・リング・マーク」が刻された石などが使用されていて，いずれも鉄器鍛冶の作業場と見られる施設，特に「ティーリング地下構築物」からは，ローマ期の鉄器鍛冶の「ふいご」や「火桶」，ローマ人のボウルや銀の皿などが出土している鉄器時代の施設で，ローマ軍の駐留期にはローマ兵たちが使用していたと思われる構築物である。

　スクーンの北，今あるノルマンとゴシック両建築様式の「ダンケルドの大聖堂」(Dunkeld Cathedral) [27] は，1127 年「聖ディヴィッド」(St David I, 1124-53) の名があったディヴィッド一世の治世下に司教の座が置かれ，ロバート・ザ・ブルス一世 (Robert the Bruce I, 1306-29) の治世下の 1318 年よりジェイムズ四世 (James IV, 1488-1513) の治世下の 1501 年までの約 2 世紀にわたって構築が行なわれ，手酷い損傷をうけた宗教改革 (the Reformation) の後，修改築を経て今なお残されている大聖堂であるが，その母教会は 570 年，「ケルト教会」の修道士たちによって建てられた編み枝細工の庵が

第 2 部　古代遺跡を訪ねて

その始まりで，ケネス・マック・アルピン (Kenneth Mac Alpin, 843-59) が石造りの教会に再建，829 年アイオナの僧院長ディアミット (Diamit) が北欧海賊の破壊から守るために，アイオナ島からダブリン (Dublin) の北西 40 マイルのケルズ (Kells) に移していた聖コロンバの聖遺物をここに移して，「ピクト・スコット連合王国」の聖地とした所で，1045 年には僧院長のダンカン一世 (Duncan I Mac Crinan) の父「アソールの伯爵クリナン」(Crinan, the Mormaer of Athole) がマクベス (Macbeth Mac Finlaic) によって殺害された場所でもあるが，ここは 903 年の暮れ，おそらく 870 年に，オーラフ・ザ・フェア (Olaf the Fair) とともにダムバートン (Dumbarton) を襲撃したアィヴァ (Ivar) の孫と思われる人物を首領とするデーン人海賊の一団によって襲撃される。しかし，翌年の 904 年の春，時のアルバン王国の王ケネス・マック・アルピンの甥，コンスタンティン二世・マック・アオ (Constantine II Mac Aodh, 900-42) が，このデーン人海賊の一団をバーサの砦の北 2 マイルのルンカーティ (Luncarty) で見事に殲滅する。

　アルバン王国の王の中では卓越した王の 1 人であったこのコンスタンティン二世は，906 年にはパースの北東，首府スクーン宮殿 (the Scone Palace) の「ムート・ヒル」または「ブート・ヒル」(Moot Hill, or Boot Hill) [28] で，スコット族の教会制度改革のための会議を開く。教会関係者と彼と長老が出席し，「スコット教会」(the Scots' Church) はいまだ「ローマ教会」の管轄下になかったということもあり，ローマ教皇の特使は招かれなかったが，信仰に関する律礼，戒律，スコット教会の権限，教義などが時に熱の冷めてしまっている「コロンバン・チャーチ」(Columban Church) の現状にてらして論議され，最終決議として「スコット教会」は「ピクト教会」と併合することが決定される。そしてこれを機に，865 年以来ピクトの大王，ネクタン・マック・キャノン (Nectan Mac Canonn, 599-621) が創立した旧ピクト教会の総本山，「アバネッシィ教会」(the Church of Abernethy) の中にあった「スコット教会」の本拠は，南部ピクト族のアンガス一世 (Angus I Mac Fergus I, 729-61) がファイフの「セント・アンドルーズ」(St Andrews) に創建した「王領の野原の教会」(Cill Righ Monaidh) に移されることになった。

　因みに，この「ムート・ヒル」，ないしは「ブート・ヒル」には，スコット族が入植時にアイルランより運んできた「戴冠の岩」(Lia Fail) のレプリ

4. パースシャー地区

カ (replica)[29] が展示されている。また，この「ムート・ヒル」の名は「議論の丘」の意味であるが，「ブート・ヒル」の名は，王の戴冠の日に王に忠誠を尽くすことを示す1つの習しとして王族，貴族たちが長靴の中に封土の土を入れて持参し，この丘の上に献じたことから生まれた名と言われる。

既述のように，733年，ドンガル・マック・セルバッハ (Dungal Mac Selbach, 723-26) がアンガス一世の子ブルード・マック・アンガス (Brude Mac Angus I) の教会を侵犯したが，この教会があったターレット (Turret) からコムリイ (Comrie < (P) *Comraich*「ピクト族の避難所」) を経てロッホ・アーン (Loch Earn) にいたる地区は，3～4世紀頃はカレドニア族の所領で，ここには西のアーガイルに通ずる道があって，スコット族がアーガイルに進出するようになってからはスコット族の地領でもあった。昔のロッホ・アーン (Loch Earn) の氾濫原「セント・フィランズ」(St Fillans) の近くには鉄器時代の「ダンダーン砦」(Dundurn Fort) [30] があるが，この砦も《683年，ダンダーン砦はピクト族の包囲攻撃下にあり。》と『アルスター年史』(*The Annals of Ulster*) が記しているように，「ネヒタンズミアの戦い」直前頃までは，スコット族が占拠していた砦である。そして，[19] この683年とは，既述のように，ピクトの大王ブルード・マック・バイル (Brude Mac Bile, 672-93) がノーサムブリアのエグフリッド (Egfrid, 670-85) との戦いを前に，スコット族とノーサムブリアの提携を無力化するために，この「ダンダーン砦」を占拠，ここを根城としてアーガイルに侵攻，多数の婦女子の人質をとった年のことである。[20] 彼は，その前年，682年のオークニイ諸島の小大名の勢力を減ずるための遠征の際にも，多数の婦女子の人質を連れ戻っている。

ピクト族の遠征時の婦女子の略取は部族の婚姻制度が「族外婚姻制」であったということ，同時にそれによって極めて長期間にわたって相手側の勢力の伸張を押さえることができるということから，ほぼ常習的なものであったようである。ガラン・マック・ドモンガートの560年のアーガイル侵攻に対して，時のピクト族の大王，北部ピクトの「猪族」のブルード・マック・マエルコン (Brude Mac Maelcon) が行なったアーガイル攻めの際の婦女子狩り，580年アエダン・マック・ガランをオークニイ諸島に派遣して，

第 2 部　古代遺跡を訪ねて

そこの小大名の反乱を鎮圧した際の婦女子狩り等々, その例には事欠かない。現にブルード・マック・マエルコンの本拠地, インヴァネスの南西郊外の「人質の丘」(Knocknagael) には, こうした人質略取の証左と見られる「人質の丘の石」(Knocknagael Stone) が残されている。

　「ダンダーン砦」は, 昔のアーン川 (the River Earn) の氾濫原の丘の上にある。高さ 30 メートル, 頂上に直径約 20 メートルを囲う空間と丘の段丘に様々な防御施設を備えた鉄器時代以来の砦であるが, 9 世紀中頃はこの辺りは「ピクト・スコット連合王国」の王ケネス・マック・アルピンの子, アオ・マック・ケネス (Aodh Mac Kenneth, 877-78) の所領であった。彼は, アソール (Athole) を所領とした兄, コンスタンティン一世 (Constantine I, Mac Kenneth, 563-77) のあとを継承した翌年に, ブリトン人聖キリック・マップ・ドゥンガル (St Cyric Map Dungal) によってこの砦の近くで殺害される。

　また, 父をレインスター (Leinster) の王族の聖コムガン (St Comgan), 母をロッホ・ローモンド (Loch Lomond) の「尼僧の小島」(Inch Cailleach) の庵主で「ロッホ・ローモンドの貴婦人」聖ケンティガーナ (St Kentigarna, d.734) とした聖フィラン (St Fillan) も, 749 年にこの砦の近くで死去する。彼は, ロッホ・ローモンドの南端に近い「ホーリィ・ロッホ小修道院」(Holy Loch Priory) で永らく修道院長をつとめた後, 西部ハイランド地区を布教し, 後にロッホ・テイ (Loch Tay) の奥, キリン (Killin<Cill Fillan「聖フィランの庵」) と, このダンダーン砦の近くに「聖フィランの礼拝堂」(St Fillan's Chapel) [31] を建て, この砦近くの「聖フィランの井戸」(St Fillan's Well) で, 彼が開祖の前ドゥルイド時代に始まる地母神信仰ないしは泉水信仰, 近くの岩の上から患者をその井戸の中に何度も投げ込み, 華やかにぼろ布が結ばれた楡の森の中の礼拝堂で患者を一夜過ごさせるという, ロッホ・マリイ (Loch Maree) で聖マルイ (St Ma-Ruibhe) が主宰した「ショック療法」に似た精神障害者の治療を主宰した。スコットランドは危険な山地が多く, そのために起こる転落や落石事故, 族内婚姻制 (endogamy) の地域では族内の重度の近親結婚などを原因として, 南のウェールズ (Wales) と同じように, 脳障害者は古来より多い所と言われているが, 年間の患者の来訪 200 人と言われた聖なる井戸である。

　クリーフ (Crieff) はアンガス族領ではなく,「ストラスアーン・メンテイ

4. パースシャー地区

ス族」(the Strathearn-Menteith) 領に入るが，このストラスアーン地区にも南部ピクト族が意気軒昂であった時代のクロス・スラブは少なくない。このクリーフの東約4マイル，ファウリス・ウェスター (Fowlis Wester) には，幅約0.9メートル，先細の高さ3メートル，8世紀頃の「ファウリス・ウェスター・クロス・スラブ」(Fowlis Wester Cross Slab) [32] がある。十字架は頭部に光輪ないしはリングがなく，柄は組み糸模様，腕は鍵模様の浮き彫り仕上げで，この柄と腕が交差する十字を中心に8個の丸い突起があり，裏面 [33] は6つのパネルで構成，最上部に向う方向がはっきりしない逆Z文字の記号の切り込みのある2つの大鍋の図案，Ⅴ字記号の切り込みのある伏せた三日月形の王冠，馬丁をつれ騎乗した人間像，その下に片方の男が腕に鷲か鷹をのせている騎乗した2人の男性像，その下には婿入りの情景か，6人の顎鬚をはやした付き添いを引き連れて首に鈴をつけた牛を引く男性像，Ⅴ字記号の切り込みのある王冠，人間を食う怪獣などの図案が刻まれている。

　また，ここから少し離れた牧草地の中には「ファウリス・ウェスター立石群，ストーン・サークルつき石墳」(Fowlis Wester Standing Stones, Stone Circle & Cairn) [34] がある。破壊されて，2本の立石と，ストーン・サークルつきの石墳が残るだけの青銅器時代の複合施設である。石墳から北に向かって，60メートルか70メートル離れて2本の立石が立ち，高さは約2メートル，1本の立石に1個のカップ・マークが残り，石墳は縁石つきで，直径は約5メートル。ストーン・サークルの大きさ，石の数は不明であるが，7つの石の穴の痕跡を残し，2個の石が残る。施設の規模，石穴の並びなどから推して，ダムフリーズの北にある「トウェルヴ・アポッスルズ・ストーン・サークル」と同じように，かつては巨大な祭祀と天体観測の場であったと思われる施設である。

　クリーフからA822を北に6.5マイル，ニュートン・ブリッヂ (Newton Bridge) を渡って，アーモンド川 (the River Almond) 沿いに細い農道を約3.5マイル西に入った所には，「太鼓石の石室墳」を意味する新石器時代の「クラッハ・ナ・ティオムパン石室墳」(Clach na Tiompan Chambered Cairn) がある。ノース・ユイストの「クレットラヴァル石室墳」(Cletraval Chambered Cairn) と同型の通廊墳のロング・ケーアン (long cairn) で，長さ60メートル，幅

第 2 部　古代遺跡を訪ねて

は東の端をより広くして約 10 メートル，石室跡は 4 つあるが，今はほとんど高さがないと言えるほどに荒廃した「卵型」の施設である。外見はベリックシャーの「ミュティニィ・ストーン・ロング・ケァーン」に似た石室墳で，新石器時代の後期から青銅器時代の初期に建立された石室墳によく見られる型の石室墳である。

　ピットロホリィ (Pitlochry) は暗黒時代にはピクト 7 部族の中の「アソール・ブレアゴウリイ族」(the Athole-Blairgowrie) の所領であるが，この南約 1 マイル，ダンファランディ (Dunfallandy) には，かつてはキリィクランキィ (Killiecrankie < (Q) *Coille creitheannich*「ハコヤナギの森」) の峠近くの礼拝堂の中にあった石で，近年になってここに移されたと言われる，高さ 2.7 メートルの「ダンファランディ・クロス・スラブ」(Dunfallandy Cross Slab) がある。表側を険しい絶壁の縁に接して立っているために，この面の図案については説明はできないが，しかし，裏側 [35] はその全体を鰻のように長い 2 匹の怪物の図案で囲い，最上部に線で繋がった 2 つの大鍋状の図案，V 字型記号の切り込みがある王冠，天使像，海象の図案，そして，その下にテーブルをはさんで会話をしている 2 人の聖者，中央に騎乗した人間像，再び V 字記号の切り込みのある王冠，海象，最下部に火鋏と鉄床などの図案が彫られている。

　「アバフェルディ」(Aberfeldy) は，その名が古代アイルランド語 toe に語源を発し，「静かなる川」(the Silent One) を意味するテイ川 (the River Tay) とグレン・ライアン (Glen Lyon) を西から東へと流れる「洪水」を意味するライアン川 (the River Lyon < (Q) *lionadh* flood) の合流点にある。そして，その地名はこの合流点辺りで，木陰から飛び出して旅人などを驚かしたという毛むくじゃらの，日本の河童伝説にあるような半人半獣の小怪物「ピーライ」(Peallaidh) の名前に因む地名で，「アバ・フィーライ」(Aber Pheallaidh,「ピーライの浅瀬」) が英語化したものであるが，このアバフェルディの西約 4 マイルには，**図 16** に見られるように，青銅器時代初期より鉄器時代の初期頃まで 3 度にわたって組み替えが行なわれた祭祀と天体観測の施設，「クロフト・モレイグ・ストーン・サークル」(Croft Moraig Stone Circle) [36] がある。

　最初期にはその中央に炉床が置かれ，周囲に高さ 2 メートル，8 メート

4. パースシャー地区

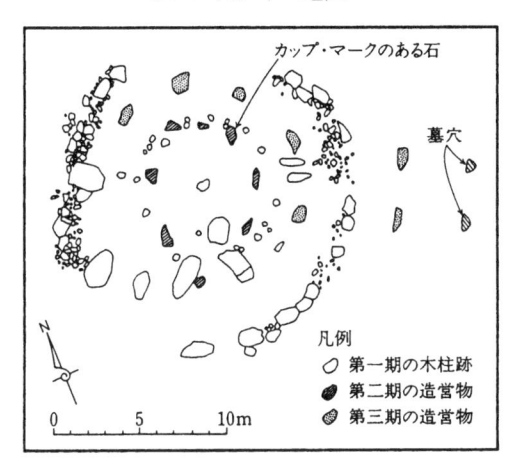

図16　「クロフト・モレイグ・ストーン・サークル」概略図

ル×7メートルの馬蹄形に14本の立木が配され，第2期にこの施設の北東の隅にカップ・マークのある石を置き，サークルは高さ約2メートル，7.5メートル×6メートルのやや馬蹄形の9本の立石が配され，最後の第3期に南東の隅の外側に1対の立石を配して出入り口とし，直径約12メートルのサークルに組み替えられた施設である。

[21] 紀元前1世紀初期のギリシアのストア派の哲学者，ポシドニウス (Posidonius) とローマのカエサル (Caesar, Gaius, Julius, 99-44B.C.) は，ケルト人には《人間の魂は不滅，ある決まった年代を生きたあと別の肉体に移る。》という信仰があると言い，ギリシアの地理学者ストラボ (Strabo, 63B.C.?-?A.D.21) は，《人間の魂と宇宙は，時に火や水が優勢であることはあっても，不滅であるという信仰が彼らの心の中にある。》と言う。また，1世紀のスペイン生まれのローマの地理学者ミーラ (Mela, Ponponius) は，《彼らの心の中にはドゥルイドの教えとして，霊魂は不滅，冥界に別世があるという信仰がある。》と言う。

この霊魂不滅，輪廻転生を信奉するケルト人の「輪廻観」や「別世観」は，イルヴン・マップ・キルマック (Urbgen (or Urien) Map Cirmac) のパネジリスト，タリエシン (Taliesin) が彼の『タリエシンの本』(*Book of Taliesin*) の中で記しているように，自由自在で壮大で無辺，このクロフト・モレイグ・ストーン・サークルの西3.5マイル，フォーティンゴルの教区教会

(Fortingall Parish Church) [37] には, その片隅に樹齢3千年を越す, ドゥルイドの時代以来の, 1年の13月目の最後の日, 冬至の日 (Doomsday) を象徴し, 年の新旧の交代, ものの終りと始めの理り, 霊魂の不滅, 輪廻転生の理を教えた「イチイの木」[38] が今もなお生き長らえて立っている。ここはこの鉄器時代のケルト人たちの霊魂の転生の場,「トムナフーリ」(*Tom na h-Iubraich*) 跡である。

また, このフォーティンゴルの北約3マイル, 北東にロッホ・チュメル (Loch Tummel or *Teimhell* Darkness) を臨む, 海抜1,083メートルの「シーハリオン」(*Schiehallion*, the Sith of the Caledonians) [39] も,「カレドニア人」たちの「トムナフーリ」, ブリトン人の「リオネス」(Leonais), ウェールズ人の「スノウドン」(Snowdon, Yr Wyddfa <(P) *Gyddafa*) と同じ様に,「霊魂の転生の場」である。

Aber- がついても現在では浅瀬でもなく河口でもない, ファイフに近い「ネシイ川の河口」と呼ばれる「アバネッシィ」(Abernethy) と, アンガス地区のストラスモアのブレヒン (Brechin) には, スコットランドには2つしか残されてない「アイルランド型円塔」がある。「アバネッシィの円塔」(Abernethy Round Tower) [40] と「ブレヒンの円塔」(Brechin Round Tower) [41] である。

前者は高さが22メートル, 基底部の外径4.6メートル, 頂上部の外径4.3メートル, 内径が2.5メートル, 頂上部に見張りのための窓があり, 外側の石壁には7世紀に彫られた, 音叉の図案とハムマー, 鉄床, 三日月型の王冠にV字形の記号を打ち込んだ4つの表象からなる, 鉄器鍛冶の看板を思わせる「アバネッシィ・ピクト表象石」(Abernethy Pictish Symbol Stone) [42] がある, 赤色砂岩の円塔である。「ブレヒンの大聖堂」(Brechin Cathedral) の境内に残る後者の方は高さが26メートル, 基底部の直径は約5メートル, 塔の内部は7階に分かれ, 地上2メートルの所に入り口がある。13世紀に今の大聖堂の前身となる建物が付帯する時までは独立して立っていた, これもやはり赤色砂岩の円塔である。ともに10世紀頃の北欧海賊の侵攻期にその襲来を見張る「物見塔」として建てられたもので, 海賊襲来の警報はこの種の塔から出された。また, 時には聖職者や教会用具の避難場所でもあったと言われているが, いずれにしても, 今は珍しい歴史的構築物となっている。

4. パースシャー地区

　因みに，761年にこの世を去ったアンガス一世が追贈の形で聖アンドルー (St Andrew) に献じた「セント・アンドルーズ・キャシードラル」(St Andrews Cathedral) の中の通称「キリイモント」,「王領の野原の教会」(Cill Righ Monaidh) は，この「アバネッシィの円塔」の石と同じ，赤色砂岩 (Devonian red sandstone) の石で造られたと言われる。

第 2 部　古代遺跡を訪ねて

5. ファイフ地区

　ファイフ地区 (Fife) にローマ軍が構築した砦は 3 つ，パースシャーの最南端，ファイフと境を接する既述の「アバネッシイの円塔」の近くの「アバネッシイ・ローマ軍野営地」と同様に，アグリコーラの第 1 次遠征時に構築され，彼が 84 年にローマへ召喚された後，ドミティアヌス・オーガスタス帝によって放棄された，その北東約 3 マイル，115 エーカー規模の「カーパウ・ローマ軍野営地」(Carpow Roman Camp)，同様にこの「アバネッシイ・ローマ軍野営地」跡地の南 5 マイルに，セヴェルス帝期に新設された 30 エーカー規模の「オホタームフテイ・ローマ軍砦」(Achtermuchty Roman Fort) があるが，この「カーパウ・ローマ軍野営地」の方はセヴェルス帝期に 30 エーカー規模の「カーパウ・ローマ軍砦」として再構築された砦跡地である。

　また，北海に面するファイフの東海岸，現在のセント・アンドルーズ (St. Andrews) には，アグリコーラによって構築され，ドミティアヌス・オーガスタス帝によって放棄され，以後再建されることがなかった「ボニィタウン・ローマ軍野営地」(Bonnytown Roman Camp) があるが，この野営地跡は現在，「セント・アンドルーズ・キャシドラル」(St Andrews Cathedral) 跡の北に広がる，「ゴルフの発祥の地」などと言われている有名なゴルフ場になっている。オールド・コース 1 番グリーンから 18 番グリーンに向う途中に「スウィルコーン・バーン」(Swillcorn(?) Burn) という小川がコースの中を横切っているが，この小川の上に架けられている長さ約 10 メートル，幅約 1.5 メートルの石の欄干がついた橋は，このアグリコーラの第 1 次遠征時にローマ軍が構築したローマの「太鼓橋」(Roman bridge) である。

　[1]この「セント・アンドルーズ・キャシドラル」[1,2] は，既述のように，710 年に「聖ペテロ」をピクトランドの守護聖人として「ピクト教会」を「ローマ教会」に転向し，7 世紀の初頭，ネクタン・マック・キャノン (Nectan Mac Canonn, 599-621) がその総本山を「アバネッシィ教会」として発足した「ピクト教会」(the Pictish Church) に大混乱を引き起こし，以後

5. ファイフ地区

は自ら僧籍に身を投じて，いささかも治世を顧みることをしなかった大王ネヒタン (Nechtan Mac Derelei, 706-29) と，大王不在を理由に大王を僭称して，転向された「ローマ教会」をもとの「ピクト教会」に戻そうとし，最後にはこのネヒタンと結束してアンガス族領をわが物にしようと謀った，母系にアンガス族の大王家の血，父系にスコット族の王族の血を引くエルピン・マック・イーハッハ を，アンガス族の大王家の名家，アンガス一世 (Angus I Mac Fergus, 729-61) が 729 年にグラムピアン地区の現在の「キンユーシイ」(Kingussie < (Q) Cinn ghiuthsaich, Head of fir woods) の北東ロッホ・インシュ (Loch Insh) の岸辺の「モニス・カーノの戦い」(the Battle of Monith Carno) で粉砕，彼らをアンガス族領から放逐して，ピクトランドの守護聖者を現在のスコットランドの国旗，青地に白の斜めのクロスを旗印とする「聖アンドルー」(St Andrew) とし，以後のピクトランドの国体の護持を願った所であるが，この地と聖アンドルーの関係は，4 世紀のある時，船で「聖アンドルー」の遺骨と彼の聖遺物を運んでいて，近くの海岸で坐礁し救助されたアイルランドのバンゴール・モア (Bangor Mor) の「聖レグルス」(St Regulus) がこの地に聖アンドルーの遺骨と聖遺物を安置したことに始まる。

また，562 年にはこの地に入った，アイルランドの南のケニィ (Kenny <Cannech) の聖者，同じアイリッシュ・ピクトの「聖キャニッヒ」(St Cannech, d. 599 or 600) が[2]この聖レグルスの「庵」を聖アンドルーの母教会 (mother church)，「聖レグルス教会」(St Regulus Church) とし改構築，8 世紀の末葉，[3]上述のアンガス一世の没後，弟のブルード・マック・ファーガス (Brude Mac Fergus,761-63) により完成，寄進となったが，この「聖レグルス教会」に隣接して，通称「キリイモント」，「王領の野原の教会」(Cill Righ Monaidh) を建て，これを「聖アンドルー」に献じ，自らの安住の地とした所でもある。聖レグルスの「庵」跡も，聖キャニッヒがこの聖レグルスの遺徳を偲んで彼に追贈した「聖レグルス教会」も，またアンガス一世が聖アンドルーに追贈した「王領の野原の教会」も，今はみな名前のみを残し姿を消してしまっている。

このアンガス一世が寄進した「王領の野原の教会」には，906 年，自らの「スコット教会」を「ピクト教会」と併合したアルバン王国のコンスタンティン二世 (Constantine II Mac Aodh, 900-42) が，908 年に，スコット族の

第 2 部　古代遺跡を訪ねて

聖地ダンケルドより司祭の座を移すが，1127 年より 1144 年までの司教ロバート (Bishop Robert) の年代には，この「セント・アンドルー・キャシドラル」の中心部，聖アンドルーの母教会「聖レグルス教会」跡地近くには小修道院を含む「聖オーガスティノ会派の大聖堂」(St Augustinian Cathedral) が構築され，1160 年代，司教アーノルド (Bishop Arnold) の年代に，その構内に面積約 12 ヘクタール，所々に円筒状の塔や角型の塔を伴う，長さ 1.6 キロメートル，厚さ約 1 メートルの外壁の中に，東西の長さ約 110 メートルの教会が構築され，スコットランドで最大規模の構築物が立ち並ぶようになり，町自体がマルコム四世 (Malcolm IV Mac David I, 1153-65) の治世下に王の保護下に置かれ，自治市となるが，その大規模を誇ったキャシドラルも，残念ながら, 例の「宗教改革」(the Reformation) 時に，その教会の外壁，回廊，聖レグルスの塔 (St Regulus's Tower) [3] など 1 部をわずかに残し，施設の大方が破壊されことになる。

　鉄器時代にはこのファイフはヴィネコネス族 (the Vinecones) の，また暗黒時代には南部ピクトの「ファイフ族」(the Fife) の所領であったが，クーパー (Cupar < (Q) comhpart「共有地」) の北西 8 マイル，オーヒル山塊の東端，海抜 285 メートルの「ノーマンズ・ロウ」(Norman's Law)[4] には，この「ヴィネコネス族」の居留地であったと思われる鉄器時代の砦跡と，より後期のファイフ族のものと思われる 300 メートル× 170 メートル規模の，厚さ 4 メートルの石壁で囲んだ重装備の砦，3 つの構築物がある。

　また，フォークランド (Falkland) の南東から西にかけて聳える「ローモンド・ヒルズ」(Lomond < (P) Llumon (Beacon) Hills) の東の峰，海抜 425 メートルの険しいイースト・ローモンド・ヒル (East Lomond Hill) [5] の頂上にも，北の斜面を土塁で囲って，その内部に 60 メートル× 30 メートルの土塁で囲んだ砦と，南側斜面に「ヴィネコネス族」の居留地と思われる施設がある。この頂上部には直径 30 メートル，高さ 3 メートルの青銅器時代の石墳が同居するが，この南斜面の「イースト・ローモンド・ヒル砦」は後のピクト族の年代まで居留があった砦で，ガラスのビーズ，鋳鉄の鋳型や，ピクト族のトーテム雄牛像を彫った第 1 型の「ピクトの表象石」などが出土している。

　ローモンド・ヒルズの南東 3 マイル，新興住宅地のグレンロージーズ

5. ファイフ地区

(Glenrothes) の北東郊外には,「バルファーグ・ヘンジ」(Balfarg Henge) と「バルバーニィ・ストーン・サークル」(Balbirnie Stone Circle) がある。最初期の「バルファーグ・ヘンジ」[6] は, イングランド南部のウィルトシャー (Wiltshire) のソールズベリィ (Salisbury) 平原の「ストーンヘンジ」(Stonehenge) よりもより古い第 1 型の「立木のヘンジ」(Wooden henge) 跡を含む, スコットランド最古の新石器時代の「ヘンジ施設」であるが, グレンロージーズの「新住宅建設計画」によって本来あった場所の南東に移され, 図 17 に見られるように, 原寸法通りに復元されたと言われる施設, 16 本の最初期の聖域跡を示す直径 25 メートル, 立木の溝跡の大きさや深さからの推定によって, 高さ 4 メートルとされる本来の 16 本の「立木」跡が, 木の杭によって表示されている。この施設は後に改築が施され, 聖域への出入り口を西として, 幅 5 メートル, 深さ 2.5 メートルの壕を周囲にまわし, 内側の環状列石の直径を 60 メートル, 外側の列石のそれを約 80 メートルとする 2 つの同心円の環状列石で囲んだ石造りのヘンジ施設に組み替えられたと言われている。しかし, 出入り口の西の方位を示す 2 個の石と壕の 1 部が移築後の施設にも活かされているが, 他に一切の表示は残されていないのは

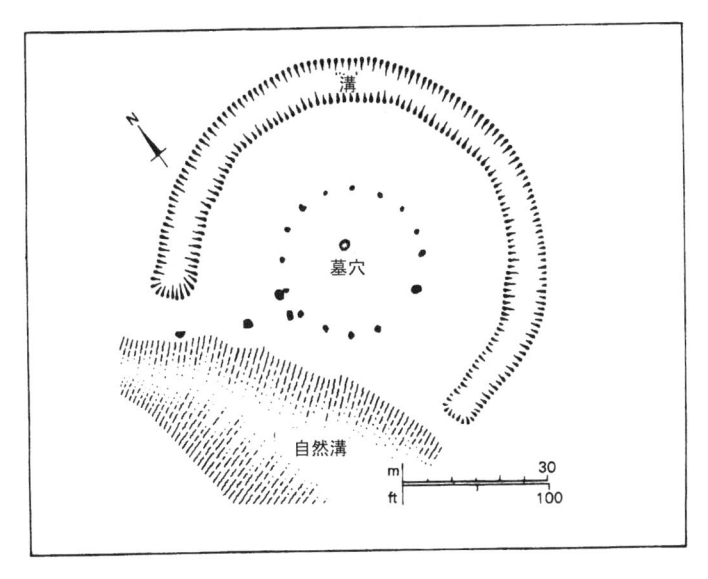

図 17 「バルファーグ・ヘンジ」

第 2 部　古代遺跡を訪ねて

残念である。

「バルファーグ・ヘンジ」の近くにある「バルバーニィ・ストーン・サークル」[7] も町の「新道路建設計画」を前に発掘され，本来の場所の南東 125 メートルの「バルバーニィ公園」(Balbirnie Park) に移された施設で，列石は**図 18** に見られるように，9 本の立石からなり，直径は 14 メートル× 15 メートルの楕円，南東側の立石の 1 本に「カップ・アンド・リング・マーク」の彫り込みが残され，施設の中央に 3 メートル× 4 メートルほどの「炉床」に似た施設と，その横に約 1.5 メートル× 1 メートルの石棺が設けられていて，その石棺の側壁にはカップ・アンド・リング・マークとカップ・マークが彫られている青銅器時代の施設である。

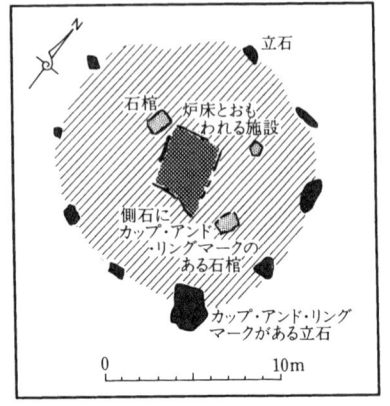

図 18　「バルバーニィ・ストーン・サークル」

ローアー・ラーゴウ (Lower Largow) の西，「ルンディン・リンクス」(Lundin Links) というゴルフ場の女性用コースの中には，本来の石の数，その規模は不明であるが，青銅器時代の天体観測と祭祀の場と思われる巨大なメンヒル (menhir)「ルンディン・リンクス立石群」(Lundin Links Standing Stones) [8] の中心部と思われる部分が残されている。北，南の石の高さが 5.5 メートルと 5 メートル，南東の石の高さが 5 メートル，幅が 1.5 メートル，18 世紀の終り頃まで，東側に同様な巨石が倒れていたと言われ，アウター・ヘブリディーズ諸島 (the Outer Hebrides) のルイス島 (the Isle of Lewis) の「カラニッシュ石室墳つき立石群」の石室墳をとりまいている聖域部を彷彿させる施設である。

ゴルフ (golf) は，スコットランドの国技である「シンティ」(shinty, ＜ (Q) *camanachd*) [9] にその源を発していると言われる。そして，そのクラブないしはスティック (stick), は「カマナ」(*camana*) にその原点を発していると言われる。「カマナ」とは，長さ 1.2 メートル位の「木刀」か「なぎなた」のような，先端に反りがある根棒のことで，「シンティ」とは，約 5 千年前にアフリカの北東部に統一国家を形成，古代文明の発祥地となったエジ

5. ファイフ地区

プト (Egypt) 辺りで始り，後のフィールド・ホッケイ (field hockey) の原型，11 人ずつ 2 組に分かれたチームが，直径 0.03 メートルほどのボールを，この棍棒で打って相手のゴールに入れるという「ホッケイ」に似たゲームで，そのルーツは，遠く青銅器時代の初期の頃の時代に溯る，と言われる。

[4] 青銅器時代の紀元前 1700 年代から 1800 年代の頃，スコットランド西方諸島に居留していた「トゥアハ・デ・ダナン族」(the Tuatha De Dannan or the Folk of Goddess Danu) が，南下して，アイルランドに入り，先住の「ファー・バルグ族」(Na Fir Balg, or the Leather Bag Folk) にアイルランドの半分を要求したことが発端となり，動物の皮を剥いでそれを着物代わりとしていたと言われるファー・バルグ族とトゥアハ・デ・ダナン神族の例の「モイトゥラの戦い」(the Battle of Magh Tuired) が起こることになるが，何分にも青銅器時代のこと，開戦の時，場所，参加する兵員の数，使用する武器の種類と数などは決まったものの，この戦いに使う槍，刀，盾，鎖かたびらなどの調達が間に合わず，しびれをきらしたファー・バルグ族のルア (Ruad) が，勇敢な 27 人の若者を選抜してモイ・ニア (Mag Nia) の西の端にあったトゥアハ・デ・ダナンの居留地に乗り込み，この棍棒に似た古来の武器，カマナによる決戦を申し入れた。ルアの若者たちは，その決戦場カーン・イン・クルーィヒ (Carn in Chluiche) で全員骨を打ち砕かれて戦死するが，これが「シンティ」の起源であるとされている。今はシンティは「スポーツ」であるが，昔は部族の命運がかかった合戦のための「武芸」であったと言われる。このカマナは古来よりスコットランド人には馴染みの武器であり，鍬でもあり，「ゴール」を「穴」に置き換えた個人技が今の「ゴルフ」と言われる。

キンロス (Kinross) に面するロッホ・レヴン (Loch Leven < (P) *lliv,* flood, deluge) は「洪水の湖」[10] を意味する「氾濫湖」。この湖はピクト族の最後の大王，ブルード・マック・ヘラット (Brude Mac Ferat, 839-42) が聖サーフ (St Serf or (L) Servanus, d.543) に追贈の形で献じた湖である。聖サーフはダンファームリンの西，同じファイフの「カルロス」(Culross < (Q) *cuileann* hollywood ＋ (P) *ros* wood or point) に今の「カルロス・アービイ」(Culross Abbey) [11] の前身，小さな庵を建てたアイリッシュ・ピクト教会の聖者である。後の「ストラスクライド教会」の創始者となる聖ケンティガーン (St

第 2 部　古代遺跡を訪ねて

Kentigarn, ?518-603) はこの庵でその修行時代を終えるが，聖サーフはその師である。彼の生年がはっきりしないゆえに，いつ頃のことになるのか定かではないが，彼はこの湖の中の小島，現在の「聖サーフの島」(St Serf's Island) の中の「ロッホ・レヴン城」の近くにも庵を建てている。この城は後の 1567 年 6 月 17 日，反ボスウェル派の手によって，例の「メアリイ一世」(Queen Mary of Scots, 1542-67) が幽閉されることになる有名な城である。

また，この湖の東岸近くにある「スコットランド・ウェル」(Scotland Well or Fons Scotiae) [12] は，この聖サーフに因む井戸である。その泉水は，グラスゴウの近くの「マザー・ウェル」と同じように薬効のある水で，今もなお多くの来訪者を集めている古来の地母神信仰の「願掛けの井戸」であり，「薬効の井戸」である。1314 年，イングランド王エドワード二世 (Edward II, 1307-27) の軍勢をバナックバーンで撃破し，彼の父エドワード一世 (Edward I, 1272-1307) によって奪われた「スコットランド王国」の権利を奪回したスコットランドの英雄で王，ロバート・ザ・ブルス一世 (Robert the Bruce I, 1306-29) が持病の瘰癧(るいれき)を治すために詣でたという井戸でもある。

この「スコットランド・ウェル」から B920 に出て，B9097 を西に約 2.5 マイル，クレイッシュ (Cleish) の近くには，小高い丘「ナヴィティ・ヒル」(Navitie Hill) がある。鉄器時代にドゥルイドたちが集まって，祭祀や天体観測，審判などを行なった森の中の聖域，「ナヴィティ」があった場所である。

このクレイッシュから真っ直ぐ 6 マイル南下すると，このファイフ地区では大きな町であるダンファームリン (Dunfermline) がある。ここは「キャンモア王朝」(the Canmore Dynasty) 以後「スチュアート王朝」(the Stuart Dynasty) 時代までのスコットランド王朝に深い関係をもつ町である。

まず，この町の昔の大修道院「ダンファームリン・アービイ」(Dunfermline Abbey) [13] は，1066 年の「ノルマン・コンクェスト」(the Norman Conquest) のあと，マルコム三世 (Malcolm III Mac Duncan I, 1057-93) に庇護をもとめてスコットランド入りし，1069 年に「セント・アンドルーズ」(St Andrews) の司教フォサッド (Fothad) の仲立ちでマルコムの王妃となった，サクスン王エドムンド二世ジ・アイアンサイド (Edmund II, the Ironside,

5. ファイフ地区

980?-1016) の孫,聖マーガレット (Margaret, d.1093) がその下図をつくり,1093 年にマルコム三世が完成した建物と言われ,現在残されているそのロマネスク風のベネディクト会派の大修道院 (Benedictine Abbey) は,12 世紀に改築された建物の後の姿で,このキャンモア王朝以後の歴代の多くの王の墓所となった大修道院である。現在の教区教会の敷地となっている当時の聖歌隊席の下には,既述のロバート・ザ・ブルス (Robert the Bruce) の遺体が埋葬されていると言われる。また,この大修道院跡に隣接して残る「ダンファームリン宮殿」(Dunfermline Palace) [14] 跡は,16 世紀にこの大修道院の「ゲスト・ハウス」(Guest House) をジェイムズ六世 (James VI, 1567-1625) が彼と王妃のために宮殿に建て替えた建物跡で,悪名が高かった後のチャールズ一世 (Charles I, 1625-49) 出生の地でもある。

因みに,これら修道院や宮殿の地続きには,本書が扱う範囲外ではあるが,1848 年,アメリカに移住,綿織物工場,電信会社,ペンシルヴェニア鉄道会社などの職員を経て,合衆国の国防省の輸送部門に職を得,1865 年以降は鉄鋼業に転身,これに成功,晩年,例のニューヨークの音楽会場「カーネギイ・ホール」(the Carnegie Hall) を建設するなど,合衆国の教育や公共事業に貢献したアンドルー・カーネギイ (Carnegie, Andrew, 1835-1919) [15] の生誕地がある。

また,このダンファームリンの西 4 マイル,トリィバーン (Torryburn) には,かつてはかなり巨大な祭祀と天体観測の場であったと思われる青銅器時代の「チュイリーズ立石群」(Tuilyes Standing Stones) [16,17] がある。今は,エディンバラのフェアーマイルヘッド (Fairmilehead) のオックスガングズ・ロード (Oxgangs Road) に残っている「ケィスティン立石」(Caiy Stane Standing Stone) によく似た,表面に無数の「カップ・マーク」が彫られた巨大な石とその南西に約 50 メートル離れて 2 つの巨石が残る施設となっているが,この 1 個の巨石と 2 つの巨石の距離がこの施設の直径であったとすれば,その本来の規模はダムフリーズ・アンド・ガロウェイのニュウブリッヂ (Newbridge) の近くの「トゥェルヴ・アポッスルズ・ストーン・サークル」(Twelve Apostles Stone Circle) と同じように,かなり大きな自治体が建てた祭祀と天体観測のメンヒル施設と推察されるが,詳細については一切不明である。

第 2 部　古代遺跡を訪ねて

　この種の施設の大小はそれを造った自治体の大小によると思われる。そして，天体観測の施設としての立石群，ヘンジ施設，ストーン・サークルなどの選択は各自治体の好みによっていたと思われる。また，それに使われる石の数や配置の仕方などの下図は当の自治体の住民たちの計数法や幾何学的空間図形の作製に際しての能力，習癖によって決まったと思われるが，この種の施設の石は多くの場合，故意の破壊や牛，馬，羊など家畜の放牧地の囲いを造るための盗石などにより，常に減少するものであり，その本来の石の数は通常は特定できないのを常とする。大いに時期を失してしまっているが，故意の破壊も含めて，この種の施設からの盗石を断固禁止することが肝要である。

＊　　＊　　＊

　暗黒時代のスコットランドの歴史の主導役はスコット族，ピクト族，ブリトン族，ノーサムブリアのアングル族，サクスン族，北欧海賊であるが，ここでしばらくの間，特にこのスコット族とピクト族の「家長制度」と「婚姻制度」，「ピクト・スコット連合王国」(Rex Pictorum) の変遷について触れて置くことにする。

　⁵ ダルリアーダ (Dalriada < ((Q) *dail rioghachd*「(アイルランドの) 王国の一部」) は，既述のように，北アイルランドのフォイル (Foyle) とフェアー・ヘッド (Fair Head) の間のアントリム (Antrim) を所領としていたアーク (Erc) の子3兄弟が，498年か500年に，その故郷アントリムを捨てて，当時はピクト族の所領であったキンタイアー地区 (Kintyre <(Q) Ceann, ead+tire, land)，ナップデイル地区 (Knapdale) に入植したことから始まる。

　長兄のローン (Loarn or Lorn Mor) は現在のオーバン (Oban <(Q) ob, bay +an, small)，昔のローン地区 (Loarn) に，次兄のアンガス (Angus) はアイラ島 (the Isle of Islay)，ジュラ島 (the Isle of Jura) など島嶼地区に，また，この入植を主導した末弟のファーガス (Fergus) はキンタイアー地区に入植したが，彼らが率いた配下はわずかに350名，すでにキリスト教化されていた氏族ではあったが，あまりにも過小にして，貧しい「地域氏族」(cineal) であった。この弱小さと貧困が，主家のオ・ニール家 (the Royal House of O'Neil) から

5. ファイフ地区

も，また，周囲のアイリシュ・ピクト (the Irish Picts or the Cruithnii) からも白眼視される原因となり，直接のスコットランドへの「移住」の原因となったが，しかし，同時にそれは，後の弱肉強食の暗黒時代にスコットランドの覇者となるその原動力となっている。

この種族は，ピクト族 (the Picts) と同じように，氏族の「象徴」(symbol) を木や花とし，動物，鳥，魚などを「トーテム」とする「キア」(Cerr < Cear「雄鹿」(Stag))，「ブレック」(Brec < Breac「鱒」(Trout))，「ファタ」(Fada < Fiodh「鹿」(Deer))，「フィンチ」(Find < Fionn Chu「グレイハウンド」(Greyhound))のような「トーテム」と思える名をもつ王が多く，ブリトン族 (the Britons) と同じように，共通の祖先を共有する氏族集団 (clans) の集合体で，もっぱら「族内父系家長制」(endogamic patriarchy) を家長制の柱とした種族である。

したがって，家長に選ばれる氏族の「長」ないし「族長」(chieftain)，または「王」(righ) の地位は，その当該の祖先に最も近親であるものが選ばれるのが原則ではあったが，特にこの初期のダルリアーダのそれは，氏族の構成員も少なく，すべてが姻戚の関係にあったということが原因で，この選定にあたっては，[6]族長が生存中に次期の族長を指名する「タニストリィ制」(tanistry < (Q) tanist, next ＋ ri, king system) によっていた。族長には当然品格に疵がない氏族の上層部の男子が選ばれ，王を擁立する年代に入ると，王はこれら複数の族長たちの中から選ばれるのを原則としたが，多くは家柄，血筋が優先し，多く世襲的なものとして選任されるのを常としていた。そして，氏族の構成は曾祖父の世代に溯る父系の家族と直系卑属で構成，子弟の教育は男子が 17 歳，女子が 14 歳まで里子制度によって行なわれるのを常とし，年少者を除いて，男性はもちろん，女性もまた，かつてイケニ族 (the Iceni) の女王，バウディキア (Boadicea, d.62 A.D.) がローマの総督スエトニウス・パウリヌス (Paulinus, Suetonius) と戦ったように，兵役の義務，労役，租税の義務を負っていた。

ダルリアーダのこの氏族の兵役，労役，租税などの義務は鉄器時代以来の慣習で，以後もこの慣習はそのまま存続したが，この王位継承法については，後の 843 年，母系にピクト族，父系にスコット族の血をひき，自らもピクト族の王族の 1 員として属していた南部ピクトの「アンガス族」(the Royal House of Angus) を自らの刃で滅ぼし，ピクト族と「連合王国」(Rex

第２部　古代遺跡を訪ねて

Pictorum) を興したケネス・マック・アルピン (Kenneth Mac Alpin, 843-59) によって変更される。ケネスは連合したピクト族の家系制度が「族外婚姻制母系家長制」(exogamic matriarchy) の種族であったためか，彼は2人の子にそれぞれ王家を創立させ，以後，子孫が続くかぎり，交互に両家の間で王位の継承を行なうという王位の継承制を制定する。

　このスコット族の婚姻に関する慣習は，王族の場合は，例えば，キンティアーに入植したが，より広大な土地が欲しくなり，560年にアーガイル地区に兵を投じた，いまだに「族長」(chieftain) を最高の君主としていた時代のダルリアーダのガラン・マック・ドモンガート (Gabhran Mac Domongart, 538-60) の妃が南部ウェールズの王家の出で，例のグラムピアンの北部の後の「ディアの大修道院」(Deer Abbey) の開祖となる聖ドロスタン (St Drostan Map Cosgreg) の妹であったように，時にピクト族のそれのように族外の王家の婦女子の場合もあったにしても，原則的には多く王族の婦女子が配偶者となった。また，氏族の族長，一般の氏族員の配偶者はそれ相応の格式，家禄のある家系の婦女子であることが原則であったようで，後述のように，婚姻に伴う持参金ないしはその代償となるものも，後のデンマークとノルウェイの王クリスティアン一世 (Christian I, king of Denmark 1448-81, king of Norway 1450-81) の娘マーガレット (Margaret) とジェイムズ三世 (James III, 1460-80) の婚約の際のマーガレットの持参金の代償がオークニイ諸島とシェトランド諸島というような法外な例もあるが，通常の氏族員のそれはほぼ応分か，ないしはこれに準ずるものが原則であったようである。

　このスコット族もピクト族も同じケルト族であるため，ピクト族の家族制度も大概のことにさして違いはないが，大きく異なる所があるとすれば，[7] それは婚姻制が外婚制度で，各世代の長女が男子家長の継承法と同じように，家系の「長」を継承する「外婚制母系家長制」(exogamic matriarchy) の家系制度であったということである。各家系の筆頭相続人は長女，長女が死亡すれば次女で，過去に遡って婚姻歴のない家系の男子との間に生まれた長男が，通常は，その家系の次期の男系の「家長」を継承する。長男が死ねば次男が，そして次男が死んで他に相続人がない場合には，同一世代のその家系の次女の長男，次男，すなわち甥がその継承権を得る。氏族

182

5. ファイフ地区

の「族長」はこうした男系家長たちの中から，また「大王」は族長たちの間から選ばれたが，ピクト族の場合も，多く家柄が優先した。ために同一世代の同一女系家族内の家長ないし大王の相続ないしは継承権の移動はしばしばあった。既述の，デレレイ家のブルード・マック・デレレイ，ネヒタン・マック・デレレイや，ギローム家のドラスト・マック・ギローム (Drust Mac Gyrom, 522-32)，ガートナイ・マック・ギローム (Gartnaidh Mac Gyrom, 532-39)，ケルタン・マック・ギローム (Celtan Mac Gyrom, 539-40) や，ウィッド家のガートナイ・マック・ウイッド (Gartnaidh Mac Wid, 631-35)，ブルード・マック・ウィッド (Brude Mac Wid, 635-41)，タローグ・マック・ウィッド (Talorg Mac Wid, 641-53) などの大王の継承がそれである (「第 3 部 3.」の項参照)。

ピクト族の大王家の女系家長の配偶者は，族外婚姻制が建前であったため，既述のように，祖父を「ベルニシア王国」の王家 (the Royal House of Bernicia) のタローガン・マック・エンフレッド (Enfred) とし，父親を「ストラスクライド・ブリトン族」(the Strathclyde Britons) の王家 (the Royal House of Bile) のトゥダア・マック・バイルとした，ブルード・マック・バイル (Brude Mac Bile, 672-93) の母の配偶者の場合のようにブリトン族の王族や，例のエルピン・マック・イーハッハ (Elpin Mac Eachach, 733-37) や，ファーガス・マック・アエダ・フィンチ (Fergus Mac Aeda Find, 778-81)，アルピン・マック・イーハッハ (Alpin Mac Eachach, 832-34)，上述のケネス・マック・アルピン (Kenneth Mac Alpin, 834-43) のように，スコット族の王でアンガス家の陪臣であったスコット族の王族などを配偶者とするのが，通常は，極めて一般的であったようである。

因みに，また，このピクト氏族の構成員の場合も，鉄器時代以来の氏族社会の慣習，彼らが所属する各氏族への兵役，労役，租税納付の義務は男女の別なく免れ得なかった。

ケルト人は，今もそうであるように，親子，夫婦の関係も含めて，全ての対人関係において対等性ないし公平性に拘りが強い人種である。カエサルは『ガリア戦記』(*De Bello Gallico*) の第 6 章 19 項の中で，ゴール人 (the Cauls) の結婚の際の持参金制度と富の配分の慣習について，《彼らは相手側が持参する財産に相応する財産を拠出して夫婦の財産とし，そこから生ずる利得は山分け配分にするのを習いとする。そして，いずれかが死亡した場

合には，その蓄積された利得分と夫婦の財産は，生き残ったものの財産となるのを習いとする。》と述べている。つまりカエサルは「結婚」に関しても，夫婦は対等の1対1のパートナー同士であり，結婚とは対等な出資金ないしは持参金を出し合って新しい「運命共同体」を設立するようなものだと言っているのであるが，恐らくこの紀元前以来の対人関係の対等性という原則が，ケルト人の伝統的な対人関係の原点となっていると思われる。

　ケルト人社会では親子の関係も子供が独立する18歳頃までで，以後は通常の対人関係の付き合いとなる。そして，夫婦の家計費の分担率も公平が原則で，「パブ」(public house) で親子，夫婦で飲み喰いする飲食費も，相乗りのタクシー代も割り勘が原則。「パブ」で誰かに酒をおごられるようなことになると，相応のお返しをするというのが彼らの掟である。そうゆうことで，タキトゥスが指摘しているように，1度この「対等性」ないしは「公平性」が壊れるようなことが起こると，同じ氏族の仲間同士でさえも，かつて「デグザスタンの戦い」(the Battle of Degsastan) の直ぐ後のガラン家 (the House of Gabhran) と同じように仲間割れを起すことになる。そして，家庭や氏族の場合でも，離散の道を辿らなければならなくなる。家庭の場合であれば，夫婦いずれかの側が1対1の家計費の分担金が払えなくなって起こる例が離婚である。

　そして，対等性という原則が根底にあるために，上述のように，比較的に小規模の「運命共同体」の設立に喩えられる一般の氏族員の婚姻のような場合には，少額の出資金ないしは持参金でことは解決するが，国と国の王族同士の婚姻，上述のスチュアート王朝のジェイムズ三世とクリスティアン一世の娘，マーガレットの婚姻のような場合には，必然的にその出資金である持参金も嵩むことになると思われる。

　そして，この共同出資金ないし持参金の用益権を所有する者がこのケルト人社会では「主人」ということになるが，スコット族のように「父系家長制」の種族の場合にはその用益権は男性の側に，またピクト族のように「母系家長制」の種族の場合には，それは女性の側に属したと思われるが，家長制度がいずれの場合であってもスコット族やピクト族の時代はいまだに農耕と畜産の時代，持参する財産というのはあるいは金銀のような貴金

5. ファイフ地区

属も含まれていたかも知れないにしても,通常は「ファウリス・ウェスター・クロス・スラブ」の裏面のパネルにある鈴をつけた牛を引く男性のように,その交換レートが比較的に明確で,18世紀頃まで最も財貨に近いものとされていた牛,馬,羊,トナカイなどのような家畜や労働力などが持参金代わりであったろうと推測される。ただ大きな氏族の族長や貴族のようなより富裕な上層階級の婚姻の場合は,こうしたものに貴金属,相応の付け人,奴隷を含めた労働力,田畑などが付加されたと思われる。また,ピクト族の場合には特に婿入りの形になる男性の贈り物として表象石やクロス・スラブの最下部に見られるように櫛,銀の鏡,まれにブリトン族の女性貴族の首飾り,金のトルク (torque) などが贈られていたように推測される。

* * *

さて,ここでしばらくの間,既述のローモンド・ヒルズ (Lomond Hills) の北西約15マイル,「フォーテヴィオット砦」に本拠を移して843年,あらたに発足した,併合する側も併合される側もその上層部がみなピクトの血を引いた,ただ,かつての主従の関係が逆転しただけの「ピクト・スコット連合王国」(Rex Pictorum) の去就について触れて置くことにする。

ケネス・マック・アルピンは即位後すぐに,すでにサクスン族の保護領,国境地帯への遠征を果たす。アエダン・マック・ガラン (Aedhan Mac Gabhran, 574-606) の「デグザスタンの戦い」(the Battle of Degsastan) への遠征とその敗戦以来,絶えてなかったスコット族の対外遠征で,すでにサクスン領となっていたダンバー (Dunbar),メルローズ (Melrose) を焼き討ちにした。彼のこの遠征はサクスン領の実状視察の意味をもっていた。

彼は859年に死去,王位は弟ドナルド一世・マック・アルピン (Donald I Mac Alpin, 859-63),ケネスの子コンスタンティン一世・マック・ケネス (Constantine I Mac Kenneth, 863-77),同じくケネスの子アオ・マック・ケネス (Aodh Mac Kenneth, 877-78),エオハ・マップ・クウ (Eocha Map Cu, 878-89),ケネスの孫,ドナルド二世・マック・コンスタンティン一世 (Donald II Mac Constantine I, 889-96) と続いていったが,コンスタンティン一世は,877年,ファイフの南東端のデーン人海賊たちとの遭遇戦で捕らえられ,

クレイル (Crail) の洞窟の中で斬首される。また，[8] 弟のアオは，既述のように，コンスタンティン一世を後継した翌年にロッホ・アーン (Loch Earn) の近く，ダンダーン砦 (Dundurn Fort) ないしはその近くで，彼の後継者に彼の従兄弟エオハの擁立を考えていた，ブリトン人でストラスクライド・ブリトン族 (the Strathclyde Britons) の王家の聖者，北部ピクトの聖キリック・マップ・ドゥンガル (Cyric Map Dungal, d.896) によって殺害される。

　このキリックは，ケネスが案出した相続法を1時期，見事にピクト族本来の相続法に押し戻した人物である。エオハはケネスの娘とストラスクライド・ブリトン族の王クウ (Cu) との間に生まれた子で，エオハがアオのあとを継承したということは，長男と次男が死に，彼らの甥が相続権を継承した例にあたる。キリックは同様にエオハを継承したドナルド二世・マック・コンスタンティン一世の後見もつとめたが，896年に死去した。エオハ以後の「ピクト・スコット連合王国」はキリック独裁の治世となり，彼の死をもってこの王国は終焉。成立してからわずか半世紀を経てこの「連合王国」は「アルバン王国」へと移行する。

6. アーガイル地区とアラン島

　アーガイル地区 (Argyle) は，断崖の間に深く入り込んだ「フィヨルド」(fjord < (ON) fjordr) が多く，静かな入江が非常に美しい所である。この地区に入るのには，鉄道の場合ならグラスゴウからオーバン (Oban) 行きに乗る。車の場合，グラスゴウからなら，A82 でクリアンラーリッヒ (Crianlarich)，アバフェルディから西進する場合は A827 でクリアンラーリッヒに出て，その北のティンドラム (Tyndrum) から A85 に入り，オーバンに抜けるのが最もよい交通手段である。この地区にも新石器時代から暗黒時代までの遺跡は多い。

　このアーガイル地区は，鉄器時代には，ゴール (Gaul) の「馬の女神エポナ」(the Goddess of Horses, Epona) の名に因む「エポナ神族」(the Epidii, Horse Breeders) が入植していた所である。彼らはローマ軍の駐留期の終り頃，360 年代に「ピクト族」(the Picts) やブリトン族の一派「アタコッチ族」(the Attacottii) らとともに，ノーサムブリア領の「ライジングハム・ローマ軍砦」(Risingham Roman Fort) や「ハイ・ローチェスター・ローマ軍砦」(High Rochester Roman Fort) を攻め落とし，「ハドリアンの城壁」の南側のローマの自治領を何度となく蹂躙して，ローマ軍のスコットランドからの撤退を早めるのに大いに資したスコット族の先祖であるが，このアーガイル地区には，既述 のように，「偶蹄目猪科」(Artiodactyl) の動物を彼らのトーテム (totem) 兼守護神 (Boar-god) としたこのエポナ神族の末裔，ダルリアーダのスコット族が 498 年か 500 年に入植する。

　彼らは，ケルト人に共通してある性癖，「猪」や「豚」を決して口にしようとはしなかった種族であったために，[1] ウォルター・スコット卿 (Scott, Sir Walter, 1771-1832) が『ナイジャルの運命』(The Fortunes of Nigel) の脚註の中で，《スコット族は，特にハイランド人が今もなおそうであるように，前世代頃 (「クロデンの戦い」の敗戦でスチュアート王朝が終焉する 1746 年頃) までは豚肉を食べ物の 1 項目として認めることを極度に忌み嫌った。》と述べているように，また，劇作家ベン・ジョンスン (Jonson, Ben,

第 2 部　古代遺跡を訪ねて

1573-1637) の，初代の連合王国の王ジェイムズ一世 (James I, 1603-25) のバッキンガム (Buckingham) の邸宅，「バーリィ・オン・ザ・ヒル」(Burley-on-the Hill) で 1621 年 8 月 3 日に催された仮面劇『変身したジプシィ』(*The Masque of the Gypsies Metamorphosed*) の中の台詞，[2]《彼が大嫌いで，彼が言うには，悪魔として遇したいという 3 つのものは (それは彼の唯一の好物であるのかも知れないが)，「豚肉」と「芥子のついたタラ科の魚の巻き肉」と，「消化のための 1 服のパイプ・タバコ」であるのさ。》のような台詞などを残しているように，この偶蹄目猪科の動物を食してはならない禁断の動物としている話は少なくはない。

　このアーガイル (Argyle < (Q) *Erra-Ghaidhealtachd*, East-Gaeldom「東のゲール領」) は，ファーガス・マック・アーク (Fergus Mac Erc, 498 or 500-501) がキンタィアーに入植した当時は，いまだにピクト族領で，大王ブルード (Brude Mac Maelcon, 553-94) の所領であったが，ファーガスの孫，[3]ガラン・マック・ドモンガート (Gabhran Mac Domongart, 538-60) が 560 年，ブルードの裁可を得ずに，ここに移り住もうとして侵犯，ブルードの怒りに触れて，既述のように，彼は打ち首，一族は彼らの入植地キンタィアーに追い戻され，多数の婦女子の人質をとられるという事件が起る。

　大王ブルードがガランに対して行なったこの仕打ちには，537 年，スコット族が入植直後でいまだ弱小，貧困の極にあったとは言え，このガランの兄コムガル・マック・ドモンガート (Comgal Mac Domongart, 506-38) が例のメドロウトと結束し，半ば同族であるブリト・ピクティッシュのアーサー王 (King Arthur, d.537) を殺害した例の「カメロンの戦い」への怒りが多分に含まれていたように思われる。しかし，ブルードとのこの侵犯事件の終戦処理は，565 年，後述するように，アイルランドの「アイリッシュ・ピクト教会」の聖コムガル (St Comgall, d.600) と聖キャニッヒ (St Cannech, 516-99 or 600) の執り成しで，彼らの軍師聖コロンバ (St Columba, 521-97) によって行なわれ，これを契機に以後，着々とスコット族の領土へと移行する。

　このアーガイル地区は，新石器時代以来，居留の条件がよかった地区で，後に「ダルリアーダ」のファーガス・マック・アークの長兄「ローンの大狐」(Loarn, the Great Fox) の異名があった「ローン・モア家」(the House of Loarn Mor) の所領となる今のオーバンから A816 をロッホギルプヘッド

6. アーガイル地区とアラン島

(Lochgilphead) に向かって南下する途中には，各所に数多くの新石器時代の石室墳や青銅器時代の祭祀施設，天体観測の施設，石墳，鉄器時代の砦などが残される。

まず，A816 沿いのキルマーティン (Kilmartine) に，「ネザー・ラーギー石室墳」(Nether Largie Chambered Cairn)，「ネザー・ラーギー中央墳」(Nether Largie Mid Cairn)，「ネザー・ラーギー北石墳」(Nether Largie North Cairn)，「ダンクレイガイック円錐墳」(Dunchraigaig Conical Cairn)，間道に入って「リ・クルーイン円形墳」(Ri-Cruinn Round Cairn)，2 つの「テムプルウッド・ストーン・サークルズ」(Templewood Stone Circles)，「バリミーノフ・ヘンジ」(Ballymeanoch Henge)，「バリミーノフ立石群」(Ballymeanoch Standing Stones) などがある。

「ネザー・ラーギー石室墳」[1] は，本来の奥室に石室を継ぎ足していった，既述のガロウェイの「ケァーンホリィ石室墳」と同型の「通廊墳」で，直径 40 メートルの石墳の中に直立した石の仕切り壁で囲んだ，長さ 6 メートル，幅と高さが 1.2 メートルの最初期の奥室と 2 度にわたって継ぎ足した 2 つの石室を内蔵する石室墳である。この石室墳はいまだに屋根を残し，地上に約 2 メートルほど露出して残る。しかし，今ある石墳の形は青銅器時代の改造によるもので，石墳の北側と南西側に 2 つの石棺が挿入された形跡がある。石墳の初期の形態は今ある丸石の広がりから見て，台形であったと見られ，新石器時代の食器，燧石の破片，土葬体が出土している。

「ネザー・ラーギー中央墳」[2] は，青銅器時代の石墳で，直径約 30 メートル，高さ約 2 メートル，周囲に縁石を残し，北西と南の隅に青銅器時代の石棺が挿入されている。そして，その石棺の笠石の内側には，複数の「カップ・マーク」と意味不明の「石斧のマーク」(stone-axe mark) が残されている。

「ネザー・ラーギー北石墳」も青銅器時代の石墳で，直径 21 メートル，高さ 3 メートルの円錐墳，その中央に長さ 1.5 メートル，幅 0.7 メートル，深さ 0.6 メートルの石棺 [3] が挿入されていて，この石棺の内側にも，2 つの「石斧のマーク」が，また，その笠石の内側には無数の「カップ・マーク」[4] が残されている。部族の長か貴族家の「単葬墳」であったように思われる。

今は砦の跡はなく，円錐墳のみが残る「ダンクレイガイック」(*Dun* the Fort + *craigaic* of rock) の円錐墳」[5] は，木洩れ日のする森の中にある，直

第 2 部　古代遺跡を訪ねて

径が 30 メートル，高さが 2 メートルの青銅器時代の裕福な王か貴族のものと思われる石墳で，頂上部にあった小さな石棺からは青銅器時代の燧石のナイフや，当時のものとしては極めて美麗な食器などが発見され，今はエディンバラの「国立スコットランド古代遺物博物館」(the National Museum of Antiquities of Scotland) に収蔵展示されている。また，南西側の隅で発見された，長さ 2 メートル，幅 1.5 メートルの石棺からは土葬体，火葬に付した人骨，燧石の破片などが発見されているということで，この石墳は青銅器時代の初期から「ビーカー族」の年代頃まで使用された石墳であると推測されている。

「リ・クルーイン円形墳」[6] は，その名の通りであるとすれば，「王様の円形墳」であるが，1 人の王の単葬墳ではない。あるいは初期の頃はそうであったのかも知れないが，複数の石棺の挿入がある。発掘調査後，高さがなくなって平坦な石墳となっているが，この石墳にはセントラル地区のアースリイ・ヒル (Arthrey Hill) の「フェアリイ・ノウ円錐墳」(Fairy Knowe Conical Cairn) に見られるのと同様な，通常，青銅器時代初期の石墳に見られる中窪みの前飾りが残されている。石墳の北側に挿入された石棺は，その笠石が石棺にしっかりと嵌まるように「溝」が彫られ，南端の石棺の笠石の表面には明確ではないが，7 つの「石斧のマーク」[7] が彫られている。「石斧」のマークは「王のマーク」を意味したマークであったのかも知れない。

「テムプルウッド・ストーン・サークルズ」はネザー・ラーギー石室墳の近くにある。「テムプルウッド」は「半月の森」(Halfmoon Wood) とも呼ばれ，新石器時代から青銅器時代にかけての「ナヴィティ」であった所である。「テムプルウッド・ノース・ストーン・サークル」[8] は，ファイフの「バルファーグ・ヘンジ」(Balfarg Henge) と同じように，紀元前 3000 年頃に建てられたスコットランドで最も古く，最小規模の祭祀のための施設の 1 つで，最初期には直径は約 10 メートル，6 本の立木からなり，それが後に立石群に組み替えられたと考えられている「ヘンジ施設」である。今はそれを構成していた石もほとんどが消え，その立木の跡も消えている。

「テムプルウッド・サウス・ストーン・サークル」[9] は，高さ約 0.5 メートル，直径 12.5 メートルの石敷の内側に，高さ 1 メートルほどの 13 本の

6. アーガイル地区とアラン島

立石を円形に配した，建立年代は「ノース・ストーン・サークル」よりは若干新しい，新石器時代の終り頃から青銅器時代の初期に建立された環状列石である。おそらく「ノース・ストーン・サークル」が廃棄され，それの代替えとしてあらたに建てた施設で，この施設の内外に埋葬物が挿入されるのは紀元前1700年頃のことと言われ，それまではもっぱら祭祀のために使用された施設と考えられている。立石の1本に「太陽崇拝」に因む何かの祭具か，意味不明の「蚊取り線香」に似た「渦巻き模様」[10] の彫り物が残されている。

「バリミーノフ・ヘンジ」と「バリミーノフ立石群」は，ダンクレイガィックの円錐墳のすぐ南にある。ヘンジの方は立石群の南西に90メートル離れてあり，直径が約20メートル，壕と土堤で囲まれた第2型のヘンジで，中央に直径2メートルの石墳の挿入があり，そこから出土した2つの石棺からは火葬に付した人骨，ビーカー杯の破片が出土している。立石群の方は本来の規模，構造様式，石の数などが不明な施設で，現在はこの施設の東側に北から南に1線をなして，4本の高さ3メートルほどの巨石[11] が並んでいる。この立石の1本[12] には23の「カップ・アンド・リング・マーク」が残り，そのうち15が2重の「リング・マーク」，これが130個ほどの「カップ・マーク」と共存する。この石の集団の西には約40メートル離れて，2本の巨石が立つ。この第2の石の集団の北，さらに約20メートル離れて，おそらくオークニイ諸島の本島の「ステンネス・ヘンジ」(Stenness Henge) 近くの「オーディンの石」(the Stone of Odin) と同様な天体観測のための石で，「カップ・マーク」と頭部に「穴」のあいた巨石があったと言われているが，今は姿を消している。

そして，このバリミーノフの施設から南に約2マイル行った地点，アッド川 (the River Add) の河畔には泥炭の湿原「モイン・モア」(Moin Mhor) があり，その東の端に天然の要害「ダナッド砦」(Dunadd < (Q) *Dun Athad* Fort) [13] がある。

[4] 560年のガラン・マック・ドモンガートのアーガイルへの侵犯事件以後，キンタイアーのダルリアーダの王族，貴族はピクト族の大王ブルード・マック・マエルコン (Brude Mac Maelcon, 553-84) の人質ないしは陪臣の座に置かれた。ガランの死後，キンタイアーのダルリアーダの族長は彼の甥コネ

191

イル・マック・コムガル (Conail Mac Comgal, 560-74) であったが, コネイルも, ガランの子アエダン・マック・ガラン (Aedhan Mac Gabhran, 574-606) と同様に, ブルードの人質ないし陪臣の身となった。

⁵ ガランのアーガイルへの侵犯事件の事後処理は, 既述のように, アイオナの初代僧院長でスコット族の軍師, 聖コロンバの手によって行なわれた。彼は, 563 年にブルードをよく知っていたアイリッシュ・ピクト教会の総本山「バンゴール・モア」(Bangor Mor) の大修道院長聖コムガル, 聖キャニッヒなどの執り成しで, ブルードより寄進されたアイオナ島 (the Isle of Iona) の礼とピクト領内での布教の裁可を得ることを口実に, 565 年 12 人の弟子たちとともにインヴァネスのブルードの居城を訪ねる。会談の内容はもちろん不明であるが, この頃を契機として, アーガイルでは「ダナッド砦」を始めとしていくつかの砦にスコット族の居留が許されるようになる。そして, これに関しても聖キャニッヒと聖コムガルの忠告と執り成しがあったと言われる。

⁶ アエダンは, ブルードの陪臣の身でありながら, 従兄弟コネイルの死の翌 574 年に, この聖コロンバの執り成しで, ダルリアーダの族長 (chieftain) ではなく, ダルリアーダの初代の王 (righ) となるが, 彼は父ガランを斬首したブルードの庇護下にあって, むしろ身の安全を図っていた節もある。コネイルの父, コムガル・マック・ドモンガート (Comgal Mac Domongart, 506-38) と彼の父, ガラン・マック・ドモンガート (Gabhran Mac Domongart) の間がそうであったように, コネイルと彼の間にも深い溝があった。キンティアーのダルリアーダは, 彼の父と叔父の時代に, すでに強固な 1 枚岩ではなくなっていたようで, アエダンは, 即位の前年の 573 年には, 些細ないさかいがもとで従兄弟のコネイルによってダルリアーダから追放の身となり, 今のグラスゴウ, 当時のカスレス (Cathres) のストラスクライド・ブリトン族のヌダ・ウラゼルフ (Nuda Rhydderch Mac Tudgual) のもとに身を寄せている。

彼は, 606 年に 74 歳で他界するが, ブルードの存命中の 580 年には, ブルードの小大名の謀反の鎮圧のために, オークニイ諸島に遠征する。583 年にはクラックマンナン (Clackmannan) でアングル族の援助を受けたサクスン族に大勝, 584 年には南部ピクトの謀反鎮圧に遠征するが, この間 1 度と

6. アーガイル地区とアラン島

して負けた戦いはなかった。しかし,「第1部3.」の項で述べているように,ブルードの死後は負け戦が多かった。中でも603年の「デグザスタンの戦い」の敗戦は,以後のダルリアーダが約2世紀半の間一切の対外遠征ができなくなるほどの致命的は敗戦となった。しかし,アイルランドのアントリム (Antrim) から入植した1小氏族 (cineal),ダルリアーダをどうやら王国らしいものに育て上げたのはみなこのアエダンの功績によっている。

[7] ダナッド砦は,猪が伏したような孤立した丘全体が「要塞」を構成する「砦」で,その使用は紀元前1000年頃に始まるとされ,4つの天然の段丘によって防御されている [14]。砦の北の端の頂上のすぐ下にある30メートル×14メートル,出入り口を東とした空間がこの砦の司令塔で,このすぐ下が後にオーバンの「ダンスタフニッヂ砦」(Dunstaffnage Fort),パース近くの「フォーテヴィオット砦」,それから「スクーン宮殿」(the Scone Palace) へと移されていったスコット族が入植時にアイルランドから運んで来た「戴冠のための岩」(Lia Fail) が安置された所で,そこには,また,岩を彫って「鉢」のような「窪み」と「足型」,「猪像」といまだに解読されていない「オガム文字」(ogham) が彫られた彫刻石 [15] も残されている。おそらく,ここは儀式のための場で,この下の段丘約30メートル×60メートル,北の端に井戸跡と南東端に出入り口を残す区画が戦時のいわゆる「武者溜まり」,平時の居留区 [16] であった所と考えられる。

この砦は560年,ガランを討ったブルード・マック・マエルコンにより占領される。スコット族の居留時代に入ってからは,683年にブルード・マック・バイルによって占領され,698年には炎上し,736年にはアンガス一世によって占領されたが,「戴冠のための岩」は別として,「足型」を彫った岩は新王や陪臣たちがその上に裸足で立って神聖な誓いをした,おそらくは鉄器時代人か,ピクト人の「宣誓の石」であったと考えられる。数多くの鉄器時代人,ピクト人が移住して住み着いたシェトランド諸島の本島の「クリックヒミン居留地」(Clickhimin Early Settlement) の近くにも,同種の岩がある。しかし,この偶蹄目猪科の動物の「猪像」が何であったのかについては判断が難しい。

まず,既述のように,スコット族とその王家のトーテムとしての「猪像」が考えられる。そして,次には,[8]《ケルト人は,その力強さ,寧猛さゆ

第 2 部　古代遺跡を訪ねて

えに「猪」を戦いの猟犬として崇め，その絵姿を彼らの盾や兜を飾る 1 つの決まった表象として用いた。》というように，ケルト族であるスコット族の「軍神」としての「猪像」が考えられる。しかし，また，560 年，「ガラン・マック・ドモンガート」が，このアーガイルに侵攻した際，この砦を占領した「発するその言葉は，すなわちオークニイ諸島の掟」という，「猪族」(the Boars <(Q) Orc) の島オークニイ諸島 (the Isle of Orc or the Boar) の主であった大王ブルード・マック・マエルコンの「トーテム」と考えることも不可能ではないからである。いずれにしても，長い戦乱の暗黒時代を経て，破壊されずに残されているということは，この「猪像」は，スコット族にもピクト族にも，ないしはより古い時代からあったとして，鉄器時代の人たちにも破壊することがタブーとされた「表象」であったと考えられる。

　因みに，信仰の発想も大いに異なっているが，日本では戦国時代の甲斐の武田信玄 (1521-73) の軍神がこの「猪」である。それは戦場には猪の姿で現れ，疾くこと「風」の如く，静かなること「林」の如し，攻め侵すこと「火」の如く，動かざること「山」の如し，とその姿を融通無碍に変ずるインドの「婆羅門」((S) Brāhmana) の風神，「陽炎」を意味した女神「摩利支天」(Marici) の化身である。

　この「ダナッド砦」に近いキルマイケル・グラッサリィ (Kilmichael Glassary) には，無数の深くて大きなカップ・マークを同心円状の 2 重，3 重ないし 4 重のリングが取り巻く「カップ・アンド・リング・マーク」を残す大岩，「キルマイケル・グラッサリィ・カップ・アンド・リング・マーク石」(Kilmichael Glassary Cup & Ring Mark Stone) [17] がある。盾や銅鏡の鋳型とも思えるこの種の岩は近くのケアーンバーン (Cairnbaan) にもあるが，もしこのマークが青銅器時代の銅器の生産に関わりがある「マーク」ということになるとしたら，この辺は銅器の生産地ということになる。ここからロッホギルプヘッド (Lochgilphead) を経て，A83 をロッホ・ファイン (Loch Fyne) に沿って東進，ミド・アーガイル (Mid Argyle) のクラリイ・ロッヂ (Crarae Lodge) には，35 メートル×18 メートルの台形の空間に，長さ 10 メートル，高さ 1 メートルの積み石の前飾り，大きな石板をその壁面とする奥室に 2 度か 3 度，継ぎ足したと見られる，長さ 5 メートル，幅 1.2 メートル，

6. アーガイル地区とアラン島

高さ 1.2 メートルの石室がある「クラリイ石室墳」(Crarae Chambered Cairn) [18] があるが，この近くには由来のほどは不明ながら，「溶鉱炉」を意味する「ファーニス」(Furnace) という所がある。そしてまた，このグレン・ファイン (Glen Fyne) の麓，かつてはドゥルイドの斎場があったキルモリッヒ (Kilmorich) 辺りにその源を発して，このロッホ・ファインに注ぐグレン・ファインの水は，スコットランドでは「薬効のある水」(Fyne < (Q) fionn) として，「ぶどう酒」の名で呼ばれる，「霊水」の誉れの高い水である。

このアーガイル地区には山塞も数多いが，海岸地帯にある砦のほとんどは，籠城用の「回廊つき城塞」(galleried dun) を伴う鉄器時代の砦である。ウェスト・ロッホ・ターバート (West Loch Tarbert) の入り口の東南側に険しく聳える，海抜 143 メートルの丘の上の「ダン・スキーグ砦」(Dun Skeig Fort) [19] はその 1 つで，砦と回廊つき城塞からなる。砦の方は 27 メートル × 20 メートルの楕円の保塁の囲み，「回廊つき城塞」の方は北東に 45 メートル離れて，直径 14 メートル，4 メートルの厚さの防護壁で囲まれ，出入り口を東側に配している。

キルマーティン (Kilmartine) とオーバン (Loarn or Oban < (Q) *ob*, bay + *an* small「小さな湾」) の中間点，A816 に沿うキントロウ (Kintraw) には小さな 3 つの石墳と直径 15 メートル，高さ 2 メートルの縁石つきの石墳があり，それに接して高さ 4 メートルの立石が立つ「キントロウ立石つき石墳」(Kintraw Cairns and Standing Stone) [20] がある。これは青銅器時代の人たちが建立した「大地の子宮」と「男根像」の造形である。また，オーバンの南東 3 マイル，ロッホ・ネル (Loch Nell) の北東端に面する「ストロントィラー農場」(Strontoiller Farm) の中には，「ストロントィラー立石・環状列石つき石墳」(Strontoiller Cairn, Standing Stone and Stone Circle) [21] があるが，これも同様な施設である。大きな丸石で囲まれた直径 4.5 メートルの石墳に高さ 4 メートル，周囲約 1 メートルの石が立つ。これも紀元前 2000 年頃の青銅器時代人たちが生命再生の願いをつぶさに表わした造形である。なお，この施設にはフィンガル (Fingall) の子ディアミド (Diamid) の埋葬地という伝説が付着する。フィンガル (Fingall) には「ゴール人化した北欧人」(Gaulicized Norseman) の意味もあるが，ここではトゥアハ・デ・ダナン神族の軍神の血を引くフィン・マック・クムハル (Fionn Mac Cumhal) を意味する。

第 2 部　古代遺跡を訪ねて

[10] ディアミドはある狩り場で猪を討った際の傷がもとで他界したと言われている。彼の死は，犬の喧嘩に驚いて，彼の父フィンガルの股の間に逃げ込みはさみ殺された，ディアミドの里子の兄弟の父の呪いによっていると言われる。子供を殺された実父は，その子を猪にかえ，その猪が死ぬ時がフィンガルの子ディアミドが死ぬ時という呪いをかけた。この呪いによってディアミドは死ぬことになるが，ケルト人はアニミスト (animist) でトーテミスト (totemist) である。スコット族が「偶蹄目猪科の動物」を殺してはならないように，誰もが宿縁として殺傷してはならないトーテムをもつ。クー・ハラン (Cu Chulainn) は「犬」，コネイル (Conaire) は「鳥」，フィンガルは「鮭」がトーテムで，殺傷することを禁じられていたが，みなこの「禁」を破り死ぬことになる。ディアミドの場合は，スコット族のそれと同じように，「猪」がそのトーテムであったのである。

　スコット族は，ダルリアーダの時代は，おおむねピクト族の支配下にある。ケネス・マック・アルピン (Kenneth Mac Alpin, 843-59) が興した「ピクト・スコット連合王国」(Rex Pictorum) の年代に初めて日の目を見るが，それも長続きはせず，それ以後のアルバン王国の年代も北欧海賊の侵攻期と重なってあまり良い時代ではなかった。この海賊たちの襲来は，すでにダルリアーダの時代に始まり，主にアイオナに向けられた。793 年に 1 度襲来。806 年にはアイオナの僧院 (the Monastery of Iona) が焼き討ちに会い，68 名の聖職者が惨殺された。825 年にも襲来し，829 年には僧院長のディアミット (Diamit) が聖コロンバの聖遺物や現在僧院の入り口横に立っている「聖マルタの十字架」(St Martin's Cross) などをダブリン (Dublin) の北西 40 マイルのケルズ (Kells) に移し，僧院を閉じることになった。また，後の 986 年の「キリスト降誕の日」にも再度襲来して 15 名の聖職者を殺害する。

　オーバンの北，アードマクニッシュ湾 (Ardmucknish Bay) に面するダンスタフニッチ砦 (the Fort of Dunstaffnage) [22-24] は，現在では廃墟に近い宮殿の 1 部と礼拝堂跡が残されているが，843 年に南部ピクトのアンガス族の王家としての命脈を絶つことになった砦である。8 世紀末以来強まった西部地区への北欧海賊の襲来に対処して，首長の南部ピクト族がスコット族に「ダナッド砦」からその本拠をここに移させ，軍事力の増強を計った，西部スコットランドの要衝である。南部ピクト族はこの軍備の増強によっ

6. アーガイル地区とアラン島

て自らを滅ぼすことになる。アンガス一世亡き後の一連のスコット族の主家アンガス族に対する謀反は，この強化された軍事力を背景に718年のファーガス・マック・アエダ・フィンチ (Fergus Mac Aeda Find, 778-81)，アルピン・マック・イーハッハ (Alpin Mac Eachach, 832-34)，ケネス・マック・アルピン (Kenneth Mac Alpin, 834-43) など，スコット族の王でありアンガス族の陪臣であったこの砦の歴代の長官の指揮によって行なわれた。

オーバンの北東ディアドレ (Deirdre) 伝説の地，ノース・コネル (North Connel) の東，4.5マイル，ロッホ・エーティヴ (Loch Etive) に面するアードカッタン (Ardchattan) の教会跡 [25] は，1230年に創始された「ヴァリスコーリアン小修道院」(Valliscaulian Priory) の廃墟跡であるが，ここは聖コロンバと同時代人，6世紀末葉に西部の海岸地帯，インナー／アウター・ヘブリディーズ諸島 (the Inner-Outer Hebrides) を主に布教して回った聖カタン (St Catan) の庵があった所で，ここには様々な聖遺物とともに向かい合う1対の猪像を彫った立石 [26] などが残されている。

しかし，この「ロッホ・エーティヴ」[27] の方は，[11] 妖怪「黒の女神エイティッヒ」(*Lochaidh Eitichi,* or the Black Goddess Foul One) が住む所という伝承がある湖で，その出口が海と接し，水面下の入り組んだ地勢ゆえに，潮の干満時には，日本の鳴門の「渦」と同様な渦巻きが発生し，嵐の時などには水面が周囲の峰から吹き下ろされる風によって隆起し泡立つ大鍋のような，きわめて危険な湖と化す。

* * *

スコット族は，既述のように，843年にはケネス・マック・アルピン (Kenneth Mac Alpin, 843-43) が南部ピクト族を併合，「ピクト・スコット連合王国」(Rex Pictorum) を樹立，「アルバン王国」(the Kingdom of Alban) の時代を経て，1034年には，ダンカン一世 (Duncan I Mac Crinan, 1034-40) の即位をもって「統一スコットランド王国」(the United Kingdom of Scotland) がなり，このアーガイルは，スコット族にとっては，文字通り，彼らの植民地「東のゲール領」(Argyle < (Q) *Erra-Ghaidhealtachd,* East-Gaeldom) となる。そして，中世に入ってからは「キャンモア王朝」(the Canmore Dynasty)，そ

197

第 2 部 古代遺跡を訪ねて

れから「前スチュアート王朝」(the Pre-Stewart Dynasty),「スチュアート王朝」(the Stewart Dynasty) を経て, 1603 年のジェイムズ六世の同君連合の王, ジェイムズ一世としての即位を契機に, イングランドとの「連合王国」の時代に入り, 約 120 年, このブリテン島の支配者として君臨することになるが, このスコット族は, ダルリアーダの入植時から起算すれば, スコットランドがイングランドに主権を簒奪され, 王空位となった 1296 年より 1328 年までの 28 年を差し引くとしても, 約 1250 年間, また「キャンモア王朝」の成立から「スチュアート王朝」の終焉時までの期間を考えるとすれば, 約 700 年間, ブリテン島の王族として君臨したことになる。そしてこの間, このスコット族が得た領域は, 彼らの言葉 Q-ケルト語「ガーリック」(Gaelic) が浸透した分布圏にほぼ比例してかなり広範囲にわたっている。

スコット族の言語「ガーリック」の分布圏は, ハイランド地区 (Highlands) のウェスター・ロス (Wester Ross) やインナー/アウター・ヘブリディーズ (the Inner-Outer Hebrides) の島嶼のそれは, アイルランドからの土着民のそれと考え除外するとして, ダルリアーダの時代からこのスコット族と交渉があったと見られる Q-ケルト語の人文地理学的地名の分布を見ると, それは, この王国の発祥の地となるアーガイルを中心として, 南はファース・オヴ・クライド (Firth of Clyde), 北はフォート・ウィリアム (Fort William) からグレート・グレン (Great Glen) を経て, ファース・オヴ・マレイの南と北の地域, 特に「キャンモア王朝」と「スチュアート王朝」の本拠となった膝元のパースシャー, その近隣のファイフ, セントラル地区には相当根強く分布, 浸透している。

常にアイルランド人としてものを考える習癖のある彼らは,「スコットランド」のことを, 彼らの言葉で,「アルバン」((Q) Alban) と呼び, これらの地域に点在する施設や地名の中にも, Loch *Earn* や Strath*earn* のように, 本来は「トゥアハ・デ・ダナン神族」(the Tuatha De Dannan) の女神で, ケルト神話の母神 *Eire*「エイレ」ないしは *Eriu*「エリウ」の原形, (Q) *Eirinn* に発する「アイルランド」を意味する地名や, これもまた同様に「アイルランド」を意味する「エルグ」(Elg < (Q) *eilg*) に発する *Elgin* や Glen*elg*, 王家の名前としては「アソール」(Athole < (Q) *Ath Fhodla* the next Ireland) のよ

6. アーガイル地区とアラン島

うに，彼らにとっては懐かしい筈の故郷アイルランドに因む地名などを残し，「ディアドレ」(Deirdre),「ディアミド」(Diamid),「フィンガル」(Fionn Mac Cumhal) など，彼らの故郷アイルランド伝説に因む名も数多く残している。

*　　*　　*

最後に，このキンタィアー，ナップデイル (Knapdale) に隣接するアラン島 (the Isle of Arran) に残される文化遺産を一覧してこの章を終わることにする。この島は鉄器時代にはエポナ神族 (the Epidii) の所領，暗黒時代はダムノウニ族 (the Damnonii)，後にスコット族の所領となるが，ここに入るのには，キンタィアーのクラオニッグ (Claonig) から北のカー・フェリィの発着所，ロッホランザ (Lochranza) に渡るか，ストラスクライド の「アードロッサン」(Ardrossan < (Q) *Ard* high+*rasan* small headland) から「ブローディック」(Brodick < (ON) *breidr* broad + *vik* inlet) に渡るカー・フェリィで入るかするが，この島は島の南と西海岸に古代遺跡を多く残している。

島の南端ラッグ (Lagg) から農道を南に入った所には，青銅器時代人たちも使用した痕跡がある，紀元前 3000 年代の新石器時代の通廊型の石室墳「トリリン石室墳」(Torrylin Chambered Cairn) [28] がある。奥室と 2 度にわたって継ぎ足した 3 区画，長さ約 4 メートル，幅 1.8 メートルの石室が，今は屋根も覆いもなく，前飾りを南西の方位に向け，長方形の台地の上に風雨にさらされて残っている。発掘時に幼児の土葬体，ビーカー杯，火葬に付した人骨，生贄か故人に贈られたものか，多量の動物や鳥の骨の挿入があったと言われる。

そして，ここから約 2 マイル北上すると，コリイクレィヴイ (Corriecravie) の近くに，鉄器時代後期の砦「ダン・トア・ラ・ハイステイル」(Dun Torr a' Chaisteil) [29] がある。既述の「ダナッド砦」と同じ様に周囲の自然の段丘を防護壁として，頂上の直径 14 メートルの空間を外側に 1 本の土堤を回し，その内側に出入り口を東とし，厚さ 3.7 メートル，高さ 2 メートルの土塁を配した砦である。

また，この島の中央部を東から西に向かって流れるマクリ・ウォーター

(Machrie < (Q) *machaire* fertile plain + Water) は「肥沃な大地の流れ」を意味する。この南の台地は青銅器時代人たちの入植地で、夥しい数のメンヒルやクロームレックが残されている。その中の1つ、「モス・ファーム・マクリ立石群」(Moss Farm Machrie Standing Stones) [30] は、本来は7本か8本の高さ5メートル以上の巨石で構成された、直径約20メートルの環状の立石群であると言われるが、今は平たい3本の巨石が残るのみである。そして、この立石の1本には夥しい数の「カップ・マーク」が残されている。

「モス・ファーム・マクリ・ストーン・サークル」(Moss Farm Machrie Stone Circle) [31] は2重の同心円の環状列石で、本来の石の数は不明。外側はあまり大きくはない15個の丸石で構成され、直径が20メートル、内側の円は8個の大きな丸石で構成され、直径が12メートル、この内部に石墳の挿入がある。この施設については、アイルランド伝説のフィン・マック・クムハル (Fionn Mac Cumhal) が外側にあった、頭部に「穴」のあいた石に彼の愛犬「ブラン」(Bran) をつなぎ、内側で大釜を炊いたという伝説があり、内側の円は「フィンガルの大釜の台座」(Fingall's Cauldron Seat) という別名をもつ。

そして、ここからさらに2マイル北上すると、「がやがや言う声がする野原」(Chant whispering in the field) を意味する「アーファガロン」(Auchagallon < (Q) *Achadh* Field + *gallon* of wind rhubharb) に、青銅器時代初期の直径14メートル、所々とぎれているが、高さ1.5メートルほどの15本の立石で囲まれた「アーファガロン・ストーン・サークルつき円形墳」(Auchagallon Round Cairn and Stone Circle) [32] がある。北西側の立石1本には無数の「カップ・マーク」が残されている。

7. グラムピアン地区

　グラムピアン地区 (Grampian) は，「グラムピアン山塊」((L) *Mons Grapius* > Grampian Massif) があって山岳地帯であるために，新石器時代人たちの遺跡は多くはない。比較的に平地に近いところに青銅器時代人のヘンジや祭祀，天体観測の施設，居留区跡などが多く残り，山岳部には鉄器時代人の砦跡などが多い。この鉄器時代にはこの地区は，南部が「ヴァコマギ族」(the Vacomagii)，北東部のバハン地区 (Buchan District) 辺りが「タエザリ族」(the Taexalii) の所領となり，この平地に近い北東部に，紀元 84 年，アグリコーラによるローマ軍の侵攻がある。暗黒時代にはこれらの地区全体が北部ピクトの「マア族」(the Mar) の所領となり，ピクト人が残した「ピクトの表象石」なども数多く残されているが，暗黒時代の 8 世紀初頭の頃から始まる北欧海賊の侵攻期には，「第 1 部 4. パースシャー地区」に記しているように，この地区の海岸に近い地域はほぼ全面的に，彼らの定住地となる。**図 24** を参照されたい。

　このグラムピアン地区の比較的平地に近い東側地区には，84 年の春，アグリコーラによる，カレドニア族 (the Caledonians) の北部部族の鎮圧を名目とした北方遠征がある。しかし，どれほどの兵員がこの遠征に投入されたかは定かではない。彼がファイフ，セントラル，パースシャーに守備隊要員として残した兵員の規模が判ってはいないからである。また，彼がこの遠征でこの地区に最初に構築することになる野営地，ストーンヘイヴン (Stonehaven) の北西の「レイダイクス・ローマ軍野営地」(Raedykes Roman Camp) とこの砦に最も近い，テイサイド (Tayside) の最北端の「ストラカスロウ・ローマ軍野営地」(Stracathro Roman Camp) との間を結ぶ兵站線も不明であることから，彼のグラムピアン地区入りの経路は正確には判っていない。兵站機能を船団に任せ，将兵たちは東海岸沿いに内陸を北上させたのではないかとされているが，それも単なる憶測であって，明確な史実があってのことではない。

　諸般の事情が定かでないこの遠征が残しているものは，今は畑や林と化

201

第2部　古代遺跡を訪ねて

してその痕跡も定かでない，既述の**図4**に見られるような野営地の跡地だけであるが，このグランピアン地区に残されている野営地跡の規模は比較的に大きい。ストーンヘイヴンの北西4.5マイル，B957から入る「レイダイクス・ローマ軍野営地」を最初の野営地として，「ノーマンダイクス・ローマ軍野営地」(Normandykes Roman Camp)，「キントア・ローマ軍野営地」(Kintore Roman Camp)，「ダーノ・ローマ軍野営地」(Durno Roman Camp)と，北に向けて野営地跡が残されているが，これらはみな110エーカー規模の野営地跡である。さらに北の「イーサン・ウェルズ・ローマ軍野営地」(Ythan Wells Roman Camp) 跡地は110エーカーと30エーカー規模の2つの野営地跡からなり，「ミュアリフォルド・ローマ軍野営地」(Muiryfold Roman Camp) は110エーカー規模の野営地，「オーヒンホウヴ・ローマ軍野営地」(Auchinhove Roman Camp) は小さく，30エーカー規模の野営地跡地で，アグリコーラが船団を組み，オークニイ諸島への遠征の足がかりとしたと言われるファース・オヴ・マレイ近くの「ベリ・ローマ軍野営地」(Bellie Roman Camp) も30エーカー規模の野営地である。

　そして，[1]この行軍中に，アグリコーラの養子で歴史家，例のコーネリウス・タキトゥス (Tacitus, Cornelius, 55?-117) が記しているように，「モンス・グラピウスの戦い」(the Battle of Mons Grapius) がある。アグリコーラはこれら野営地の構築，「モンス・グラピウスの戦い」の勝利，オークニイ諸島への船団による遠征などすべてを84年の年内に終え，同年中にドミティアヌス・オーガスタス (Titus Flavius Domitianus Augustus, 81-96) の命によりローマに帰任しているが，このアグリコーラの遠征については不明な点が多過ぎる。

　この「モンス・グラピウスの戦い」の現場についても，それはアバディーン (Aberdeen) の北西，1,733フィートの「ミザー・タップ・オヴ・ベナヒイ砦」(the Fort of Mither Tap of Bennachie) を南南東3マイルに望む，現在のオイン (Oyne) に位置した「ダーノ・ローマ軍野営地」辺りとする歴史家たちのグループが確かにいるが，現場そのものについてはいまだに不明のままである。アグリコーラに同行したタキトゥスの，この戦いの記述の中に，ローマ軍の兵力，戦場となった場所，その地勢などについての詳細な記述が欠如しているのが残念である。彼は以下のように記している。

7. グラムピアン地区

[2]《敵のハイランド軍は「カルガクス」(Calgacus)、または「剣の達人」を旗頭とする、ケルト部族の連合軍、若干3万の精鋭、アグリコーラは防御用の矢来の前、後列に軍団の実戦部隊、両翼に騎兵隊を配備し、中央にバタヴィア (Vatavia) の歩兵旅団を配置した。ハイランド軍は高いところにその支援部隊を配し、防御部隊の本隊を平原に配置した。そして、彼らの2輪の戦車隊[1]や騎兵隊がこの平原を走りまわった。この時、アグリコーラは馬から降りて軍旗の側に立っていたが、両翼から包囲されるのを避けるため正面の兵列を横に展開させた。戦いはハイランド軍が優位と見える中、槍投げ、矢の発射で始まった。

アグリコーラはバタヴィアの歩兵旅団や他の外人部隊の兵に突撃を命じた。その混乱とごった返しの中、バタヴィアの歩兵旅団の兵士たちが到達した所では、ハイランド軍兵士たちの両刃の剣、丸盾、ものを粉砕するような襲撃も霞んで見えた。槍に対しては幅広の剣の方が、それが持つ良さを持っていたのかも知れない。短いローマ軍の兵士たちの剣は、ハイランド軍の兵士たちが両手に持つ両刃の剣の防御範囲の中に容易く入ってゆけて、より優れた効果を持っていた。ローマ軍の戦列はなだらかな傾斜を駆け登っていって、そこにいたハイランド軍の支援部隊を攻めたてた。

ハイランド軍の2輪の戦車群は、坂を急降下しながら、明らかに、それまで足場の悪さに悩まされていたローマ軍の騎兵隊によって打ち砕かれた。他方、ハイランド軍支援部隊は丘から急降下して来て、軍団の後方を突くか、ないしは突こうとした時、側面にいた新たな騎兵隊によって急襲された。彼らは逃げた。或ものは走り、また、或ものは武器を投げ捨てて逃げ、死んだ。… ローマ軍の死傷者360名、カルガクスの連合軍のそれ1万名 … アグリコーラはモンス・グラピウスの戦いに大勝した。》

アグリコーラが船団の兵站基地としたと思われている海港ストーンヘイヴン (Stonehaven < (ON) *Steinn* Stone + *hafn* harbour) の北西4.5マイル、彼が最初に構築した「レイダイクス・ローマ軍野営地」跡地近くには、新石

第 2 部　古代遺跡を訪ねて

器時代の後期，ないしは青銅器時代初期の施設と思われる，4 つの環状列石と円形墳からなる「レイダイクス環状列石つき円形墳」(Raedykes Stone Circle and Cairn) 群がある。後述のインヴァネスの近く，バルナーラン (Balnuaran) にある「クラーヴァ型石室墳」(Clava-type Chambered Cairn) の中央墳と同型の周囲に環状列石を伴った，通路のない閉鎖墳 (closed annular cairn) である。

　第 1 の石墳 [2] は，直径 9.5 メートル，その塚は縁石つきで中央に石室をもつ。環状列石の直径は約 17 メートル，高さ 1 メートルほどの 8 本の立石と南西端に横臥石，高さ 1.7 メートルと 1 メートルの脇石を残している。第 2 の石墳はこの施設の北 20 メートルの所にあって，直径 9 メートル×8 メートル，高さが 0.5 メートル，3 本の立石を残している。第 3 の石墳は，さらに北西 20 メートルに位置し，その規模，構造は第 2 の石墳とおおむね同じ，第 4 の石墳は，最初の石墳の北西約 100 メートルにあり，石墳の直径は 10 メートル，高さ 0.5 メートル，環状列石は，本来は 13 本，現在は 5 本，その直径は約 14 メートルある。

　この「レイダイクス環状列石つき円形墳」の環状列石にも脇石つきの横臥石が付着することから見て，おそらくこの環状列石もグランピアン地区特有の「環状列石」の類と思われるが，この地区ではこの種の「環状列石」は「太陰の環状列石」(the Circle of the Moon) と呼ばれる。[3] 太陰暦を使用していた青銅器時代初期の農耕民たちが，太陰が 18.61 年ごとに還暦を繰り返しながら，1 年に 13 回繰り返す満月時のその出入りの南限や北限 (standstills)，月照時間などの観測や，1 年の農事暦の作成，諸々の作物の作付けの日を決めたと思われる施設で，南を中心として南東から北西までの視界が広い丘の頂上や鞍部の森の中に南東，南，あるいは南西の方位にかけて，重さ 20 トンから 30 トンもある大きな平たい横臥石の祭壇を置き，その両側に高さ 2 メートルほどの脇石を立てた，直径 10 メートルから 20 メートルの環状列石の施設で，元旦を太陽が陽転に向う「冬至」の翌々日として各月を 28 日とし 1 年に 13 回と 1 日 (holiday「祭日」) 辿る無終，無休の時辰儀の機能を果たすもの、ただし，現在では本来の 13 本の立石を残しているものは少なく，立石の表面に星座の写しと言われる「カップ・マーク」の彫り込みを残し，「レイダイクス環状列石つき円形墳」のように，

7. グラムピアン地区

後に石墳の挿入がある施設もあるが，本来的には当の自治体の農耕民たちの月の観測施設で，時には篝火を焚いて，太鼓か枯れて乾いた木などをたたいて祭りや占いごとなどに興じた集会の施設である。

　この地区に見られるこの「太陰の環状列石」は，キンカーディン・アンド・ディーサイド (Kincardine & Deeside) 地区では，直径18メートルの環状列石の横臥石と4本の立石が残り，その中に直径14メートルの石墳が残される，ターランド (Tarland) の「トムナヴェリィ横臥石つき環状列石」(Tomnaverie Recumbent Stone Circle) [3]，ミューロッホ (Muiloch) の「ナイン・ステインズ横臥石つき環状列石」(Nine Stanes Recumbent Stone Circle)，バンホリィ地区 (Banchory District) では，「ギャロル・ヒル横臥石つき環状列石」(Garrol Hill Recumbent Stone Circle)，南と西に眺望がきく，海抜180メートルの丘の鞍部に直径26.5メートル×23メートル，8本の環状列石と脇石つきの横臥石，高さ1.5メートルから0.8メートルの5本の立石が残り，中に直径18メートルの石墳を内蔵する「エズリィ・ザ・グレター横臥石つき環状列石」(Eslie the Greater Recumbent Stone Circle) [4]，バンフ・アンド・バハン (Banff & Buchan) 地区では，ラウドン・ウッドという森の中の施設で，直径18メートル，1本の脇石つきの大きな横臥石と他に2本の立石が残る「ラウドン・ウッド横臥石つき環状列石」(Loudon Wood Recumbent Stone Circle) [5]，「ストリッヒン横臥石つき環状列石」(Strichen Recumbent Stone Circle)，ゴードン地区 (Gordon District) では，マア族の本拠地，エヒト (Echt) の「ミッドマア・カーク横臥石つき環状列石」(Midmar Kirk Recumbent Stone Circle)，「サンホニィ横臥石つき環状列石」(Sunhoney Recumbent Stone Circle)，アーフォード (Alford) の近くの「オールド・ケイグ横臥石つき環状列石」(Old Keig Recumbent Stone Circle)，ディヴィオット地区 (Daviot District) では，「ローンヘッド・オヴ・ディヴィオット横臥石つき環状列石」(Loanhead of Daviot Recumbent Stone Circle)，そしてインヴァルーリィ地区 (Inverurie District) では「イースター・アホーシィーズ横臥石つき環状列石」(Easter Aquhorthies Recumbent Stone Circle) などがある。

　これらの内，インヴァルーリィの北4.5マイルにある「ローンヘッド・オヴ・ディヴィオット横臥石つき環状列石」[6] は海抜155メートルのなだらかな丘の上にある施設で，**図19**に見られるように，列石の直径は20

第 2 部　古代遺跡を訪ねて

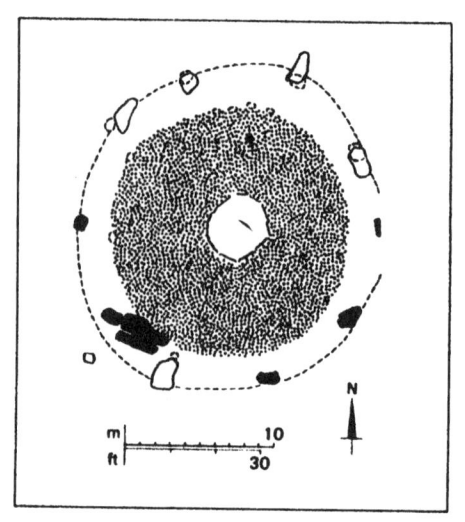

図 19　「ローンヘッド・オヴ・ディヴィオット横臥石つき環状列石」

メートル，今は 8 本の石で構成されている。1 本の立石の表面には縦 1 線に 5 個のカップ・マークが刻まれ，横臥石は重さが 15 トンぐらい，施設の南西の方位に向けて置かれている。今は，後の時代の挿入，列石の内部を小さな丸石の縁石つきの石敷の中に石墳が挿入されている。この石墳も既述の「レイダイクス環状列石つき円形墳」と同様に「閉鎖墳」である。そして，この施設の南側には，その出入り口を西と東とする，青銅器時代の「ヘンジ」施設に似た，直径 15 メートルほどの鉄器時代の火葬場跡 [7] と言われる施設が付帯している。

　「ストリッヒン横臥石つき環状列石」[8] はストリッヒン (Strichen) の南西約 0.5 マイルの地点にある。[4] ジョンスン博士 (Johnson, Dr Samuel) とボズウェル (Boswell, James) が 1773 年 8 月 25 日に訪れた施設である。ボズウェルは『ヘブリデス紀行』(*The Journal of a Tour to the Hebrides*) の中で次のように記している。

　　《私たちは 9 時頃に出発した。ジョンスン博士は北部の好事家たちが「ドゥルイドの寺院」(Druid's Temple) と呼んでいるこの種の施設を見るのにすごくご執心であった。私には 15 年程前に 1 度訪れたス

7. グラムピアン地区

トリッヒンの施設について記憶があった。そうゆうことで，オールド・ディア (Old Deer) を過ぎてから，4マイルも回り道をしてストリッヒンに着いた。そこの所有者フレイザー氏 (Mr Fraser) が在宅していて私たちを案内してくれた。しかし，私は心の中でこの施設のことを誇大なものにしていた。何となれば，そこに残されていたものは，1個の横臥石を挟んで，直立した2本の石があるのみであったからだ。》

この施設は海抜85メートル，バハン・ヒル (Buchan Hill) の頂上下の台地にある。ジョンスン博士とボズウェルが訪れた頃には森の中にあったと言われ，ボズウェルの手記から判断しても，当時すでに相当の盗石があったように思われる。この施設は直径約12メートル，13本の立石と脇石つきの横臥石からなり，横臥石は施設の南西に置かれている。ジョンスン博士とボズウェルの来訪時から約20年後，時の小作農の借地人がこの施設を取り壊し，所有者のきつい要請によって本来の場所のすぐ南側に再建された。今ある形は1979年から83年にかけて行なわれた本来の施設跡の発掘調査後，その本来の場所に再建されたもので，発掘調査時に，月の光を浮き立たせるために使用された多量の石英の破片が横臥石近くで出土している。

この「太陰の環状列石」群の13本の立石は，もちろん1年に13月ある太陰月の数を表わしているが，横臥石 (recumbent stone) はこのグラムピアン地区特有の石で，後述の「カラニッシュ石室墳つき立石群」(Callanish Chambered Cairn and Standing Stones) にある，1年の終りと初めを繋ぐ5日の特殊日を表わす「男根像」(phallus) と同機能を果たす石と思われるが，この地区では太陰観測の中枢部，祭壇の役目を果たしている。

その地名「サンホニィ」(Sunhoney) が「万聖節」(Hallowe'n < (Q) *Samfhuin*) に由来していて，昔の太陰暦の1年の最後の第13月の最後の日，「冬至」(Doomsday) の宵に，そこで篝火が焚かれたと言われている「サンホニィ横臥石つき環状列石」[9] は，アバディーンからターランド (Tarland) に通ずる道路，B9119のエヒト (Echt) の西，海抜125メートルのサンホニィの丘の森の中にある。直径は25メートル，現在は高さ2メートルほどの9本の立石と施設の南東の方位に置かれた平石の横臥石と脇石が残されている

が，この横臥石の表面には 31 個のカップ・マークが刻まれている。

　このエヒトにはまた，鉄器時代に構築された「エヒトのバームキン砦」(Barmkin Fort of Echt)[10] がある。海抜 274 メートルのバームキン・オヴ・エヒト (Barmkin of Echt) の頂上にあり，既述の「ヴァコマギ族」領の「ブラウン・ケータートゥン砦」と同じように，おそらく家畜の収容施設を兼ねていたと思われる，異常なほどに数の多い出入り口を壕の中に残している砦で，最も外側の防護施設は 5 つの出入り口つきの直径 150 メートルほどの空間を囲う 3 重の壕と土塁，その内側の壕には 3 つの出入り口がある直径約 130 メートルの壕と土塁，さらにその内側に直径が約 110 メートルの壕と土塁がある 2 期か 3 期にわたって改構築が行なわれたと思われる砦である。

　この地区に残されている諸々の遺跡は，青銅器時代や鉄器時代に数多くの入植者があったことを示す証左であるが，B9119 の終点，ディネット (Dinnet) の近くには，いくつかの青銅器時代の居留地跡が残されている。湿地帯のディネットの樺の木の森の中にある「ニュー・キンロッド居留地」(New Kinrod Settlement) や近くの「オールド・キンロッド居留地」(Old Kinrod Settlement)[11] がそれであるが，今は石ころだけの廃墟で，紀元前 1000 年代に造られたと言われる出入り口つきの，厚さ 2 メートルの石壁で囲まれた 6 戸の住居からなる居留区の集まりである。住宅の土台の直径は平均約 10 メートル。その土台跡から推して周囲に家畜を飼ったと思われる幅約 2 メートルの「石囲い」跡が付帯する。そして，このディネットの北東のターランド (Tarland) のさらに北東のクルッシュ (Clush) には，紀元前の終り頃に造られた，岩をくりぬいて石畳を敷いた穀物倉庫と思われる「クルッシュ地下構築物」(Clush Souterrain) [12] がある。

　キントア (Kintore) の南 1 マイル，ミッドミル (Midmill) の低い尾根の楕円の丘の上には，東西の方向に向かって伸びるいまだに発掘調査がなされていない楔型の「ミッドミル・ロング・ケアーン」(Midmill Long Cairn) [13] がある。いまだに未発掘のままの石墳であるため，石室の存否はまだ確認されてはいないが，長さ 72 メートル，幅 26 メートルから 16 メートル，高さ 3 メートルの石墳で，既述のリビヤ辺りからスペイン，フランスなどを経由して紀元前 2500 年頃より 2000 年頃にかけて定住した居留民た

7. グラムピアン地区

ちが建立したか，ないしは彼らが既存の複数の石墳を積み石で繋ぎ合わせて造ったと推定される，ベリックシャーの「ミュティニィ・ストン・ロング・ケァーン」や，サザランドやケイスネスに多く見られる「ロング・ケァーン」と同類の石墳である。この同類の石墳は，バンフ・アンド・バハン (Banff & Buchan) のピーターヘッド (Peterhead) の南西 4 マイルにもある。南東から北西に向かって伸びる，楔型の長さ 50 メートル，幅 20 メートル，高さは南東端をやや高くして 2 メートルの「ケァーン・カットウ・ロング・ケァーン」(Cairn Catto Long Cairn) [14] である。

オールドメルドラム (Oldmeldrum) の南 1 マイルには，「バーラ・ヒル砦」(Barra Hill Fort) [15] がある。海抜 93 メートルの楕円の丘の上に 2 期にわたって構築が行なわれた砦で，初期の構築物は東を出入り口とし，120 メートル×100 メートルの楕円の空間を囲う内側の壕と土塁。これを，後に付加されたと思われる，出入り口を 3 つとする，高さと深さ 2 メートルの外側の土塁と壕が囲んでいる。

西から東へ蛇行してアバディーン (Aberdeen < (P) *Obar Deathain*) の北で「北海」に注ぐ「ドン川」(the River Don < (P) *Deathan*) は，全長 82 マイル，古代ケルト語 *Deuona*「女神」を語源とする川，この南を同じように平行して西から東に向かって流れる「ディー川」(the River Dee) は，全長 90 マイル，古代ケルト語 *Deva*「川の女神」(River Goddess) を名前とする川で，この「グラムピアン山塊」の南側は，古来の遺跡が多いように，太古の人々にとって住み良かったと思える所である。青銅器時代, 鉄器時代, 暗黒時代に入ってからも数多くの入植者が集まった所であり，6 世紀中頃を契機として，ウェールズのセント・アソウ (St Asaph, or Llanelwy) の聖ケンティガーン (St Kentigarn, ?518-603) の布教団の伝道があった所である。ために，ここには，聖ケンティガーンのグレンガーン (Glengairn < (P) Glen + (Kenti) garn)，聖フィナン (St Finan or Finnan < (Q) Fionain) のランファノン (Lumphanon < (P) Llanfinan) やミッグヴィイ (Migvie)，聖ニダン (St Nidan) のインヴァノホティ (Invernochty) などの教会跡地が多く残されている。そして，このランファノンは 1057 年 4 月，例の「ランファノンの戦い」(the Battle of Lumphanon) で，モラヴィア王国 (the Kingdom of Moravia) のマクベス (Macbeth or Mac Bheatha (Son of life) Mac Finlaic, 1040-57) が後にマルコム三世 (Malcolm III, Mac Duncan I, 1057-93) によって討たれた古戦場跡である。

　インヴァルーリィ (Inverurie) の南東 1 マイルには「ブルームエンド・オヴ・クリッヒィ・ヘンジ」(Broomend of Crichei Henge) がある。また，このインヴァルーリィの北西 1.5 マイルには「ブランヅバット・ピクト表象石」(Brandsbutt Pictish Symbol Stone) があり，さらに 2.5 マイル北西には「メイドン・ストーン・クロス・スラブ」(Maiden Stone Cross Slab) がある。そして，その南西 2 マイルには鉄器時代の「ミザー・タップ・オヴ・ベナヒイ砦」(Fort of Mither Tap of Bennachie) がある。

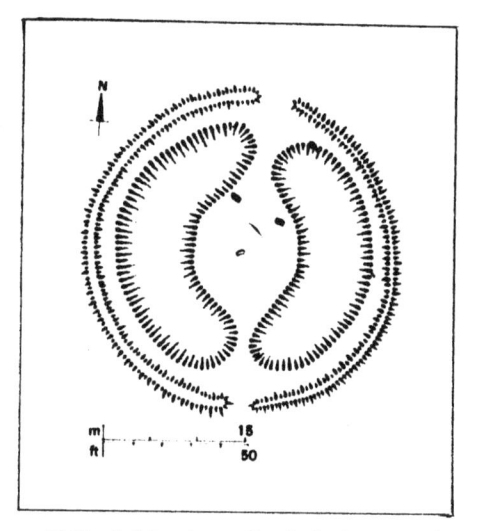

図 20　「ブルームエンド・クリッヒ・ヘンジ」

　ドン川の台地にある「ブルームエンド・クリッヒィ・ヘンジ」[16] は，**図 20** に見られるように，ファイフ地区の「バルファーグ・ヘンジ」と同じ第 2 型のヘンジ施設で，出入り口を北と南とする青銅器時代初期の施設で，直径が 34 メートル，深さと高さ 1.5 メートルの壕と，土塁の内側にさらに 2 つの長さ 25 メートル，幅 8 メートルの三日月形の壕があり，その中に聖域部がある。立石は 6 本の立石跡が残ってはいるが，今は 3 本のみで，その内 2 本が聖域の縁に立ち，聖域の中央にもう 1 本の立石が立っているが，おそらくそれは，この北部ピクトの「マア族」(the Mar) の時代に，彼らによって刻まれたもので「海象」とＶ字記号の切り込みのある王冠の

7. グラムピアン地区

図案などがある第 1 型の「ピクトの表象石」[17] になっている。このヘンジ施設は，今はゴルフ場の中の「障害区域」(bunker) となってしまっている，インヴァネス (Inverness) の北西のビューリィ (Beauly) の「ミュア・オヴ・オード・ヘンジ」(Muir of Ord Henge) に類似する施設である。

「ブランヅバット・ピクト表象石」[18] は，破壊が目的であったのか，割られたまま残されている，高さと幅が 1.5 メートルほどの，6 世紀か 7 世紀に彫られたと言われる，第 1 型の異教の時代のピクトの表象石である。上部に V 字記号の切り込みのある王冠の図案，その下に逆 Z 文字記号の切り込みのある「蛇」の図案，石の左側上から下に向って RATADDOA-REENS（「聖イサーナヌス」(St Ethernanus)）と解読されるという，ファイフの聖者の名を示す「オガム文字」が刻まれている。

「メイドン・ストーン・クロス・スラブ」[19] は，インヴァルーリイの西 4 マイルにある，高さ 2.5 メートル，幅約 0.8 メートルの赤色砂岩の石で，恋人と駆け落ちをして不慮の最後を遂げた娘の死を悼んで土地の「バルバン家」(the family of Balquhain) の家長が建てたという「クロス・スラブ」であるが，既述のように，ピクト族は族外婚姻制の母系家長制度 (exogamic matriarchy) の種族である。その女性が「バルバン家」の母系家長の相続人であったか，次女，三女であったのかは別にして，駆け落ちは家系の存亡に関わることゆえに，この種族にとってはご法度。この石の表側には頭部に綺麗な「輪」のある十字架がある。柄と腕は組み糸模様の浮き彫り，十字架の上に 2 匹の魚に似た怪物の前に，腕をひろげて立ちはだかる人物像がある。その最下部には組み糸飾りと鍵模様の浮き彫りの渦巻き状の大きな円盤に似た図案がある。裏面 [20] は 4 つのパネルに分かれ，上部には 1 匹の小さな動物と「ケンタウルス」に似た大きな動物，その下に矢の方向がはっきりしない逆 Z 文字記号の切り込みのある，音叉に似た「砦」の図案，「海象」，鏡と櫛の図案がある。

「ミザー・タップ・オヴ・ベナヒイ砦」[21] は，海抜 518 メートルにある鉄器時代初期の砦である。この砦は厚さ 4.5 メートルの堡塁が頂上の下，約 30 メートルの等高線を囲み，その下にさらにより後期に構築された堡塁があり，頂上の下の主要な部分を取り巻いている。鉄器時代の砦は，聖書にも記されているように，気象条件の悪化と「ノアの洪水」で知られる

第 2 部　古代遺跡を訪ねて

ように，そのほとんどが丘の中腹か山頂に建てられている。この砦の原寸大の規模と構造については委細は不明であるが，山頂近くに分厚い石の保塁を配した砦がある。そして，この砦の北東 3 マイルにはダーノ (Durno) があるが，その南東 1 マイルには一部の歴史家たちが，それが「モンス・グラピウスの戦い」の現場であろうと考えている「ダーノ・ローマ軍砦」跡がある。

そして，この砦の北西 4 マイル，インチ (Insch) の西 1 マイルには海抜 267 メートル，円錐形に近い丘があるが，この丘の上にも鉄器時代の砦「ダニディア砦」(Dunnideer Fort) がある。さらに北西に 2 マイルの所には「ピカーディ・ピクト表象石」(Picardy Pictish Symbol Stone) がある。

「ダニディア砦」[22] は，今は保塁が所々で途切れ，壕も所々で埋まっているが，土塁の高さは 1 メートル，壕の深さも 1 メートル，3 つの楕円の土塁と壕からなる段丘が頂上近くにある 65 メートル× 30 メートルほどの空間を防御している鉄器時代の砦である。まず頂上から下に 30 メートルほど下がった等高線上に，直径 120 メートル× 90 メートルほどの楕円の土塁と壕，さらにまた 30 メートルほど下がった等高線上に直径 170 メートル× 120 メートルほどの楕円の土塁と壕，さらにまたその下，30 メートルの等高線上に直径 210 メートル× 170 メートルほどの楕円の土塁と壕がある，初期の頃は強固な防御力を誇っていたと思える砦で，頂上の施設の西側には水槽の残骸があり，中世に建てられた塔が同居している。

「ピカーディ・ピクト表象石」[23] は異教の時代の第 1 型の石である。高さ約 2 メートルの青銅器時代の自然石に彫られた表象石である。上部に「結婚」を示すと思われる線で結ばれた 2 つのリングないし大鍋に似た図案，その下にくねった「蛇」の図案があり，この「蛇」の図案の下の右隅から上の 2 つの大鍋の図案の左上隅に向って走る逆 Z 文字記号の図案がある。この石の建立者のトーテムは不明ではあるが，おそらく「蛇」のトーテムの家系から婚姻の相手が来たなどというようなことを示す図案かと思われる。その下部に当の母系家長を示す鏡と櫛の図案がある。

また，上述のダニディア砦の北 2.5 マイル，現在のウェルズ・オヴ・イーサン (Wells of Ythan)，昔の「イーサン・ウェルズ」(Ythan Wells) は，84 年のアグリコーラの遠征時に彼が 110 エーカー規模と 30 エーカー規模の 2

7. グラムピアン地区

つの野営地を構築した所であるが，ここは「物を言う井戸」(Ythan < (P) iethon, Talking + Well)，断続的に水が湧出する小規模の1種の間欠泉が多いところであるが，この南 1.5 マイル「カークトン・オヴ・カルサルモンド」(Kirkton of Culsalmond) にもこの種の泉と同様な泉が3つある。みな前ドルイド時代にその起源を発する「泉水信仰」の場で，カルピイ (Calpie) に「聖マリアの井戸」(the Well of St Mary)，ゲイトサイド (Gateside) に「聖マイケルの井戸」(the Well of St Michael)，カルサルモンドの麓にもう1つ名前の判らない井戸があり，同じように時折「ぶくぶく」とものを言う泉である。

ライニイ (Rhynie) の北西 1.5 マイル，海抜 568 メートルの険しい「ノスの丘」(Hill of Noth) の上には，紀元前 1000 年代の砦で，スコットランドでは2番目に高所の「タップ・オヴ・ノス砦」(the Fort of Tap of Noth, 1851 ft.)[24] がある。頂上下の南側の山肌に1本の高さ5メートル，厚さ3メートルの焼けただれた石壁が 100 メートル× 40 メートルの空間を取り巻いている。砦の南端には壊れた水槽が残され，頂上下，北西から北東側には総計 150 ほどの住居跡が残されている。雨季が長く続いた鉄器時代の住人たちか，「ヴァコマギ族」の首都兼居留地であったと思われる施設である。

ピーターヘッド (Peterhead) の西 10 マイル，バハン地区 (Buchan) のオールド・ディア (Old Deer) には 1218 年に建てられた「シトー修道会の大修道院」(Cistercian Abbey) の昔の「ディア大修道院」(Deer Abbey) [25] があるが，この設立母体はこの修道院跡の近くに，560 年，ブルード・マック・マエルコン (Brude Mac Maelcon, 553-84) によって斬首されたダルリアーダのガラン・マック・ドモンガート (Gabhran Mac Domongart, 538-60) の妻の兄，南部ウェールズの王族の1人であった「聖ドロスタン」(St Drostan Cosgreg) が，570 年代か 580 年代にそこに建てた庵に始まっている。

「ディア」(deer<dair) とは「オーク (oak) の森」のことで，通常「ドルイドの祭祀の場」を意味する。580 年，オークニイ諸島に布教の旅に出た聖コーマック (St Cormac) が僧院長をつとめたアイルランドのカウンティ・オファリィ (County Offaly) の「ダロウの僧院」(the Monastery of Durrow) の「ダロウ」(<(Q) dur)，聖ブリジッド所縁の「キルディア」(Kildare, the Monastery of the Oak Grove) の「ディア」(<(Q) dair) も，また 563 年，聖コロンバがアイルランドから船出するとき，彼が若い頃修業僧として過ごした「デ

リイの僧院」(the Monastery of Derry) に向って《私のデリイ, 私の小さなオークの森よ。》(My Derry, my little oak grove.) と決別の言葉を贈った「デリイ」(<(Q) darrach) もみな,「オークの森」の意味である。

「楡の木」はキリストの生誕の日に当たるドゥルイドたちの「元旦」を表わす木であるが, キリスト教にはキリスト生誕の夕べに「樅の木」や「楡の木」に「宿り木」(mistletoe) を這わせる習慣があるように, その初期の年代のキリスト教聖者たちがこの「オーク」をその親木としてキリスト教 (Christianity) という「宿り木」を育てようとした場所がこの「オークの森」であったわけで, 同時にここは, この初期のキリスト教の聖者たちがドゥルイドの僧と同じように自然の霊を拝み, 昔の異教の時代の英雄や神の超自然の世界を信じながら, 一廉(ひとかど)のキリスト教徒として大成していったところでもある。

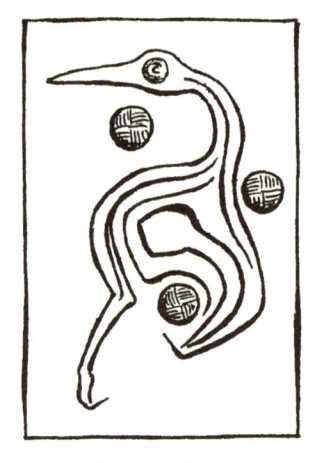

図21　　(1) 聖遺物箱の文様　　　　(2) 鳥の文様

聖コロンバの研究家で, キリスト教聖者の聖遺物や聖遺物箱 (reliquary) の研究家, イアン・フィンレイ (Finlay, Ian) は,[5] 初期の聖者たちは当時移動の際には聖遺物箱を携帯するのを常としていたが, 以下の図21のような聖遺物箱に見られる, 異教のものともキリスト教のものとも取れる曖昧な動物や鳥などをあしらった, 紋様の模し方は, 人も聖者たちも, 当時はいまだに世界は異教とキリスト教の2つの世界からなるのを最良としてい

7. グラムピアン地区

たことを示す有力な証左である，と述べている。

　この聖ドロスタンがオールド・ディアに庵を建てる前に，このグラムピアン地区に入り，北部のピクト人たちをキリスト教化しようとして庵を設けた所は，南のウィッグトン (Wigtown) の「聖ニニアンの洞窟」と同様な，バハン地区 (Buchan) のアバドゥア湾 (Aberdour (< (Q) *Obhair* River-mouth + *dobhar* of river) Bay) に面する「聖ドロスタンの洞窟」(St Drostan's Cave) [26] である。ただここには，彼が開祖の薬効の井戸，「聖ドロスタンの井戸」(St Drostan's Well) がある。

　この地区で同時代の6世紀の中葉に活躍した聖者には聖モルアグ (St Moluag, d.592) がいる。彼は，アイリッシュ・ピクト (Irish Pict) で西部のアイリッシュ・ピクトの聖地リズモア (Lismore) を本拠地として，ドラムアルバン (Drumalban) から東部のピクトランドを布教して廻り，ライニイ (Rhynie) に近いクローヴア (Clova) や，ダフタウン (Dufftown) に近いモートラッフ (Mortlach) や，ブラック・アイル (Black Isle) のローズマーキイ (Rosemarkie) に僧院を建てた，「百の僧院」(Hundred Monasteries) の渾名がある聖者である。

　暗黒時代の北欧海賊の襲来期には，「スペイ川」(the River Spey) が「スペイ湾」(Spey Bay) に流れ込む辺り1帯は北欧海賊の格好の上陸地点であった。1006年，マルコム二世はこの地1帯に侵入したデーン人海賊の大軍と戦って大勝している。この戦いはかなりの苦戦であったようであるが，《彼は初戦で傷を負い乍ら良く彼の軍勢を指揮した。一旦はモートラッフ (Mortlach (< (Q) *Mor* Big + *tulach* mound)) 辺りまで押し戻されたが，よく戦陣を立て直し戦い方を狭い峠の上で敵を迎撃する山岳戦に切り替え，粘り強く抵抗し，最後には攻撃に転じてデーン海賊の首領を討ち戦いを勝利に導いた。》と，ある歴史家はこの戦いの概要について説明している。マルコムは，ここでの戦いの勝利に感謝して，この聖モルアグが建てた古いモートラッフの僧院を新しい僧院に建て替えている。

　暗黒時代の乱世に生を受けた武将にとって，戦いは避けて通ることは出来ないものの1つ。マルコム二世は数多くの戦を戦うよう運命づけられていた。王位継承権の縺れから戦うことになった先王ケネス三世 (Kenneth III Mac Dubh, 997-1005) とのストラスアーン (Strathearn) の「モニーヴァード

第 2 部　古代遺跡を訪ねて

の戦い」(the Battle of Monzievaird) も戦いの中であるが、[7] 1007 年の春にシッドロウ・ヒルズの東側に襲来したデーン人海賊カムス (Camus) の大軍との戦いや 1018 年の「カーラムの戦い」のように勝ち戦だけではなく、即位の翌年の 1006 年、ノーサムブリアに遠征し時のサクスン王アエセルレッド二世 (Athelred II, the Unready, 978-1016) と戦ったダラム (Durham) の包囲攻撃のように大敗を喫した戦いもある。とは言え、マルコム二世は稀代の天才的な戦略家であったようである。1014 年にはマルコムは、スペイ川がスペイ湾に流れ込むフォリス (Forres) の町の郊外でマレイ地区に侵攻したクヌート・ザ・グレートの父スエイン・ザ・フォークベアード (Swyne the Forkbeard, d.1014) を葬り、彼の大軍に打勝っている。

　近年まで、火炎の樽を丘の頂上から転げ落す北欧人の真冬の火祭り「クレイヴイ」(Clavie) が行なわれていたフォリスの町のクラニィ・ヒル (Cluny Hill) の下には、マルコムが 1014 年、このスエイン・ザ・フォークベアードを討った戦勝の「記念碑」と言われている、高さ 6.5 メートルの「スエノズ・ストーン」(Sweno's Stone) [27] が建っている。この石はこのフォリスの町の北東 9.5 マイル、コウシィ (Covesea) の海岸から運ばれた石で、当時の「モラヴィア王国」、ないしは北部ピクト族のクロス・スラブの 1 つであるが、表側には十字架、その他の彫り物、裏面は 4 つのパネルが各 2 段に分かれて戦の顛末を説明している。最上段には、戦場に赴く例の長いシャッツ状の単衣をまとった徒歩の兵士たち、その下に騎乗した指揮官と護衛の行軍の図、徒歩の兵士の列と決闘を演じている兵士たちの図。包囲された砦と首がなくなった兵士の死体の山、手を縛られて斬首される捕虜たちの図、敗者側の兵士と馬が逃げ出して行く図、その下に砦の下に積まれた首なしの死体の山、敗者側の敗走の図などが彫られている。

　「モミの木の森の先端」を意味するキンユーシイ (Kingussie < (Q) *Cinn ghiuthsaich*) の近くを、遥か西のロッホ・スペイ (Loch Spey) をその水源として東に向かって蛇行する、全長 110 マイルの早瀬で有名なスペイ川 (the River Spey) という川が流れる。古代ケルト語 *spiath* の指小辞 *spiathan* を語源とし、反対側の西に向かって流れるスピーン川とは、語源が同じ姉妹川で、後述のドゥルイドの「木の暦」の第 6 月、「西洋サンザシ」(white thorn) の名を語源とし、「豊穣、希望」を象徴するする吉兆の川であるが、[8] この川

7. グラムピアン地区

には冬が来ると，その山塊の中腹部がブリテン島で最も有名なスキー場となる「ケァーンゴーム山塊」(Cairngorm Massif「青い山塊」)の西側を流れ落ち，所々で流れを堰き止めながら，ネシイ川 (Nectona, (Pure one)) とこのスペイ川に流れ込む「ドゥバッグ川」(Dubhag (Little Black) Burn) が合流する。

「ネシイ川」(the River Nethy) は古代ケルト語「きれいな川」を語源とする川であるが，「黒い小川」を意味するドゥバック川は悪玉の怪物が棲む川で，雨季になると，竜のような怪物「ネシイ」(Nethey) が現われて，流れをせき止め，水位をあげて，若い女性の生け贄を要求したという伝説が付着する。そして，この悪戯の主の正体は，「ロッホ・ネス」の流木と同じように，雨季に川筋の立木を根こそぎ押し流し，時折水の流れを堰き止めながら流れ落ちる，根元のついた髯のある竜のような流木，この流木によってネシイ川の水位が上がると，この地区の人々は《ネシイ川の妖怪たちがやって来る》(Na Neithichean a' tighinn) というのを常としたという言い伝えが残される。

有名な前ドゥルイド時代の地母神信仰に遡る「泉水信仰」の「バーグヘッドの井戸」(Burghead Well) の名がある，ファース・オヴ・マレイに面するバーグヘッド (Burghead) の岬の突端の「バーグヘッド砦」(Burghead Fort) [28] は，紀元前1000年代の岬砦で，暗黒時代にはもっぱら北部ピクト族「マレイ族」の海港つきの砦で，北欧海賊の侵攻期には，彼らのグラムピアン地区防衛の要衝となった砦であったが，残念ながら，1805年から1809年にかけて行なわれた現在の「バーグヘッド村」(Burghead Village) の建設の際に，その本来の砦のほぼ半分が破壊され，**図22**に見られるように，現在はその北西部の半分のみが残る砦となっている。今ある形は岬の突端，本来の砦の北西部に残された，幅約7メートル，高さ6メートルの土塁が，その南西側にある高台との間に形成している150メートル×75メートルの空間と出入り口を東側とするその南西側の約150メートル×100メートルの高台になっている空間のみが残る。この南東の約10メートルの間隔をおいて北東から南西に向かって伸びていたかつての防御施設，長さ135メートル，幅3メートルの2対，3重の土塁があった部分が今の住宅地となっているが，「願掛けの井戸」は今もなお健在，この住宅地の中に残されている。

この願掛けの井戸からは年代は不明であるが，原始牛「ゲウシュ・アー

第 2 部　古代遺跡を訪ねて

ヴァン」(Geush Urvan) の偶像，人々が大地の奥底の地母神に作物の豊穣や子孫の繁栄を願って寄進したという「雄牛の像」を彫った 6 点の第 3 型のピクトの表象石が出土している。井戸は 5 メートル×3 メートルほどの岩をくりぬいて造った地下の「岩風呂」のような頑丈な施設 [29, 30] で，重厚で高い石塀の中に囲まれているが，残念なことに，ピクトの時代の終りの頃には「水刑」すなわち溺死による「死刑」の場であったとも言われている。

　暗黒時代のピクト族の社会では大王の言葉が即「法」であり，族内の重大な罪過はこの「水刑」によって処分されている。それがどこの「水の社」であったのかは不明であるが，729 年，南部アンガス族の内戦の際，ダルリアーダのエルピン・マック・イーハッハ (Elpin Mac Eachach) とネヒタン・マック・デレレイ (Nechtan Mac Drelei) の連合軍を援助した北部ピクトの族長，タローグ・マック・コングサ (Talorg Mac Congusa, d.734) も，また，同年にアンガス一世がエルピン・マック・イーハッハをキンタィアーに追放した際，エルピンと同行し，アーガイル入りした大王ネヒタンの異母兄弟，アソールの族長タローグ・マック・ドロスタン (Talorg Mac Drostan, d.739) もこの「水刑」で処刑されている。

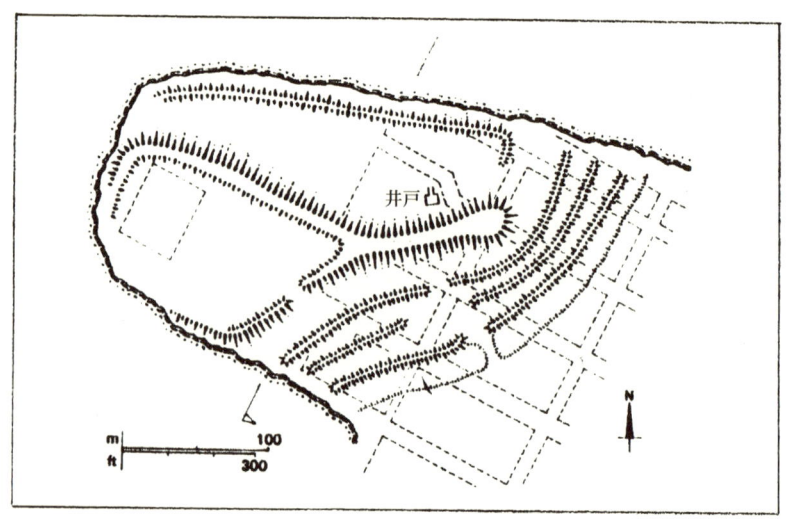

図 22　「バーグヘッド砦」の概略図

7. グラムピアン地区

　因みに,「マレイ」(Moray) とは「水上生活者の居留地」(*moireabh* < (Q) *muirtrebh* Seaboard Settlement) を意味する。出土した「雄牛の像」の石はエディンバラの「国立古代遺物博物館」(the National Museum of Antiquities of Scotland), ロンドンの「大英博物館」(the British Museum) が各 1, 近くの「バーグヘッド・ライブラリイ」(Burghead Library),「エルギン博物館」(Elgin Museum) が各 2 を所蔵している。そして, その 1 つ,「大英博物館」所蔵の「雄牛の像」は,「第 1 部 4. パースシャー地区」で紹介している石,「雄牛の像」[12] である。

第 2 部　古代遺跡を訪ねて

8. マレイ地区とその周辺

　マレイ地区 (Moray) にも新石器時代の石室墳，青銅器時代の祭祀や天体観測の場，前ドゥルイド時代に起源を発する泉水信仰，鉄器時代のドゥルイドの時代に始まった祭祀，霊魂不滅の信仰，暗黒時代の遺産など豊富にあるが，まず，ここではドゥルイドの時代に始まるこのケルト人の輪廻観から始めることにする。

　「スコット族」も，また，本来は北アイルランドの「北部ブリトン族」を先祖とする「ピクト族」も，霊魂の不滅を信ずる「輪廻転生論者」であり，あらゆる自然物は心意のある生物と信ずる「アニミスト」であり，彼らの先祖を何かの動物か植物であるとして敬愛する「トーテミスト」であった。6世紀の詩人で，ウェルッシュ・ブリトン族のイルヴン・マップ・キルマック (Urbgen or Urien Map Cirmac) の英雄ぶりを賞賛した詩や賛辞の文を書いたパネジリスト，タリエシン (Taliesin) は，彼の『タリエシンの本』(Book of Taliesin) の中で，ケルト人の「霊魂の再来」について数多くの言葉を残している。

　　　　[1]私はすべてのキリスト教界の師である。
　　　　私は最後の審判の日までこの地上にいることになろう。
　　　　それでいて，私は，私の体が何であるのか，
　　　　肉であるのか，魚であるのかわからない。

　彼は彼自身の魂の遍歴について，ルシファー (Lucifer) の失墜，ノアの洪水，キリストの生誕と彼の磔刑を目撃したと記している。彼はギデオン (Gwydion) によって作られたが，ギデオンが生まれる前にはギデオンの父ドン (Don) の宮廷にいたと記す。「私は，かつて…であった」(I have been...)で始まる詩文の中では時には人，動物，鳥，魚，植物であったが，木の株，手斧，鑿，刀，盾，琴の糸，雨滴，泡のような無生物でもあった[2]と記している。

8. マレイ地区とその周辺

　人，物，動物はみな前世の所業や願望の果報として有為転変，万華鏡の中の「花びら」のように，刻々その形相を変えながら，地上界と霊界の間を往き来する。そして，霊界の 1 日は地上界の 100 年，「ユリウス暦」(Julian calendar) なら 36,525 日に相当すると言われ，地上界に戻る時まで霊界に入った魂は，妖精の女王を中心とする 1 つの共同体の中で，その中の何かとして営みを続ける。そこがケルト人の「トムナフーリ」(*Tom na h-Iubraich*)，または，「イチイの木のある丘」の習わしであるとされている。

　聖コロンバとはほぼ同時代人の，ビザンティウム (Byzantium) の歴史家プロコピウス (Procopius) は，北部ゴール (Northern Gaul) の「幸福島」(Happy Isle) の「別世」(the Otherworld) について述べる件の中で，[3]《ケルト人にとって死者の行く場所は陰鬱な地下の国ではなく，死者たちの魂が船で運ばれてゆく，どこか太陽の沈む方角にある楽園のことである。》と述べている。《そして，そこには宝石や金がふんだんにあり，蜂蜜，ぶどう酒があり，木には果物と花と緑の葉が 1 年中絶えることがなく，立派な剣，豪華な衣装，駿馬，猟犬，無数の羊，数えることができないほどの乙女たちがいて，身の衰えを知らず，不老不死の国である。》と述べている。おそらく，その「イチイの木のある丘」ないしは「トムナフーリ」はこの「幸福島」の「別世」，ブリトン族の「リオネス」(Lyonesse, or the Arthurian Avilon) のような場所であるのかも知れない。

　インヴァネスの町の南西の隅の小高い楕円の丘の上には，既述のエイルドン中岳の洞窟やフォーティンゴル教区教会にあるのと同類の古来のこの霊魂の転生の場「トムナフーリ」[1] がある。Iubraich には「堂々とした貴婦人」(Stately Lady) の意味がある。したがって *Tom na h-Iubraich* には「イチイの木のある丘」の意味の他に，「堂々とした貴婦人のいる丘」あるいは，「堂々とした貴婦人の思われ人のトマス」の意味もある。そして，この丘は，その妖精の女王から，暫時現世に戻ることを許されたこの「吟遊詩人」のトマス，「トマス・ザ・ライマー (Thomas the Rhymer) が，ある時，このインヴァネスの街角でストラススペイ (Strathspey) のヴァイオリン弾きたちに出会い，地下の楽園で暮らす人たちの宴に踊りと音楽をそえることを思い立ち，彼らを地下の国に招いた。彼らは明るく灯し出されたホールの中で陽気に 1 夜，ヴァイオリンを弾くことになったが，さて宴の催しが終わった

第 2 部　古代遺跡を訪ねて

翌朝，気がついてみると，その出来事は百年前の前夜の出来事で，彼らは百年の間，妖精の国に逗留していたことに気がつくという，ワシントン・アーヴィング (Irving, Washington, 1783-1859) の『リップ・ヴァン・ウインクル』(Rip Van Winkle) や日本の『浦島太郎』の物語に似た，ストラススペイ (Strathspey) のヴァイオリン弾き「ご難」の物語が付着する丘である。

この丘の北西端，「カレドニア運河」(Caledonian Canal) の東の出入り口，クラッハナハリィ (Clachnaharry) には，ドゥルイドの時代の贖罪のための施設「クラッハ・ナ・ハリィ」((Q) Clach na h-Aithrighe) があったが，人々が贖罪を求めたこの「贖罪の石」の方はその名前のみを残して消え，今はそれの相棒，人々の贖罪の様子を見守っていたという，高さ約3メートル，周囲18メートルほどの自然石，「見張り石」((Q) Clach na h-Aire) [2] の方のみが残る。

このインヴァネスは，ながらく「猪族」のオークニイ諸島 (the Isles of Orc or the Boars) の「北部ピクト族」(the Ultramontane Picts) の首都で，533年より584年までは「猪族」の支配者であった大王「ブルード・マック・マエルコン」(Brude Mac Maelcon, 553-84) の首都であったが，この町の南西郊外，ノックナギャル (Knocnagael < (Q) Cnoc na Giall) には「人質の丘の石」(the Stone of Knocnagael) [3] という名の石が残されている。560年の彼自身のアーガイル遠征の際の人質か，ないしは580年，陪臣アエダン・マック・ガラン (Aedhan Mac Gabhran) を派遣して，自領のオークニイ諸島の小大名たちの謀反を鎮圧した際の人質か，いずれにしても女性の人質たちを収容した跡地を示すと見られる，上部に母系家長を意味する「鏡と櫛」の図案，下部に **図 23** のような，猪族のトーテムかスコット族のそれか，「猪像」を彫った，高さが2メートル，周囲7メートルの上部がとがった自然石の第1型のピクトの表象石が残されている。

因みに，また，**図 23** に紹介している，既述（「第 2 部　4. パースシャー地区」）の第3型 [11] の「猪像」を彫った石も，この北部ピクト族の雄，大王ブルード・マック・マエルコンの首都，11世紀初頭の頃には「統一スコットランド王国」(the United Kingdom of Scotland) の王，ダンカン一世 (Duncan I Mac Crinan, 1034-40) の砦があったこのインヴァネスのキングズミルズ (Kingsmills) からの出土である。

また，このインヴァネスの町の西の尾根には，紀元前1000年代の砦で，

8. マレイ地区とその周辺

6世紀から7世紀頃にかけて改築された形跡がある砦，584年，南部ピクト族の謀反の鎮圧に遠征，アンガス領で討ち死にした大王ブルードの居城「クレイグ・ファドリッグ砦」(Craig Phadrig Fort) [4] がある。今でも森の中の小高い丘の上に厚さ約8メートル，高さ5メートルの焼けただれた石壁がもちあがった75メートル×25メートルの空間を囲み，15メートルから25メートル離れた外側をやはり焼けただれた石壁が囲んでいる砦であるが，ここには，565年，既述のように，バンゴール・モア (Bangor Mor) の大修道院々長，聖コムガル (St Comgall, d.600) とファイフの聖キャニッヒ (St Cannech) の助力を得たスコット族の軍師，聖コロンバ (St Columba, 521-97) と彼の12人の弟子の来訪がある。

[4] コロンバが生まれた暗黒時代の初期の年代は，最初に生まれた男子，動物，年々の最初の収穫物は，氏族が属するドゥルイドの寺院か教会に寄進するのが仕来りという，古い「ブレホン法」の仕来りが根強く残っていた時代である。聖コロンバが長子であったかどうかは定かではないが，521年12月7日に生まれた後，直ぐに，洗礼名'Colum'「鳩」の名で，主家のキリスト教会の長老 (presbyster)，カウンティ・ドネゴル (Co. Donegal < (Q) *Dun na n Gall*, Fort of Foreigners) のガルタン (Gartan) の「クルニハ」(*Cruithneach*, Northern Briton, or Pict,「ピクト人」の意) の里子となり，修業僧の時代をデリイ (Derry) の僧院で過ごし，やがて大成して563年，スコットランドのマル島 (the Isle of Mull) の西の小島，「アイオナ島」(the Isle of Iona) にケルト教会の布教の根拠地を構築，スコットランド各地に布教団を繰り出した聖者である。

彼はスコット族の主家「オ・ニール家」(the Royal House of O'Neil) 所縁の人であったということもあり，560年頃よりはアーガイル地区に入植したス

図23 「猪像」

第2部　古代遺跡を訪ねて

コット族の軍師を兼ねるようになり，565年には560年のガラン・マック・ドモンガート (Gabhran Mac Domongart) が引き起こしたスコット族のアーガイル侵犯事件の終戦処理のために，弟子たち1行とともにインヴァネスのブルードの居城を訪ねることになる。そして，彼はこの時，ピクト領内での布教の裁可と以後のピクト族との友好関係の樹立に成功する。

しかし，惜しむらくは597年，[5]《これら私の最後の言葉を君たちに伝える。よいか，君たちは安らかさをもって君たち同士で相互に偽りのない慈悲の心を分かち合え。君たちがもし神に従うなら，善良な神は君たちを救うであろう。現在の生活に必要なものは，神によって充分与えられるであろうし，また，聖なる戒律を守る者のために用意された善の永劫の報酬も授けられるであろう。それが父なる神の教えである。》という言葉を最後に，彼はアイオナ島で他界する。[6]この聖コロンバの来訪時，彼ら1行が庵を構えた跡地は今は，町の中心街，ネス川の河口に近い吊り橋の北側，2つの教会のある所に残されている [5]。

[7]《異教徒のピクト族の所に居留していたある折り，聖者は「愚者たちが神として崇める井戸」，その水に触れると人は癩病にかかるか半盲になると一般には信じられ，タブー視されていた井戸のことを耳にした。もし聖者がその毒水を飲めば，彼は痛く患うであろうと信じていた，聖者がそれまで大いに論破し狼狽させてきたドゥルイドたちへの慰みとして，聖者は恐れ気も見せずにその井戸に近付いてゆき，その水を飲み，手足を洗った。悪魔たちは永遠に退散し，後に人々の間で流行った多くの病がこの井戸の水によって癒されたというのは，聖者がその井戸に祝福を与えていたからであった。》と約1世紀後の第10代目のアイオナの僧院長で聖コロンバの書誌学者，アダムナン (Adamnan, 625-704) は，このインヴァネスでのコロンバのある日の布教の模様について，彼の『聖コロンバの生涯』(Vita Sancti Columbae) の中に記している。

すでに述べているように，ケルト教会 (the Celtic Church) の初期の布教者たちは，彼らの祖先の前ドゥルイドの時代の地母神信仰に発する，人々に健康と幸福を与える「薬効の井戸」のことを忘れてはいなかった。それに，この種の水がある所は人々が集まる所で布教効果もある所である。それゆえに，この種の泉水は，グラームズ (Glamis) にある「聖ファーガス教会の

8. マレイ地区とその周辺

洞窟と井戸」、ファース・オヴ・フォースのクラモンド (Cramond) にある「聖コロンバの井戸」、例の詩人バーンズ (R. Burns) が死期を目前に足しげく通ったというウィッグトンのカイアーラヴェロック (Caerlaverock) の教区の聖コロンバの「ザ・ブロウ・ウェル」(the Brow Well)、マル島 (the Isle of Mull) の北の端「トバー・モリィ」(Tobar Mhoire or the Well of St Mary)、ロッホ・サルピン (Loch Salpin) に面するキルブライド (Kilbride) の「アナットの井戸」(the Well of Annat) 等々、枚挙に暇がないほどにある。

インヴァネスの西 8.5 マイル、ビューリィ (Beauly) の南を A831 でビューリィ川 (the River Beauly) に沿って西に入った所にある「聖イグナティウスの泉」(St Ignatius's Well) [6] は、565 年に聖コロンバとその 1 行がインヴァネスに入る前に詣でた「薬効の井戸」の 1 つである。この辺りは 4 世紀の初め頃に聖ニニアンの布教があった所で、この泉には《水よ、光輝ける水よ、きれいな水よ、それは賢者の飲み物、自由民のぶどう酒、額を冷やし、脳を冷やし、ひよわな者を強くし、海からの微風のように人を正気づかせる無垢の子供の純粋さのようにさわやかな水。》のような詩片が献じられている。

すでに「第 1 部」の末尾で触れているように、1746 年 4 月 16 日の早朝、グレート・ブリテンの王位継承権奪還の争い、約 2 万のイングランドの「ハノーヴァー王家」のジョージ二世の軍勢と 1 万の「スチュアート王家」支持者たちの軍勢が戦った「クロデンの戦い」の古戦場跡には、これとは異なった、この戦いで戦死したハイランド 33 氏族の約 5,000 名の兵士たちの「輪廻転生」を願った「死者の井戸」(*Tobar nam Marbh*) [7] がある。また、ここに近い「ウッドサイド農場」(Woodside Farm) の裏手の森の中には、この死者の井戸や薬効の井戸とはまた別の井戸、人々が子孫繁栄、1 年の無病息災を願った「聖母マリアの井戸」(the Well of St Mary)[8]、別名「不老の井戸」(*Tobar na h'Oige*) の名をもつ「願掛け」と「厄除け」の「清めの井戸」がある。

太古の昔には、おそらく、太陽が陰転に向かう「夏至」の夜明け前、現在の 5 月の第 1 日曜日の夜明け前に、その井戸詣では行なわれるが、『シルヴァー・バウ』(*The Silver Bough*) の著者マリアン・マック・ネイル (Marian Mac Neil) は、この井戸詣での作法について、[8]《この透き通った水を飲む前にはいくつかの守らなければならない祭式がある。最初にその井戸の周り

第 2 部　古代遺跡を訪ねて

を裸足で「右廻り」に 3 回まわらなければならない。そして，井戸の中に銀貨を投げ入れ，手すくいで水を口の中にふくみ，同時に願いごとをし，最後に自分の身につけている布の 1 部を無言のままあたりに垂れ下がっている木の枝に結び，太陽が上がる前にそこから退散しなければならない。こうして人々は病気や心配ごとなど一切の厄払いをすることが出来る。》と記している。

　太古の昔には，この後この種の施設の近くの森の空き地で 1 年に 2 回ある大切な行事の 1 つ，[9]大焚き火を焚いて太陽神「ベルス」(Belus)，または家の守護神で戸口の神「オーク神」を崇め，子孫や家畜の健康と繁栄，作物の豊穣を祈願し，向こう 1 年の「神の火」種火を採取する「ベルテーン」(Beltane) の行事が行なわれた。[10]もう 1 つの大焚き火は太陽が沈んでから焚かれる「ハロウィーン」(Samhuinn or Hallowe'en) 前夜の宵の大焚き火である。この行事は太古の昔には太陽が死滅する「冬至」の夕方に行なわれ，人々は別世にいる先祖を招いて，天の神，地の神に作物の収穫への感謝，太陽の復活を祈願した。古代人にとっては地母神の井戸や泉水，特定な日に焚かれる火はともに神であり，神の化身であった。

　この「クロデンの戦い」の古戦場跡にほど近い「バルナーラン」(Balnuaran) には，図 1 に見られるように，新石器時代の後期，地中海沿岸 (Mediterranean Coastal Districts) にその原型を発し，イベリヤ半島 (the Iberian Peninsula) か，フランスを経由して，このインヴァネスに近いネァーン川 (the River Nairn) 沿い一帯に伝えられた，環状列石が付帯する祭祀と天体観測の施設，3 つの「大きく口を開けた通路墳」(passage cairn whose mouth was widely opened) を意味する「クラーヴァ型石室墳」(Clava-type Chambered Cairn) の「バルナーラン石室墳」(Balnuaran Chambered Cairns) [9] が残されている。

　北東，中央，南西の石室墳のうち，中央墳は通路 (羨道) がなく「閉鎖墳」[10] であるが，北東と南西墳は前室がなく，大きく口を開けた幅 1 メートル，長さ約 6 メートルの通路の奥に奥室がある「通路墳」[11] である。本来は覆いの屋根があったと思われるが，今はなく，いずれもが縁石つきの直径約 16 メートル，中に直径約 3.5 メートルの石室があり，北東と南西墳はその周りの石積みの壁が厚さ 6 メートル，高さ 2 メートル，中央墳のそれは高さが 1 メートル，周囲の石壁の厚さ 1.5 メートル，本来の立石の数は 13

8. マレイ地区とその周辺

本,今は12本の直径約30メートルから35メートルの円形の環状列石群で取り囲まれている。石室の内部の石や通路ないし羨道の出入り口にある石や縁石のいくつかには「カップ・マーク」が彫られている。中央墳の環状列石の立石は今は9本,石室墳から車輪の幅のような高さが0.3メートルほどで,幅2メートルほどの石で舗装された通路が走る北西端に1本,東と南東の端に各1本が立ち,他に6本の立石が石室墳を取り巻いている。その石の舗装路の先端にある各石は1年のある特定な日の太陽が示す方位角を指すよう配置されている。

既述のA831沿いの「聖イグナティウスの泉」をさらに西に向って進み,キャニッヒ (Cannich) で左折し,グレン・アーカート (Glen Urquhart) を2マイル東に行った所にある「コリモニィ環状列石つき石室墳」(Corrimony Chambered Cairn and Stone Circle) も「クラーヴァ型石室墳」の1つ。その石墳の直径は15メートル,縁石つきで高さが約2.5メートル,今は11本の環状列石が残り,この石墳を囲んでいる。環状列石の直径25メートル,通路ないし羨道の出入り口 [12] は南西の方位にあり,石板の屋根がいまだに残され,高さは1メートル,長さ7メートル,これが中央の直径3.6メートル,高さ2メートル,今は屋根がなくなっている石室 [13] に通じている。石積みの壁の上部に屋根を支えた「持ち送り」の跡が残され,石墳の上には「北斗七星」のコピイと言われる「カップ・マーク」を彫った大きな石板 [14] が残されている。因みに,この石室墳の近くには,5世紀の初頭,キャンディッダ・カーサ (Candida Casa) の聖ニニアンの布教団の一行が,このハイランド地区にはじめて布教活動の跡を残した「聖ニニアン・グレン・アーカート」(St Ninian's Church, Glen Urquhart) [15] が残されている。

ブラック・アイル (Black Isle) には,その東の突端の行き止まりのクロマーティ (Cromarty) に,今はその所在を示す看板が寂しく立つのみで何もなくなってしまっているが,本来は,青銅器時代の天体観測と祭祀の施設で,既述のロッホ・レヴン (Loch Leven) 近くの「ナヴィティ」と同じように,鉄器時代のドゥルイドたちが組替えたか,ないしは,多少手を加えて,祭祀や,雄牛の生け贄の行事,占い,天体観測や審判などの場とした「ナヴィティ」がある [16]。

ここにはまた,6世紀の中頃,大王ブルードと同時代人,「百の僧院」

第2部　古代遺跡を訪ねて

(Hundred Monasteries) の渾名をもった聖モルアグが建てた，それぞれが「治療の井戸」つきの2つの「庵」があった。それらは710年，ネヒタン・マック・デレレイ (Nechtan Mac Derelei) が近くの「フォートローズ」(Fortrose) の教会でアングル族の聖クリタン (St Critan)，または，ローマ教会名「聖ボニフィッス」(St Boniface < (L) *Bonificus*) によって洗礼を受け，ピクトランドの教会をローマ教会に転向した後，「聖ヘレン教会」(the Church of St Helen)，「聖ベネット教会」(the Church of St Bennet) と改名されたが，今は前者の「聖ヘレン教会」は井戸跡 [17] のみを残し，教会の方は両者ともその姿を消している。

　「ドゥルイド」が何であつたのかを知るのには，ギリシアやローマの古典作家たちの著述の記述に頼る他に方法がない。ドゥルイド自身がなしたことは，すべて口述によって伝承され，文字として残るものは何もない。[11] ストラボ (Strabo, 63B.C.?-?A.D.21) は，彼らが皮肉や賞賛の言葉を「詩」にして歌う「詩人」(bards or bardoi)，生け贄や自然現象でものを占う「予言者」(vates)，神学や倫理哲学を担当する「僧侶」(Druids) からなる特別な栄誉を与えられている集団であると言い，人間や動物の「生け贄」の儀式の惨たらしさには嫌悪感を表わしている。ディオドロス (Diodorus, Siculus) の区分けの仕方もおおむねストラボのそれと同じであるが，[12] カエサルは，彼が著した『ガリア戦記』(*De Bello Gallico*) の中で，《「ドゥルイド」は，霊魂の不滅を説く倫理哲学者，不死の神の力と特性に精通した神学者，宇宙の広さ，自然界の本然の姿，天体の動きに精通した自然科学者，祭祀や公私の生け贄の儀式を担当する僧侶で，時に共同社会間や個人の間で起こる紛争を審判する裁判官など，高い階級の学識のある非戦闘員の神聖な男性たちで構成される集団で，その原型はこのブリテン島で発生した集団である。》と記している。

　ネヒタンが洗礼を受けた昔のフォートローズ・キャシドラル (Fortrose Cathedral) 近く，ローズマーキイ (Rosemarkie) には今は「グローム・ハウス博物館」(Groam House Museum) という，この辺りの北部ピクト族の表象石を集めた博物館がある。

　また，この博物館の近くの「ムンロッヒィ湾」((Munlochy Bay) の入り口の「クレイギィ・ホウの洞窟」(Craigie Howe Cave) のどん詰まりは，いま

8. マレイ地区とその周辺

だに「転生」を終えていない「別世の住人」たちが,蘇生の日を待ちわびながら,仮眠をとっている所と言われ,時折,この洞窟に闖入する現世の人間たちによって仮眠状態が破られ,巨人の姿などをして迷い出る所とされている洞窟であるが,この湾の奥ムンロッヒィ (Munlochy) には,クロデン (Culloden) の「聖母マリアの井戸」と同様な「ぼろ布の井戸」,願掛け井戸で厄払いの井戸がある。井戸の近くの木の枝には,夥しい量のぼろ布が垂れさがっている [18]。この井戸は「聖クリタン」の名に因む井戸で,隣接する「ノック・キル・クルダイヒ」((Q) *Cnoc Cille Churdaich*「聖クリタンの丘」)がそれを証明する。

また,この「クレイギィ・ホウの洞窟」の入り口の天井から滴れ落ちる水滴は,聴覚障害に効き目のある水と言われる。天井の下の岩場に片耳を上に向けて横たわり,「2 階から目薬」のような具合に,耳の中に水滴を落とす。耳の中に詰まった耳垢を水滴で溶かすといった治療法で,これを左右両耳に適用する。

ブラック・アイルの西の端,コノン・ブリッヂ (Connon Bridge) から 1 マイル北上し,メアリイ二世の名に因む「メアリイバラ」(Maryburgh) から A835 に入り,西に 0.5 マイル行った所で村道に入り,約 1.5 マイル北上すると「ノック・ファリル砦」(Knock Farril Fort) [19] がある。小高い岩場の上に焼けただれた土塁が ほぼ 130 メートル× 40 メートルの空間を囲う鉄器時代の砦である。

この砦の下には,北西に 1 マイルほど離れて,19 世紀に「湯治場」としてその名を馳せたストラスペッファー (Strathpeffer) があるが,そこから西に約 3.5 マイルの所には「ロギイ川の滝」(the Waterfall of the Rogie) [20] がある。スコットランドの川の水は多くピートが混ざっていて「褐色」をしているが,この滝の近くには昔の人たちが病人の病気の回復の是非を占った「狂乱の井戸」(*Tobar na Dasanaich* or the Well of Frenzy) と呼ばれた「予言の泉」がある。[13] 占いは日の出前に汲み揚げられた水によって行なわれ,病人が入浴,ないしは浸ったあと,その水がきれいであれば回復の神託で,もし「褐色」であれば回復不能の神託とされた。また在宅の病人の病気の回復の是非を占う場合は,この水を水差しか瓶の中に入れる際の水のまわり方で占なった。この水の回り方は,初期条件の設定の仕方では,左右い

ずれの回り方にも設定可能と思われるのであるが,「右回り」なら回復,「左回り」なら回復不能を意味したと言われる。

[14] 古来よりスコットランド人の心の中に培われている色彩観からすれば,この「褐色」と「黒」は不吉な色である。「紫」が朝,春を暗示し,方位は東,生物が蘇り,成長に向かう方位,「白」が昼,夏を暗示し,方位は南,生物が繁茂する方位で,人々はこの方位に面して薬草などを採取した。「褐色」は夕方,秋を暗示し,方位は「西」,生物が活動を停止し,死滅する別世の入り口の方位,「黒」は夜,冬を暗示し,方位は「北」,死滅した生物が休眠し,再生に向かう方位で西と北は不吉な方位である。祭祀や占い,審判などの際の「正位」は東で,すべてこれらは東の方位に向かって行なわれた。ゆえに,スコットランドの方位は,昔は,東が「正面」(front, ear),北はその左であるから「左」(left, tuath),南は東の右であるから「右」(right, deas),「西」は東の裏であるから「裏」(behind, iar) と呼ばれた。

「北斗七星」(the Great Bear) の「尾」(pointer) は,右回りに,春は東,夏は南,秋は西,冬は北を指して「輪廻転生」を繰返す。ゆえに「右回り」は自然の摂理にかなった「正しい」(right) 回り方で「吉」,「左回り」は相手を呪う時とか,「ときの声」を上げたり,宣戦の布告のような「忌みごと」の意味をこめた時の回り方で,宣戦の布告,挑戦を意味する時は3回「左回り」を繰り返すのを常としたが,そうでない時はカモメのゆえない左旋回であっても,「不吉」(sinister) で禁忌の回り方とされたと言われている。

ロンドンの英国国会議事堂 (Westminster Palace) 側のウェストミンスター・ブリッヂ (Westminster Bridge) の袂に立っている,皇帝ネロ (Nero, 54-68) の治世下,ブリテン島の総督スエトニウス・パウリヌス (Paulinus, Suetonius) の暴政に抗して立った「イケニ族」(the Iceni) の女王,供侍に2輪の戦車を駆らせ,まさに敵陣に突っ込む姿を模した死装束の「バウディキア」(Boadicea, d.62 A.D.) の銅像 [21] はまさにこの宣戦布告の姿である。今はブリテンの国政の監視役,国会議事堂の方に向かって,もしも行政に手違いでもあろうものなら,「左回り」に回りますと英国国会へ警告を発している図である。

ケルト人の戦場で戦いに臨む作法については,紀元前1世紀頃のギリシアの歴史家ディオドロス (Diodorus, Siculus) の記述がある,参考のために紹

8. マレイ地区とその周辺

介することにすれば、[15]《戦士たちは、供侍と戦士を乗せた御者が駆る2頭だての2輪の戦車で戦場に向かう。彼らは通常、男女の別なく、金銀、宝石をちりばめた、首飾りや髪飾りで身をこらし戦場に現れるが、中には剣帯以外には何も帯びない者もいる。戦場に入る前に敵の戦士と出会うと、まず、相手に向かって槍を投げ、戦車からおりて剣で戦う。彼らは通常はより下層の階級から選ばれた自由民の従者、ないしは、供侍か、槍持ちのような身分を落とした戦士として戦に望み、相対する双方の軍列が引き上げると、戦列の前に進み出て、得物を振りかざし乍ら、大声で音吐朗々敵の中の最も勇敢なものに対して、1対1の勝負を所望する旨宣言する。誰かが挑戦に応じるならば、戦う前に相手の敵愾心を挫くべく、大声で先祖の武勲、自らの勇敢さを吹聴して相手を畏縮させ、小者扱いにして戦いに入る。このような光景は各所に展開し、やがて戦いは始まるが、彼らは「首狩り族」で、戦場で討った敵の頭は切り落とし、馬の首につけて家に運び、家の前で「さらし首」にするのが慣習であった。》と、彼は述べる。

「フォート・ウィリアム」(Fort William) は、1746年の4月16日の「クロデンの戦い」の前、ハイランド軍の動きを封ずるために1690年にすでにモンク将軍 (General Monk, 1608-70) が構築していた古い砦をウィリアム三世 (William III, 1689-1720) が改構築したゆえにその名があるが、「クロデンの戦い」の現場に近いインヴァネス空港の北にある「フォート・ジョージ」(Fort George) のジョージ (George) や、昔のアイオナの第9代の僧院長「聖クーメン」(St Cummein, 657-69) の僧院があった「キル・クーメン」(Cill Chuimein)、現在のカレドニア運河 (Caledonian Canal) の水をロッホ・ネス (Loch Ness) に落とす堰がある「フォート・オーガスタス」(Fort Augustus) のオーガスタス (Augustus) が、クロデンの戦い以後1860年まで、ハイランド地区に戒厳令を敷いた「ハノーヴァー王家」(the Royal House of Hanover) の「カムバーランド公」(George, Augustus William, the Duke of Cumberland) の名に由来していることから、この「フォート・ウィリアム」の「ウィリアム」(William) もこの「カムバーランド公」の「ウィリアム」であると思っている人が非常に多い。しかし、それはそれとして、このフォート・ウィリアムは以前は「インヴァ・ロッヒィ」または「黒の女神の入江」(*Inbhir Lochaidh* or the Cove of the Black Goddess) と呼ばれて民俗誌的には興味のあっ

第 2 部　古代遺跡を訪ねて

た所である。
　このフォート・ウィリアムに近いブリテン島の最高峰「ベン・ネヴィス」(Ben Nevis < (Q) *Beinn Nimheas* Venomous Mountain) は「害をなす山」) [22]，その下の「グレン・ネヴィス」(Glen Nevis) は，[16]《グレン・ネヴィス石転びの沢，小麦の熟れが遅く，「こそどろ」たちがいる谷間》のような戯れ歌の文句があるように，そこは[17]「冬将軍」一族 (the tribe of Jack Frost) の支配地で，ギリシア神話の「キュクロープス」(Cyclops) と同じ様に，目は 1 つ，顔は青黒，霜で固まった葉の無い枝のような髪の毛をした「黒の女神」の住処 (a residential quarter of Cailleach Bheur) と考えられていた谷間である。そして，この近くから流れ出す「ロッヒィ川」(Abhainn Lochaidh, or the River Lochy or Lochay) はすべて古来より悪害をなす「不吉な川」とされていた。
　[18]このハイランド地区には，春先にきまって一連の 4 つの風が吹く。最初，3 日間吹き荒れる狼の遠吠えのような *Feadag*「笛」と呼ばれる疾風。次に飢えた狼か猪の鼻がものを捜し回るような，家の隅々までつつき回る *Gobach*「あら捜し」と呼ばれる通常 9 日間吹き荒れる嵐が来る。そしてこれに続いて，何日も陸地や海上を吹き荒れる *Sguabag*「箒」と呼ばれるつむじ風が吹いて，最後に *Gearan*「患い」と呼ばれる，死期に近い人の息づかいを思わせるような干からびた呻くような風が吹く。太古の昔から人々は，これらの風もこの冬将軍の娘嵐と冬の女神，黒の女神の悪戯であると信じていたと言われる。
　不吉な川「ロッヒィ川」は 3 つある。1 つ目は 19 世紀始め頃，トマス・テルフォード (Thomas Telford, 1757-1834) の設計監督で完成をみる「黒の女神の入り江」フォート・ウィリアムの北西のコーパッハ (Corpach) を始点とし，インヴァネスの「クラッハナハリィ」(Clachnaharry) で終わる，全長 920 マイルの船舶用の運河，「カレドニア運河」の一部となる，「ロッヒィ川」(the River Lochy) である。この川は「ロッホ・ロッヒィ」，「ロッホ・オイッヒ」(Loch Oich) を経て「ロッホ・ネス」(Loch Ness) に流れ込む。
　2 つ目の「ロッヒィ川」(the River Lochy) は，その源をティンドラム (Tyndrum) 辺りに発し，グレン・ロッヒィ (Glen Lochy) を西に流れて「オーヒィ川」(the River Orchy) と合流し，「ロッホ・オウ」(Loch Awe) に流れ込む。そし

8. マレイ地区とその周辺

て，もう1つの「ロッヒィ川」(the River Lochay) は，グレン・ロッヒィ (Glen Lochay) を西から東に流れて，「ロッホ・テイ」(Loch Tay) に流れ込む。

[19] この「ロッヒィ川」の「ロッヒィ」(Lochy < (Q) *lochaidh*) も「ロッホ…」の「ロッホ」(Loch < (Q) *loch* (aidh)) も，本来はその語尾 -aidh の部分が「黒の女神」(Black goddess) を意味し，loch 自体が「その住処」を意味しているゆえに，ともに「黒の女神の住処」(the residential quarter of Black goddess) の意味を表わす。[20] その先人たちの祖先，ゴール人たちが川の名前の語尾に -ona を与えて，「マトローナ」(Matrona「母なる女神の川」)，「ネメトーナ」(Nemetona「森の女神の川」)，「ディヴォーナ」(Divona「泉の女神の川」)，「リトナ」(Ritona「浅瀬の女神の川」) などとして「女神の川」としているように，それは川や湖を神格視したケルト人たちの「アニミズム」の表われであるが，同時にそれは大雨でも降れば直ちに氾濫して水難事故を起す「湖」すなわち「死神の住処」に対して人々が持っていた畏怖感の表われであるようにも思われる。

スコットランドの川や湖は同じ水の流れであって，通常，川と湖の区別はつけ難いが，特にハイランドの川と湖は，「ネス川」(the River of Ness) ないしは「ロッホ・ネス」(Loch Ness) のようにその水源がより高所にあり，地勢の関係で南西から北東に向って流れるものもあるが，多くは氷河期の氷河跡で，その構造線ないしは断層線は北東の方角から南西に向かって走るのを自然の特徴とする。そして，その水は多くがピートを含んでいるために宿命的に褐色であり，またこの水が流れ込む「ロッホ」も氷河跡であるゆえに皆かなりの水深をもっている。それは，浅い所では「死の世界」への入り口を暗示する褐色であるが，深さが深くなれば「死の世界」を思わせるような黒に近くなる。そして，その数は 1,000 を超え，Loch Sin「老いた黒い女神の住処」，Loch Ness「突進する黒の女神の住処」，Loch Leven「洪水の黒の女神の住処」のように，それぞれに土着の神格化された「主」，特徴のある善玉悪玉の女神の姿，ないしはその化身の姿をもっている。

例の「ネッシィ」(Nessy) の住家と言われるインヴァネスの南西の「ロッホ・ネス」(Loch Ness) [23] は，全長 23 マイル，最深 226 メートル，幅 1 マイルから 0.5 マイルの不凍湖，岸辺の水は「褐色」，中央部の水は黒く見え底が深い。今は湖底が氷河期の産物である U 字型。うなぎの寝床のよう

第2部　古代遺跡を訪ねて

な湖であるが，近年世上を騒がせたこの「ネッシィ」の話は，聖コロンバの書誌学者で，10代目のアイオナの僧院長，聖アダムナンが言い出した話である。そして，この「ネッシィ」のその最初の目撃者は，565年，大王ブルードのいるインヴァネスに趣く途中の聖コロンバとその1行で，[21]《怪物は，1人の男を捕らえて口にくわえていたが，まだ食べてはいなかった。聖者はこの光景にいたたまれなくなって怪物のあとを追跡しようと考えたが，舟はあいにく対岸にあった。そこで弟子の1人，ルンゲ・マック・ミン (Lunge Mac Min) にあとを追うように命じた。しかし，怪物は追われながら時折姿を現わしたので，聖者は痛くこれを叱責した。》とアダムナンは『聖コロンバの生涯』(Vita Sancti Columbae) の中に記している。この記述は，聖者の述べることゆえ否定も出来ずに，「ネッシィ」の存在が定説化されるようになったが，もしこの怪物が近年まで世上を騒がしていた「ネッシィ」であったとするなら，それは565年以前の怪物ということになるゆえ，少なくても1,500歳を超える怪物ということにはなる。因みに，Ness というのはQ-ケルト語の，*ned-ta* が語源で *roaring* (鳴り響く)，または，*rushing* (突進する) を意味する準動詞，ネス川の水の流れの特徴を説明している語であるが，この湖には大雨の後などには突進するように流れる根元のついたままの流木はよく見受けられる。

聖コロンバの研究家であり，元エディンバラ王立博物館の館長であった『コロンバ』(*Columba*) の著者，イアン・フィンレイ (Finlay, Ian) は[22]《「ケルトの伝説」の中では川や湖は水棲動物の住家と考えられているため，怪物や邪悪な神，善良な神の話は避けて通ることはできない。》と述べているように，ハイランド人の先人たちの心奥には，この「ネッシイ」のような怪物，邪悪な神，善良な神が存在しているのも否定は出来ない。

スコットランドの主だった川，その国の過去の文明を左右したと思われる「恵みの川」，既述の「ドン川」，「ディー川」，「クライド川」等々はみな善良な神が住む川である。オーバンの北の「ロッホ・エーティヴ」のように，その色，音，現象が人々にとって呪わしい川や湖は，邪悪な神か怪物が住む川や湖であるのを常とする。

既述のロッホ・オウには，雄牛の姿をした水の精が，また，グレン・ネヴィス (Glen Navis) の南東の「ロッホ・トレイグ」(Loch Treig) [24] は，「獰猛な

8. マレイ地区とその周辺

水馬の群れが住む所」(the haunt of ferocious water-horses (eich uisge)) と言われ，ダルフィニイ (Dalwhinnie) の北のグレン・クアイヒ (Glen Cuaich) を流れる「クアイヒ川」(the River Cuaich) [25] は，ライン川 (the River Rhine) の「ローレライ」(Loreliei) 伝説と同じで，クアイヒ川を流れ落ちる水の音がガーリック (Gaelic) で「クアイヒ」(< (Q) *cuaich* or *cubhag* cuckoo)「郭公」を意味するように，声の美しい妖精「クアイヒ」が住んでいる所とされた川である。

[23] ストラスペッファーとミュア・オヴ・オード (Muir of Ord) の間を流れてコノン川 (the River Connon) と合流し，クロマーティ・ファース (Cromarty Firth) に流れ込む「オリン川」(the River Orrin)[26] には，歩いて川を渡ろうとする人がよく川にはまって溺死するという「川魔女」((Q) *Cailleach na h'Abhainn*) の伝説が，また，フォート・ウイリアム (Fort William) から A830 でノース・モラール (North Morar) のマリッグ (Mallaig) に向う途中のモラール (Morar) の北にある，その名が「大きな湖」を意味する「ロッホ・モラール」(Loch Morar < (Q) *Mor*, big + *(dobh) air*, water) [27] は，水深が 330 メートル，ブリテン島で最深の湖であるが，ここには巨象「モラール」(Morar) が住むという伝説が付着する。

そして，このロッホ・モラールの直ぐ南 1 マイル，アリセイグ・ハウス (Arisaig House) が面するロッホ・ナン・ウアムヴ (Loch nan Uamh「洞窟のある湖」) は，例の「ボニィ・プリンス・チャーリイ」(Bonnie Prince Charlie) こと，チャールズ・エドワード・スチュアート (Stuart, Charles Edward, 1722-88) が，1746 年 4 月 16 日の払暁の「クロデンの戦い」に敗れた後，イングランド政府から，その首に 3 万ポンドの懸賞金をかけられたまま，フローラ・マクドナルド (Flora MacDonald, d.1790) らハイランド氏族の手厚い保護を受けて，インナー/アウター・ヘブリディーズ諸島 (the Inner-Outer Hebrides) など西方諸島を転々とし身の安全を図っていたが，同年 9 月 20 日に船でフランスにむけて脱出した湖で，その海岸には今もなお脱出地点を示すケーン [28] が残されているが，このロッホ・モラールとフォート・ウィリアムの中間点，A830 沿いのロッホ・シエル (Loch Shiel) に面するグレンフィナン (Glenfinnan < (Q) *Glean Fhionain*「聖フィナンの谷間」) は，その前年の 1745 年，彼が父ジェイムズ・フランシス・エドワード・スチュアート (Stuart, James Francis Edward,1688-1766) の「ジェイムズ三世」を実現する

第2部 古代遺跡を訪ねて

ため,イングランドのジョージ二世 (George II,1727-60) から王位継承権を奪回するべく,フランスより軍艦を回航,西部ハイランド氏族の支持を得て旗揚げ決起した所であり,今もなお,ここには「グレンフィナン記念塔」(Glenfinnan Monument) が立っているが,この記念塔の前に広がるロッホ・シエルの水は,奇しくも「美酒」(Loch Shiel < (Q) Sile or Seile nectar) の名がある「薬効の水」,6世紀後半の聖コロンバと同時代人,アイリッシュ・ピクトの聖フィナン (St Finan or Finnan < (Q) Fionain) が,その水を清めたという水で,近隣の農夫たちが,この水を家畜に飲ませるために,牛や馬たちとともに訪れるという薬効の水である。この記念塔の前の小島は,彼が庵を営んだ「フィナンの小島」(Eilean Fhionain) [29]で,彼がアイルランドから持参した「鐘」を埋めたという小島である。

また,同様な泉水信仰の言い伝えは,既述のカレドニア運河の水をロッホ・ネスに落とすフォート・オーガスタスの閘門の下にあるアイオナの第9代の僧院長,聖クーメン (St Cummein, d.669) が建てた「キル・クーメン」(Cill Chuimein),現在の聖ベネディクト・アービイ (St Benedict Abbey) 近くのロッホ・ネスの水にもある。[24]《このキル・クーメンの鐘から生れる効能のために,あるいは一般の人たちが,この水を「ロッホ・ネスのぶどう酒」と呼ぶように,この水には効能がある。私はこれまで動物たちがここに連れてこられたり,この水が動物たちの飲料として持ち去られるのをしばしば目撃している。》と,近くのワードロー (Wardlaw) の牧師ジェイムズ・フレイザー (Fraser, James) は記している。

英語では「ホワイト・ホーシーズ」(white horses) は,「白馬」ではなくて,「海辺などに立つ白い波頭」のことを意味するが,いつも「ストラス・カーラン」(Strath Carron) の谷間風が吹いていて,「褐色の波頭」(brown horses) がたっている「グレン・カーラン」(Glen Carron) の「ロッホ・スキャバン」(Loch Sgamhain) [30]の *Sgamhain* は,ガーリック (Gaelic) では Villainous one「邪悪な黒の女神」か,ないしは Roan one「栗あし毛の馬 (?)」が住む湖のことを意味する。おそらく,ここには,「邪悪な黒の女神」か「栗あし毛馬」が住んでいるのであろう。

スコットランド人たちは,川や湖だけではなく,特定な方位から来るものの中にも「魂」を見る。例えば,東や南から来るものは「吉」,北から

8. マレイ地区とその周辺

来るものは多くいまだ蘇生を完了していない魂が何かの理由で呼び起こされて迷い出た姿としての巨人や悪魔，西の「タラニス」(west, or the direction of dying sun) の方位から来るものは，死の女神 (Taranis, the goddess of death) の使者等々である。また，「色」について言うなら，黒いもの，褐色のものは不吉のものである。スコットランドには今でも，夏の静かな日に黄塵をまきあげて西の方からつむじ風がやってくると，人々はそれを「妖精たちのつむじ風」((Q) *oiteag sluaigh,* the windpuff of the fairies) と呼び，不吉なものとする。

ロス地区 (Ross) のイースター・ロス (Easter Ross) や，ウェスター・ロス (Wester Ross) は，5，6世紀の頃には，偶蹄目牛科の「雄牛」をトーテムとしたブラック・アイル (Black Isle) のフォートローズに「ラッダリィの雄牛族」((Q) *Daimh Mhora Radharaidh*)，ストラスガーヴ (Strathgarve) 辺りに偶蹄目鹿科の「雄鹿」をトーテムとした「ストラスガーヴの雄鹿族」((Q) *Buic Srath Ghairbh*)，ロッホ・ブルーム辺りには鷲鷹科の「鳶」をトーテムとした「ロッホ・ブルームの鳶族」((Q) *Clamhanan Loch Bhraoin*)，ロッホ・カラン (Loch Carron) 辺りには燕雀目烏科の「大烏」をトーテムとした「ロッホ・カランの大烏族」((Q) *Fithich Dhubha Loch Carrann*) のようなピクト氏族が所領した所で，上述のオリン川の近くのストラスペッファー (Strathpeffer) は，古来よりディンゴル (Dingwall) からストラス・ブラン (Strath Bran)，グレン・カーラン (Glen Carron) を経て，ロッホ・カラン (Loch Carron) に抜ける交通の要衝で，ここには，おそらく「ロッホ・カランの大烏族」のトーテムと思われるが，通称「鷲の石」(Eagle Stone) [31] と呼ばれる，おそらく家系のみを表示していると見られる，第1型の「ピクト表象石」がある。その石の高さは約1メートル，上部にV文字記号のない王冠の図案，下部に大烏か鷲のモチーフが彫られた石である。

ピクト氏族の名前は，通常，一般的には，トーテム名と地名からなるのを常とするが，このトーテム名は表象石のトーテムで調べるより他に手だてはない。なお，上述のディンゴルは10世紀頃より北欧海賊の定住地，彼らの「議会の野原」であった所で，その名は古代ノース語 *Thing* Parliament + *wall* field から来ている。

第 2 部　古代遺跡を訪ねて

9. ロス地区とサザランド，ケイスネス地区

　ロス地区 (Ross) とサザランド，ケイスネス地区 (Sutherland & Caithness) は，「第 1 部」の 図 3 に見られるように，鉄器時代には，イースター・ロス (Easter Ross) の北辺りに「貴族」を意味する「デカンタ族」(the Decantae)，現在のヘルムズデイル (Helmsdale) 辺りにはケルト人の軍神の名前を種族名とする「ルギ族」(the Lugi)，その北には「ピクト族」の名祖とも思える「スマータ族」(the Smertae「彩色を施した人たち」)，ケイスネス辺りの地区に「岬の人たち」(Folk of Promontory) を意味する「コルナヴイー族」(the Cornavii)，サザランドの北西端に「羊飼い」(Sheep Folk) を意味する「カエリーニ族」(the Caerinii)，その南に「岩山の人たち」(Folk of Cairns) を意味する「カルノナカ族」(the Carnonacae)，ウェスター・ロス (Wester Ross) には「クレオネス族」(the Creones) などが定着したと，例のクラウディウス・トレマエウス (Ptolemaeus, Claudius) が，その著書『地理学序論』(Introduction to Geography) の中で記している地区である。しかし，鉄器時代のこれらの種族は，中央から遠隔の地にあったこと，彼らが小規模の弱小種族であったということのためか，これらの種族に関わる歴史的事件，彼らの去就について詳らかに触れている史書はほとんどない。

　暗黒時代の初期より中頃にかけて，このケイスネスとその南部に，シェトランド諸島から北部ピクト族の「猫族」が移住，サザランドの東部とイースター・ロス の北部にはオークニイ諸島から「猪族」が移住して，これらの地区を所領地とするが，しかし，9 世紀の中頃より，図 24 に見られるように，わずかにイースター・ロスとマレイ地区が「猪族」を含む「マレイ族」の所領として残り，このイースター・ロス地区以北の全体が北欧海賊のものとなる。そして，「猫族」の所領はこの北欧海賊領の中に併合されてしまう。

　したがって，これらの地区には，当然，新石器時代や青銅器時代の遺跡や鉄器時代人やピクト人たちが残したブロッホや砦跡，表象石なども数多く残されているが，同時にここには，後述のオークニイ，シェトランド諸島，

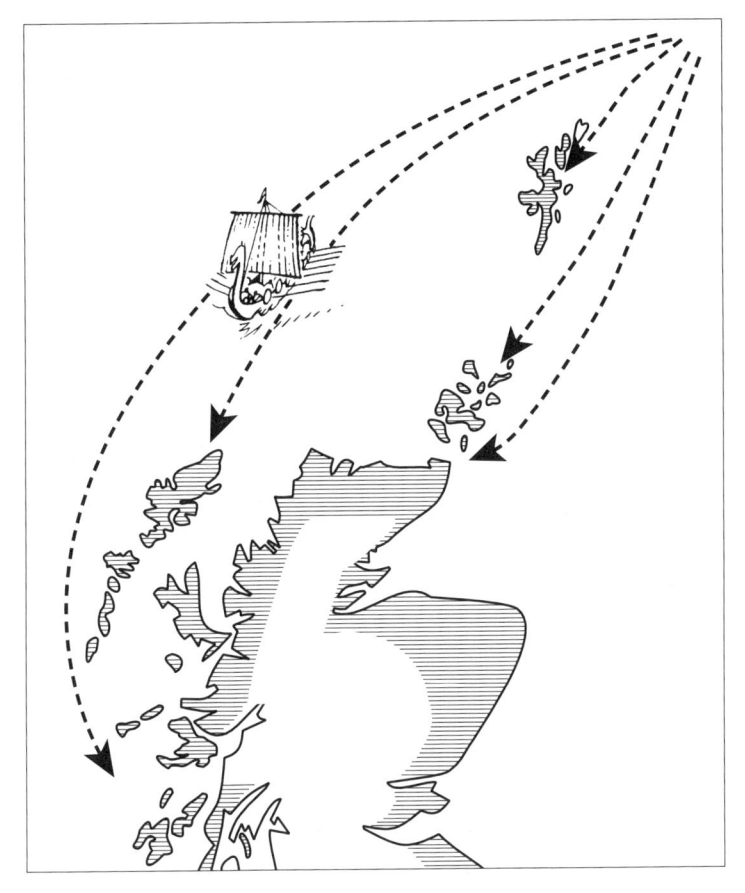

9. ロス地区とサザランド，ケイスネス地区

図 24 北欧海賊侵攻図

　西のインナー / アウター・ヘブリディーズ諸島 の場合に見られるのと同じ様に，北欧海賊 (Viking)，特にノルウェイ海賊 (Norwegian Vikings) の定住とその影響，古代ノース語の地名や，-ay, -ey (isle, islet 島, 小島)，-bister, -bost (農場)，-burgh (fort, town 砦, 町)，-by (町)，-quoy (cattle enclosure 家畜の囲い地)，-skail (hut, hall 小屋, ホール)，-ster, -setter (stead, farm, hamlet 場所，農場，小村)，-voe (bay 湾, 入江)，-wick (bay, inlet, creek 湾, 入江) のような語尾で終わる地名などが多量に残されるなど，北欧化の現象が色濃い地区である。

第2部　古代遺跡を訪ねて

　この北欧海賊の侵攻と定住は，9，10世紀を最盛期として，アレキザンダー三世 (Alexander III, 1249-86) の治世下の「ラーグズの戦い」(the Battle of Largs) の終結宣言，1266年の「パース条約」(the Treaty of Perth) の発効の頃まで存続するが，彼らの多くはノルウェイ人 (Norwegians) とデーン人たち (Danes) で，彼らには北のラップランド (Lapland) 辺りで産出する良質の鋼鉄の武器と，多数のオールを備え，北海 (the North Sea)，大西洋 (Haaf Atadal)，アイルランド海 (the Irish Sea) を阿修羅のごとく駆け巡る，竜の頭部状の舳先をもつ「ガレイ船」(galley) という帆船があり，スコットランド本土の軍事拠点，行政の中心地や有名な寺院がある集落地，本土周囲の島嶼などを襲うのを習いとした。

　まず，スコットランンドの南部地区に起った，この北欧海賊の比較的大規模の侵犯事件を列記するならば，869年にデーン人海賊 (Danish pirate)，オーラフ・ザ・フェア (Olaf the Fair) がアンガス地区に上陸，[1] 王国が誕生していまだ日も浅く，強大な軍事力も擁していなかった時の「ピクト・スコット連合王国」(Rex Pictorum) の王，コンスタンティン一世 (Constantine I Mac Kenneth) と戦い，コンスタンティンを苦戦に追い込み，結局は貢ぎ物の抵当として多くの人質を連れ去るという事件がある。また870年にはこの同じオーラフ・ザ・フェアとアイヴァ (Ivar) が例の「ダムバートン・ロック」(Dumbarton Rock) を陥落させるという事件もある。

　[2] また，877年には上述の「ピクト・スコット連合王国」の王，コンスタンティン一世がデーン人海賊の一団との戦いに敗れ，ファイフのクレイル (Crail) の洞窟の中で斬首される。[3] そして，900年にはアイルランドからのデーン人海賊，イムバーの子シトリック (Sitric Mac Imhair) がアンガス地区へ侵攻，ダン・フォートレン (Dun Fortrenn) で，このコンスタンティン一世の子ドナルド二世 (Donald II Mac Constantine I, 896-900) を殺害する。さらに，[4] 903年にはダンケルド (Dunkeld) 一帯が，上述のアィヴァの孫と思われる人物を首領とするデーン人海賊によって襲撃されるが，既述のように，コンスタンティン二世 (Constantine II Mac Aodh, 924-54) が翌年これを殲滅排除するという事件が，[5] また，コンスタンティン二世がこれを撃退したという，918年のアィヴァ族 (the Clan Ivar) のレヌワルドまたはロヌワルド (Regnwald or Rognwald)，伯爵オティア (Ottir, the Jarl)，オスウル・グラ

9. ロス地区とサザランド，ケイスネス地区

ガバン (Gragaban, Oswl) を首領とするデーン人海賊の一団ががダンブレイン (Dunblane) に侵攻するという事件もある。

　そして918年には，既述のように，アイルランドから回航して来た，レヌワルドを首領とするデーン人海賊がノーサムブリアに侵攻，ノーサンバランドに拠点を置いて，わずか5年の間にフォース川 (the River Forth) とトゥイード川 (the River Tweed) の間の全域を掌握，当時はすでにサクスン領で，その出城バムバラ (Bamburgh) の守護職，アングル族のエルドレッド (Eldred) の懇請により，コンスタンティン二世がこの集団とコーブリッヂ (Corbridge) で戦うが，エルドレッドは討ち死，コンスタンティンは惨敗する。しかし，時に台頭しつつあったサクスン族との対応を考え，彼は同年この集団と同盟関係を結ぶという事件が起こる。

　デーン人海賊の侵攻は襲撃と言えるものに近く，焼き討ち掠奪を主とし，定住を伴う例は多くはない。ノルウェイ人海賊のそれは周囲の島嶼の場合をも含めて，定住を伴う場合が実に多い。人はみな気候風土を含めて，生活条件の良い所に移動したがるものである。古代北欧語 *Viking* が「入り江に出入りする者」を意味するように，彼らは海岸地帯を定住地として選ぶ場合が多かったが，おそらくそれは，寒冷の国の海賊としての彼らの生活の知恵，船によっていつでも迅速な行動がとれること，それに，スコットランドでは，その北部，西方諸島 (the Western Isles)，オークニイ，シェトランド諸島はどこへ行っても，海岸地帯，湖頭や川に面した湿地帯には日常の燃料となる泥炭が無尽蔵に堆積しているということを知っていたための選択であったと思われる。

　スコットランドの北部地区ハイランド (Highlands)，ロス地区，ケイスネスとサザランド地区に侵攻した海賊たちの侵犯事件には，まず，866年にダブリンに本拠をもつデーン人海賊，869年にアンガス地区に侵攻したオーラフ・ザ・フェアと彼の子トーステイン・ザ・レッド (Thorstein the Red) のケイスネス，サザランド，ロス地区への侵攻がある。彼らはこれらの地区を手ひどく蹂躙した。このトーステイン・ザ・レッドは，874年にもケイスネス，サザランド，ロス地区とマレイ地区を蹂躙し，これらの地区に多少の地領を得る。そして，この2例のみが史書の中に残る北部地区への大きな北欧海賊の侵攻事件である。

第 2 部　古代遺跡を訪ねて

　しかし，[6] 872 年，ノルウェイ王ハーフデン・ザ・スワージィ (Halfden the Swarthy) の子ハラルド一世 (Harald I, the Fairhaired, 860-930) がノルウェイの王となり，オークニイ，シェトランド，アウター・ヘブリディーズ諸島を荒らしまわる弱小海賊たちを平定，これらの島嶼を掌握して，特に，オークニイ諸島の統治をノルウェイの「ウェスト・モア」(West More) の伯爵ロヌワルド (Rognwald, Earl of West More) に委嘱する。ロヌワルドはオークニイ諸島の本島，紀元前 3 世紀頃よりアイルランド北部から移住し，ここに定着した北部ブリトン族 (the Cruithnii)，ないしはピクト人たちの島嶼，例のブルード・マック・マエルコン (Brude Mac Maelcon) の名に因むバーゼイ島 (the Isle of Birsay < (ON) *Bredei's* Brude's + *ay* isle) にその本拠，ボロウ・オヴ・バーゼイ (the Brough of Birsay) を置いて，この統治の仕事を発足させる。そして，この本土に近いオークニイ諸島に「ノルウェイの伯爵領」が成立したことが，3 年後の 875 年にスコットランド本土にノルウェイの植民地を成立させる直接の原因となる。

　ロヌワルドが死去した 875 年には，このオークニイの伯爵領を引き継いだ弟のジガード・ザ・マイティ (Sigurd the Mighty) が，バーゼイ島より大船団を回航，ケイスネス，サザランド地区に侵攻，すでに 869 年と前年の 874 年 2 度にわたってこれらの地区に侵攻，この地区を蹂躙したことがある，オーラフ・ザ・フェアの子，トーステイン・ザ・レッドの助力を得て，ジガードはこれらの地区をオイケル川 (the River Oykel) 辺りまで占領する。そして，[7] 時のピクト・スコット連合王国の王のコンスタンティン一世に，これらの地域をノルウェイの「オークニイの伯爵領」(the Earldom of the Orkney) として認めるよう強要する。いまだ無力であったコンスタンティン一世はそれを認めることを余儀なくされ，以後この地域は，ロヌワルドを始祖とするノルウェイのオークニイ伯爵家の世襲の地として，後の 1231 年，その最後の継承者，ジョン・マッダダスン (Maddadason, Earl John) が死去する時まで，ノルウェイの植民地として，子々孫々に伝えられることになる。

　[8] トーステイン・ザ・レッドは，この 875 年，ジガード・ザ・マイティの案内役を勤めた後，所領の土着民たちの裏切りによって捕らえられ殺害される。因みに，このジガード・ザ・マイティの墓はオークニイ諸島のバー

9. ロス地区とサザランド，ケイスネス地区

ゼイ島にあるのではなく，このオイケル川畔の土手の上にある。そして，彼の後を継承するのが，現在行なわれている泥炭の切り方の考案者であると言われる，「泥炭担当」を意味するトーフィン (Thorfin < (ON) *Torf*「泥炭」) の名があったロヌワルドの子エイナー (Einar the Thorfin)，その子トーフィン・ハンサクリュウ (Hansakliuf, Thorfinn) と続く。彼は，本来の名が「ダンカン」(Duncan) で，この伯爵家の陪臣になってからはその名を「ダンガッド」(Dungad) と改名，現在の「ダンカンズビィ」(Duncansby) 辺りを所領とした，もと「モラヴィア王国」の「ケイスネスの伯爵」(the Mormaer of Caithness)，ダンカンの娘，グレロウガ (Grelauga) と結婚する。

そして，このトーフィンを継承するのがその子リオティアー (Liotir) であるが，この頃を契機として，本格的にこの「ノルウェイの伯爵領」の本拠地は，現在のジョン・オウ・グローツ (John o' Groats) に近い，このダンガッドの本拠地ダンカンズビィ辺りに移されたように思われる。このリオティアーは，975 年頃よりここを本拠地として，オークニイ諸島，ケイスネス，サザランド，南のイースター・ロス地区辺りにまで出兵を繰り返すようになる。このような状態は後のトーフィン・ザ・マイティ (Thorfinn the Mighty, 1009-69) の時代まで続くことになるが，このために南の「モラヴィア王国」(the Kingdom of Moravia) の伯爵たちとの間が険悪となり，戦いが頻発，その戦場がダンカンズビィの「スキッダ・ムーア」(Skida Moor) 辺りになることもしばしばあったとされる。

977 年には，このリオティアーと彼の弟フロッドヴァー (Hlodver) がモラヴィア王国の「サザランドの伯爵」マグビオット (Magbiot, Mormaer of Sutherland) とこの「スキッダ・ムーア」で戦い，2 人とも戦傷がいえずに「ヴァルハラ」(Valhalla) に行くことになる。980 年にはフロッドヴアーの子ジガード・ザ・スタウト (Sigurd the Stout, d.1014) が伯爵領を継ぎ，987 年には「モラヴィア王国」の「イースター・ロスの伯爵」マエールズナッティ (Maelsnati, Mormaer of Easter Ross)，「マレイの伯爵」マクベスの父，後にケネス三世の娘ドナダ (Donada) の婿となるフィンリィック・マック・ルウリ (Finlaic Mac Rudhri, Mormaer of Moray) とこの同じスキッダ・ムーアで壮絶な殺戮戦を交える。

[9] ジガードは殺生などは何とも思わぬ海賊であったが，997 年，サウス・

第 2 部　古代遺跡を訪ねて

ロナルゼイ (South Ronaldsay) 沖に停泊した彼の大君主，ノルウェーで最初にキリスト教に帰依した王オーラフ・トリグエッスン (Tryggusson, Olaf, 995-1000) の招聘を受ける。そして，そこで二者択一の選択，キリスト教に帰依して忠誠を尽くすか，それとも死かの選択を迫られて，キリスト教に帰依することを約束する。ノルウェー海賊がキリスト教に帰依し始めるのは大体この頃であるが，ジガードの子フンディ (Hundi) はジガードがキリスト教徒としてオーラフに忠誠を尽くす保証の人質としてこの時オーラフに引き渡された。

*　　*　　*

　現在のイースター・ロス地区とサザランドの南部は，この時代は，マクベスの叔父「モラヴィア王国」の伯爵マエールブライト (Maelbright, Mormaer of Easter Ross) が所領とした地区である。この地区の漁港シャンドウィック (Shandwick) の丘の上には，8 世紀の後半ないし 9 世紀の初めにかけて彫られた高さ 2.7 メートル，幅約 1 メートル，厚さ 0.15 メートルの北部ピクト族の「シャンドウィック・クロス・スラブ」(Shandwick Cross Slab) [1] がある。船が難破して死んだノルウェーの王子の死を悼んで建てられたという，土地柄ゆえにまことしやかな説もあるが，これは立派なピクト族の第 2 型のクロス・スラブである。

　十字架の柄と腕の中心部に 4 個の小さな丸い突起があり，それを軸に上の左右，各側に同じサイズの 4 個の丸い突起，下に向かって，縦に各側 10 個，計 20 個の丸い突起が彫られ，腕の上の左右に特定できない動物像，下の左右には翼のある各 1 体の天使像，その下，柄の右側には雄牛，左側には猪と思われる動物像，柄に沿って，その下，左右に各 2 つの 1 対のリボンのような絡み合った蛇を組み糸模様化したと思われる図案，その下には中央が網模様の大きな 4 つの太陽のような浮き彫りが刻まれ，裏面 [2] には，最上部に精致をこらした王冠の図案，その下に巨大な猫か海象が小動物を跳ね飛ばしている図，さらにその下には外套をまとって騎乗した戦士たち，馬の手綱をとる馬丁，手に角笛か水筒がわりの角をもった男，裾の長いシャツをまとい盾と抜き身の刀で決闘をしている 2 人の男，猪，狐，鷲

9. ロス地区とサザランド，ケイスネス地区

の図案，犬を連れた狩人，向き合った2匹の狼，キツツキ，石弓で鹿をねらう狩人の図案などがあり，その下に合計52の「巴マーク」の紋様の図案，最下部に2区画の網模様の彫り物が施されている。

また，この近くのかつて[10]「ドゥルイドの港の太陽に面する，エリンの黒い剣の井戸」(the Well of the Black Swords of Erin, facing the Sun in the Druid's Port) があったニッグ (Nigg) には，ニッグ旧教区教会 (Nigg Old Parish Church) の中に，同様に高さ約2メートル，幅約1メートル，厚さ0.1メートルの「ニッグ・クロス・スラブ」(Nigg Cross Slab) [3,4] がある。風化しているが，石の上部が切妻状をなし，表側にはこの切妻の下に，聖アントニオが聖パウロを埋葬した際に彼の手助けをした2匹のライオンと，通常彼にパンを運んでいたと言われる，烏と思われる鳥の像，聖アントニオと聖パウロのモチーフ，そして，その下に十字架が彫られ，その腕と柄の上部は絡み合う蛇を組み糸模様化した図案の浮き彫り，柄の下部は鍵模様の浮き彫り，柄の左右，その腕の上部には各2つの大きな丸い突起，腕の下柄の右側には，8個の丸い突起が線で結ばれ，その下には1個の小さな丸い突起を中心に外側に6個のより小さな突起が同心円状に彫られ，柄の左側には上下に各2つの丸い突起，中央に左右に各1個の楕円，その間に上下に各4個の小さな丸い突起が彫られ，楕円の線の輪郭で囲まれ，その下には中央に大きな丸い突起，その上下，左右に各1個の小さめの突起があり，その突起の間に各2個のより小さな「いぼ」の彫り物がある。

裏面は，上部と左右の縁を約0.15メートルの網模様の浮き彫りで飾り，中央に上から下に向かって岩の上で羽根を休める「鷲」，その下，左側に2匹の動物と向き合っている槍と盾をもった戦士の像，毛の豊かな羊，その下に「琴」，右側にライオンの顎を撫でている人物像，最下部に1対のシンバルか盾状のものを持った人物像，鹿か何かを狩る騎乗した狩人の図などが彫られている。

テイン (Tain) の近く，今は廃線となってなくなった鉄道の駅「フィーン・ステイション」(Fearn Station) の近くには，5世紀に聖ニニアンによって建てられ，6世紀には聖フィニアンないしは聖フィンバーが布教に専念した「エダトンのハンの木の森修道院」(Fearn in Edderton, or the Abbey of Fearn) があったが，今はなくなっている。そして，このテインの北西エダトン

第 2 部　古代遺跡を訪ねて

(Edderton) の村はずれには，第 1 型の「エダトン・ピクト表象石」(Edderton Pictish Symbol Stone) [5] がある。石は青銅器時代の立石で，高さ 3 メートル，上部に鮭か何かの魚の図案があり，縦に 2 つの大鍋のような円が線で結ばれ，その円の 1 つに長方形の図案と逆 Z 文字記号が重なり，最下部に鏡と櫛の図案がある。

　また，このテインからカイル・オヴ・サザランド (Kyle of Sutherland) を渡り，ボナ・ブリッヂ (Bonar Bridge) の東 3 マイル，クリーヒ (Creich) には昔の礼拝堂跡と共同墓地がある。ここには 6 世紀の聖者，アバディーン (Aberdeen) の「聖マッハー」(St Machar) がケイスネスに布教に出た際，彼と同行しこの地を布教活動の本拠としたバンホリィ (Banchory) の聖デヴェニック (St Devenic) に献じられた，高さ 2 メートルの「クリーヒ・クロス・スラブ」(Creich Cross Slab) [6] がある。硬い石の片面に荒らい技法の輪郭のみの十字架が彫られている。この辺は地名が「クリーヒ」(Creich「境界」) であるように，暗黒時代にはモラヴィアの伯爵領，多分イースター・ロス領とサザランドの伯爵領の境界があった所と考えられる。

　このクリーヒから東進してドーノフ (Dornoch) に入り，2 マイル北上するとエムボウ (Embo) がある，ここには「カムスター型通路墳」(Camster-type passage cairn) の 1 つ，今は荒廃しているが，「エムボウ石室墳」(Embo Chambered Cairn) [7] がある。この石室墳は南と北の 2 つの石室墳が多分，青銅器時代のある時期に 1 つの石塚の下に置かれ，新石器時代人と青銅器時代人が共用したと推定される施設で，南の石室は 2.3 メートル×1.7 メートル，約 1.5 メートルの通路跡を残し，石室の囲いの壁を構成した 3 本の立石が残り，石室からは何体かの土葬体，付近にビーカー杯のかけら，青銅器時代の石棺，食器類，ビーズなどが出土していると言われる。北の石室はなおさらに荒廃していて，5 本の囲い壁の立石が残るのみである。2 体の幼児の土葬体，ビーカー杯，火葬に付した人骨，生け贄か故人に贈られたものか，多量の動物や鳥の骨が出土している。

　エダトンから北上，ロッホ・フリート (Loch Fleet) から北西にフリート川 (the River Fleet) を溯ると「ロッホ・シン」(Loch Shin, <Lochaidh Sin「老いた黒い女神の湖」) の南東端，ラーグ (Larg) に出る。ここから北は，既述のように，875 年頃から漸次ノルウェー海賊の植民地領となった地区である

9. ロス地区とサザランド，ケイスネス地区

が，ここの西の丘の上には「ジ・オード石室墳」(the Ord Chambered Cairn) [8] と青銅器時代と鉄器時代の入植者たちの居留地跡がある。石室墳は「カムスター型通路墳」で，直径27メートル，高さ4メートルの円錐墳。1976年の発掘調査後，通路は封鎖されてしまったが，奥室の前に前室と通路があり，造作は後述の「ケーン・オヴ・ゲット石室墳」のそれに類似すると言われている。また，居留地の住居跡は後述の「ファース・ワッグ居留地」のそれに酷似すると言われている。

このロッホ・フリートの北，ゴルスピイ (Golspie) の近くには Dunrobin< (Q) *Dun* fort + *robain* of roaring billows「怒涛の大波の砦」を意味する「ダンロビン・カースル」(Dunrobin Castle) があり，この城の敷地内には第1型のピクト族の表象石「ダンロビン・ピクト表象石」(Dunrobin Pictish Symbol Stone) [9] がある。高さ約2メートル，上部に長方形の図案，中央には縦にV字記号の切り込みがある三日月型の王冠の図案，下部にはブリトン人貴族との混血を意味するのか，古代のゴールの女性貴族の首飾り，トルク (torque) の図案が彫られている。

北部ピクトの「猫族」の所領，ケイスネス (Caith < (Q) *cataibh* cat + (ON) *ness* promotory) とその南の地サザランド (Sutherland<Southern+land)，オークニイ諸島にはいまだに農地化が進んでいないために，数多くの保存状態の良い石室墳が残されている。そして，これらの石室墳は **図25** に見られるように，2つの型に分けられる。1つがスペインに多くその類型が見られると言われる「オークニイ・クロマーティ群」(the Orkney-Cromarty Group) の「カムスター型通路墳」(Camster-type passage cairn)，他がリビヤ (Lybia) 辺りからスペイン，フランスなどを経由して，紀元前2500年頃より2000年頃にかけて定住した居留民たちが建てたか，既存の石墳を改造したかの，長さが70メートルにも及ぶ既述のベリックシャーの「ミュティニィ・ストーン・ロング・ケーン」(Mutiny Stone Long Cairn) と同型の「ロング・ケーン」(long cairn) である。

この「オークニイ・クロマーティ群」の「カムスター型通路墳」の石室は，円形か楕円か細長いかのいずれかで，前庭から通ずる通路 (passage) が石室に対して縦か横に繋がるように造られ，石墳の外側は4隅に長い角状の突き出しがあるものと，これが全然ないものの2つの型に分かれるが，前室

第 2 部　古代遺跡を訪ねて

があるもの，ないものの別はあるにしても，オークニイ諸島本島の「アンスタン石室墳」(Unstan Chambered Cairn) のように，前庭から通路を通って内部に通じ，石室内部が仕切りの石によって区切られているのが「カムスター型通路墳」であり，通路を通って中のホールに入り，ホールに面する前，左右の3方の石壁の中に石室があるのが，「平原の石塚」を意味する「マエス・ホウ」(Maes Howe < (P) *maes* open field, plain + *howe* < (ON) *haugr* mound) の「マエス・ホウ型通路墳」(Maes Howe-type passage cairn) で，この

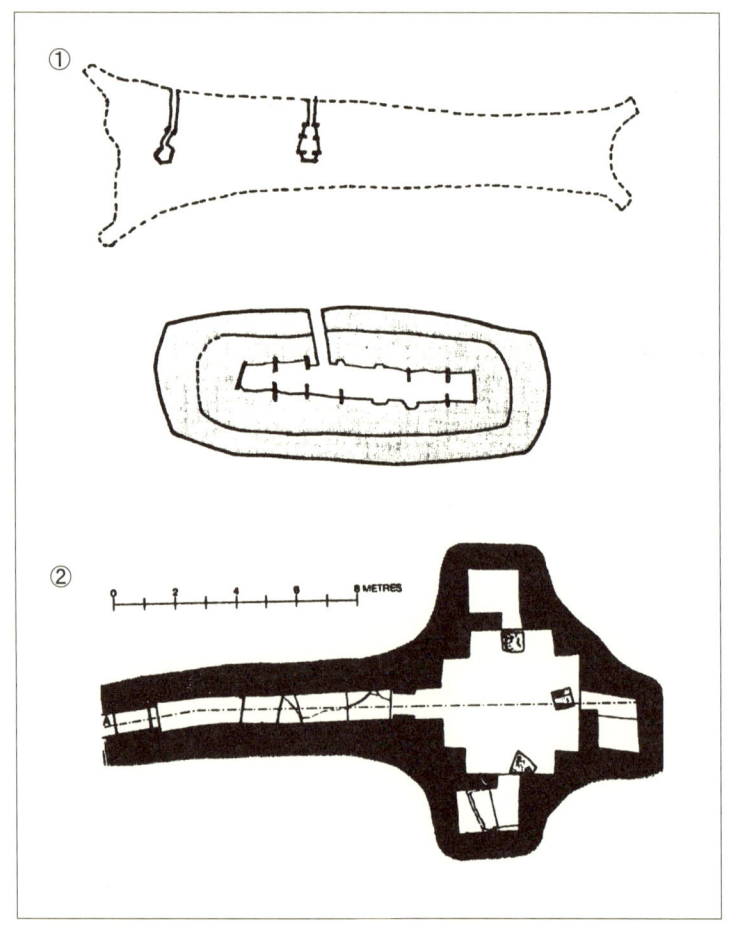

図25　(1)　ロング・ケアーンの略図　(2)　マエス・ホウ型通路墳略図

9. ロス地区とサザランド，ケイスネス地区

種の石室墳は多くオークニイ諸島に残されている。

「カムスター・ロング・ケアーン」(Camster Long Cairn) の南南東，すぐの所にある「カムスター円錐墳」(Camster Conical Chambered Cairn) [10] は，この前者のカムスター型通路墳の「原型」でその「名祖」となる石室墳で，直径が17メートル，高さ3.5メートル，通路は南東を羨道の入り口として，長さは6メートル，その出入り口は狭くて低く，通路に面して約2メートル×1メートルの前室，その奥に石板で3つの区画に仕切られた，2メートル×1メートルの石室と向かい合って立つ脇柱のような石板で仕切られた，奥行き約2メートルの石室 [11] がある。石壁は下部が直立する石板，上部が石積みで，天井は幅広の平石，紀元前3000年代に建てられた石室墳と言われる。

「カムスター・ロング・ケアーン」[12] は，玉石で覆われた，北東から南西に向かって横たわる縁石つき楔型の，4隅に角の突き出しがある角錐墳で，高さが約5メートル，長さが約70メートル，北の隅から東の隅までの長さ約20メートル，南の隅から西の隅までのそれが約12メートル，2つの石室の挿入がある巨大な石室墳である。石室の1つは東の端に近い所にあり，他は石墳のほぼ中央にある。いずれの通路の出入り口も南東向きで，中央の石室 [13] は通路が約3メートル，石室は2メートル平方の前室，3メートル平方の奥室へと続く。壁は土台に大きな丸石を使い，その上が小さな石の石積み。東の端にある石室は通路が約6メートル，前室はなく，直径5メートルの多角形の奥室があり，壁は直立する石板造り。ロング・ケアーンの場合，よくあることであるが，本来は独立していた2つの石墳がいずれかの年代に1つの覆いの下に置かれるようになった石室墳であると推察される。

このカムスター (Camster) 辺りは，例の北欧海賊ロヌワルド家の世襲的なノルウェイの伯爵領の本拠が置かれたところであるが，ここは寒冷の気候の北国人なら誰しも移り住みたくなるような，気候は比較的に温暖で，地勢は極めて平坦，どこに行っても羊の群れがいて牧歌的な香りの強い所である。このカムスターから，約5マイル南下して「ウェスト・クライス」(West Clyth) に入り，そこからさらに西に1マイル，リブスター (Lybster) から農道に入り，北西のシェパーヅタウン (Shepherdstown) をぬけて，約5マ

イルの地点にはロッホ・ステムスター (Loch Stemster) がある。ここには，かつては楕円で 60 個，今はその北側の隅がその湖の水によって浸食されたため，36 個の石からなる縦 72 メートル，横 35 メートルの U 字型の「アハヴァニッシュ立石群」(Achavanish Standing Stones) [14] がある。「ストーン・サークル」の類であるが，おそらくかつては規模の大きな天体観測と祭祀の施設で，高さ約 2 メートルほどの幅広の石が地上に 1.5 メートルほど突き出て立ち，後述の「カラニッシュ石室墳つき立石群」と同じように，各石が青銅器時代の巨石ヤートで 3 メガリシック・ヤード (2.5 メートル) の間隔で立つ施設である。

アハヴァニッシュから約 7 マイル南下して，ラセロン (Latheron) に出ると，この村の北東 1 マイル，ガーリックで「小さな洞窟」を意味する「ワッグ」(wag <(Q) *uaghaidh*) の名のつく「ファース・ワッグ居留地」(Farse Wag Settlement) がある。鉄器時代初期の居留区で，厚さ 1.2 メートル，38 メートル × 30 メートルの楕円の囲い地の中に建てられた複数の居留区の集まりである。住居は平均，直径約 6 メートル，この土台が各囲い地の中に 2 つ残されている。

ここからもとのラセロンに出て，A9 を東に 6.5 マイル行くと，ミド・クライス (Mid Clyth) がある。通称「ヒル・オ・メニイ・ストンズ」(Hill o' Many Stones) と呼ばれる小高い丘の上に，どのような観測を目的としたのか判然とはしないが，紀元前 2000 年代に造られた天体観測の施設と言われる「ミド・クライス・ストーン・ロウ」(Mid Clyth Stone Rows) [15] がある。**図 26** に見られるように，北から南に向かって，なだらかに傾斜する斜面の上に，昔は 600 と言われ，今は約 200 の，高さ 1 メートルほどの平石が 20 の列をなして扇形に並べられている。

また，同類の施設は，ドゥルイドの時代，その聖地「ナヴィデイル」(Navidale < Navi(ty) + dale) があった，今のヘルムズデイル (Helmsdale) の北西約 10 マイル，かつて「ゴールド・ラッシュ」(gold rush) で沸いた「スイスギル川」(the River Suisgill) と「ヘルムズデイル川」(the River Helmsdale) の合流点，リアラブル・ヒル (Learable Hill) の南西斜面にもある [16]。ここには，また青銅器時代の円形の縁石つきの石墳とともに 1.6 メートルの高さの立石に「クリーヒ・クロス・スラブ」と同様な「十字架」を彫った立石

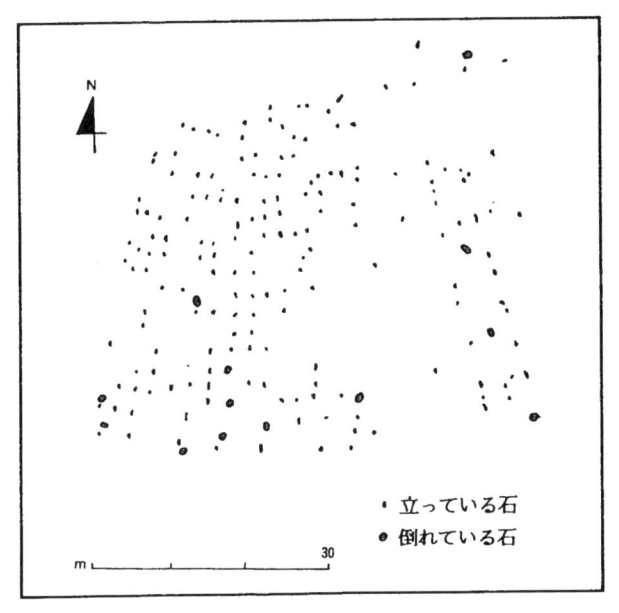

9. ロス地区とサザランド，ケイスネス地区

図26 「ミド・クライス・ストーン・ロウ」の概略図

が同居し，近くの居留地跡からは青銅器時代の石の平斧の鋳型 [17] が出土している。

また，ミド・クライスからA9に出て，ウルブスター (Ulbster) の手前の農道をロッホ・ワテナン (Loch Watenan) に向かって入ると，近くに「ケアーン・オヴ・ゲット石室墳」(Cairn of Get Chambered Cairn) [18] がある。紀元前3000年代に建てられた石室墳と言われ，石墳は高さ2.5メートル，8.5メートル×6.5メートルの台形で4隅に角の突き出しをもち，南西の方位を向く長さ2メートルの通路があり，前室が約2メートル平方，奥室は円形で直径約3メートル，土台に大きな石を使い，その上に石積みの壁をもつ。今は屋根がなく，羨道入り口には凹型の前飾りがついた「カムスター型通路墳」である。

ここから北上してスラムスター (Thrumster) から南西に2マイル，ロッホ・オヴ・ヤロウズ (Loch of Yarrows) がある。この湖の縁には初期のピクト人たちが残したブロッホ (円塔) も残されているが，この湖の南西の丘の上には「サウス・ヤロウズ・ロング・ケアーン」(South Yarrows Long

Cairn) [19] がある。長さ 72 メートル，東から西に向かって横たわり，その両端に角状の突き出しがある。東側の幅は 28 メートル，西側の幅は 16 メートル，東の端の中窪みの前飾りに接して短い羨道，その奥に直立する板石で 3 つに仕切られた石室 [20] がある。石墳の上には太古の人たちが手向けた生命の再生の願い，天に向かって大きな石の「男根像」が立つ。

　サーソウ (Thurso) の南東，ロッホ・カルダー (Loch Calder) の南，海抜 238 メートルのベン・フレイシーデイン (Ben Freiceadain < (Q) *Ben Freceadach Mount for watching*) の頂上にも，70 メートルほど離れて，その基底部の直径と高さ 10 メートルほどの円錐状の 2 つの石室墳が積み石で繋がれた，上の「サウス・ヤロウズ石室墳」と同規模の「ロング・ケアーン」があるが，この丘にはこれを取りまくように，頂上の下の自然の段丘に，今は高さも深さもなくなった土塁と壕を巡らせ，頂上部を防護している，砦としてはスコットランド最北の鉄器時代の砦，「ベン・フレイシーデイン砦」(Ben Freiceadain Fort) [21] がある。その規模の壮大さから推して，この砦も南のセルゴヴァ族の「エイルドン・ヒル北岳」の居留地やヴォタディニ族の「トラプレイン・ロウ砦」などと同様に，ここに居留した「コルナヴィ族」の本拠地兼首都 (oppidum) であったと思われる砦である。

　サーソウから西へ 23 マイル，「ベティ・ヒル」(Betty Hill) から 2.5 マイル，ストラスネイヴァ (Strathnaver) のネイヴァ川 (the River Naver) を溯上した所の空き地には，北から南に向かって横たわる，長さ約 70 メートルの新石器時代後期から青銅器時代初期にかけての建立の「コイル・ナ・ボーギイ・ロング・ケアーン」(Coille na Borgie Long Cairn) [22] がある。今は石墳全体がほとんどただの石積みの状態となっているが，その幅が広くて高い北の 2 つの角の突出しの間に長さと幅 3 メートルの通路跡があり，これに 2 メートルの長さで幅 1 メートルの前室が続き，その奥に石板と積み石壁の長さと幅 2.6 メートルと 2 メートルの奥室があるのが辛うじて判別できる。他にも石室跡は見られるが，この石墳の上にも大きな石の「男根像」が立つ。この *Coille na Borgie* というのが「べちゃべちゃ喋る女がいる森」という意味であるように，この施設は昔は森の中にあったことを意味している。

　このストラスネイヴァ川 (the River Strathnaver) の川沿いは，アップルクロス，ないしはアバークロッサン (Applecross or Abercrossan) のアイリッ

9. ロス地区とサザランド，ケイスネス地区

シュ・ピクト教会の「聖マルイ」または「聖マエルー」(St Ma-Ruibhe, or Maelrubha, 642-722) の布教地で，この辺りにある湖沼は昔の人がその周りを右周りに3回めぐり，地母神に供え物を寄進して厄払いをしたり，そこで沐浴して病気の平癒を祈願したという，前ドゥルイド時代の泉水信仰の伝承が数多く残る所である。このストラスネイヴァ川をさらに溯ると，「スケイル」(Skail) という所がある。ここはこの聖マルイが722年に北欧海賊の襲撃によって殺害され殉教者となった所である。海賊たちは「聖マルイ」の死体を森の中に投げ捨て，教会のホールの中で祝いの宴を催したと言われ，「祝宴」(bowl) を意味する古代ノース語の (ON) *skâl* がこの地名となったと言われる。しかし，この北欧語に由来する Skail という地名は英語の *bowl*「椀」を意味し，北欧人たちが「窪地」に与えた地名で，オークニイ諸島の本島の「リング・オヴ・ブロッドガー」(Ring of Brodgar) の西にもこの地名があり，「ロッホ・オヴ・スケイル」(Loch of Skail) などにその名が残っているが，ここでの Skail は隠喩的に使用された海賊たちがはった「祝宴」の意味であるのかもしれない。

ティ・ヒルの北0.5マイルの「ファー教区教会」(Farr Parish Church) の墓地の中には北部ピクト族の第2型の表象石「ファー・クロス・スラブ」(Farr Cross Slab) [23] がある。ピクト人が片面だけに彫り物を残した石で，風化しているが，高さ2.3メートル，台座がなく基底部がそのまま土に埋れて立っている。頭部に鍵と糸編み模様の丸い光輪をもった十字架，その中心に渦線模様の丸い突起，柄の左右に縺れた蛇のような糸編み模様があり，この柄は下部の精緻を凝らした伏せた半円の図案の彫り物の上に彫られ，その基底部近くに1対の首を交差する鳥の図案が彫られている。また，この教区教会に付属する小さな博物館の中にはこのストラスネイヴァの小村チーラミイ (Chealamy) で出土した青銅器時代の壺の展示がある。

このベティ・ヒルからさらに西進すると，トングの瀬戸「カイル・オヴ・トング」(Kyle of Tongue) があるが，この入り江の奥の小高い丘の上には，今から2,000年から2,500年ほど前に，初期のピクト族によって建てられ，風化によって本来の規模の半分ほどになった「ダン・ナ・モイ」(Dun na Maigh) [24] というブロッホ (broch) がある。

この「ブロッホ」というのは，すでに何度か触れているが，鉄器時代の紀元前600年頃に黒海沿岸のシシア辺りからアイルランドに入り，時のレ

第 2 部　古代遺跡を訪ねて

インスターの王レイン ((Q) *Laighean* spear) に戦いに勝つ魔術などを伝授したあと，紀元前 300 年頃スコットランド北部，西方諸島，オークニイ，シェトランド諸島に定住したと言われるピクト人の末裔たちによって建てられた 1 種の防護砦で，海賊たちの人さらいから人々を守ったという，多く内海の海岸や湖沼地区の岩盤の上に建てられた円筒形の石積みの構造物で，その平均的な規模構造は，基底部が上部よりもやや大きく，通常出入り口が 1 つ，高さが約 10 メートル，外側の直径約 20 メートル，その内部の内庭の広さは直径が 10 メートル，そこには泥炭や焚き火をたく炉床，中には地下室があって，井戸と食料品の貯蔵庫があるものもあり，この内庭を取り巻く周囲の壁は厚さ約 5 メートル，中に 2 階ないし 3 階に通ずる通路と石室の桟敷を内蔵し，極寒の冬季でも多量の泥炭でこの内壁を温めれば，そこでの生活も，また少々の包囲作戦の籠城にも耐えられるという施設のことである。これに類似する，通常，内部に石室をもたず，周囲の壁の中に通路のみを回した，高さが 3 メートルほどの構築物が「回廊つきの城塞」(galleried dun) であるが，これについては，鉄器時代人が建てたものか，ピクト人が建てたものかを決定づける資料はない。

　[11] このブロッホは今は廃墟か跡地になっているものがほとんどであるが，**図 27** に示すように，かつてはオークニイ諸島と，シェトランド諸島に 145，ケイスネスに 150，サザランドに 67，マレイ地区とロス地区に 10，かつてのインヴァネスシャー (Invernessshire) に 6，西方諸島のルイス島 (the Isle of Lewis) に 28，ハリス (Harris) に 10，スカイ島 (the Isle of Skye) に 30 が点在したと言われる。そして，この数字は，ピクト族が肥大化して，本土に進出した後，南進を始めるまでの彼らの分布の状況を如実に表わしているように思われるが，ピクト人の初期の定住地は北部に比較的に多く，南に行くほどにその数を減らしている。

　このカイル・オヴ・トングから A836 を南下して，既述のラーグに出て，A839 に入り，西進してダウン (Doune) で A837 に入り，オイケル川に沿って西進し，レッドモア (Redmore) で A835 に入って南下すると，ルイス島のストーノウェイ (Stornoway) と本土を結ぶカー・フェリイの発着港「オーラフの入江」(Olaf's Pool) を意味する「ウラプール」(Ullapool) に着くが，このウラプールが面する「ロッホ・ブルーム」(Loch Broom) の南西対岸の尾根

9. ロス地区とサザランド，ケイスネス地区

図 27 スコットランドのブロッホ分布図

第 2 部　古代遺跡を訪ねて

の上にも鉄器時代の砦と同居するブロッホがある。おそらくは「ロッホ・ブルームの鳶族」のブロッホ,「ダン・ラガイ砦」(Dun Lagaidh Fort) である。今は瓦礫に近い状態にあるが,その本来の規模,構造は通常のものと同様と思われるブロッホである。尾根の最も高い所北と南が険しい絶壁状を呈し,東の端に周囲に石の堆積を残して城塞の残骸がある。ブロッホは尾根の西の端にあり,紀元前 700 年代の建立,100 メートル×36 メートルの厚さ 3.5 メートルの焼けただれた土塁の中にある。ブロッホの中には壊れた井戸と水盤が残されている。

　このウラプールから南下して,A832 に入り,「嵐の野原」を意味するアーハナシーン (Achanasheen, the field of storm)」から北西に入ると,聖マルイの名に因む「ロッホ・マリイ」(Loch Maree) がある。彼が庵をもったこの湖の中の「マルイ島」(Eillean Ma-Ruibhe) [25] で,前ドゥルイド時代の地母神信仰に発する「泉水信仰」,彼が開祖の薬効の井戸で精神障害者治療を主宰した。治療法は患者の手足を縛り,小島の周りを右周りに 3 回巡る小舟に乗せ,各周ごとに患者を湖中に投げ込み,水中に押し込むのを仕来たりとし,この手荒い洗礼に耐えたもののみが母なる「聖泉」の水を飲むことを許される。そして効果があった場合には近くの父なる神を象徴する「聖木」に銀貨か釘を打ち付けるのを習いとした。この行事は以後,19 世紀末頃まで存続し,精神障害者治療のメッカとして多くの人を集めたが,聖泉はある男がその中で気狂い犬を洗ったことが原因で不人気となり,聖木は長い間打ち込まれた銀貨や釘のために,第 2 次大戦 (World War II) 中に枯死し,ついに行事の施設としてはその姿を消した。

　しかし,また,この小島はドゥルイドの「雄牛の生け贄の儀式」の場としても有名な所である。鉄器時代に後に「イベリア系ケルト族」(the Iberian Celts) となるゴール族 (the Gaul) の一派が流入したスペインで今もなお永々として存続している闘牛士の「雄牛の生け贄の儀式」も何か (?) 意味があることと思えるが,ローマの博物学者プリニウス (Plinius, Secundus Gaius, the Elder, 23-79) は,次のように記している。

　　　[12]《この儀式はまれにしか見られるものではないが,その決定はオークの木の上についている宿り木の成長を見て決められ,選ばれる日は

9. ロス地区とサザランド,ケイスネス地区

月の6日の日,2匹の白い雄牛がその宴のために用意される。白装束のドゥルイド僧が例の木の上にのぼり,金の鎌で宿り木のついた枝を切り落とす。この枝は下で待ち受けているドゥルイド僧の白い外套の中に受け止められる。ここで2匹の牛が生け贄となるが,裸足でしかも白い外套の左の袖に右手を通して,鉄の鎌を使わずに,その木の苔をむしり取るというこの儀式は,地域集団全体の儀式というよりはむしろ個人のための占いを行なっているように思える。》

彼は「雄牛の生け贄」とは何かについては具体的に言及していないが,[13] おそらく「ペルシャ神話」(Persian mythology) の中で,動物,植物の豊穣を意図して,ミスラス神 (Mithras) が行なった,その生殖機能の中にすべての動物の種,55の穀物の種,12の薬草の種を秘めると信じられていた,太陽が育てた動物の中の5番目の創造物,原始の牛「ゲウシュ・アーバン」(Geush Urvan) の血の放出に似た故事であるように思われる。大陸ではドゥルイド教の儀式 (Druidism) はカエサルの時代に姿を消す。しかし,ブリテン島や周囲の島嶼では18世紀の終り頃まで,アイルランドでは17世紀の終り頃まで,この種の儀式は残される。[14] ダブリンの北西,聖コロンバの時代にドゥルイドの聖地であった「ターラの丘」(Hill of Tara) では,牛肉や濃縮した肉汁を腹一杯詰め込み,意識を失ったドゥルイド僧が呪文で目を覚まし,次期の正当な王を指でさして決めたという儀式もあったと『コロンバ』(Columba) の著者イアン・フィンレイは言う。

月が上弦になる月齢6日の日というのはドゥルイドたちにとっては大切な日であったようである。ドゥルイド暦の第4月の「ハンノキ月」(Fearn, Alder, 3/19-4/15) の6日目は,今の太陽暦の「春分」「針エニシダの日」の直後で,ドゥルイドたちが春の到来,復活を祝った日である。これが後の初期のキリスト教徒たちによって「太陽」または「キリスト」の「復活」を祝う「復活祭」(Easter) に置き換えられる。

この「ロッホ・マリイ」(Loch Maree) からA832を南下して「アーハナシーン (Achnasheen) を右折,A890に入り,既述の「邪悪な黒の女神」の住処「ロッホ・スキャバン」を通り越して,カイル・オヴ・ロハルシュ (Kyle of Lochalsh) の東でA87に入り,「ロッホ・デュイッヒ」(Loch Duich) に出ると,

第 2 部　古代遺跡を訪ねて

　ドニイ (Dornie) の南に，封建制氏族社会の 13 世紀頃より，ロスの伯爵家マッケンジイ家 (the Mackenzies) が居留した，堅牢な城塞が立つアイリーン・ドナン (Eilean Dhonnain) という小島があるが，この小島は「キャンディッダ・カーサ」(Candida Casa) の聖ニニアンの弟子，聖ドナン (St Donan, or Donnan, d.618) が，7 世紀の初頭，庵を建て，このロス地区への布教の根拠地とした島である [26]。[15] しかし，この聖ドナンは 618 年 4 月 16 日「復活祭」のミサの終了直後，インナー・ヘブリディーズのエィッグ島 (the Isle of Eigg) のエィッグ・キルドナン (Eigg Kildonnan) で弟子たち 52 名とともに惨殺されて果てる。北欧海賊の侵攻期のはしり，海賊たちの手によって惨殺されたとも，また，この島の羊の女性所有者の命令による惨殺とも言われている。

　このロッホ・デュイッヒの南東端，シエール・ブリッヂ (Shiel Bridge) から山道に入り辿り着く「アイルランドの谷間」を意味する「グレンエルグ」(Glenelg) には 2 つの保存状態の良い「ブロッホ」が残される。その 1 つ「ダン・テルヴ・ブロッホ」(Dun Telve Broch) [27] は，紀元前 1 世紀頃に建てられたブロッホで，グレンエルグ川 (the River Glenelg) の川床の上の岩盤の上にある。その石壁は上に行くに従いその外径が狭まって行くが，基底部の外径は約 18 メートル，高さが 10 メートル。内庭は厚さ 4 メートルの壁の内側にあり，直径約 10 メートル。南に出入り口，石壁の中，その左側に三日月型の小室，これに接して上の桟敷に通ずる階段があり，その幅は約 1 メートル。ブロッホの最上部には屋根を支えた「持ち出し」がある。内庭には屋根を支えた杭，炉床の跡があり，ブロッホの外側には石の保塁跡が残されている。近くの「ダン・トロッダン・ブロッホ」(Dun Troddan Broch) も同規模，同構造の「ブロッホ」で，螺旋の階段 [28] がある。

　この 2 つのブロッホがある山道は行き止まりの道で，他に抜ける道がないため，帰途はこの道の始点シエール・ブリッヂに戻らねばならないが，このシエール・ブリッヂから眺める「ファイヴ・シスターズ」(Five Sisters) [29] は，晴れた日ならば最高に美しい。キンテイル・フォレスト (Kintail Forest) の彼方の中空に，いつもどれかが霧の中に隠れていて，5 体の女神にたとえられている 5 の山が揃って姿を現わすのは珍しいと言われる，海抜 1,000 メートル台の神々しい山々である。

１０．インナー/アウター・ヘブリディーズ諸島

　これらの島嶼は別名「西方諸島」(the Western Islands) と呼ばれている島嶼であるが，暗黒時代の北欧海賊の活躍期には，前述のケイスネス，サザランドとロス地区の海岸地帯，後述のオークニイ諸島，シェトランド諸島と同様に，その大部分がノルウェイ領で，その伯爵たちが所領とし，いわゆる「ヴァイキング」(Viking「北欧海賊たち」) の居留地であった所であるが，[1] その「ヴァイキング」の侵攻期の終り頃の 1262 年，この西方諸島を痛く所望であったアレキザンダー三世 (Alexander III, 1249-90) がスカイ島 (the Isle of Skye) に出兵，ここを前線基地としてこの西方諸島を得ようとしたのが発端で，ノルウェイとの戦争が始まる。ノルウェイのハーコン四世 (Haakon IV, 1213-67) は，国力が大分衰退気味ではあったが，国威にかけて 200 隻の船団と 15,000 の兵員をオークニイ諸島から回航，西方諸島の島嶼を検分しながら 1263 年 9 月，その大船団をファース・オヴ・クライド (Firth of Clyde) 沖に集結，グラスゴウの西，ラーグズ (Largs) 辺りからスコットランド本土に攻め入ろうとした「ラーグズの戦い」(the Battle of Largs) を意図したが，日本の「元寇」の例に似て，ハリケーンの助力があってノルウェイの船団は散りじりとなり大敗する。

　アレキザンダーはハーコンを臣下の列におき，戦いの終結条件を摸索したが，ハーコンは同年 12 月に死去，その子マグナス六世 (Magnus VI, 1263-80) の治世下の 1266 年，ノルウェイの最高の実力者で，マン島の支配者マグナス (Magnus, King of the Isle of Man) の死によって，敗戦による譲渡の条件，その代償 4,000 マルク，年間の租借料 100 マルクという終結宣言「パース条約」(the Treaty of Perth) が整う。そして，その発効をもってこれらの島嶼はスコットランド領になることになった。

　[2] アレキザンダー三世は，このマグナス六世とは以後は良好な関係にあり，1282 年には，彼の娘スコットランドの「マーガレット」(Margaret of Scotland, d.1283) をマグナスの子，エリック二世・マグナススン (Eric II,

第 2 部　古代遺跡を訪ねて

Magunusson, 1280-90) に嫁がせ, 1286 年, 男子の後継者がいなかったアレキザンダーの死に際し, 名目上のスコットランドの女王となる, エリックとマーガレットの子「ノルウェイのマーガレット」(Margaret of Norway, 1283-1290) を得るが, このマーガレットは 1287 年, 4 歳の時, イングランドのエドワード一世 (Edward I, 1272-1307) の子, エドワード二世 (Edward II, 1307-27) と婚約, それから 3 年を経て, 齢 7 歳の時, 海路でイングランドに向う途中, 当時いまだノルウェイ領であったオークニイ諸島の某所で不可思議な死を遂げる。そして, このことが例のマーガレットの後継者選び, エドワード一世の権変の謀略も絡んだ, 例のイングランドとの戦いに発展する。また, アレキザンダー三世の娘マーガレットは, 1283 年, マーガレットを出産後他界し, エリックは 1293 年, 後のスコットランド王, デイヴィッド一世 (David I Mac Malcolm III, 1124-53) の孫, アレキザンダー三世の王位継承者 13 人を輩出するハンティングドンの伯爵 (Mormaer of Huntingdon), デイヴィッド (David) に繋がる, ロバート・ザ・ブルス (Robert the Bruce I, 1306-29) の妹, イザベラ (Isabella) と結婚する。

　アレキザンダー三世の治世下にスコットランドに編入された「西方諸島」の島嶼は, 名もない小さな島々を入れればその数は数百, これらの島々への往来はさまざまな交通手段によるが, 古来よりその広大な領域はほぼ人跡未踏に近く, わずかに人が手を触れたところが放牧地, 農地, 集落などとなっていて, 今でも工場の類は皆無, どの島に行っても空気はきれいで, 晴れた夜空には満天の星が見られる長閑な島嶼であるが, これらの島々には中石器時代や新石器時代, 青銅器時代の古代人たちが集落を形成したところ, 彼らが生活の跡を残したところは存外少なくもなく, 中石器時代の貝塚, 新石器時代の石室墳などを始めとして, 青銅器時代の環状列石, ストーン・サークル, 鉄器時代の砦, ピクト人が残したブロッホや表象石, ドゥルイドの遺跡などが盛り沢山に残されている。また, 使用される言語も多様で, 今でも所によってはガーリックか, ガーリック混じりの英語, 北欧海賊の定住地ルイス島 (the Isle of Lewis) やその南のハリス地区 (Harris) などでは, ノース語混じりの英語が使われる。

　ナップデール (Knapdale) とキンタイアーの接点, ウェスト・ロッホ・ターバート (West Loch Tarbert) からカー・フェリィで渡るアイラ島 (the Isle of

260

１０．インナー／アウター・ヘブリディーズ諸島

Islay) のほぼ中央部，ブリッヂエンド (Bridgend) の南東 0.5 マイル，孤立した台形の丘の上には，その構えの荘重さから見て，明らかに鉄器時代のものと見られる砦がある。ここは今は頭部に大きな黒の斑があるのが特徴のスコットランド羊の住家となってはいるが，それは，頂上の 25 メートル× 15 メートルの空間を高さと厚さ約 2 メートルの石の「ひめがき」で囲み，その下のより広い段丘に出入り口を南側に拵え，この頂上部の区域を取り囲むように，幅約 10 メートルの「ひめがき」つきの回廊を巡らし，さらにこの段丘の下，南側に 75 メートル× 25 メートルほどの長方形の空間を配した「ダン・ノーズブリッヂ砦」(Dun Nosebridge Fort) [1] である。

また，このアイラ島の北西端，「青い黒の女神の住処」を意味する「ロッホ・ゴーム」(Loch Gorm) の北，バリナビィ (Ballinaby) には，おそらく青銅器時代の天体観測の遺跡，多くの石が「牛の囲い地」の石垣となって消え，今は南北に約 200 メートル離れて立つ 2 本の立石のみとなった「バリナビィ立石群」(Ballinaby Standing Stones) [2] がある。南の石は高さが約 5 メートルで，「バリナビィ農場」(Ballinaby Farm) の「牛の囲い地」の中に立ち，他の 1 本は高さ 2 メートルで，北の小高い丘の麓に立つ。

また，ここからロッホ・ゴーム (Loch Gorm) を左手に眺めながら，南下して，B8018 の終点，キルコーマン (Kilchoman) には，初期キリスト教聖者コロンバと同時代人，アダムナン (Adamnan, 624-704) の『聖コロンバの生涯』(*Life of Columba or Vita Sancti Columbae*) の中にもその名が見られる，「聖コーマン」(St Comman) の布教地跡が残される。そこには後の世に建て替えられた教会と彼に献じられた，腕と柄の交差する光輪の部分に精細な彫りでキリストの磔刑の図が彫られた十字架 [3] が残されている。聖コロンバのアイオナの僧院の正面入り口右側に建てられている「聖マルタの十字架」(the Cross of St Martin) に酷似した十字架である。

また，その南，ロッホ・インダール (Loch Indaal) を東に臨む，ポート・シャーロッテ (Port Charlotte) から西に入ったキルキアラン (Kilchiaran) には，6 世紀前半，この西方諸島を布教してまわった「聖キアラン」(St Ciaran of Cluain Mac Nois, d.549) の名に因む礼拝堂 [4] 跡が残される。

このアイラ島の真北に浮かぶ小島，干潮の時には北の「コロンゼイ島」(Colonsay <Colum (ba) < (Q) *Colm's* + (ON) *-ay* isle or islet) と陸続きになる，聖

第 2 部　古代遺跡を訪ねて

オランの島「オロンゼイ島」(Oronsay < Oran< (Q) *Odhran's* + (ON) *-ay* isle or islet) には，氷河期の平均海面の落下後，ここに流れ着いた中石器時代人たちが残した，直径約 25 メートル，高さ 2.5 メートルほどの「貝塚」ないし「ノック・スリギーハ」(*Cnoc Sligeach*, Mound of shells) [5] がある。この島にはこの手の貝塚がいくつもあるが，いずれも中石器時代のもので，石槌，端が尖った石のナイフ，角や骨で作った鉤や錐，もりの頭部，魚の骨で作った針などの什器類が出土している。スコットランドに移住した最古の人類の記念物である。

干潮時にこのコロンゼイ島とオロンゼイ島とを結ぶ海の中の「土手道」の発着点，コロンゼイ島の，B869 の終点に近い尾根の岩場の上には 3 メートルの厚さ，1 メートルの高さの堡塁が出入り口を北東として，直径 7.5 メートルの頂上区域を囲む，信号所と見られる小さな鉄器時代の「ダン・コーラ砦」(Dun Chola) [6] が残されている。

このコロンゼイ島は今は野鳥の宝庫。この島に入るのには週に 3 度オーバン (Oban) とこの島の間を往復するカー・フェリィで入るが，ここを訪れる人はレジャーを楽しむ人たち以外は，バード・ウォッチャーか鳥類学者が主というのどかな島で，島の戸数が 100 以下という過疎の村であるため，いまだに浄水設備が完備していない。したがってこの島のホテルの飲料水は井戸水であるが，「バス・ルーム」の水は近くの小川の水で，水道からは泥炭かすが混じった水が出てくる。

このコロンゼイ島には，まずカー・フェリィの発着所「スカラセイグ」(Scalasaig) の近く，B870 沿いにあるホテルの裏山の上に，既述の「ケアーンホリィ石室墳」(2) に類似した新石器時代の終りの頃の名もない石室墳 [7] が残されている。かなりの広さの台地の上に深さ約 1 メートル，1,5 メートル×1 メートルの石室が地上に露出し，その羨道出口に青銅器時代人が付加したと思われる，1 本は 2 メートル，1 本は折れて 1 メートルほどになった 2 本のメンヒル (menhir) が並んで立つ施設である。

また，このコロンゼイ島は，563 年に聖コロンバが 12 人の弟子たちとともにアイルランドからアイオナ島 (the Isle of Iona) に向う途中，上陸した島で，その逗留期間がいかほどのものであったかについては明確な記録が残ってはいないが，この島の中央部にあるもう 1 つ別のホテル「コロン

10. インナー/アウター・ヘブリディーズ諸島

ゼイ・ハウス」(Colonsay House) は，聖コロンバの弟子の1人，聖オラン (St Oran or Odhran) が庵を開いた所で，その庭先には「聖オランの十字架」(St Oran's Cross) [8] とホテルの納屋近くに「聖オランの井戸」(St Oran's Well)，彼に献じられた「僧形の十字架」(priest-shaped cross) などが残されている。

また，この島の最西端のローアー・キルハタン (Lower Kilchattan) には，今は北と南に約15メートル離れて立つ，高さ3.5メートルと2.5メートルの2本の立石からなる青銅器時代の天体観測の場と見られる「フィンガルの笠貝の槌」(Fingall's Limpet Hammers) [9] と呼ばれる立石群が残されている。

オーバンの北東の細長い島「リズモア」(the Isle of Lismore) は，北欧海賊の活躍期にも彼らの侵攻を受けなかった島であるが，ここは既述のように，6世紀の中頃に活躍したアイリッシュ・ピクトの布教者，「百の僧院」(Hundred Monasteries) の渾名があった「聖モルアグ」(St Moluag) が布教の本拠地とした島で，「ポート・モルアグ」(Port Moluag) の西0.3マイル，B8045の道路わきに石の十字架が立つところが，「リズモア」(Lismore < (P) *Lios + mor* the big enclosure with a circular rampart「円形の保塁のある大砦」) の跡地で，この島の名祖である。

また，オーバン (Oban) からカー・フェリィで渡るマル島 (the Isle of Mull) には数多くの青銅器時代の祭祀や天体観測の施設が残されている。その発着港「クレイグニュアー」(Craignure) からA849を南下し，途中ストラスコイル (Strathcoil) から3マイル山道を南西に入った，「大波の黒の女神の住処」を意味する「ロッホ・ウイスグ」(Loch Uisge) の西にある「ロッホブイ・ストーン・サークル」(Lochbuie Stone Circle) はその1つ。紀元前2000年頃に立てられた施設で，高さ平均1.8メートルの，上述の「フィンガルの笠貝の槌」と同じように苔にまみれた，9本の立石が直径約13メートルのストーン・サークルを形成している。

また，この島の最北端，A849が途中でつながるA848の終点，トバーモリィ (Tobermory) の西約1マイルの高台の上には，前ドゥルイド時代に始まる例の地母神信仰の井戸で，有名な願掛け井戸「トバー・モリィ」(Tobar Mhoire) がある。これは「聖母マリアの井戸」(the Well of Virgin Mary) の意

第 2 部　古代遺跡を訪ねて

味で，この町の名祖であるが，独身の女性に人気があり，子宝が欲しい女性たちが詣でる有名な井戸である。

　スコットランドはいまだに氏族制度 (clanship) が色濃く残る国であるが，問題が個人のことになると，夫婦の間でも平等意識が強いところで，失業などが原因で長い間の 1 対 1 の家庭経営の原則が破綻するような事態が起こると，即離婚という国である。このためか，既婚者の離婚率は 75%，4 人に 3 人が離婚の経験者という国である。こうした煩わしい現実を毛嫌いして，独身主義を選ぶ男女もかなり多いのも事実であるが，離婚している女性，再婚を望んでいる女性，再婚した女性など，人には皆それなりに深刻な願望があるはずであり，それに「マリア様」(St Mary) の「秘技」に預かりたいと念ずる子宝に恵まれない女性たちも多いと思われる。この「トバー・モリイ」(Tobar Mhoire) はこうした女性たちのための「願掛けの井戸」(wishing well) として太古の昔から名声を得ている井戸である。

　この A848 から A849 に入り，その西の終点からカー・フェリィで渡るマル島の南西端の「アイオナ島」(the Isle of Iona) には，後に聖ベネディクト会派の修道院の本山 (Benedictine Cathedral)，アイオナ島大修道院 (the Abbey of the Isle of Iona) となるいわゆる「アイオナの僧院」(Icolmkil) 跡があるが，[3] ここはいまだに人々が祈りの場，教会は異教とキリスト教の 2 つの世界からなるのが望ましいと考えていた，「ドゥルイディズム」(Druidism) が力を失っていなかった時代の，初期のキリスト教年代の布教者，聖コロンバ (St Columba) が 12 人の弟子たちとともに 563 年にアイルランドから，途中既述のコロンゼイ島を経由して渡来，スコットランドへの「ケルト教会」(the Celtic Church) の布教の根拠地とした所である。

　彼らは南北が 150 メートル，東西が 300 メートルの保塁と壕をその周囲に巡らせ，そのほぼ南と東の中間点に今ある修道院の前身，最初期の僧院と，「僧院長の塚」(Torr Abb) の上にコロンバの庵を建てた [10]。しかし，8 世紀末頃から 1266 年，既述の「パース条約」の発効をもって，西方諸島がノルウェイより割譲される頃までは，ノルウェイ人海賊やデーン人海賊の手ひどい蹂躙を受け，多くの殉教者を出した。現在ダブリン (Dublin) の「トリニティ・カレッジ」(Trinity College) にある，4 福音書の古写本『ケルズ本』(The Book of Kells) はこの受難期以前に聖コロンバの手によってここで

１０．インナー/アウター・ヘブリディーズ諸島

完成，829年に僧院長であったディアミット (Diamit) の手によって，ダブリンの北西40マイルの「ケルズ」(Kells < (Q) *cealla, cill* の複数形，churches) に移された福音書である。

また，現在のこの僧院の入り口の前に，向かって右に「聖マルタの十字架」(the Cross of St Martin) [11]，左に「聖ヨハネの十字架」(the Cross of St John) [12] が立っているが，その表側中央に聖母マリアとキリスト像，ライオンの巣窟の中の「ダニエルの像」と竪琴を奏でる「デイヴィッド像」を彫った800年頃の「聖マルタの十字架」も829年にディアミットによってケルズに移された十字架である。正面に向かって左側の柄，腕全体が，いぼ状の飾りを主体とした「聖ヨハネの十字架」は，光輪と十字の部分が大きいために，立てられてから何度となく強風で倒され，現在あるものは土台に鉄骨が入った精巧な複製と言われるが，最初期のものは800年代初期のものとされる。

僧院は何度となく修理改構築が繰り返され，1151年にはその最後の古い僧院が撤去され，新しい僧院の建築が始まったが，1203年には宗会派が「ベネディクト会派」(the Order of Benedictines) に代わり，西方諸島の領主レジナルド (Reginald, Lord of the Isles) の好意によってこの島が僧院に寄贈されたのを機に，僧院の建設は修道院として，今その跡地がカー・フェリィの発着所近くに残る女子修道院 [13] とともに進められ，ほぼ1世紀の歳月を費やしてその完成を見ることになるが，1560年，スコットランド議会の決定により，これらの旧教系の修道院は閉鎖されることになる。この際には石の十字架，彫刻石など多くの貴重な聖遺物が破壊され，海に捨てられたと言われる。今ある建物 [14,15] は，1899年，時のアーガイル公，ジョージ・ダグラス (Douglas, George, Duke of Argyle,1823-1900) が僧院を「スコットランド教会」(the Church of Scotland) に寄贈し，1910年に始まった再建により完成を見た最新の姿である。

この僧院の横にある「聖オランの霊廟」(Relig Odhran) [16] は，マルコム三世の2度目の妃「聖マーガレット」(St Margaret, d.1093) がその再建に力を貸したという霊廟で，中にはその横の墓地に眠る比較的初期のスコット族の王族たちに献じられた，西方諸島特有とされる，「ケルト結び」(Celtic knots) と呼ばれる動物や植物を組紐模様や渦巻き模様で表わした図案など

第 2 部　古代遺跡を訪ねて

がある石棺の笠石 [17] や遺品等々が収蔵されている。また，墓地にはガラン・マック・ドモンガート (Gabhran Mac Domongart, 538-60)，ダンカン一世 (Duncan I Mac Crinan,1034-40)，マクベス (Macbeth, 1040-57) などを含む 48 体のスコットランドの王，王族，2 体のアイルランド王，8 体のノルウェイの王族たちが埋葬されている。

　1066 年の「ノルマン・コンクェスト」(the Norman Conquest) を逃れて，スコットランド入りしてマルコムの妃となったサクスン人「聖マーガレット」(St Margaret, d.1093) は，時に氏族制の王朝として発足したこの「キャンモア王朝」(the Canmore Dynasty) にとっては迷惑な王妃であったと言われる。彼女はこの王朝のサクスン化を考え，多くのケルト人の高官を宮廷から追放し，公用語のケルト語を廃して「英語」とし，ケルト教会の教会活動を封じて，「スコットランド教会」(the Church of Scotland) を完全に「ローマ教会」に転向するなどケルト王朝からケルト色を払拭しようと計った王妃であると言われる。

　この島の北東，スタッファ島 (the Isle of Staffa) には，奥行き 69 メートル，高さ 20 メートル，入り口の幅 12 メートルの玄武岩の洞窟，ガーリックでは「美しい旋律の洞窟」(An Uamh Bhinn) [18]，一般的には，西方諸島から海賊たちの襲撃を封ずるために，ここをその本拠として活躍した英雄「フィン・マック・クムハル」(Fionn Mac Cumhal) 一族が，蘇生の日を待ちわびながら眠っている地下の国と信じられている「フィンガルの洞窟」(Fingall's Cave) である。この洞窟はまた，ドイツの若き作曲家メンデルスゾーン (Mendelssohn, 1809-47) が 1829 年，ヘブリディーズ諸島を旅行した際ここを訪れ，その洞窟の中で反響する波の美しい旋律に心を奪われ，それを素材としてその翌年の 1830 年に『ヘブリデス序曲』(Hebrides Overture)，または『フィンガルの洞窟序曲』(Fingall's Cave Overture) の完成を見たという洞窟でもあるが，彼の言う洞窟の中で反響していたその美しい波の旋律というのには，そこに棲息していた「ハギス」(haggis) の賑々しい鳴き声も含まれていたはずという指摘もある。が，西方諸島では海に向かって開いている洞窟の多くは，昔から，[4] アザラシに似た水陸両棲動物で，「ハギス鳥」(haggis bird) と共生し，7 年毎に性転換を繰り返すという「ハギス」の棲息しているのが常であるからである。

１０．インナー／アウター・ヘブリディーズ諸島

　この島の西にはピクトの族の祖，アイルランドの北部ブリトン族 (the Cruithnii) が3世紀頃にオークニイ諸島に向かう際，船出の拠点としたというタイリイ島 (the Isle of Tiree) がある。ここのカー・フェリイの発着所「スカリニッシュ」(Scarinish) から北に約2.5マイル，ヴァウル湾 (Vaul Bay) の海辺の岩盤の上には，鉄器時代人が建てたものか，当のこのピクト人たちが建てたものかは定かではないが，極寒の冬季でも豊富に泥炭などがあって，内側の石壁を加熱することが可能であれば，決してその冷たい石壁の中での生活も，また包囲作戦の籠城にも耐えることも不可能ではないとされるブロッホがある。本来の高さ8メートル，現在の高さは，上部がなくなったため，3メートル，その基底部の外径約14メートル，4.5メートルの厚さの壁の内側の内庭は直径9メートル，壁の中には通常の通路と小室があり，主要な出入り口を海辺寄りの北西側とし，その出入り口に直径約2メートルの守衛室と上部に通ずる石の階段の昇降口，内庭から壁の中の通路に通ずる出入り口を南東側とする，紀元前4世紀頃の「ダン・モア・ブロッホ」(Dun Mor Broch) [19] である。

　スカイ島に入るのには，本土側から新たに完成した有料の高架橋を渡るか，ないしはカー・フェリイで100メートルほどの瀬戸，カイル・オヴ・ロハルシュ (Kyle of Lochalsh) を対岸のカイルアーキン (Kyleakin) の丘の上の，今は廃墟となった中世の城塞 [20] を眺めながら渡るかして入るが，スコットランドの景勝地，このスカイ島 (the Isle of Skye) にも新石器時代を始めとする各年代の移住民たちが残した遺跡は少なくはない。

　この島の南西端の「キリン・ヒルズ」(Cuillin Hills) の南西，ロッホ・ブリトル (Loch Brittle) の湖頭の「聖ドナンの岬」(*Rudh 'an Dunain*) の突端には，スペイン辺りに類例が多く見られるという「ヘブリディーズ群」(the Hebrides Group) (**図1**) と呼ばれる新石器時代の石室墳が残されている。直径20メートル，高さ3メートル，既述のウィック (Wick) の近くの「カムスター円錐墳」のそれと同様に，通路の出入り口は狭くて低く，南東を向き，その長さ約3メートル，それが凹型の前庭から2つの前室を経て，今は屋根がなくなっている直径3メートルほどの，大きな石板を壁に使った円形の石室に通じている。それは，紀元前3000年頃の石室墳で，長い間，西から吹く潮風と風雨に曝されて，今は絵にもならないほどに荒廃してい

第 2 部　古代遺跡を訪ねて

る「ルゥ・アン・ドネイン石室墳」(Rudh 'an Dunain Chambered Cairn) である。

　A863 沿いのブラッカデイル (Bracadale) の西の小高い丘の上には，紀元前の鉄器時代に建てられた，「小砦」を意味する「ダン・ビーグ砦」(Dun Beag) という「回廊つきの城塞」(galleried dun) [21] がある。外径が約 20 メートル, 高さ 3 メートル, 幅 4.5 メートルの石壁の内側に出入り口を東として, 内径 11 メートルの内庭がある。この出入り口の右側に直径 2 メートルの小室があり, その反対側には上の回廊に通ずる石段の出入り口がある [22]。内庭の北西部には長さ 13 メートル, 幅 1.6 メートルの三日月型の小室に通ずる通路口がある。

　また, この砦の西, ウリニッシュ・ロッヂ (Ullinish Lodge) の近くには, 5 メートル×2.7 メートルの楕円の石室の壁面を形成していたと見られる露出した約 1 メートルの高さの 8 本の石を残す, 直径 23 メートルの石室墳の残骸がある。

　また, ポートリイ (Portree) の北西 5 マイル, トウト (Tote) には, ここを北に向かって走る B8036 の道路わきに, 高さ 1.3 メートル, 幅 0.5 メートルほどの青銅器時代の立石の上部に, V 字記号の切り込みがある 2 つの王冠マーク, その下の方の王冠には縦に線でつながった 2 つの逆 Z 文字記号のついた大鍋の図案が重なり, 下部に鏡と櫛の彫り物がある第 1 型の「クラッハ・アード・ピクト表象石」(Clach Ard Pictish Symbol Stone) [23] が立っている。

　このスカイ島のポートリイ (Portree) という地名には, 既述のように, 1262 年に, アレキザンダー三世が, いまだノルウェイ領であった西方諸島を得ようとして出兵, ここに船団を集結し, その作戦の本拠としたということで,「王様の港」((Q) port + ri) の名があるという説があるが, 崖の下の港で「坂のある港」((Q) port + ruighe) であるとする説もある。確かに, この港は急勾配の坂が多い港である [24]。

　既述のアイオナ島へのデーン人海賊の襲来のように, このインナー / アウター・ヘブリディーズ諸島は 9 世紀初頭の頃を契機として, 北欧海賊の侵攻が激しくなる。ためにこの年代これらの地区に居留した各氏族はつねに外敵の襲来を意識した生活を余儀なくされ, 大なり小なりの砦の中に起居するのを余儀なくされたが, その祖先にノルウェイ海賊の「ビーガン族」

10. インナー／アウター・ヘブリディーズ諸島

(the Beagan) の血をひく「マックロード一族」(the Macleod) の居城「ダンヴィガン城」(Dunvegan Castle) [25] もこの種の砦の1つである。[5] この城は今は岩の上に建てられ，下の海岸の水辺から見れば岩盤の上に聳える立派な城塞であるが，本来は「フィンガルの洞窟」と同じ様に，昔日の人たちが使用した，海に向って開いた単なる洞窟で，代々の城の持ち主がこの洞窟の岩をくりぬいて，上に通ずる階段をつけ [26]，現在あるような岩盤の上に聳える立派な「城塞」になったと言われ，1773年の初秋にジョンスン博士とボズウェルが訪ねた際には現在ある城の姿になっていたようである。この城には，北欧の儀式と言われ，城の後継者が成人した時には，このマックロード一族歴代の首長の中で最も偉大であったと言われる「ロリイ・モア卿」(Sir Rory Mhor, 1562-1626) の角杯［Rory Mhor's Horn］で3度乾杯して，その晴れ姿を披露する儀式が残されている。

　バーラ島には，グラスゴウからロガン・エアー（株）(Logan Air Co.Ltd.) の小型機で，島の北の端の遠浅の「海中空港」バーラ (Barra) に着くか，オーバンとサウス・ユイスト (South Uist) のロッホボイスデイル (Lochboisdale) を結ぶカー・フェリィで，その発着所，島の最南端のカースルベイ (Castlebay) に着くかして入るが，このカースルベイからA888を北上し，ダンズ (Dunes) から東に農道を1マイル入った所には，「ヘブリディーズ群」の石室墳「ダン・バーパ石室墳」(Dun Bharpa Chambered Cairn) [27] がある。Bharpa とはQ-ケルト語で「石室墳」(chambered cairn) の意味で，石室墳は直径25メートル，高さ3メートルの円錐墳，基底部には所々途切れているが，高さ2メートルの縁石をまわし，出入り口は塞がれているが，東に約2メートル平方の2つの前室の奥に石板で区切られた約2メートル平方の石室が続いている。長さ3メートル，幅1.5メートル，厚さ0.3メートルの平石が1つ，高さ5メートルの石墳の頂上に置かれている。これもまた新石器時代の遺跡である。

　カースルベイとオーバンに連結するカー・フェリィでロッホボイスデイルに着けば，そこはサウス・ユイスト (South Uist < (Q) *Tir a' mhurain* or the land of brentgrass「コマクサの地」) である。そこからA865を北上し，ミンガリィ (Mingary) から農道を南東に約0.5マイル入ると，これもまた新石器時代の「ヘブリディーズ群」の石室墳「レイニーヴァル石室墳」(Reineaval

第 2 部　古代遺跡を訪ねて

Chambered Cairn) [28] がある。直径 23 メートル，高さ 3.5 メートルの円錐墳で，やはり途切れた高さ 1 メートルから 2 メートルの縁石が周囲をとりまいている。石室，それに通ずる羨道ないし出入り口とその向き，前庭の構造規模などは，前述の「ダン・バーパ石室墳」のそれとおおむね同じである。発掘調査終了を意味するのか，この石室墳の上にも平石が 1 つ置かれている。

　このサウス・ユイストの北，ベンベキューラ (Benbecula < (Q) *beinn* hill + *buachaill* herdsman「牧夫の丘」) は水郷地帯で，どの川かは特定できないが，[6] ここには「ガムナ川」(Abhainn Ghamhnach)，ないしは「淡黄色の雌牛の川」(the River of Fallow Cow) という名の川があって，村人たちがその川を渡る時には，ひと握りの草を川の中に投げ入れて，《 *"fodardo'n Ghamhnaich"* (ガムナ (gamhnach) のための「かいば」)というのを常とした》という言い伝えがある。因みに，このインナー / アウター・ヘブリディーズ諸島 (the Inner-Outer Hebrides) は，樹木が少なく，どこへ行ってもその土の色は淡黄色，また本土北東部のオークニイ諸島とシェトランド諸島の土の色は淡い赤色である。

　このベンベキューラの北，ノース・ユイスト (North Uist) のカリニッシュ (Carinish) には，13 世紀の終り頃から 14 世紀の初め頃に，この西方諸島の領主ジョン (John, Lord of the Isles) の妻，アミイ・マックルーリイ (Amie MacRurie) によって建てられた，「前・宗教改革」(Pre-Reformation) 期の「トリニタリアン教会」(*Teampull na Trionaidh*) [29] の残骸が残されている。

　このノース・ユイストに入るのには，スカイ島のウィッグ (Uig < (ON) *vik* bay, creek) か，ルイス島のハリス (Harris) のターバート (Tarbert) に連絡するカー・フェリィで「黒の女神，犬の化身の住処」を意味する「ロッホマッディ」(Lochmaddy) に着くか，ロガン・エアー (株) の小型飛行機で空軍基地でもある「ベンベキューラ空港」に着いて A865 を北上するかであるが，このロッホマッディから A867 を西に約 4.5 マイルの地点には，「ベン・ランガス」ないしは「ランガスの丘」(Ben Langus) があり，その西側の斜面には，直径 25 メートル，高さ 4 メートル，羨道の出入り口が，今は崩れて半ば塞がっているが，東にあり，大きな石板と石積みの壁面に囲まれた，長さ 4 メートル，幅 1.5 メートルの石室がある，出土品から青銅器時代の居留民たち

１０．インナー／アウター・ヘブリディーズ諸島

も使用したと思われている円錐形の「バーパ・ランガス石室墳」(Bharpa Langus Chambered Cairn) [30] がある。この石墳と前述の3つの石室墳は考古学者たちの間では「ヘブリディーズ・グループ」(the Hebrides Group) と呼ばれている通路墳の石室墳である。

このベン・ランガスから約1マイル西でA865に入り，ノース・ユイストの北西端，ホグラン湾 (Hoglan Bay) の近くのハウガリィ (Hougharry) から農道に入って約2マイル東に行ったところには，内部の石室の造りが「通廊墳」で，外側の積み石がベリックシャーの「ミュティニィ・ストーン・ロング・ケアーン」，バンフ・アンド・バハン (Banff & Buchan) の「ケアーン・カットウ・ロング・ケアーン」などと同様に，4隅に角状の突き出しをもった「楔型」の，この地区では異種の「クレットラヴァル石室墳」(Cletraval Chambered Cairn) がある。東側の幅が広くて，27メートル，長さ45メートル，東側の角状の突き出しの間が正面で，その奥に奥室に対して継ぎ足した，4つの2メートルの高さと幅をもった石室がつながる通廊墳がある。ケイスネスの「サウス・ヤロウズ石室墳」と造作の外見の特徴がやや似た，新石器時代の終わり頃から青銅器時代初期に建立された石室墳である。

アウター・ヘブリディーズ諸島の中の「ルイス島」(the Isle of Lewis) に入るのにはインヴァネスからBA (British Airline) で「ストーノウェイ空港」(Stornoway Airport) に着くか，本土のウラプール (Ullapool) からカー・フェリィでストーノウェイ (Stornoway < (Q) *Steornabhagh*) のフェリィ・ポートに着くかして入るが，ストーノウェイから，A857を北西に向かって10マイル，ローアー・バーヴァス (Lower Barvas < (Q) Barbhas) の近くには，80メートル×55メートルの，盗石で破壊された石墳の中に，直径15メートルの円を構成する10個の縁石が残り，その中央に石室と考えられる石組みが残される施設，旧約聖書の『創世記』(*Genesis*, vi-ix) の「ノアの洪水」(the Flood) のように，鉄器時代初期より長く続いた雨季のために，水没の憂き目に遭ったと言われる「ステイナクレイト石室墳」((ON) *Steinacleit* (Stones on the reef of sunken ridge)「沈んだ隆起した岩礁の上の石墳」Chambered Cairn) [31] がある。

ここからまた，ローアー・バーヴァスに戻ってA858に入り，西に約2マイルのアーノル (Arnol) には「ブラック・ハウス」(black house) [32] と呼

第 2 部　古代遺跡を訪ねて

ばれる昔の「小作農夫の家」(crofter's cottage) が数多く残っている。

Duin an uinneag a tuath,

's gu math an uinneag a deas;

's duin unneaga na h-airde 'n iar,

Cha d' thainig olc riamho 'n airde 'n ear.

（北の窓を閉めよ，そして，素早く，南の窓を閉めよ，そして，西に向いてる窓を閉めよ，悪魔は東からは決してやっては来ない。）

　スコットランドには，悪魔や巨人を家に寄せ付けないために，狩人や農夫が朝家を出る時，家人に北や西や南の窓を閉めて，決して焚き火の明りを外に漏らさないように注意する民話が多い。「別世」を意味する洞窟の中などで蘇生の日を待ちながら眠っている英雄などの魂が，いまだ蘇生の時期でもないのに，何かの理由で呼び起こされて迷い出て，巨人や悪魔の姿に身をかえて，この焚き火の明かりを目指して北や西の方位からやって来て，それがなす禍は大きいという伝承に対処した戒めである。

　「ブラック・ハウス」は，この昔ながらの戒めをそのまま家にしたような間取りの家で，屋根が麦わら葺きの半地下。出入り口は必ずしも東を向いているとは限らないが，入り口が1つで窓がなく，台所 (but) と居間 (ben) の2区画と出入り口つきの牛や山羊など家畜の区画からなる小屋である。もちろん，それはこのスコットランド北部の気候風土の産物とも言えるが，「第2部 8. マレイ地区とその周辺」で述べたように，例の古代人特有の方位観も大いに関係して建てられているように思われる家である。

　ルイス島 (the Isle of Lewis) のこの辺1帯は手織りの「杉あや模様」(herringbone) の「ハリス・トゥイード」(Harris tweed) の名産地で，日によって家々の前の道端には，出荷するこれら布地の束が並べられる。ここからさらに西に10マイル，「カーロウェイ」(Carloway) の南の丘の岩盤の上には，既述の「ダン・モア（ブロッホ）」と同類の紀元前の遺跡，「ダン・カーロウェイ（ブロッホ）」(Dun Carloway) [33] がある。上の外径は基底部よりはより狭まっているが，高さ約9メートル，本来の3分の1の部分が残り，基底部の外径は約11メートル，約4.5メートルの厚さの壁の内側に直径約7メー

10．インナー / アウター・ヘブリディーズ諸島

トルの内庭があり，出入り口は北，右側に守衛室があり，その反対側には壁内への通路，階段と上の桟敷に通ずる通路の入り口がある。また，壁内には長さ約7メートル，幅3メートルの桟敷と長さ4.5メートル，幅3メートルの小室がある。

また，このカーロウェイから5マイル南下した「イースト・ロッホ・ローグ」(East Loch Roag) の湖頭，「港の岬」を意味する「カラニッシュ」(Callanish < (Q) *caladh* harbour + (ON) *ness* point) にも，鉄器時代の初期，長い間続いた雨季のために，前述の「ステイナクレイト石室墳」と同様に水没の憂き目に遭って，以後地下に埋もれたままになっていた「カラニッシュ石室墳つき立石群」(Callanish Chambered Cairn and Standing Stones) [34] がある。[7] この施設はこの島の所有者ジェイムズ・マテスン卿 (Matheson, Sir James, 1796-1887) が1857年，島民に泥炭供給のために発掘作業をいそいでいた際偶然に発見したもので，図28に見られるような施設である。立石群の石番号は，消失している石もかなりあるとされるが，天体観測のプロ，第1次大戦時，海軍大将であったジェイムズ・ファウネス・ソマーヴィル卿 (Somerville, Sir James Fowness) が，1912年に天体観測の場としての説明を容易にするために，残存していた石に与えたもので，石室墳は新石器時代から青銅器時代まで使用され，立石群は青銅器時代に付加された祭祀と天体観測の施設である。

そして，図28に見られるように，石室は，石番号36～40で構成され，新石器時代の本来の石室と新石器時代後期か青銅器時代初期の人たちが付加した，幅の異なった石室からなる。おおむね5.4メートル×4.7メートルの石室 [35] の出入り口は，この施設の中枢部，青銅器時代の付加物で，太陰の1年の13の月数を表象し，新石器時代の石室墳の羨道入り口と同機能をもつと言われる，高さ2.5メートルから3.7メートルの13本の巨石で構成される直径13メートルの環状列石 (41～53) [36] の中央にある，高さ4.7メートルの「カラニッシュ石室墳の男根像ないしは墳墓の銘碑」(Callanish Phallus or Epitaph of Callanish Chambered Cairn) は石番号29と呼ばれる石の東に位置する。

そして，このような重量のある石がどのようにして立てられたのかは，ただただ不思議，古代人の知恵にただ敬服するのみであるが，この「男根像」

第 2 部　古代遺跡を訪ねて

と石室墳とそれを取り巻く環状列石には，それを中心として，すぐ北東寄りに天体観測用の「要石」(石番号 34) があり，各石の間隔 3 メガリシック・ヤード (2.5 メートル)，北に向かって 2 列，18 本 (9) を除いて (1〜19) [37]，南には 24〜28 の 5 本の立石があり [38]，南北の総延長 123 メートルの立石群，東 (30〜33) [39] と西 (20〜23) [40] には各 4 本の立石を立て，延長が 42.7 メートルの立石群が付帯する。

[8] ソマーヴィル卿は，南の列石，南の端から北に向かう方位は，その延長線上に，紀元前 1800 年代の青銅器時代の人たちが冬の夕暮れ時に「カペラ」(Capella) を見た方位であると説明する。この列石の北から南に向かう線の延長には遠くその上を各 18.61 年ごとに真冬の満月が通常より 2 度ほど低く転げるようにして通ったという丘，「ノック・ナ・タルサ」(Cnoc na Tursa) がある。西の列，西の端から東に向かう線は紀元前 1800 年代の青銅器時代人たちが初冬の夕暮れ時に「プレアデス星団」(the

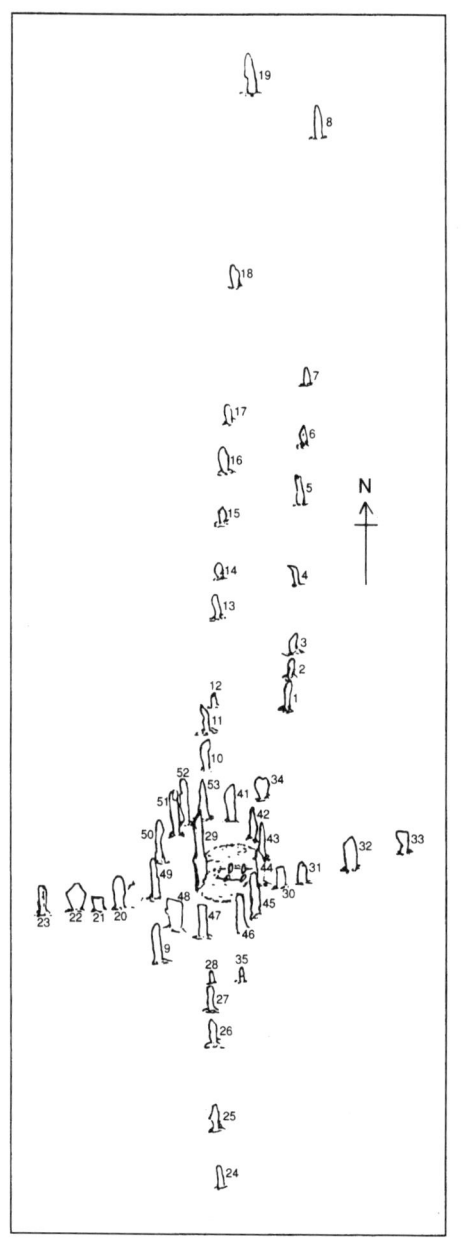

図 28　「カラニッシュ石室墳つき立石群」全容

１０．インナー／アウター・ヘブリディーズ諸島

Pleiades) を，また，各分点時に日の出 (6：27) を見た方位で，方位角 90 度，東列の東の端から西に向かう線は，各分点時の日没 (18:27) の方位，方位角 270 度。「銘碑」から北東よりの「要石」(34) の方位は夏至の日の出 (4:15) の方位で，方位角 40 度，南東の「要石」(35) から銘碑の方位は夏至の日没 (22:15) の方位で方位角 320 度。西列の最も東よりの石 (20) から南西の「要石」(9) の延長が冬至の日の出 (9:15) の方位で，方位角 140 度，北東よりの「要石」(34) から「銘碑」の方位が冬至の日没 (15:45) の方位で，方位角 220 度，南西の「要石」(9) から「北東」よりの「要石」(34) の方位は真冬の満月の出の北限の方位であると説明する。

　しかし，この施設は，ガラティア (Galatia) のペシヌス (Pessinus) のキュベレ (Cybele) の恋人「アティス」(Atys) と同様に，年々歳々その死と蘇生が同時に悲しみと喜びをもって追憶された，[9] 太古のエジプトの「オサイリス」(Osiris) のことを思い起こさせる。エジプトのヘリオポリス (Heliopolis) の神セト (Seth) は，彼の兄オサイリスを殺害し，その体を 14 に分解し，「男根」だけをナイル川 (the River Nile) に流した。オサイリスの妻で妹イシス (Isis) は彼の遺体を原形に戻そうとしたが，男根が見つからなかった。そこで彼女はそれの代わりに「男根像」を供えて彼の遺体を弔った。

　13 本のクロムレックは，セトに分解されたオサイリスの体で，同時に後のドゥルイドの木の暦での，各月を 28 日として，13 に分解した 1 年 (28 × 13 = 364) の月の数。中央の「カラニッシュの男根像は，なくなった彼の男根の代替で，暦の上からなくなった残りの 1 日 (Missing day) を表わし，ここでは 14 本のクロムレックが年々歳々死と蘇生を繰り返す 1 年を計る時計であるのと同時に「地下の国の王」オシリスを表わし，下にある石室墳「大地の子宮」イシスとともに死者の「輪廻転生の場」を表わしている。

　[10] オサイリスは，「大地の神」セブ (Seb) と，その夫「太陽の神」ラア (Ra) の呪いによって，いかなる年の，いかなる月にも子供を生むことを禁じられたセブの愛人，天の女神ナット (Nut) との間に生まれた子，セブは「月の神」と「賭けごと」をし，1 日に 72 分の 1 日を勝ち貯めて，360 日かかって 5 日を稼ぎだし，1 年が 360 日であったエジプトの太陽暦にこの 5 日を付け足して 1 年を 365 日とした。オサイリス，ホラス (Horus)，セト，イシス，ニフシス (Nyphthys) はこの「いかなる月」にも属さない 5 日の間に生まれた子たちである。オサイリスは地上の王としては善政をしいた。法をつくり，

神を信ずることを教え，大麦，小麦のような穀類の栽培を督励し，人間を共食いする習慣があったエジプトの民を野蛮の状態から救った。そして民にビールやワインの作り方なども教えた有徳な王であったと言われる。

11. オークニイ諸島

　オークニイ諸島 (the Orkney Islands) は鉄器時代の終わり頃から暗黒時代の8世紀終り頃までは北部ピクト族の「猪族」が居留した島嶼，その後これらの島嶼はノルウェイ人やデーン人を主体とする北欧海賊の居留地となり，後の1470年デンマーク (Denmark) とノルウェイ (Norway) の王クリスティアン一世 (Christian I, Danish king 1448-81, Norwegian king, 1450-81) が娘マーガレット (Margaret) のスコットランド王ジェイムズ三世 (James III Mac James II, 1460-88) との婚姻に際し，その持参金の代償として，王ジェイムズにこの島嶼を譲渡することになり，以後はスコットランドの所領となる。とは言え，ここは極北に近い寒冷地，古来より人口がきわめて過疎であったところである。そのためにこの島嶼のあちこちには保存度のよい古代遺跡が散在する。

　この島嶼の本島に入るのには，インヴァネスから「カークウォール空港」(Kirkwall < (ON) *kirkja* church + wall *vollr* field + Airport) に着く航空便か，ケイスネスのスクラブスター (Scrabster <(ON) *Scari* seaside or *Skjære* craggy + *(bol) stadr* stead, farm「海辺ないしは岩場の農地，ないしは居留区」) と本島の西端のストロームネス (Stromness) の間を往復するカー・フェリィで入る。そして，小さな島々に行き来する時には，小船を雇って出入りする。

　オークニイ諸島の中で多少人口がある所はこのカークウォール (Kirkwall) とストロームネスのみで，まず，このストロームネスからA965を北東に2マイル行くと，アッパー・オンスタン (Upper Onstan) に，図25の(1)に見られる新石器時代の「カムスター型通路墳」，羨道入り口を南東とし，幅1.6メートル，長さ6メートルの通路が石積みの壁の長さ6メートル，幅1.8メートルの石室に横に連結する「アンスタン石室墳」(Unstan Chambered Cairn) [1] がある。通路が連結する側には，大きな平石の仕切りで4つに区分けられた上下2段，8区画の石室があり，最も奥の石室には左右に脇柱が立てられ，奥室が円筒状をなし [2]，通路が連結しない他の側には小さな石の小室が付加されている石室墳である。紀元前3000年代のア

ンスタン陶器 (Unstan pottery)，鳥や動物の骨，葉状の燧石のナイフ，矢尻りなどが出土している。

　この石室墳の東 2 マイル，「ロッホ・ステンネス」(Loch Stenness) の南東の端には，最高の石 6 メートル，5 本の巨石 (menhir) からなる「ステンネス・ヘンジ」(Stennes Henge) [3] がある。もちろん，青銅器時代の施設で，本来は周囲に幅 7 メートル，深さ 2 メートルの壕があり，直径 44 メートルの空間に石の数は 13 本，直径が約 30 メートルの環状列石を並べ，北に出入り口がある聖域を設えた第 1 型の「ヘンジ」施設であったが，今は石の数も減り，この本来の壕も耕地化のために消え，聖域の中央に「テーブル・トゥム」(table tomb) と呼ばれる 1 種の「死体置き場」跡 [4] が残されている。そして，この「テーブル・トゥム」からは，ロス地区の「エムボウ石室墳」に見られるのと同様な，宴か生け贄の残りものか，それとも死者への供え物であったのか，羊，犬，牛，狼などの骨が出土している。

　また，この施設の北北西，約 700 メートルの位置には，上部にあいている穴を通して人々が握手しあい，婚約とか約束事を誓い合ったという，北欧神話 (Norse mythology) の至高神，アサ神族 (the Aesir) の支配者「オーディン」(Odin, or Othin) を具現化した「オーディンの石」(the Odin's Stone) が立っていたが，1814 年この石は強風のために倒壊してしまい，インヴァネスのクラッハ・ナ・ハーリィ (Clachnaharry) の「贖罪の石」の相棒と同じように，今はこの約束ごとを見届けていたという「見張り石」(Clach na h-Aire) [5] のみが残っている。この辺りは真夏日の昼と夜の時間差は 18 対 6 時間くらいの地域，この石はこの施設の中心から見ておそらく夏至の日没の方位と思われる，方位角約 330 度辺りに立っている。おそらくこの石も天体観測のための石で，ヘンジ施設の南南東 700 メートルの「バーンハウス農場」(Burnhouse Farm) の中にも冬至の日の出の方位を示すかと思われる「バーンハウス石」(Burnhouse Stone) が残されている。

　また，このヘンジ施設の北東すぐの所には，すでに少々触れているが，**図 25** の (2) に見られる「マエス・ホウ型通路墳」の原型で名祖，おそくとも紀元前 2700 年頃までには建立され，後の暗黒時代にはノルウェイのロヌワルド伯爵家の「墓」となったと考えられている「マエス・ホウ石室墳」(Maes Howe Chambered Cairn) [6] がある。その基底部の直径 35 メートル，

11. オークニイ諸島

高さ7メートル, 通路口 [7] は南西を向き, 長さは9メートル, 高さと幅 1.3 メートルと 0.9 メートル, これが中央の 4.5 メートル平方のホールに通じ, 3つの壁面にそれぞれ各1の石室が設えられている [8]。そして, この石室の「まぐさ」や周囲の壁面には, 11世紀か12世紀の頃に, ここに押し入ったと言われる海賊たちが彫り残したルーン文字 (rune) や竜かライオンを模したと思える落書きなどがいくつも残されている。

『ハイランド人』(Highland Man) の著者イアン・グリムブル (Grimble, Ian) は, これらの落書きのいくつかを解読している。[1]《ロスブロウクの息子たちは何と豪胆な男たちであったことか, 十字軍の兵たちがこのオークニイのホウの住処を押し破ったが, この安息所はいまだに立っている。ここには多くの財宝が眠っていた。これを見つけることができた男は果報者, オトウがこの財宝をナエルン号で運び去っていった。》という落書きや, 24 のルーン文字からなる落書き, "Ingibjorg, the fair widow Many a haughty woman has stooped to walk here." [9] (インガボーグは綺麗な未亡人, 多くの横柄な貴婦人たちもここに入ってくる時には, かがんで歩いたのだ。) などの落書きを解読しているが, この「インガボーグ」の名はノルウェイでは極めて一般的な女性の名である。

10世紀の終り頃から11世紀の始め頃, このノルウェイ領のオークニイ伯爵領を統括していたジガード・ザ・スタウト (Sigurd the Stout, 1014) の子, トーフィン・ザ・マイティ (Thorfinn the Mighty, 1009-69) の妃は, フィン・アーンスン伯爵 (Arnson, Earl Finn) の娘で「インガボーグ」(Ingibjorg), 彼の従兄弟で宿敵ダンカン一世 (Duncan I Mac Crinan, 1034-40) の子, マルコム三世 (Malcolm III Mac Duncan I, 1057-93) の妃となった女性も「インガボーグ」で, このトーフィンとインガボーグの娘である。

そして, ここから上述の「ステンネス・ヘンジ」の横を北西に向かって 0.5 マイル行くと, そこには今は土塁の跡は浅くなっているが, その直径 113 メートル, 幅9メートル, 深さ3メートルの壕と, その内側に直径 124 メガリシック・ヤード (103メートル), 高さ2メートルから 4.5 メートルの立石60本, 今は所々が途切れて, 27本の巨石群になっているが, この巨石の環状列石で聖域部を囲み, 幅 3.5 メートルの出入り口をこの聖域部の北西側と南東側に設えた「リング・オヴ・ブロッドガー」(Ring of Brodgar

第 2 部　古代遺跡を訪ねて

< (ON) *Breidr* Broad + *gardr* enclosure) [10] がある。それは，かなり大きな青銅器時代の自治体が多大な人力を要して建造，その使用期間は紀元前 1700 年から 1400 年頃まで，祭祀とともにおそらく南西のホイ島 (the Isle of Hoy < (ON) *Ha* High+*ey* isle) にあるこの島嶼で最高の標高 479 メートルのワード・ヒル (Ward hill) 辺りを定点として天体観測も行なっていたと思える，大型の第 2 型の「ヘンジ施設」である。

　また，ここからさらに北西に 2 マイル，ロッホ・オヴ・スケイル (Loch of Skail) の南東端で B9056 に入り，さらに北西に 1 マイル行くと，そこには **図 29** に見られるように，新石器時代の集落「スカラ・ブロウ居留地」(Skara Brae Prehistoric Settlement) 跡 [11] がある。この「スカラ・ブロウ」の名は古代ノース語で「海岸」を意味する *Skari* と，ガーリックの「土手」ないし「堤」を意味する *brae* の合成語である。入り組んだ 10 戸の住居を通路 [12] が繋いでいる集合体の居留区で，1850 年の 12 月の嵐の後の大波で洗い出され，発見された施設である。放射性炭素測定の結果によると，紀元前 3000 年から 2500 年頃に構築された施設である。

　これら各住居は円形か楕円で，大きいものが 6.5 メートル×6 メートル [13]，小さいものが 4.5 メートル×4 メートル，壁の造りは積み石，屋根は壁の上部の「持ち送り」に梁を渡して板石か草葺きを施したと思われる。各住居の出入り口は高さ 1.1 メートル，幅 0.6 メートル，住居内部には日

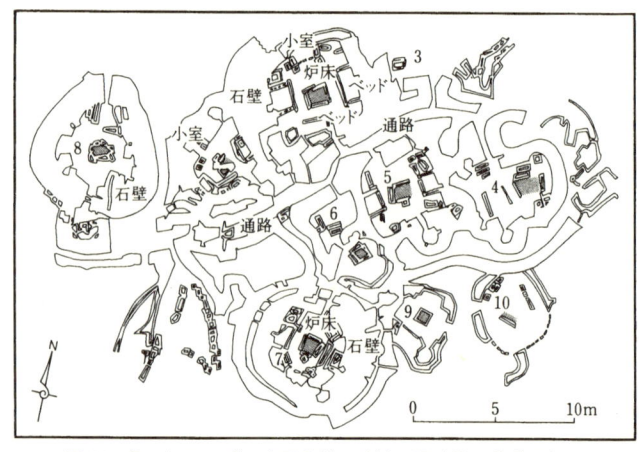

図 29　「スカラ・ブロウ居留地」（新石器時代の集落図）

11. オークニイ諸島

常生活のための家具, 什器, 約 1.5 メートル×1 メートルの炉床, 古代人の平均身長を暗示するかと思える 1 対の箱型のベッド, 大きいものが 1.8 メートル×1 メートルから 1.2 メートル, 小さいものが 1.2 メートル×0.8 メートル, 2 段の棚がある食器棚, 穀物の粉砕を兼ねた捏ね鉢などが残され, 居留の期間は約 600 年, この間に何度かの通路や住居の改修築が行なわれたと考えられている。居住者の数は, ベッドの数から推定して, 約 30 人。農耕, 牛, 羊, 山羊, 豚などを飼育, 時には野生の動物の狩猟もこなしたと思われる漁師たちで, ここの出土品の中には石槌, 石斧, 石球, 石のへら, 骨で作った針, ピン, 羊の歯でつくった首飾りなどがある。

そして, この「スカラ・ブロウ居留地」からさらに 5 マイル北上して, A967 の終点には, かの「猪族」の大王ブルード (Brude Mac Maelcon, 553-84) の名を残し伝える「バーゼイ島」(the Isle of Birsay < (ON) *Bredei's* Brude's + *ay* Isle) がある。872 年以降ノルウェイの「ロヌワルド伯爵家」が世襲的な所領としてその本拠を置いた「ボロウ・オヴ・バーゼイ」(the Borough of Birsay) [14] である。

このオークニイ諸島は, 紀元前 3 世紀頃, ピクト族の祖アイルランドの「北部ブリトン族」(the Cruithnii) の 1 氏族「猪族」(the Boars < (Q) *Orc)* が北部アイルランドの東海岸よりここに渡来し定住してからは, 「猪族」の所領であったが, 553 年この島嶼の主ブルード・マック・マエルコンがピクト族の大王となり, マレイ地区に居を移したため, 580 年頃より, この島には小大名たちの反乱が勃発するようになる。これを鎮圧するために, 580 年の反乱時には, 陪臣ダルリアーダのアエダン・マック・ガラン (Aedhan Mac Gabhran, 574-606) が派遣され, 682 年の反乱時にはブルード・マック・バイル (Brude Mac Bile, 672-93) 自らが遠征の兵を繰り出している。ここには土着したまま, 後のこのノルウェイの伯爵家に吸収された集団もあったと見られるが, この猪族の多くは 8 世紀の終り頃までこのオークニイ諸島に定住し, 漸次, 気候風土などを含めて生活条件がより良い, 本土のサザランド, ロス, マレイ地区に移住したと見られている。そして, 彼らは北部ピクト族 (the Ultramontane Picts) の雄となった。

ここには 6 世紀初頭に「聖ニニアン」(St Ninian) の伝道がある。そして, 580 年には, アエダンの遠征に同行したアイルランドの聖コーマック (St

第 2 部　古代遺跡を訪ねて

Cormac) の伝道もある。このオークニイ諸島は,かつては早くからすでにキリスト教化されていた島嶼であったが,ノルウェイ領になってからは再び異教の地となった。

　そして,ロヌワルド伯爵家の世襲的な所領の継承者の 1 人,ジガード・ザ・スタウトは 997 年にキリスト教に帰依するが,彼以前のこの伯爵家の継承者の中には 1 人としてキリスト教に帰依していた統括者はいなかった。そして,このジガードのあと,この伯爵領の統括者はその子スマーリディ (Sumarlidi),1029 年にはその死によって,マルコム二世がこのノルウェイのオークニイ伯爵領をスコットランド領に繰り入れようと謀るが,トーフィンの反対に遭ってその計画が頓挫することになったことで知られるブルージ (Brusi d.1029), そして,死去した年代は不詳ながら,マクベス (Macbeth (Son of life) Mac Finlaic, 1040-57) の治世下までオークニイの伯爵領の統括者であったエイナー (Einar),そしてトーフィン・ザ・マイティと継承されるが,彼らはみなキリスト教に帰依した継承者たちである。

　このトーフィン・ザ・マイティ (Thorfinn the Mighty, 1009-69) は,ジガード・ザ・スタウト (Sigurd the Stout, d.1014) と彼の 2 度目の妻,マルコム二世の娘 (姓名不詳) との間に生まれた子である。そして,マルコム二世のもう 1 人の娘「ベソック」(Bethoc) と「アソールの伯爵クリナン」(Crinan, the Mormaer of Athole) の子,ダンカン一世とは宿世の仇敵として生まれた子である。1014 年ジガードはトーフィンが 5 歳の時アイルランドのダブリン郊外のクロン・ターフ (Clontarf < *Cluain Tairbh*, or Pasture of Bulls) で,アイルランドの猛将ブライアンないしはブロイム・ボル (Boru, Brian or Broim) との戦いに敗れ,討ち死にするが,この時トーフィン・ザ・マイティは祖父マルコムによって父の名跡を継承,「ケイスネスの伯爵」(Earl of Caithness) に叙せられる。

　トーフィンはケイスネスの伯爵ではあったが,同時にロヌワルド伯爵家の 1 員であった。彼の若年期と壮年期はもっぱらアイルランドへの遠征,彼の所領ケイスネスとサザランドの軍備の強化と拡充に費やされた。そして,マルコムの死 (1034 年) の翌年,ノルウェイのマグナス二世 (Magnus II, Haraldson, 1035-47) が即位した 1035 年には,[2] ノルウェイの伯爵,同族のロヌワルド・ブルーサッスン (Brusason, Rognwald) がトーフィンの祖先ロ

11. オークニイ諸島

ヌワルドを始祖として872年に創始したこの伯爵領の所有を主張し始めたために，彼はこの新しい領地主張者に対して，以後，約10年遠征を繰り返すことになり，1046年，このブルーサッスンを討つ。

また，1034年に即位した母系の従兄弟の「統一スコットランド王国」の王ダンカン (Duncan mac Crinan, 1034-40) とは，彼のケイスネスの伯爵領の土地の租税のことがもとで不和となり，この不和は，後の1040年の8月に，ファース・オヴ・マレイのバーグヘッド (Burghead) 近くのボスゴワナン (Bothgowanan, Smith's House) でダンカンが戦死するという戦いに発展する。ダンカンの殺害に際しては，マクベス (Macbeth or Mac Bheatha (Son of life) Mac Finlaic) に力をかしたと言われるが，マクベスの即位後は彼の腹違いの兄エイナーの死により，トーフィンはロヌワルド家のオークニイの伯爵領の当主を兼ねることになる。しかし，例の同族のロヌワルドの殺害については，何があったかは定かにされていないが，極度に罪の意識を感じていたようで，その年度については不明であるが，彼は法皇からその罪障の消滅を得るべくローマに向かう。しかし彼は，奇しくも司祭の職に列せられることになり，帰国する。

そして，その帰途彼は，このロヌワルド伯爵家の本拠地，このバーゼイ島に立ち寄り，そこに「司祭と伯爵の宮殿」(Bishop and Earl's Palace) [15] を建立，1069年，彼が他界する時まで，自らケイスネスの伯爵であることを辞してここで余生を送ったと言われる。

しかし，この伯爵領は，後のハロルド・マッダダスン (Maddason, Harold) の子，男系の子がなかったジョン (John) の年代まで受け継がれ，1231年，彼の死によって終焉する。時のスコットランド王アレキザンダー二世 (Alexander II Mac William I, 1214-49) は，アンガスの伯爵ギルブライド (Gilbride, Mormaer of Angus) の子，マグナス (Magnus) にケイスネスの伯爵を与え，それまでケイスネスの伯爵領に含まれていたサザランドを分離してサザランド伯爵領とし，ホフ・フレスキン (Hugh Freskyn) の子ウイリアム (William) にこれを与え，ノルウェイとは一切関係のない伯爵領とした。また，1231年に終焉したロヌワルド伯爵家 (the Rognwald, Earl of Norway) の末裔たちは，後の中世にスコットランド北部の北欧系の大氏族 (clan)，「マック・ドナルド」(Mac Donald) の親氏族 (sept)「ロナルド家」(the Ronald < (ON)

第 2 部　古代遺跡を訪ねて

Ro(g)n(w)ald) の祖となる。

　バーゼイ島はその面積 2,100 エイカーの島である。ここには 8 世紀頃まで居留した北部ピクト族の「猪族」の居留区跡 [16]，ノルウェイ人海賊たちが残した長方形の住居群 [17] 跡，その水深 0.75 メートル，ピクト人たちが金属加工に使用したと言われる「井戸」[18]，厚い笠石の北欧人の墓と薄い笠石のピクト族の墓 [19]，おそらく 580 年に布教のためにここに来た，既述の聖コーマックに献じられたと思われる高さ 1 メートルほどの石の片面に十字架を彫った「クロス・スラブ」[20]，その本物はエディンバラの「国立スコットランド古代遺物博物館」(the National Museum of Antiquities of Scotland) の中に収められているが，「猪族」の母系家長制の表象石と見られる高さ 1.5 メートル，幅 0.8 メートル，その上部に鏡とV字記号の切り込みがある三日月型の王冠の図案，中ほどに海象と大きな鷲の図案，下部に手に槍と盾をもち，行進する 3 人の戦士の図案が彫られた第 1 型の「ピクトの表象石」の複製 [21] などがある。

　トーフィン・ザ・マイティが建てた既述の「司教と伯爵の宮殿」は，今はその土台跡のみを残し，内径が 8.5 メートル × 5.8 メートル，その出入り口の部分を除いて，周囲に石のベンチを設えた長方形の内陣と祭壇，または聖卓を置く半円形の後陣を東の端に設えた赤色砂岩のロマネスク様式の教会で，彼は死後，この教会の南側の外に埋葬された。また，ここには，ロヌワルド伯爵家のものか，後のノルウェイの王家のそれかは定かではないが，軍船を出し入れした進水溝 [22]，長さ約 25 メートル，幅 7 メートルが 3 本残される。

　ここから A966 を 7.5 マイル東進し，B9057 との分岐点の少し先を左折，農道に入って 0.7 マイル東に行くと，「アインハロウの瀬戸」(Eynhallow Sound) に面して，青銅器時代の壺や石臼 [23] が出土している，円形の青銅器時代や鉄器時代の集落地跡がある。ここには，また中央の部屋の周囲を 4 つか 5 つの小室が取り巻く暗黒時代のピクト族の住居「ホィール・ハウス」(wheel house) [24] や長方形の北欧人たちの住居跡などを含む，長い間使用された居留区跡もあるが，これに隣接して，出入り口がある海辺に面する東側を除いて，岩を掘って造った 3 重の保塁と壕に囲まれる「ガーネス・ブロッホ」(Gurness Broch) [25] がある。今残るブロッホの高さは，約 4 メー

11. オークニイ諸島

トル, 厚さ 4 メートルの壁の中に直径が 10 メートルほどの内庭があり [26], 出入り口の近くに守衛室, 壁の中には通路と桟敷, 内庭の下には井戸と食料貯蔵のための地下室が残されている [27]。

ここから A966 に出てさらに東進すると, 今は北のラウゼイ島 (the Isle of Rousay) の「ブリニアン埠頭」(Brinyan Pier) と連絡する渡し船の発着場になっている, かつてのロヌワルド伯爵家の「議会の野原」を意味する「ティングワル」の埠頭 (Tingwall Pier) がある。

そして,「アインハロウの瀬戸」(Eynhallow Sound) に面するこのラウゼイ島の南側は新石器時代の石室墳の宝庫で, ブリニアン埠頭のすぐ西に地下と地上に 2 層の直径約 5 メートルの円形の石室をもつ「タヴァソウ石室墳」(Tarversoe Chambered Cairn) がある。また, この西には, 既述の「アンスタン石室墳」と同様に横に長い石室の中央に通路が連結する「カムスター型通路墳」, 長さ 13 メートル, 幅 2 メートルで, 外からの通路が中央の通路に連結する側に高さ約 1.5 メートル, 幅約 1.5 メートルの 4 区画の石室, その反対側にも 4 区画の石室がある「ブラックハンマー石室墳」(Blackhammer Chambered Cairn) [28] などがあり, さらに 3 マイル西進すると, 出入り口を南西として, 長さ 32 メートル, 幅 13 メートル, 中央に長さ 23 メートル, 幅 1.3 メートルの通路が走り, その両側に高さ 1.5 メートルの板石によって上下 2 段, 12 の区画に区切られた計 24 の石室がある,「カムスター型通路墳」のロング・ケアーン,「ミッド・ホウ石室墳」(Mid Howe Chambered Cairn) [29] がある。

そして, この石室墳のすぐ近くの海辺の岩場の上には「ミッド・ホウ・ブロッホ」(Mid Howe Broch) [30] がある。今の高さは 4 メートル, 出入り口は南に面し, 守衛室が付帯する。壁の中には通路と桟敷があり, 内庭は直径約 9 メートル, 大きな石の隔壁によって 2 つに分かれ, 各居留区に寝室, 炉床, 水槽, 食器棚などの設備があり, 地下には井戸と食料の貯蔵庫がある。

ティングワルから A966 に出て 6 マイル南下すると, フィンズタウン (Finstown) という小村があり, この村の南東の丘の斜面には,「マエス・ホウ型石室墳」の「女王の丘石室墳」を意味する「クウィーン・ヒル石室墳」(Cuween (< (ON) *kvæn*) Hill Chambered Cairn) [31] がある。石墳の直径は 16 メートル, 高さ 2.5 メートル。出入り口は南東を向き, 長さが 5.5 メートル,

高さ 0.8 メートル，幅 0.7 メートル，中央の高さが 2 メートル，3.3 メートル × 1.8 メートルの長方形のホールに通じる。石室は正面のものを最大とし，幅 1.5 メートル，高さ 1.5 メートル，他の石室は，そのサイズが半分で，ホールの左右の側面の壁に設えられてある。ホールからは多量の人骨，犬，牛の骸骨の出土があったと言われている。

　この石室墳から東進し，「カークウォール」に入る直前の工業団地の中には鉄器時代の穀物貯蔵施設，グラムピアン地区のターランド (Tarland) 近くのクルッシュ (Clush) にある「クルッシュ地下構築物」(Clush Souterrain) によく似た，地下 2 メートルに，岩をくりぬいて造った積み石壁の長さ 5 メートル，幅と高さ約 1.5 メートル，やや歪曲して弧形の「グレイン地下構築物」(Grain Souterrain) [32] がある。また，同様な施設「レニビスター地下構築物」(Rennibister Souterrain) [33] は，上述の「クウィーン石室墳」の東 1.5 マイルの「レニビスター農場」(Rennibister Farm) の作業場の地下にある。オークニイ諸島は，ホイ島 (the Isle of Hoy) の場合を除いて，地勢は極めて平坦，古来より農耕の適地であったようで，中でもカークウォールの西 1 帯は格別の穀倉地帯であったと言われる。

　オークニイ諸島の古代遺物を語るとき，忘れてはならない施設は，このホイ島にある「ドゥワーフィ・ステイン石室墳」(Dwarfie Stane Chambered Cairn) [34] である。このホイ島に入るのにはいくつかの入り方がある。この石室墳に行くのには，カー・フェリィで「ライネス埠頭」(Lyness Pier) に着いて，もう 1 つのカー・フェリィの発着所の「モーネス埠頭」(Moaness Pier) を経て西のラックウィック (Rackwick) に向かう農道を西進し，このオークニイ諸島の中の最高峰，既述の海抜 479 メートルの「ワード・ヒル」(Ward Hill) の南，ドゥワーフィ・ハムマーズ (Dwarfie Hammers) の下に着くことを必要とする。施設の類型がフランス，イベリヤ，地中海沿岸地方に見られるものと同類と言われる石室墳で，長さ 8.5 メートル，幅 4.5 メートル，高さ 2.5 メートルの「デヴォン紀赤色砂岩」(Devonian red sandstone) の石塊の中央に，その入り口を西として，長さ 2.2 メートル，高さ 0.65 メートル，幅 0.7 メートルの通路を硬質の石の鑿でくりぬき，その左右に各 1 つの幅 1.5 メートル，奥行き 0.9 メートル，高さ 0.7 メートルの石室を作った石室墳で，この出入り口の前には，かつてはこの石室墳の入り口を封鎖

11. オークニイ諸島

していたと思われる，幅約 0.7 メートル，高さ約 0.6 メートル，厚さ約 1 メートルの石が残されている。

　また，ラックウィック (Rackwick < (ON) *reki* flotsam + *vik* inlet) より断崖状の海岸を北西に迂回すれば，そこには何千星霜もの間，潮風の浸食によってできた，海辺より教会の尖塔のように天に向ってそそり立つ，基底部の直径約 25 メートル位，高さが 135 メートル (450 ft)，見事な角型の赤色砂岩の石柱「オールド・マン・オヴ・ホイ」(Old Man of Hoy) [35] がある。

第 2 部　古代遺跡を訪ねて

12. シェトランド諸島

　シェトランド諸島 (the Shetland Islands) に入るのには，アバディーン と オークニイ諸島の本島のストロームネス (Stromness) と本島のラーウィック (Lerwick) の間を往復するカー・フェリイ便と，アバディーンと本島の南端のサムバラ空港 (Sumburgh Airport) の間を往復する航空便がある。この島嶼も，西方諸島やオークニイ諸島と同様に，長い間未開のまま放置されていた島嶼で，5 世紀初頭に聖ニニアンの伝道があったが，その頃はピクト族の所領で，後に本土のケイスネス 辺りに移住する「猫族」(the Cats < (Q) *Cataibh*) の島嶼 (*Innse Catt*) であった。しかし，「猪族」のオークニイ諸島の場合と同じように，暗黒時代はデンマークやノルウェイの王領で，北欧海賊の定住地であり，オークニイ諸島の場合と同じように，11 世紀の初め頃まで異教の地となった。しかし，未開のまま放置されたがゆえに，新石器時代の石室墳，青銅器時代，鉄器時代以来の居留地跡，ピクト族のブロッホなども数多く残されている。

　この島嶼がスコットランドに割譲されたのは 1473 年のことで，デンマークとノルウェイの王クリスティアン一世が 1470 年，ジェイムズ三世 (James III, 1460-88) と結婚する娘マーガレット (Margaret) の持参金の代償としてオークニイ諸島をジェイムズ三世に割譲したのと同じように，その 3 年後，その不足分として，王ジェイムズに割譲し，スコットランド領となった島嶼である。

　この島嶼に残される文化遺産として重要なものは「ヴォー・オヴ・サムバラ古代住居群」(Voe of Sumburgh Early Settlement) である。ここは，1816 年，ここを訪れたスコット卿 (Scott, Sir Walter, 1771-1832) が『海賊』(*The Pirate*, 1822) の中で「ジャールズホフ」(*Jarlshof*) または「伯爵の寺」(Earl's Temple) と命名することになる，17 世紀の庄屋の家があった所でもあるが，この古代住居群跡地はスコット卿の死後の 1896 年に，奇しくも，既述のオークニイ諸島の「スカラ・ブロウ居留地」の場合と同じように，一連の冬の嵐の後の大波によって海岸の砂が洗い流されて発見された住居群跡地で，以

12. シェトランド諸島

後発掘の結果，次第にその全貌が明らかになっていった古代の大住居群跡地である。海岸の3エーカー以上に及ぶ敷地の中に青銅器時代以，来各年代にわたって建てられた多種多様な住居跡が散在する。

最初期の住居群は，青銅器時代中期のもので，炉床や捏ね鉢などの什器類を備えた，周囲に高さ2メートルほどの石壁を巡らした，直径4メートルほどの円形か楕円の住居群 [1] で，これらの住居群に次いで建てられるのが，鉄器時代初期の通路付きで地下施設 [2] が付帯する，直径5メートルほどの，内部が炉床を中心に4つ，ないし5つの居住区画が輻射状に分かれた「ホィール・ハウス」(wheel house) に似た「円形住居群」[3] である。この年代には中庭つきの住居も建てられ，この中庭で鯨のひげや皮紐などを使って家畜を飼ったと見られる住居群もある。そして，この頃にすでに「泥炭」(turf) が炉床の中で焚かれる燃料として使用され始めている。

この鉄器時代の人たちは，捕鯨もこなし，羊や，牛，豚などを飼育し，より牧歌的でかつより農耕型の移住者たちであったように思われる。麦を栽培し，これを石臼でひいて粉にした。石臼 [4] はオークニィ諸島に輸出されしている。「スカラ・ブロウ居留地」の出土品と同様に，皮細工を造る針は動物の骨で作り，鋸，石斧，手斧は硬質の石で，また，シャベルは砂岩や板石で作っていた。この島嶼で使用された穀類，飲料水などを入れる壺 (bucket) には，高さが30センチ，口元の直径が約25センチ，基底部の直径が約15センチ，中央部がやや膨らみをもち，壺全体に縦線，横線などの装飾紋がある，ストラスネイヴァのチーラミイで出土した壺によく似た壺 [5] が使用され，この古代住居群の出土品展示コーナーに展示されている。

そして，鉄器時代の後期，紀元前2～3世紀頃には，後にケイスネスやサザランドに移住して行った，既述の「シャンドウィック・クロス・スラブ」の裏面にあるような，食肉目猫科の「猫」をトーテムとした，シェトランド諸島のピクト族「猫族」の流入定住があり，今は残骸となってはいるが，彼らが残した外壁，内壁がともに本土やオークニィ諸島のそれよりはより肉厚の「ブロッホ」[6] や **図30** に見られるような，通路によって結ばれた，直径5メートルから8メートル，高さ1.5メートルから2.5メートルの円筒状の石壁の中に長さ2メートル，幅1.5メートルほどの4つない

し 5 つの小室を中央の大きな炉床を中心に周囲にぐるりと設えた住居，おそらく，ブロッホの中の桟敷や通路などの石工技術にたけていたこのピクト族が手がけたものと思われる「ホィール・ハウス」(wheelhouse) 群 [7] が建てられ始める。そして，このホィール・ハウス群をつなぐ共同使用の通路 [8] は，既述の「スカラ・ブロウ居留地」の 10 戸の住居を繋いでいる通路や，後述の「クリックヒミン居留区」(Clickhimin Early Settlement) の通路の場合も同じであるが，土地の高低差を考えに入れてハリケーンや大雨の際の廃水が容易に可能であるよう設えてある。

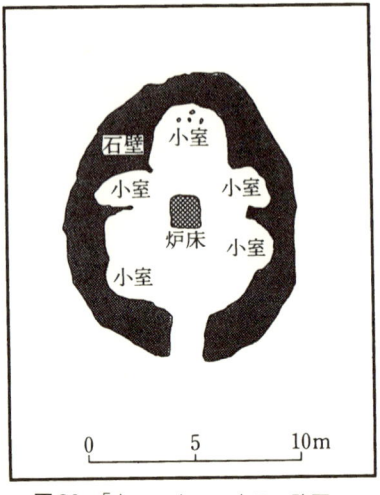

図30 「ホィール・ハウス」略図

　オークニイ諸島も同じであるが，このシェトランド諸島の地質も酸化した鉄分を思わせるような赤色の土で，一見鉄鉱石がふんだんに含まれているように見えるが，ここは「北海油田」であまねく知られている所で，石油は産出しても，銅，鉄などの良質の鉱石資源は産しない所である。おそらくその原料は良質の鋼鉄，銅などを産するノルウェイの北，ラップランド (Lapland) 辺りから来たと思われるが，既述の鉄器時代の「円形住居群」跡からは，200 点以上に及ぶ「ハルシュタット文明」(the Hallstattian Civilization) の「銅鉄時代」(Bronze & Iron Age) の紀元前 650 年頃の青銅の剣，槍の穂，平斧やその鋳型 [9] などが出土している。そして，この伝統的な精錬技術が後の北欧海賊に優れた武器をもたらしていたと思われる。

　この北欧海賊たちの好みの住居はオークニイ諸島のバーゼイ島にあるような，風下に出入り口を設けた平均 15 メートル×8 メートルほどの長方形の住居で，この「ヴォー・オヴ・サムバラ古代住居群」の中にはこの手の住居の広大な区画跡 [10] がある。

　サムバラから A970 を約 10 マイル北上し，サンド・ロッヂ (Sand Lodge) から舟を雇って渡るマウサ島 (the Isle of Mousa) の西海岸には「マウサ・ブ

12. シェトランド諸島

ロッホ」(Mousa Broch) [11] がある。

　この施設は，既述のサムバラの古代住居群の中のブロッホと同じように，シェトランド・ピクト族の「猫族」によって紀元前 1 世紀頃に建てられた周囲に保塁の跡をわずかに巡らした，高さ 13 メートルの建立時の姿をそのままに今に残しているスコットランドで唯一のブロッホである。

　このシェトランド諸島はオークニイ諸島よりさらに緯度が北に寄っていて厳冬期はより寒冷，そのためかオークニイ諸島や本土のブロッホよりその壁がより厚く，基底部の直径 15 メートル，最上部のそれが 12 メートル，幅 2 メートルの通路と桟敷を内蔵する外壁と内壁の厚さは各々約 2.5 メートル，それゆえに基底部の出入り口の通路は長く，内庭の直径は 6 メートルしかない。守衛室はなく，基底部には内庭から 1.5 メートルの通路を経て出入りする 4 メートル×2 メートルほどの三日月型に仕切られた部屋が 3 つあり，壁の中の螺旋の階段は最上部まで達している。このブロッホが建立時の姿をそのまま残している理由には，壁が厚く造りが堅牢であったこと，人の往来が余りない島に建てられていたことが挙げられる。牧畜地に隣接するブロッホの中には，ヴォー・オヴ・サムバラの北約 2.5 マイルの後述のボッダム (Boddam) の「ダルセッター・ブロッホ」(Dalsetter Broch) のように，その石が放牧用の石囲いの石として盗石に遭い姿を消しているブロッホも数多くある。

　因みに，北欧伝説 (Orkneyinga Saga) には，《暗黒時代に「ハラルド」(Harald) という名の伯爵が，すでに未亡人となっている母マーガレット (Margaret) に求婚した「アーレンド」(Erlend) という名の伯爵とその結婚のことで争いとなり，このマウサのブロッホの中に逃げ込んだアーレンドと母をハラルドが彼の兵士らとともに約 1 年の間取り巻いた。》というような記述が残されている。

　このマウサのブロッホから A970 にもどり，12 マイル北上すると，カー・フェリイが発着するオークニイ諸島の首都「カークウォール」(Kirkwall) と同程度の人口がある，この「シェトランド諸島」の首都「泥の入り江」を意味する「ラーウィック」(Lerwick < (ON) *leir* mud, muddy + *vik* bay, creek) に着く。この町の西の郊外，「ロッホ・オヴ・クリックヒミン」(Loch of Clickhimin) に突き出た岬の突端には，青銅器時代以来の「クリックヒミン

第 2 部　古代遺跡を訪ねて

居留地」跡がある。「サムバラ古代住居群」の場合と同様に、青銅器時代の「円形住居群」や石の保塁で要塞化された鉄器時代の「円形住居群」跡などが残され、鉄器時代の税の徴収所 (toll house)、石の「小要塞」(block-house)[12] などとともに、鉄器時代後期の外径 19.5 メートル、内庭の直径約 10 メートル、内庭を取り巻く約 2 メートルの通路と桟敷を内蔵する外壁と内壁の厚さが各 1.5 メートル、本来の高さ 15 メートルで、現在の高さが 5 メートルの「ブロッホ」[13] や、サムバラのそれと同類の通路で繋がったホィール・ハウス群、北欧海賊が好みの例の長方形の住居群なども残される巨大な居留地跡である。既述の、アーガイルの「ダナッド砦」の司令塔の下に見られるのと同様な、新王や陪臣たちがその上に立って神聖な誓いをしたと考えられ、「戴冠用の石」と言われる、「足跡」マークのある岩は、この居留地の端の舗装道路が終る最も外側の木戸近くにある。

　このラーウィックから A970 を 24 マイル北上し、シェトランド諸島の本島の最北端に近いハウセッター (Housetter) には、東に「ロッホ・オヴ・ハウセッター」(Loch of Housetter)、西の「ベオルグズ・オヴ・ハウセッター」(Beorgs of Housetter) を背景として立つ立石群、高さ 2.4 メートルと 2 メートルの、北から南に並ぶ「青鬼」と「赤鬼」を思わせるような 2 本の色の異なる立石群が、その下にある青銅器時代の石墳を見守るようにして立つ「ジャイアンツ・グレイヴ」(Giants' Grave) [14] がある。そして、この立石群の南東 200 メートルには新石器時代の石室墳「タウイー・ノウ石室墳」(Towie Knowe Chambered Cairn)、別名「妖精塚」(Fairy Knowe) [15] と呼ばれる石室墳があるが、長い通路を経て石墳の中央に十字型のホールと石室があり、石墳の四隅に角状の突き出しがあるのが特徴のこの「シェトランド・グループ」(the Shetland Group) の石室墳はその石が道路建設用の砕石として使用され、今は見る影もなくなった残骸として残る。東に向かって開いた通路と石室の跡がわずかに辿りうる。

　A971 沿いの「ブリッヂ・オヴ・ウォールズ」(Bridge of Walls < (ON) *vollrs* fields) の北西 3 マイルに位置する「ガロウ・ヒル石室墳」(Gallow Hill Chambered Cairn) [16] も紀元前 3000 年代から 2000 年代に建てられた「シェトランド・グループ」の石室墳であるが、この石室墳もその石が家畜の放牧用の石囲いの石として盗石され、「タウイー・ノウ石室墳」と同様に残

12. シェトランド諸島

骸として残る比較的に大きな石室墳である。直径は約 25 メートル，前飾り (frontispiece) から通ずる通路の約 8 メートル奥に，2 メートル×3 メートルほどの十字型のホール跡と石室跡が残される。因みに，この放牧用の石囲いのための盗石は，既述のボッダム (Boddam) の東，海辺に近い高台にある「ダルセッター・ブロッホ」(Dalsetter Broch) にもその例を見ることができる。ここにはすでにブロッホはなく，2 本の外壁の内 1 本は放牧用の石囲いに変身している [17]。

しかし，この「ガロウ・ヒル石室墳」があるブリッヂ・オヴ・ウォールズの近隣は，新石器時代の紀元前 3000 年代の終り頃より青銅器時代の紀元前 2000 年代の初め頃にかけて，多少の入植者たちが集まった所で，5 戸のこの年代の住居ないし居留地跡が残されている。まず，このブリッヂ・オヴ・ウォールズの東南東 1.5 マイル，「ウェスト・ホウランド」(West Houland) の近くに，新石器時代の終り頃の建立と言われる「テムプル」(Temple) [18] と呼ばれる住居を含む「スタニィデイル古代住居群」(Stanydale Early Settlement) の集落地がある。

「テムプル」は，下の 図 31 に見られるように，既述のオークニイ諸島の「マエス・ホウ石室墳」の内部と同じで，施設の中央に「ホール」があり，「ホイール・ハウス」の場合と同じように，この「ホール」を中心にその周囲に個室があるという施設である。壁の外径が 13 メートル×19 メートルの楕円で，その壁の厚さは，マレイ地区の「クラーヴァ型石室墳」の石

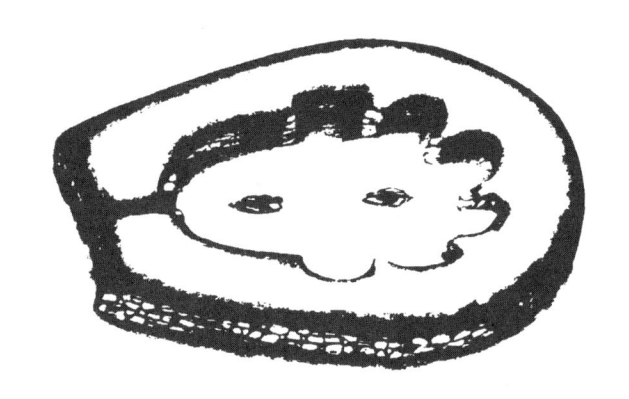

図31 ホイールハウス型住居（「テンプル」と通称される）

第2部　古代遺跡を訪ねて

室を取り巻く積み石壁と同じように，所々に縁石を配して，3.5メートル，これが約12メートル×6メートルの楕円の内庭ないしは「ホール」を取り巻いている。凹型の前飾りのついた出入り口が南東にあり，この入り口近くは北西部の奥の方より幅が狭い。この奥の部分に「ホィール・ハウス」の小室のような「入り込み」が6カ所あり，部族の長の住居か共同体の集会所といった施設である。

　また，スタニイデイル住居群は10メートル×7メートルほどの楕円の住居で，石の土台の高さ約1メートル，厚さ約2.5メートルの5つの住居からなる [19]。

　また，このブリッヂ・オヴ・ウォールズの南東2マイルにも石の土台の厚さ2.7メートル，出入り口が南東側に向く直径約10メートルの住居や，出入り口がポーチ付きで同様に南東側にあり，その反対側に別の出入り口つきの直径4.5メートルの円を半分にしたような半円状の張り出しがある直径10メートルの母屋をもつ住宅など，5戸の住居群からなる「ネス・オヴ・グルーティング古代住居群」(Ness of Gruting Ancient Houses) [20, 21] 跡が残されている。青銅器時代に工芸家たちのグループが入植したと考えられている住居群である。戦斧の模型，石の工芸品，ルイス島の織物模様の原型「すぎ綾模様」(herringbone) が施された大量の陶器の破片などが出土している。

　この島嶼で人口がある所は首都の「ラーウィック」と「ヴォー・オヴ・サムバラ」のみで，他の村落は通常5戸か10戸，隣の村落とは1マイルか2マイル離れているのが通常といった辺鄙な島嶼であるが，このラーウィックには現在は1月の最後の火曜日に，北欧海賊の「ガレイ船」(galley) をまねた車のついた「カーニヴァル・シップ」(Carnival ship) の引き回しや，5フィートほどの松明をもった沢山の仮装した男女たちの行進，仮装の海賊たちが，ブラス・バンドの演奏に合せて，《昔日の北欧人の家は怒涛渦巻く海の中，彼らの槍旗はノルマンディの敵をものともしなかった。勇敢に戦って臆病者の墓に入らず，泡立つ海を支配したこの種族を決して忘れまい。》のような意味の「北欧人の住処」("The Norseman's Home") を歌いながら行なう大行進などがあり，最後に「カーニヴァル・シップ」が焼かれるという「火祭り」(Clavie) の行事があるが，これはケルト人の昔の「万

12. シェトランド諸島

聖節前夜」(the Feast of All Souls or Hallowe en < (Q) *Samfhuinn*) ないしは1年の大晦日の「ホグメニイ」(Hogmanay) の行事に相当する北欧人の大焚き火の行事である。

第 3 部

古代文化誌抄

1. 古代人が残した生活の利器

　スコットランドは中世には，ジョン・バーバー (Barbour, John, 1320-95)，ウイリアム・ダンバー (Dunbar William, 1460-?1520)，ゲヴィン・ダグラス (Douglas, Gavin, 1474-1522) など，所謂「スコティッシュ・チョーサリアンズ」(Scottish Chaucerians) を輩出し，また，近世に入ってからは，アラン・ラムゼイ (Ramsay, Allan, 1686-1758)，ロバート・ファーガッスン (Fergusson, Robert, 1750-74) などを輩出して，貧しいながらも，国情も人情も情趣豊かな国であったが，1746 年の「クロデンの戦い」(the Battle of Culloden) の敗戦後のロバート・バーンズ (Burns, Robert, 1759-96) の時代に入ると，スコットランドの国力は急激に落ち込み，彼が妻ジィーン・アーマア (Armour, Jean,1767-1834) を故郷のエアシャー（Ayrsire）に残したまま，エディンバラで娼婦と共に暮らすようになった頃には，このエディンバラは，建物は石炭の煤でくすぶり，イングランドから帰ってきた盲人が，国境地帯の丘の上に立って，その匂いでエディンバラの所在が判ったというほどに，窓から捨てられる汚物の匂いで町全体が悪臭を放っていたと言われる「オールド・リーキイ」(Auld Reekie) の時代に入るが，今のこのエディンバラは，スコットランドの首都で，清楚な大きな近代都市である。

　ここには毎年,8 月の中旬に「エディンバラ・フェスティヴァル」(Edinburgh Festival) という催し物が開催される。その目玉は駅 (Waverley Station) の北西の高台にある「エディンバラ城」(Edinburgh Castle) の広場で行なわれる「タットウ」(tattoo) である。スコットランド各地から集まったスコットランド兵たちが，軍楽隊の大きな太鼓の音とあの野原や谷間を這うように流れる風のような「バッグパイプ」の音色に合せて行なう,壮観な夜間の「軍隊行進」の行事であるが,この「タットウ」にはもう 1 つ別の意味がある。それは「刺青」(tattoo) である。

　このスコットランドにはスコット族 (the Scots) の移住もあるが，本来はピクト族 (the Picts) も含めて「彩色を施した人種」，ブリトン族 (the Britons) の国である。こうした先祖にプライドを感じている人が多いためか，今や

299

国がこれをなくそうと頭を痛めているほどに，男女の別なく刺青をした人が多い。これは「利器」とは言えないにしても，彼らの先祖たちが残した由緒正しい古代の遺物ということになるが，このエディンバラの駅，「ウェイヴァリイ・ステイション」(Waverley station) に近い東側の大通り「クイーン・ストリート」(Queen Street) の1角には，太古の祖先たちが残した古代遺物，彼らが作り，彼らが使用した日常生活のための数多くの利器を集めて展示している「国立スコットランド古代遺物博物館」(the National Museum of Antiquities of Scotland) がある。

既述のオークニイ諸島に紀元前3000年頃から2500年にかけて移住した新石器時代人たちの「スカラ・ブロウ居留地」(Skara Brae Prehistoric Settlement) からは，彼らが使用した日常生活の利器や装身具などが出土していて，この居留地の出土品の展示コーナーにも，石斧 [1]，石槌 [2]，うさぎや鹿などの狩猟の際に使用したと思われる石球 [3]，硬質の石のみか鑿の類である石のへら [4]，肉や魚，野菜など調理する燧石のナイフ [5]，同様に厨房用の石の丸い鉢や四角い鉢 [6]，矢尻り ([23] 参照)，動物の骨で作った針やピン [7]，同様な錐，動物の牙や歯で作った首飾り [8] などが展示されている。

こうした生活の利器の中でも土器の類は主に青銅器時代に入ってから作られるようになるが，新石器時代の土器類はただ単に食器か物入れとしての土器であり，いまだに煮炊きなどは可能ではない土器である。新石器時代や青銅器時代の古代人たちが煮炊きに用いた利器は，もっぱら熱した平石か，窪みを彫った平石 [9] であったようである。

このクイーン・ストリートの博物館に収蔵されている新石器時代の土器類には，口径16センチ，高さが18センチ，口の縁のすぐ下に取っ手の突起がある「クレットラヴァル石室墳」(Cletraval Chambered Cairn) から出土の土器や，2.8センチの翡翠の女性の首飾りと一緒に出土したとされる，口径25センチ，高さが10センチ，丸底の「どんぶり」か「土鍋」を思わせる「ケアーンホリィ石室墳(2)」(Cairnholy Chambered Cairn (2)) からの出土の土器，同様に口径が20センチ，高さが9センチ，口元の下に横に幅5センチの線模様がついた，「どんぶり」か「土鍋」に似た既述のラウゼイ島の「タヴァソウ石室墳」(Tarversoe Chambered Cairn) から出土の土器，また

1. 古代人が残した生活の利器

「アンスタン石室墳」からの出土で,口径 35 センチ,高さ 8 センチ,口縁の下に幅 5 センチの厚みのある縁があり,この縁に三角と菱形を連続した装飾がある平皿状の「アンスタン陶器」などがその一覧の中に名を留めているが,新石器時代の土器はその数はいまだに稀少で,実際には出会うことはもちろん,カメラに収めることもできない土器の類である。展示品の交換があるたびごとに足しげく通う事が出来ない旅行者の目に触れることはまず難しい土器であるが,これに比して,青銅器時代の土器類は型・サイズも多彩で,その数も多く,このエディンバラの「国立スコットランド古代遺物博物館」には多くの土器類が所蔵されている。

葬法が土葬であった青銅器時代の初期までの土器類は食器が主で,飲料水を蓄える「壷」(bucket) の類は見られないが,彼らの居留地よりの出土の場合はもちろん,彼らの埋葬地,石墳からの副葬品としての出土であっても,大方は日常生活の利器としての土器であるが,葬り方が火葬に変わった後の「壷」には骨壷 (cinerary urn) としての壷があらたに参入する。そして,かなりの数の青銅器時代の土器類が,新石器時代の石室墳の中から出土している。このことは明らかに後の青銅器時代人たちが彼らの先人たちの新石器時代の石室墳を使用していた証左である。

青銅器時代の中期,後期の土器には食器としての土器もあるが,この頃より多小窯業技術が発達して,土器の表面に珪酸塩化合物を多く含む石英や燧石の粉などを塗して焼いた表面がガラス質の,穀物の保存はもちろん,飲料水の保存も可能な土器が現われ始める。[10] こうした土器を作るために使用されたと見られる石の型枠は,その主流となったものが「鐘」を思わせる所謂「鐘形杯」[11,12] である。水や穀類を入れたと思える口径が大体 20 センチより 25 センチ,高さが 25 センチより 30 センチ,平底で基底部の直径が 15 センチ位,口元から下に向かって一旦口径をせばめ,中央部でやや膨らみ,次第にまた口径をせばめるという形のもので,こうした土器がこの時代の定番であったようである。そしてその数も多い。

既述のストラスネイヴァ (Strathnaver) のチーラミイ (Chealamy) で出土した鐘形杯[13]は,口元と中央部の口径が 25 センチ,基底部の直径 15 センチ,高さが 30 センチ,土器全体に上から下に縦と横の線の装飾がある最も普通の型のものである。アバディーンシャー (Aberdeenshire) のチャペル・オヴ・

第 3 部　古代文化誌抄

　ガリオッホ (Chapel of Garioch) で出土した鐘形杯は口径 20 センチ，高さが 26 センチの普通の型のもの [14]。バンフシャー (Banffshire) のコレオナード農場 (Colleonard Farm) で青銅の平斧と一緒に出土した鐘形杯は高さ 18.2 センチの小型のもの [15] で，ウェスト・ロージアン (West Lothian) のバスゲイト (Bathgate) で出土した鐘形杯 [16] は，高さが 14 センチで下膨れした型の鐘形杯土器の変種である。また，パースシャー (Perthshire) のバルミュイック (Balmuick) で出土したもの [17] は，高さが 14.5 センチの取っ手付の大コップ (beaker)，また，オークニイ諸島のロナルゼイ (Ronaldsay) で出土した土器 [18] とアーガイル (Argyle) の青銅器時代の石墳「ダンクレイガイック円錐墳」(Duncraigaic Conical Cairn) で出土したもの [19] は装飾用の「茶碗」か「土鍋」を思わせる土器で，前者には横に深い切り込みの線と山形紋が，また，後者には表面全体に縦と横に細かい点や線の多彩な装飾が施されている。

　青銅器時代もビーカー族の時代の「骨壷」(cinerary) [20] は，そのサイズが大小様々の壷である。大きいものは口元の口径は 27 センチから 30 センチ，高さが 30 センチから 35 センチ，小型のものは大きいものの約半分で，壷は下部が極度にすぼまり，基底部の直径は大体 15 センチ位，補強のためか口元の縁の部分が折り返しになって，倍の厚さになっているものと，そうでないものとがあるが，この折り返しの部分にあたる上部のみに装飾が施され，他の部分には装飾をもたないものが多い。クイーン・ストリートの博物館には各地からのこの時代の幅広い土器の出土品の所蔵がある。

　ダムバートンシャー (Dumbartonshire) ミルンゲイヴィイ (Milngavie) より出土した骨壷 [21] は高さが 35 センチあり，ミドロージアン (Midlothian) のマグダレン・ブリッヂ (Magdalen Bridge) より出土の骨壷 [22] は高さが 29.5 センチ。インヴァネスシャー (Invernessshire) のクルドゥセル・メインズ (Culduthel Mains) から褐色の燧石のあご付の矢尻りと共に出土した骨壷 [23] は高さが 25 センチある。キンカーディーンシャー (Kincardineshire) のキンネフ (Kinneff) から出土した骨壷 [24] は高さが 5.3 センチある。

　青銅器時代初期の人たちも石斧，石槌，石のへら，燧石のナイフや矢尻りなどを生活の利器として用いたが，青銅器時代も後期に入ると，既述のシェトランド本島の「ヴォー・オヴ・サムバラ古代住居群」(Voe of Sumburgh Early Settlement) で青銅の槍の穂や「平斧」の鋳型などが出土して

1. 古代人が残した生活の利器

いるように,また,ヘルムズデイル (Helmsdale) の北西 10 マイル,リアラブル・ヒル (Learable Hill) の居留区跡からは,既述のように石の平斧の鋳型が出土しているように,「ハルシュタット文明」(the Hallstattian Civilization) の「銅鉄時代」(the Bronze & Iron Age) に入るとこうした利器も金属製のものに変わってゆく。

石斧や石槌は青銅の平斧 (copper axe) [25] に変わり,青銅の剣や槍 [26] も現われる。また,女性の装身具にも青銅の腕輪 [27],銅の混ざった金の首飾り [28] や,ファイフのマスタートン (Masterton) の出土で,動物の牙や歯ではなく,68 個,5 列に並んだ紡錘状の豪華な黒玉のビーズからなる女性の首飾り [29],ガロウェイ (Galloway) の「ケアーンホリィ石室墳 (2)」の出土で,2.8 センチの翡翠 (jade) の丸いビーズの首飾り [30] や,青銅器時代の男性貴族の「冠」の類,帯状髪飾り (diadem) [31] などが現われ始める。鉄器時代に入ると,当然鉄の刀剣などが現われ始めるが,鉄器は腐食がはげしく,クイーン・ストリートの博物館にはこの鉄器時代の刀剣類の展示はきわめて少ない。

しかし,この博物館には時として,「ハドリアンの城壁」のローマ軍砦の博物館からの借用展示である場合もあるが,ラテン語の表記で,"To Jove, Best and Greatest, to other immortal Gods and to the Genius on the Praetorium by Quintus Petoronius, son of Quintus of the Fabian tribe, Prefect of the 4th Cohort of Gaul"(最善にして至高なるジュピターと他の不死の神々,砦本部の鎮守の神ジニアス・ローサイ (Genius Loci) に捧ぐ,ゴールの第 4 歩兵旅団将軍,ファビアン族のクゥイントウスの子,クゥイントウス・ペトロニウス)[32] とか,ゴール人の軍神コシドウス (Cocidus) に,タングリア (Tungria) の歩兵旅団の将軍が献じた,"To Cocidus, Quintus, Frorius Maternus, Prefect of the 1st Cohort of Tungrians"(コシドウス神に捧ぐ,タングリア第 1 歩兵旅団将軍,フロリウス・マターヌス,クィントウス)のような祭壇,また,シリアの外人兵たちが,彼らの故国の軍神シンクサス (Thincsus) を敬愛したいがために,ローマの軍神マース (Mars) の名を方便として前に添えて「マース・シンクサス」に献じた "To Mars Thincsus, his two warrior goddess attendants Beda and Fimmilina"(マース・シンクサスと供の 2 女神ベーダとフィミリィーナに献ず)のような,ローマ軍砦跡からの出土で,ローマ軍の司令官や将

第3部 古代文化誌抄

軍たちが,その上で蝋燭に火をともして,彼らが敬愛する神々「ジュピター」(Jupiter) や砦の鎮守の神「ジニアス・ローサイ」,「マース・コシドゥス」(Mars Cocidus) や軍神「マース・シンクサス (Mars Thincusus) 等などに祈りを捧げ,年々歳々太陰暦の新年の1月3日に新しい祭壇と取り替えるのを習いとしたという,通常の高さが 1.2 メートル位,幅と奥行きが 30 センチ,石の上部と下部が胴体部より大きく,華麗な彫刻が施され,胴体部正面に寄進する神の名と寄進者の名の銘の彫刻がある石の祭壇の展示がある。

人が敬愛の対象とするものは,母の懐と同じように愛着のあるもので,揺籃期より無意識のうちに人の心の中に育まれているものである。ローマ軍の外人兵たちが崇拝した神々には,彼らの故国の神を敬愛したいがために,その名の前か後にローマの神の名を添えた神の名が多い。シリアの外人兵たちの火と鉄器工芸の神「ジュピター・ドリチェヌス」(Jupiter Dolichenus), ペルシャ (Parthia) やフリジア (Phrysia) の外人兵たちの神「ジュノウ・キュベレ」(Juno Cybele), 上述の「マース・コシドゥス」や「マース・シンクサス」,ゴールから来ている外人兵の神「ジュノウ・ルシナ」(Juno Lucina),「スリス・ミネルヴァ」(Sulis Minerva) など故国の神と同体のローマの神の融合神が多いが,このローマの神の名は,「第2部 1. 国境地帯,ベリッシャーとロージアン地区」で述べている「ジュノウ・キュベレ」のように軍令によって付されたもので,故国の神を崇拝したい外人兵にとっては只の無用の長物と言えたものかも知れない。

また,この博物館には「ハドリアンの城壁」のローマ軍砦の博物館からの借用展示,ペルシャの「ミスラス神の石像」[33] や,火と鉄器工芸の女神の「ブリガンティア」(Brigantia) に捧げた石像については既述の通りであるが,兵士たちが運命の女神「フォーチュナ」(Fortuna) に捧げた石像 [34], ローマの「水の女神」コヴェンティナ (Coventina) に献じた石額 [35], 同じく彼らが彫った「蛇の石像」[36] などを時折見ることができる。また,外人部隊の兵士も含めて,ローマの兵士たちの宗教観を伺い知るのに多少参考になると思われる展示物や,新石器時代や青銅器時代のそれらとは異なった明らかに進化のあとを残すローマ軍兵士たちが用いた茶碗 [37] や石臼の類 [38], ローマ軍が農民たちに課した年貢の穀物の計量枡 [39] などの展示を見ることもできる。

1. 古代人が残した生活の利器

　また，牡牛，猪，狼像などを彫った第3型の「ピクト族の表象石」や，球状に集まった蛇のデザインがある，例の「ピクト族のクロス・スラブ」なども各博物館に多数収納され，展示されている。スコットランドは暗黒時代頃まで蛇が多かった所であると言われる。日本の蛇は夏場の暑い日には水辺の草の葉の下などで「涼」をとっているが，温度の低いスコットランドでは蛇は石墳の石の上などで身を暖めている。[1] このスコットランドの蛇は猛毒をもった「クサリヘビ」(adder) の類，蛇目まむし科の爬虫類で，今では遭遇することはまれと言われているが，昔蛇が群生した所では一度温度が下がると蛇は分泌物や唾液をだして球状の塊となり身を暖めたと言われ，この状態が例の表象石にある密集した蛇のデザインで，「第2部 4. パースシャー地区」の「アバレムノウ・クロス・スラブ (2)」(Aberlemno Cross Slab (2)) や，ブレホン法による1種の共有地，「300頭の牛かそれに相応する家畜を飼育する地領，ないしは480エーカーの農地」を意味する，「シャンドウイック」(Shandowick < (Q) *seann* old + *dabha* or *davoch*, a farm to keep 300 cows or heard of cattle or land surface of 480 acres) の丘の上の「シャンドウイック・クロス・スラブ」(Shandowick Cross Slab) などに彫られている蛇の図案であると言われている。また，「第2部 7. グランピアン地区」の「バーグヘッドの井戸」で発見された「雄牛の像」のある石板 (大英博物館所蔵) は「パースシャー地区」で紹介済みであるが，それは原始牛「ゲウシュ・アーバン」(Geush Urvan) 信仰と同様な信仰の偶像と思われる。

＊　＊　＊

　最後に，これまで挿入の箇所が判らぬままに放置してきた1つの事項を補足して，この章を終えることにする。スコットランドの「レストラン・メニュウ」の中に「ハギス」(haggis) という食べ物がある。高名な詩人ロバート・バーンズ が親友のロバート・モリスン (Morison, Robert) 氏宅で馳走になり，以後彼の好物となった「ハギス」で，彼が「ハギスに与う」("To a Haggis") の中で挨拶している，例の刻んだ羊などの臓物をオートミールや香辛料と一緒に腸詰めにして煮た「ハギス」の末裔であるが，近年，おそらくそれの元祖と思われる「ハギス」(haggis < hagginasus) がお目見えする

第 3 部　古代文化誌抄

ようになった。

　スコットランドにはアザラシが陸に上がって変身したり，性転換 (sex reversal) をするという 1 種の「転生」(reincarnation) の民話は少なくない 。問題のハギスがこのアザラシ科に属するか否かは定かでないが，[2] 古くから西部海岸やその近くの島嶼に棲息していて，7 世紀初頭頃から食用となり，北欧海賊の侵攻期には乱獲され，漸次その姿を減らしていった，体長 30 〜 50 センチ，7 年毎に性転換をすると言われる水陸両棲の哺乳動物のことであるが，このハギスが近年，マル島 (the Isle of Mull) を中心に 2, 3 の島で人工飼育され，時折，食用として市販されるようになった。暗黒時代の北欧海賊の侵攻と定住期に彼らが「ハギス犬」(haggis dog) をつかって乱獲したため，西方の一部の島嶼のみを除いて，かなり昔から完全に姿を消していたこのハギスがもちろん本物のハギスであるが，このハギスが名前のみ残して，長い間不在であったために，バーンズの言うハギス，今あるその末裔のレストラン・メニュウのハギスが腸詰めの形で現われたが，スコットランドには今や都合 2 種類のハギスが存在することになった。バーンズは，おそらくこの本物の「ハギス」には出会ってはいなかったように思われる。

2. ドゥルイド暦（木の暦）

　ドゥルイド暦は，すでに少々触れているように，28 日を 1 ヵ月とし，1 年が 13 ヵ月と 1 日の太陰暦 (the lunar calendar) である。中国暦では 1 月を月が周遊する「星宿」を黄道に沿って東，北，西，南の 4 宮，各 7 宿，計 28 宿に区分している，即ち 1 月を 4 週，各 7 日としているが，このドゥルイド暦は，1 ヵ月が何週で各何日であったかは不明である。が，[1] ドゥルイド教徒たちは，暦を天球の動きに合わせていたようで，18 ある「アルファベット」の中から，各月を 28 日として，1 月から 13 月までの月名には，季節の移りがわかるように，子音で始まる各季節の木の名を，また，1 年に 5 日ある特殊日，元旦、春分，夏至，秋分，冬至などには，それなりに特有な 5 つの母音で始まる季節の木の名を与え，1 年を 28 × 13 = 364 日プラス 1 日としている。木の名に因む暦ということで，この「ドゥルイド暦」は別名「木の暦」(Tree Calendar) とも言われるが，これら木の名はドゥルイドの時代の極北の国，アイルランドやスコットランドの自生の木の名である。

　1 年の大晦日は，太陽が死絶する現在の 13 月目の最後の「冬至」の日で，この日が 1 年の総決算をする日。[2] ブリテン島に定住してからのケルト氏族の栄枯の是非は，広い農地や放牧地を所有していた，各氏族の貴族たちの下層部の自由民の農民や非自由民，奴隷たちに対する，土地の活用法にかかっていた。

　彼らは通常の農作物の貢ぎ，労役，兵役のほかに，特権階級の僧侶「ドゥルイド」たちや，鉄器鍛冶などの貴族は別にして，一般平民や奴隷に対しては，農耕，放牧用の借地，家畜の貸し出しなどを行なうのを習いとしていたが，この冬至の日はその契約の期限がきれる日であり，それを更新する日であった。そして，その宵が今は所によって「ホグメニイ」(Hogmanay < (OF) *hoguigane* (the Burning to the New Year or the Clavie) の名で残っている昔日の「万聖節前夜」(All Hallow Eve or Hallowe'en) で，大焚き火をたいて先祖の霊を呼び，1 年の収穫を天の神地の神に感謝し，太陽の復活を祈った日本の「大晦日」と「盆」と，気の早い「啓蟄」の日を一緒にしたような宵

第3部　古代文化誌抄

であり，その翌日が「万聖節」(Hallowmas)，「新年」を受胎する日で祭日ないしは休日 (holiday or missing day) であった。そして，これまでが「1 年」(a year and a day, 13 の太陰月×28 日と 1 日) で，その翌日，現在の冬至の翌々日，12 月 24 日が新しく太陽が蘇る日，本来はオーク (oak) を親木としたその「宿り木」(mistletoe)，初期キリスト教徒たちが「キリストの生誕の日」に置き換えた「元旦」である。

　しかし，キリスト教年代に入ってからは，大焚き火を焚いて太陽神「ベルス」(Belus) を崇め，子孫や家畜の健康と繁栄，作物の豊穣を祈願し，向こう 1 年の家の種火を採取する，本来は真夏日の「ベルテーン」(Beltane) の行事は 5 月 1 日となり，上述のように，大晦日で真冬日「冬至」の宵の行事であった，「ハロウィーン」の行事は 10 月の末日に移行されてしまっている。このことは，極北の寒冷の国の農事暦事情による止むない移行と言えばそうとも思えはするが，確固たる地歩を固めるようになった後のキリスト教徒たちが，ドゥルイドたちが残した習俗を疎ましく思うようになった結果の移行とも言えそうに思える。

この「ドゥルイド暦」は太陰暦であるゆえに 1 日は夕暮れに始まり夕暮れに終わる。現在もなお「宵祭り」の類が残っているように，冠婚葬祭の類はみな「宵」に始まったと思われる。[3]

[4] 以下はドゥルイド暦，(1) は 13 の各太陰月と，1 年の特定日を示す木の名の頭文字，(2) は，特殊日の日付と各月の期間，(3) はそれらに与えられた「木の名」を表わす。

	(1)	(2)	(3)
A		元旦 (12/24)	fhalm 「楡の木」(elm，語頭の fh は黙音)
B		12/24-1/21	beithe 「樺の木」(birch)
L		1/22-2/18	luis 「ナナカマド」(rowan, quick-beam)
N		2/19-3/18	nuin 「トネリコ」(ash-tree)
F		3/19-4/15	fearn 「ハンノキ」(alder-tree)
O		春分 (3/21)	oir 「針エニシダ」(furze)
S		4/16-5/13	sail 「柳」(willow)
H		5/14-6/10	(h)uath 「西洋サンザシ」(white thorn)

308

2. ドゥルイド暦（木の暦）

D	6/11-7/8	dair「オーク」(oak)
U	夏至 (6/21)	ura「ヒース」(heath)
T	7/9-8/5	teine「ヒイラギ」(holly), のちに「針エニシダ」
C	8/6-9/2	coll「ハシバミ」(hazel-tree)
M	9/3-9/30	muin「ツルクサ」(vine)
E	秋分 (9/21)	eubh「ハコヤナギ」(aspen)
G	10/1-10/28	gort「西洋ツタ」(ivy)
P	10/29-11/25	pethboc「葦」(reed)
R	11/26-12/22	rus「ハンノキ」(alder-tree)
I	冬至 (12/22)	iubhar「イチイの木」(yew-tree)

4年に1度の「閏の日」がどこにどのように算入されたのかは不明である。「春分」の oir は east「東」の意味を，また西の方位の「秋分」の eubh は「死の番人」の意味をもつ。少し前までは5月1日 (May Day) に，今は5月の第1日曜日に，ローマの主神ジュピターと同体で天，雨，雷の神である「オークの神」ないしは「ベルス神」(Belus) を崇めて祝った「ベルテーン」(Beltane < (Q) Bealltuinn) の火祭りは，本来はオークの月の「夏至」の朝に行なわれるのを習いとしたが，この「オーク」(dair) は，キリスト教を「宿り木」として育てたその「親の木」でもあるが，ギリシア語の *drus*（「戸口」）と同義で，「ドゥルイド」(Druid) の語源とも言われ，各家庭に「不浄邪悪なもの」を招じ入れない「戸口の守護神」でもあった。

スコットランドでは時代が古くなればなるほどに，各家庭の戸口はこのオークで作られるのを常とした。また，この信仰は現在の教会の戸口にも生きている。初期キリスト教徒たちはドゥルイドのこの仕来りを，そのまま受け継いでいたようで，このキリスト教の会衆の戸口は，ドゥルイドの祭祀の場合と同じく，祭壇が置かれる正位「東」の反対側の裏手「西」か，その近くの南側に建て増したポーチに作られるのを常とした。そして，この教会のオークの戸口には，現在でも，ドゥルイドの「泉水信仰」のメッカ，1000年以上もの間打ち付けられた釘やコインのために第1次大戦 (World War I, 1914-18) 中に枯死した，マルイ島の薬効と精神障害者治療の井戸の「聖木」と同じように，コインや釘が打ち込まれているのを時折見ることが

できる。

　このマルイ島の聖木には 1877 年ヴィクトリア女王 (Queen Victoria, 1837-1901) がハイランド行幸の折，1 枚のコインを献上しているが，「オーク」に釘やコインを打ち付けるという習慣は，通常は，ドゥルイドの儀式で行なわれる願い事の成就か，病気平癒の礼を意味し，その習慣の生き残りである。

　ドゥルイド暦では，太陽の「蘇生復活」を意味する「ハンノキ」の月名は光と春の第 4 月目の月名と，死絶する太陽の復活を希求する 1 年の第 13 月目の最後の月の名に使われている。そして，この「暦法」は太陰が，18.61 年ごとに還暦を繰り返しながら，既述の**図** 12 に示しているように，元旦を冬至の翌々日とし，1 月を 28 日として，右端上の B 月から L, N, F, S, H, D, T, C, M, G, P, B, の各月を経て，左上隅の 13 ヵ月目の R 月で終り，天地創造の神，I, E, U, O, A「エホヴァ」(Jehobhah) の力を借りて再び，文字通りの無終，無始の「輪廻転生」を繰り返すという暦法であるが，この太陰が還暦を繰り返す 18.61 年という歳月は，鉄器時代にこの暦を完成するドゥルイドたちが，ドゥルイドという頭脳集団を育てるために要した訓練期間と奇しくも符号する。カエサルは [5]《彼らは多く士族の子弟で，遠い森か谷間の中 (abditis saltibus) で 20 年に近い修行をする。》と記している。

3. 大王・王の譜系

　ここに述べるピクト，ダルリアーダ，ピクト・スコット連合王国，アルバン王国の大王や王の名前，在位期間は，『ピクト国——その人民と教会』(*The Pictish Nation, Its People, and Its Church*) の著者 A.B. スコット (A.B. Scott) がリーヴズ (A.M. Reeves,1856-91) からの引用として，その著書の中に記載しているもの，*印付きの名前は『セント・アンドルーズ稿本』(*St Andrews Manuscript*) による名前で，在位期間は『アイルランド年史』による。

ピクト族の大王の譜系

タローグ・ケオサー　　(Talorg Keother*, ?396-413)
ドラスト・マック・アープ　　(Drust Mac Erp, 413-53)
タローグ・マック・アニエル　　(Talorg Mac Aniel, 453-56)
ネヒタン・マック・アープ　　(Nechtan Mac Erp, 456-80)
ドラスト・ガノート　　(Drust Gernot*, or Mac Gurthinmoc, 480-510)
ガラン・アリリス　　(Galan Arilith*, 510-22)
ドラスト・マック・ギローム　　(Drust Mac Gyrom, 522-32)
ドラスト・マック・ウードロスト　　(Drust Mac Udrost, 522-27)
ガートナイ・マック・ギローム　　(Gartnaidh Mac Gyrom, 532-39)
ケルタン・マック・ギローム　　(Celtan Mac Gyrom, 539-40)
タローグ・マック・ミューホライ　　(Talorg Mac Muircholaidh, 540-51)
タローグ・マック・ムナイ　　(Talorg Mac Munaidh, 551-52)
ガランないしはケナルフ　　(Galan or Cenalph*, 552-53)
ブルード・マック・マエルコン　　(Brude Mac Maelcon, 553-84)
ガートナイ・マック・ドムネス　　(Gartnaidh Mac Domneth, 584-99)
ネクタン・マック・キャノン　　(Nectan Mac Canonn, 599-621)
キニアス・マック・ルスレン　　(Ciniath Mac Luthrenn, 621-31)
ガートナイ・マック・ウィッド　　(Gartnaidh Mac Wid, 631-35)
ブルード・マック・ウィッド　　(Brude Mac Wid, 635-41)
タローグ・マック・ウィッド　　(Talorg Mac Wid, 641-53)

311

第3部　古代文化誌抄

タローガン・マック・エンフレッド　(Talorgan Mac Enfred, 653-57)
ガートナイ・マック・ドンネル　(Gartnaidh Mac Donnel, 657-63)
ドラスト・マック・ドンネル　(Drust Mac Donnel, 633-72)
ブルード・マック・バイル　(Brude Mac Bile, 672-93)
タラン・マック・エンティフィディッヒ　(Taran Mac Entifidich, 693-97)
ブルード・マック・デレレイ　(Brude Mac Derelei, 697-706)
ネヒタン・マック・デレレイ　(Nechtan Mac Derelei, 706-29)
アンガス一世・マック・ファーガス　(Angus I Mac Fergus, 729-61)
ブルード・マック・ファーガス　(Brude Mac Fergus, 761-63)
ケネス・マック・フェレッダ，ないし，キニオッド・マック・ウレデッヒ
　　　(Kenneth Mac Feredach, or Ciniod Mac Wredech, 763-75)
アルピン・マック・フェレッダ，またはエルピン・マック・ウロイド
　　　(Alpin Mac Fereda, or Elpin Mac Wroid, 775-80)
ドラスト・マック・タローゲン　(Drust Mac Talorgen, 780-83)
タローゲン・マック・アンガス　(Talorgen Mac Angus, 783-85)
コナル・マック・ケイム　(Conall Mac Caeim , 785-90)
コネイル・マック・テイ　(Conail Mac Taidg, 789-90)
コンスタンティン・マック・ファーガス　(Constantine Mac Fergus, 790-820)
アンガス二世・マック・ファーガス　(Angus II Mac Fergus, 820-34)
エイ・マック・ボアンタ　(Aedh Mac Boanta, 834-36)
ドラスト・マック・コンスタンティン　(Drust Mac Constantine, 836-37)
タローガン・マック・ソイル　(Talorgan Mac Wthoil, 836-37)
オーエン・マック・アンガス　(Owen,or Uven Mac Angus, 836-39)
フェラット・マック・ダーガート　(Ferat Mac Dergart, 839-41)
ブルード・マック・フェラット　(Brude Mac Ferat, 839-42）

3. 大王・王の譜系
ダルリアーダの王の譜系

ファーガス・マック・アーク　(Fergus Mac Erc, 498 or 500-501)
ドモンガート・マック・ファーガス　(Domongart Mac Fergus, 501-6)
コムガル・マック・ドモンガート　(Comgal Mac Domongart, 506-38)
ガラン・マック・ドモンガート　(Gabhran Mac Domongart, 538-60)
コネイル・マック・コムガル　(Conal Mac Comgal, 560-74)
アエダン・マック・ガラン　(Aedhan Mac Gabhran, 574-606 (FG))
エオハ・ブイ・マック・アエダン　(Eochadh Buidhe Mac Aedhan, 606-22 (GB))
ファーハー・マック・コネイグ・マック・アエダン (Ferchar Mac Conaig Mac Aedhan, 622-38(GC))
コナハ・キア・マック・エオハ・ブイ① (Conadh Cerr Mac Eochadh Buidhe, 629(GB))
ドムナル・ブレック・マック・エオハ・ブイ② (Domnal Brec Mac Eochadh Buidhe, 629-42(GB))
ダンカン・マック・コネイグ③ (Duncan Mac Conaig, 642-48 (GC))
コナル・クランダムナ・マック・ブイ④ (Conal Crandamna Mac Eochadh Buidhe, 642-48(GB))
ドムナル・ドン・マック・クランダムナ　(Domnal Donn Mac Crandamna, 648-60 (GB))
マルディン・マック・クランダムナ　(Mailduin Mac Crandamna, 660-76(GB))
ファーハー・ファタ・マック・フェラダイヒ (Ferchar Fada Mac Feradaich, 676-97(LB))
エオハ・リアムナハル⑤　(Eochadh Riamnahail, 694-96(GB))
アインキーラ・マック・ファーハー・ファタ (Ainbhcealla Mac Ferchar Fada, 697-98(LB))
セルバッハ・マック・ファーハー・ファタ (Selbach Mac Ferchar Fada, 698-723 (LB))
ドンガル・マック・セルバッハ　(Dungal Mac Selbach, 723-26(LB))
イウン・マック・ファーハー・ファタ　(Ewen Mac Ferchar Fada, 726-42(LB))
エオハ・マック・イーハッハ⑥ (Eochaidh Mac Eachach, 726-33(FG))

313

第3部　古代文化誌抄

エルピン・マック・イーハッハ⑦ (Elpin Mac Eachach, 733-37(FG))
ムリアフ・マック・アインキーラ⑧ (Muredhach Mac Ainbhcealla, 737-45(LB))
イウン・マック・ムリアフ　(Ewen Mac Muredhach, 745-48(LB))
アエダ・フィンチ・マック・エオハ・リアムナハル (Aeda Find Mac Riamnahail, 748-78(FG))
ファーガス・マック・アエダ・フィンチ　(Fergus Mac Aeda Find, 778-81 (FG))
セルバッハ・マック・イウン　(Selbach Mac Ewen, 781-95(LB))
イーハッハ・マック・アエダ・フィンチ (Eachach Mac Aeda Find, 795-825(FG))
トゥンガル二世・マック・セルバッハ　(Dungal II Mac Selbach, 825-32(LB))
アルピン・マック・イーハツハ　(Alpin Mac Eachach, 832-34(FG))
ケネス・マック・アルピン　(Kenneth Mac Alpin, 834-43(FG))

【註】
① コナハ・キアは，629年数ヵ月の間ファーハーと共同主権者をつとめたあと，死去する。
② ドムナル・ブレックは，コナハ・キアの没後，ファーハーと共同主権者をつとめる。
③ ダンカン・マック・コネイグは，ファーハーの没年(638年)より，ドムナル・ブレックと共同主権者をつとめる。
④ コナル・クランダムナは，ドムナル・ブレックの没後，ダンカン・マック・コネイグと共同主権者をつとめる。
⑤ エオハ・リアナムハルは，彼の没年696年まで，ファーハー・ファタと共同主権者をつとめる。
⑥ エオハ・マック・イーハッハは，726年より733年まで，イウン・マック・ファーハー・ファタと共同主権者をつとめる。
⑦ エルピン・マック・イーハッハは，733年より737年まで，イウン・マック・ファーハー・ファタと共同主権者をつとめる。
⑧ ムリアフ・マック・アインキーラは，742年，イウンが死去する時まで，イウンと共同主権者をつとめる。

3. 大王・王の譜系

ピクト・スコット連合王国の王の譜系

ケネス・マック・アルピン　(Kenneth Mac Alpin, 843-59)
ドナルド一世・マック・アルピン　(Donald I Mac Alpin, 859-63)
コンスタンティン一世・マック・ケネス (Constantine I Mac Kenneth, 863-77)
アオ・マック・ケネス　(Aodh Mac Kenneth, 877-78)
エオハ・マップ・クウ　(Eocha Map Cu, 878-89)
ドナルド二世・マック・コンスタンティン一世 (Donald II Mac Constantine I, 889-896)

アルバン王国の王の譜系

ドナルド二世・マック・コンスタンティン一世 (Donald II Mac Contantine I, 896-900 (C))
コンスタンティン二世・マック・アオ　(Constantine Mac Aodh, 900-42(A))
マルコム一世・マック・ドナルド二世　(Malcolm I Mac Donald II, 942-54(C))
インダルフ・マック・コンスタンティン二世 (Indulf Mac Constantine II, 954-62(A))
ドゥ・マック・マルコム一世　(Dubh Mac Malcolm I, 962-67(C))
キリーン・マック・インダルフ　(Cuilean Mac Indulf, 967-71(A))
ケネス二世・マック・マルコム一世　(Kenneth II Mac Malcolm I, 971- 95(C))
コンスタンティン三世・マック・キリーン (Constantine Mac Cuilean, 995-97 (A))
ケネス三世・マック・ドゥ　(Kenneth III Mac Dubh, 977-1005(C))
マルコム二世・マック・ケネス二世　(Malcolm II Mac Kenneth II,1005-34 (C))

統一スコットランド王国の王の譜系

ダンカン一世・マック・クリナン　(Duncan I Mac Crinan,1034-40)
マクベス　(Macbeth or Mac Bheatha (Son of life) Mac Finlaic,1040-57)
ルラッハ　(Lulach Mac Gillacomgan,Mormaer of Moray, 1057)

第3部　古代文化誌抄
キャンモア王朝の王の譜系

マルコム三世・マック・ダンカン一世 (Malcolm III Mac Duncan I, 1057(or 58)-93)
ドナルド・ベーン・マック・ダンカン一世 (Donald Bane Mac Duncan I, 1093-94)
ダンカン二世・トーフィン・ザ・マイテイ（Duncan II Mac Thorfinn the Mighty, 1094）
ドナルド・ベーン・マック・ダンカン一世 (Donald Bane Mac Duncan I, 1094-97)
エドガー・マック・マルコム三世　(Edgar Mac Malcolm III,1097-1107?)
アレキザンダー一世・マック・マルコム三世 (Alexander I Mac Malcolm III, 1107?-24)
デイヴィッド一世・マック・マルコム三世 (David I Mac Malcolm III, 1124-53)
マルコム四世・マック・デイヴィッド一世 (Malcolm IV Mac Henry(Mac David I, 1153-65)
ウィリアム一世・マック・ヘンリィ (William the Lyon Mac Henry (Mac David I),　　1165-1214)
アレキザンダー二世・マック・ウィリアム一世 (Alexander II Mac William I, 1214-49)
アレキザンダー三世・マック・アレキザンダー二世 (Alexander III Mac Alexander II, 1249-86)

前・スチュアート王朝の王の譜系

ジョン・バリオール　(Balliol, John, the great grandson of David of Mormaer of Huntingdon Mac Henry, 1292-96)
ロバート・ザ・ブルス一世 (Robert the Bruce I, the great grandson of David of Huntingdon, 1306-29)
デイヴィッド二世・マック・ロバート・ザ・ブルス一世　(David II Mac

3. 大王・王の譜系

Robert the Bruce I, 1329-1332)

エドワード・バリオール　(Balliol, Edward Mac J. Balliol,1329-46）
　＊イングランド王，エドワード三世の任命による王位であるため，スコットランド王朝の王としては認められていない。

デイヴィッド二世・マック・ロバート・ザ・ブルス (1346-71)

スチュアート王朝の王の譜系

ロバート二世・マック・ウォルター　(Robert II Mac Walter, 1371-90)
ロバート三世・マック・ロバート二世　(Robert III Mac Robert II, 1390-1406)
ジェイムズ一世・マック・ロバート三世　(James I Mac Robert III, 1406-37)
ジェイムズ二世・マック・ジェイムズ一世　(James II Mac James I, 1437-60)
ジェイムズ三世・マック・ジェイムズ二世　(James III Mac James II, 1460-88)
ジェイムズ・四世・マック・ジェイムズ三世　(James IV Mac James III, 1488-1513)
ジェイムズ五世・マック・ジェイムズ四世　(James V Mac James IV, 1513-42)
メアリイ一世・マック・ジェイムズ五世　(Queen Mary I of Scots Mac James V, 1542-67)
ジェイムズ六世・マック・メアリイ一世 (James VI Mac Mary I, 1567-1625. 同君連合の王ジェイムズ一世, 1603-25)

同君連合の王の譜系

チャールズ一世・マック・ジェイムズ一世　(Charles I Mac James I, 1625-47)
チャールズ二世・マック・チャールズ一世 (Charles II Mac Charles I, 1660-85)
ジェイムズ二世・マック・チャールズ一世　(James II Mac Charles I, 1685-88)
メアリイ二世・マック・ジェイムズ二世　(Mary II Mac James II, 1689-94)
ウィリアム・三世・マック・フレデリック・ヘンリィ　(William III Mac Frederick Henry of Dutch, 1689-1702, メアリイ二世の夫で共同主権者)
アン・マック・ジェイムズ二世　(Anne Mac James II, 1702-14)

参考書目

見出しの略号は，註欄で使用する，資料の典拠を示すための各書目のコード名を意味する。

AMA: McLellan, B.: *Ancient Monuments of Arran*, Her Magesty's Staionery Office, Edinburgh, 1977.
AMF: *Around the Moray Firth Coast*, Jarrold Cotman Colour-Series.
ANW: Robertson, A. S.: *The Antonine Wall*, Glasgow Archaeological Society, 1856.
ARG: *The Ancient and Historical Monuments of Scotland, Argyll, Islay, Jura, Colonsay & Oronsay*, The Royal Commission of the Ancient & Historical Monuments of Scotland, 1984.
ASC: Savage, A.: *The Anglo-Saxon Chronicle*, translated and collated by A. Savage, London MacMillan, 1982.
ASD: Rosworth & Toller: *Anglo-Saxon Dictionary*, Oxford University, 1980.
BFC: Hole, C.: *British Folk Customs*, Hatchinson & Co. Ltd., 1976.
BFG: Caesar, Jullius: *De Bello Gallico, or Battle for Gaul*, translated by A. B. Wiseman, London, Chatto & Windus, 1980.
BLI: Marshall, E.: *The Black Isle*, Ross-shire Printing & Publishing Co. Ltd.
BOH: Menzies, J.: *The Book of the Highlands*, published for the Inverness Board of Advertizing, J. Menzies & Co. Ltd., Glasgow, 1936.
CAO: Duffy, F. S.: *Colonsay and Oronsay*, Garrie & Son, Auchterarder.
CAT: MacDonald, M.: *Crinan and Tavallich*, printed by Oban Times Ltd., 1986.
CCS: Simon, W. D.: *The Celtic Church in Scotland*, Aberdeen University Press, 1935.
CEH: Rees, A. & B.: *The Celtic Heritage*, Thames and Hudson, London, 1978.
CHS: Points, G. A.: *A Concise Guide to Historic Shetland*, Shetland Tourist Organization, 1984.
CLE: Ellis, P. B.: *The Celtic Empire*, The First Millennium of Celtic History c. 1000 B.C.-51 A.D., Constable, London, 1990.
COL: Finlay, I.: *Columba*, Victor Gollancz Ltd., London, 1979.
CPS: Watson, W. J.: *The History of the Celtic Place-Names of Scotland*, William Blackwood & Sons Ltd., 1936
DRD: Piggot, S.: *The Druids*, Penguin Books, 1968.
DSI: Vries, A. D.: *Dictionary of Symbols and Imagery*, North-Holland Publishing Co. Ltd., 1974
EAG: Shepherd, I. & Rallston, I.: *Early Grampian, A Guide to the Archaeology*, Grampian Regional Council, 1985.
ECB: *Encyclopedia Britanica*, William Benton, Publisher.
ECC: Stevenson, J. B.: *The Clyde Estuary and Central Region, Exploring Scotland's Heritage*, Her Majesty's

參考書目

Stationery Office, Edinburgh, 1985.

EDG: Stell, G.: *Dumfries & Galloway, Exploring Scotland's Heritage*, Her Magesty's Stationery Office, Edinburgh, 1986.

EFT: Walker, B., Richie, G.: *Fife & Tayside, Exploring Scotland's Heritage*, Her Majesty's Stationery Office, Edinburgh, 1986.

EGR: Sheperd, I. A. G.: *Grampian, Exploring Scotland's Heritage*, Her Majesty's Stationery Office, Edinburgh, 1986.

EHL: Close-Brooks, J.: *The Highlands, Exploring Scotland's Heritage*, Her Majesty's Stationery Office, Edinburgh, 1986.

EIS: Magnusson, M.: *Echoes in Stone*, Ancient Monuments Division, Scottish Development Department, 1983.

ELB: Baldwin, J. R.: *Lothians & The Borders, Exploring Scotland's Heritage*, Her Majesty's Stationery Office, Edinburgh, 1986.

FTH: Smith, G. I.: *Folk Tales of the Highlands*, Lang Syne Publishers Ltd., 1977.

GLB: Frazer, J. G.: *The Golden Bough*, the MacMillan Press Ltd., 1990.

GPS: Ferchem, R.: *A Guide to Prehistoric Scotland*, B. T. Batsford Ltd., 1977.

GRB: Green, M. J.: *The Gods of Roman Britain*, Shire Archaeology Publication Ltd., Buckinghamshire, 1983.

HAG: MacLean, G.: *The Haggis*, Gartcham Famedram Publishers, Ltd., 1986.

HGS: Mitchell, D.: *A Popular History of the Highlands and Gaelic Scotland*, Alexander Gardner, Paisley, 1900.

HIK: Mac Donald, M.: *Historic Kintyre*, printed by Oban Times Ltd., 1986.

HMN: Grimble, I.: *Highland Man*, Highlands and Islands Development Board, 1980.

HOD: McDowall, W.: *A History of the Burgh of Dumfries*, Penwell Ltd., Cornwall, 1986.

HPC: MacKay, A.: *A History of the Province of Cat*, Peter Reid & Co. Ltd., Wick, 1914.

HSC: Lang, A.: *A History of Scotland*, William Blackwood and Sons, Edinburgh and London, MCMII.

HSD: Mackie, J. D.: *A History of Scotland*, Penguin books, 1964.

IDA: *Iona Abby*, A Pamphlet, typeset & printed in the University of Strathcyde.

IEM: Cavendish, R.: *An Illustrated Encyclopaedia of Mythology*, Crescent Books, New York, 1984.

IOI: Gore, C.: *The Isle of Iona*, Finlay Ross Ltd., 1976

IRE: Ranelach, J.: *Ireland, An Illustrated History*, Collins, London, 1981.

ISL: Newton, N. S.: *Islay*, Davis & Charles, London, 1988.

JWI: Johnson & Boswell: *A Journey to the Western Islands of Scotland*, The Journal of a Tour to the Hebrides, Oxford University Press, 1984.

KIS: *Holiday in Kinross-shire*, A Pamphlet, typeset by the Tourist Office, Kinross Service Area.

LRS: *Lochs and Rivers of Scotland*, Huntington, Cambridge-shire, Colourmaster Publication, 1975.

MFS: Jobes, G.: *Dictionary of Mythology, Folklore and Symbols*, Scarecrow Press Inc. New York, 1963.

MOS: Komaki, H.: *The Making of Scotland*, Hiscan Press, Inverness, 1995.

参考書目

OAS: Laing, L.: *Orkney and Shetland, An Archaeological Guide*, David and Charles, London, 1974.
PGD: MacAlpine, N. A.: *A Pronouncing Gaelic Dictionary*, John Grant, Edinburgh, 1898.
PIN: Scott, A. B.: *The Pictish Nation, Its People and Its Church*, T. N. Foulis Publisher, Edinburgh & London, 1918.
PVS: Fojut, N.: *A Guide to Prehistoric and Viking Shetland*, Lerwick, Shetland Times Ltd., 1986.
RIS: *The Romans in Scotland*, National Museum of Antiquities of Scotland, Edinburgh, 1980.
RSC: Breeze, D. J.: *Roman Scotland*, Newcastle-upon-Tyne, Frank Graham. 1979.
RSS: Sutherland, E.: *Rosemarkie Sculptured Stones*, Groam House Publications, 1981.
RTB: Pitkin Pictorials: *Robert the Bruce*, Pitkin Pictorials Ltd., London, 1978.
SBH: Piggot, S.: *Scotland Before History*, Edinburgh University Press, 1982.
SCC: Bold, A.: *Scottish Clans*, Pitkin Pictorial Ltd., London, 1973.
SCD: Ritchie G. & A.: *Scotland, Archaeology and Early History*, Thames and Hudson LTD., London, 1985.
SCS: Guthrie, E. J.: *Strange Old Scots Customs and Superstitions*, Lang Syne Publishers, 1983.
SHY: MacDonald, J. N.: *Shinty, A Short History of the Ancient Highland Game*, Robert Carruthers and Sons, Inverness, 1932.
SLB: MacNeill, F. M.: *The Silver Bough*, Vol. IV, the Local Festivals of Scotland, W. Maclellan, Glasgow, 1968.
SLI: Shedden, H.: *The Story of Lorne, Its Isles and Oban*, ObanTimes Ltd., 1938.
SNC: *A Brief History of Church and St Ninian*, published from Hazlebrae House, Glenurquhart, Invernessshire.
SPL: Dorward, D.: *Scotland's Place-Names*, William Blackwood, Edinburgh, 1979.
SPN: Nicolaisen, W.: *Scottish Place-Names*, B. T. Batsford, Ltd., London, 1976.
SSC: Ponting, G. & M.: *The Standing Stones of Callanish*, Stornoway, ESS Print Ltd., 1982.
SSS: Jackson, A.: *The Symbol Stones of Scotland*, The Orkney Press Ltd., 1984.
SSU: Macrae, A.: *Scotland since the Union*, J. M. Dent & Co, Ltd., London, 1908.
STH: MacGregor, A.: *Strange Tales of the Highlands and Isles*, Lang Syne Publishers Ltd., 1937.
STM: Lochhead, M.: *Scottish Tales of Magic and Mystery*, Johnstone and Bacon, London and Edinburgh, 1978.
STS: Clarke, D. V., Cowie, T. G. & Foxon, A.: *Symbols of Power at the Time of Stonehenge*, National Museum of Antiquities of Scotland, Her Majesty's stationery Stationery Office, Edinburgh, 1985.
TGM: Jonson, B.: *The Masque of Gypsies Metamorphosed*, edited by G. W. Cole and printed with the permission of the original publisher, Kraus Reprint Corporation, New York, 1966.
TIS: Gant, F.: *The Isle of Skye and the Isle of Wight*, J. A. Dixon, 1977.
TSM: Paterson, N.: *Charming Snakes*, the Scots Magazine, August, 1991.
WAV: Scott, W.: *The Waverley Novels* (The Melrose Edition), C & E. C. Jack, Edinburgh & London.
WEB: Webster's *Biographical Dictionary*, G. & C. Merriam Co., Publishers, Springfield, Mass., U.S.A.
WEG: Webster's *Geographical Dictionary*, G. & C. Merriam Co., Publishers, Mass., U.S.A.
WHG: Graves, R.: *The White Goddess, A Historical Grammar of Poetic Myth*, Faber Ltd., 1984.

参考書目

WHI: Raford, C. A. R. & Donaldson, G.: *Whithorn*, Her Majesty's Stationery Office, 1984.
WTI: Brooke, J.: *Welcome to the Isles of Mull, Iona, and Staffa*, Jarrold and Sons Ltd., Norwich, 1982.

註

第1部　スコットランドの歴史

1. 先史時代よりローマ軍の撤退期頃までのスコットランド

1. GPS, p.23;　2. GPS, pp.59-60;　3. GPS, p.9;　4. GPS, pp.107-8;　5. PIN, p.212.

2. ピクト王朝の興亡

1. PIN, p.212;　2. PIN, p.213;　3. CPS, p.192; 4. PIN, pp.174-5;　5. PIN, p.214; 6. PIN, p.216; 7. PIN, pp.216-7; 8. PIN,p.217; 9. PIN, p.217; 10. PIN, p.218; 11. PIN, pp.218-9; 12. OAS, p.133; 13. PIN, pp.220-1; 14. PIN, p.228; 15. PIN, p.228; 16. PIN, p.329; 17. PIN, p.229; 18. PIN, p.229; 19. PIN, p.329;　20. PIN, p.371; 21. PIN, pp.289-91;　22. PIN, pp.390, 399; 23. PIN, pp.406-7;　24. PIN,　p.437; 25. PIN, p.437; 26. PIN, p.437; 27. PIN, pp.390, 399; 28. PIN, p.437; 29.PIN, p.437; 30. PIN, p.438; 31. PIN, p.437; 32. PIN, p.437; 33. PIN, p.437; 34. PIN, p.437; 35. PIN, p.442; 36. PIN, p.500; 37. PIN, p.442.

3. ダルリアーダとピクト・スコット連合王国の興亡

1. HMN, p.57; 2. PIN, p.221; 3. PIN, pp.177-9; 4. PIN, p.222; 5. PIN, p.223;　6. HGS, p.86; 7. HGS, p.90; 8.HSD, p.31; 9. HGS, p.90; 10. HGS, pp.91-2; 11. PIN, p.312; 12. HGS, p.96; 13. HGS, p.98; 14. PIN, p.312; 15. HGS, p.103; 16. HGS, pp.103-4; 17. HGS, p.113; 18. HGS, p.119; 19. HGS, p.136; 20. HGS, p.121; 21. HGS, p.125; 22. PIN, p.438; 23.HGS, pp.136-7; 24. HGS, p.149; 25. PIN, p.227.

4. アルバン王国の興亡

1. HGS, p.151;　2. HGS, pp.152-4;　3. HGS, p.154;　4. HSC, p.45;　5. HGS, pp.154-5;　6. HGS, p.157;　7. HGS, p.155;　8. HGS, pp.155-6;　9. HGS, p.156; 10. HGS, p.157; 12. HGS, p.157; 13. HGS, pp.158-9; 14. HGS, pp.158-9; 15. HGS, p.163; 16HGS, p.163; 17. HGS, p.163;　18. CPS, p.172;　19. HGS, p.164; 20. HGS, p.165;　21. HGS, pp.161-2; 22. HGS, p.170; 23. HGS, p.172.

5. スコットランドとノーサムブリアのアングル族とサクスン族

1. HGS, p.64; 2. HSG, p.156; 3. HGS, p.157; 4. HGS, p.167; 5. HSD, pp.35-6; 6. PIN, p.316; 7. PIN, p.288.

6. 中世と近世のスコットランド

1. HGS, p.174; 2. HSD, pp.73-4; 3. HSD, p.56; 4.HSD, pp.76-8; 5. HSD, p.78; 6. HSD, p.78; 7. HGS, p.287; 8. HSD, p.78; 9. HSD, pp, 85-93, HSC, pp. 274-5; 10. HSD, p.94; 11. HSD. pp.86, 94, HGS. 284, 316; 12. HSD, pp.94-5; HSC, pp.294-96; 13. HSD, pp.103-5; 14. HSD, pp.95, 98-9, 105-6, 112-3; 15. HSD, pp.98-9, 117, 120-4, 127-33; 6. HSD, pp.133-5, 134-5, 136-7, 138-9, 140, 143; 17. HSD, pp.140, 144-5, 156, 158, 162-5, 166-8, 170-1, 175-6, 180 ; 18. HSD, p.169; 19. HSD, pp.169-70; 20. HSD, p.203; 21, HSD, p.199; 22. HSD, pp.205-7; 23. HSD, pp.219-21; 24. HSD, p.221; 25. HSD, pp.242-3; 26. HSD, p.244-5; 27. HSD, p.251; 28. SSU, pp.17-8; 29. SSU, p.17.

第2部　古代遺跡を訪ねて

1. 国境地帯，ベリックシャーとロージアン地区

1. BFG, iv, p.12; 2. HGS, pp.167, 170; 3. SBH, p.66; 4. BFG, vi, p.19; 5. CPS, p.244; 6. BFG, vi, p.13; 7. SBH, p.66; 8. PIN, pp.426-3; 9. HGS, pp.154-5; 10. PIN, pp.178-9; 11. ANW, p.5; 12. GRB, The Gods of Rome; 13. GRB, Pagan Eastern Deities, Romano-Celtic Cults, The Celtic Gods; 14. HSC, pp.6-8; 15. RSC, pp.21-2.

2. ダムフリーズ・アンド・ガロウェイ地区とストラスクライド地区

1. EDG, p.155; 2. WHG, p.213; 3. HGS, pp.35-6; 4. SLB, p.113; 5. COL, p.20; 6. PIN, p.196; 7. PIN, p.197; 8. PIN, p.195; 9. CPS, p.129; 10. PIN, pp.458-9; 11. PIN, pp.417, 320; 12. WEB, p.470.

註

3. セントラル地区

1. PIN, p.217; 2. CPS, p.58; 3. HSD, p.23; 4. CPS, pp.56-7; 5. CPS, p.261.

4. パースシャー地区

1. CPS, p.56; 2. WEG, p.1343; 3. HGS, p.22; 4. HGS, pp.23-4, HSC, pp.10-1; 5. HSD, p.24; 6. CPS, p.60; 7. CPS, p.65; 8. CPS, p.59; 9.CPS, pp.65-6,107; 10. PIN, p.213; 11. PIN, pp.214-5; 12. PIN, pp.322-3; 13. PIN, p.215; 14. PIN, p.324; 15. PIN, p.322; 16. CPS, p.156; 17. PIN, pp.402, 407; 18. CPS, p.172; 19. HGS, pp.98-100; 20. PIN, pp.321-2; 21. DRD, p.102.

5. ファイフ地区

1. PIN,pp.388-90,398-400; 2.PIN,pp.261-2; 3.PIN,pp.423-4; 4.SHY, II, pp.30-1; 5.PIN,pp.173-4; 6.HMN,p.56; HSC,pp.28-9; 8.PIN,p.482.

6. アーガイルとアラン島

1. WAV, xxii, p.281; 2. TGM, pp.51-2; 3. PIN, pp.204, 220; 4. PIN, pp.220-1; 5. PIN, pp.220-1; 6. PIN, pp.221; 7. HGS, pp. 139-40; 8. CPS, p.29; 9. CPS, pp.65-6; 10. CEH, pp.232-3; 11. CPS, pp.46, 426.

7. グラムピアン地区

1. HSC, p.7; 2. HSC, pp.7-8; 3. EGR, pp.145-6; 4. JWI, p.229; 5. COL, pp.20, 22-3; 6. HGS, p.164; 7. HGS, pp.164-5; 8. CPS, p.426; 9. PIN, pp.405-6.

8. マレイ地区とその周辺

1. CEH, p.230; 2. CEH, p.230; 3. COL, pp.28-9; 4. CPL, p.56; 5. COL, p.183; 6. PIN, p.221; 7. BOH, p.89; 8. SLB, p.114; 9. GLB, p.609; 11. DRD, p.91; 12. BFG, vi, pp.12-6; 13. SCS, p.32; 14. BOH, pp.93-4; 15. IER, p.22; 16.CPS, 472;17. BOH, p.96; 18. BOH, p.97; 19. CPS, p.50, SPL, p.33; 20. CPS, pp.426-8; 21. LRS, p.9; 22. COL, p.128; 23. CPS, pp.426-7; 24. CPS, p.436.

9. ロス地区とサザランド，ケイスネス地区

1. HSD, p.38, PIN, pp.458-9; 2. HGS, p.148; 3. HGS, p.151; 4. HGS, p.152; 5. PIN, p.461; 6. OAS, p.169; 7. HGS, p.150; 8. OAS, pp.169, 189, HGS, p.148; 9. HGS, pp.162-3; 10. BOH, p.90; 11. CPS, p.61; 12. DRD, pp.98-9; 13. MFS, p.652; 14. COL, p.57; 15. CCS, p.67, PIN, p.271.

10. インナー / アウター・ヘブリディーズ諸島

1. HSD, p.54; 2. HSD, p.54; 3. COL, p.20; 4. HAG, pp,1-6; 5. JWI, pp.60-1; 6. CPS, pp.426-7; 7. SSC, pp.16-7; 8. SSC, p.20; 9. GLB, xxxviii; 10. GLB, xxxviii.

11. オークニイ諸島

1. HMN, pp.90-1; 2. OAS, p.189.

第3部　古代文化誌抄

1. 古代人が残した生活の利器

1. TSM, p.6; 2. HAG, pp.1-6.

2．ドゥルイド暦 (木の暦)

1. GLB, p.622; 2. BFG, vi, 12; 3. BFG, vi, p.18; 4. MFS, p.75; 5. DRD, pp.95-6.

索引まえがき

　今ある人名, 地名等は, 正字法 (orthography) がある程度確立し, 史書などが散見されるようになる暗黒時代以後のものである。「アントニヌスの城壁」のようなローマ軍の砦には, 本来はラテン語の地名があったが, 土着民たちは彼らの地名をその砦の名前とした。地名は本来的には, そこに土着した種族の言葉が名祖となって辺りの地勢, 風土の特徴, そこに生息した動物や自生し分布した植物などの名を語源として成立する。しかし, こうした名前も社会事情の変化などによって, 時折名前自体が語形を変化させたりするが, 「索引」に入れるにあたって, スコットランドに分布した種族, 部族が占有した地盤, 各地の地勢, 風土, 分布した植物などを示す先人たちが命名し残した, 主だった地名の語根, 接頭辞, 接尾辞, 形容詞などを A,B,C 順に列記し, 人文, 自然地理学的にスコットランドの言語分布を垣間見ることにした。

　スコットランドの言語は, 「統一スコットランド王国」の主がスコット族であったということで, 中世に入ってからは Q –ケルト語の分布圏が広くはなったが, 本来的には全体的に P –ケルト語のブリトン語 (Brythonic) が分布し, 後にこれに Q –ケルト語のガーリック (Gaelic), 北欧語 (ON), 英語がこれに参入する。

　暗黒時代にアングル族領となった国境地帯 (the Borders), ベリックシャー (Berwicksire), ロージアン地区 (the Lothians), ダムフリーズ・アンド・ガロウェイ地区 (Dumfries & Galloway) には, アングロ・サクソン語 (AS) の影響が強く残っているが, 本来的には P–ケルト語である。ファース・オヴ・クライド (Firth of Clyde) 以北, 西側は Q –ケルト語の地盤, ファース・オヴ・フォース (Firth of Forth) 以北, 東側のファイフ (Fife), パースシャー (Perthshire), グラムピアン地区 (Grampian) は P –ケルト語, ハイランド地区 (Highlands) 西側と島嶼地区, フォート・ウィリアム (Fort William) からグレート・グレン (Great Glen) を経てファース・オヴ・マレイ (Firth of Moray) に至る地域には Q –ケルト語, そして, ファース・オヴ・マレイの北の東側には P –ケルト語が分布するが, 西方諸島やオークニイ諸島, シェトランド諸島, それからケイスネスやサザランド, 南のダムフリーズ・アンド・ガロウェイ地区の海岸地帯など, 暗黒時代にノルウェイ海賊が定住した島嶼地区, 本土の海岸地帯には古代北欧語 (ON) の影響が非常に強い。従って, スコットランド全土に共通する音韻体系, 特に母音のそれは存在しない。Nineteen が [nointi:n] であったり, Highlands が [hi:landz] であったりする。

　しかし, 中世以降イングランドとの交渉が密であったこと, 現在の日常の使用言語が原則的には英語となったということなどから, 原語の英語化の傾向は強く, 特に 1705 年の「連合条約」(the Treaty of Union) 以後の国語の英語化によって, 死語であるラテン語などは別にして, 本来のブリトン語やゲール語の音韻や強勢

327

索引まえがき

の位置に，英語化の変移の跡も強く見られるようになっている。

　本来ケルト語の影響による強制の位置，本来前にあった *Bonnytown* や *Maryburgh*, *Birsay* (< Brude's + ay) のように，形容詞＋普通名，人名やその所有格＋普通名の語形成の強勢の位置は良いとして，強勢が後ろの部分に置かれた *Clackmannan, Inveravon, Aberdeen, Bothgowanan* のように普通名，または普通名の接頭辞で始まり，それを特殊化し固有名詞化する部分が後続する語形成に強勢の位置の変化が見られるようになっている。

　特にイングランド人の多く集まる町，スキーのメッカ，*Cairngorm* やその麓の *Aviemore* や，イングランド人が地元の家を売ってより安価な家を買おうとするために，今やブリテン島で最も人口が急増しつつある「ネス川」の河口の町，「インヴァネス」(Inverness < (Q) *Inbhirnes*, the mouth of River Ness) やイングランド人の出入りが激しいドン川の河口の連絡船の町，Aberdeen (< (P) *Obair*, (Q) *Obair Deathan*) などでは，英語の影響で強勢がしばしば前に移動する向きがある。おそらく，こうした傾向はここ 100 年か，200 年位の間にはさらに強まるのではないかと推測される。

　また，Q–ケルト語源の単語が英語化される際の現象として，Q–ケルト語圏ではその本来の 13 の子音以外の子音 j, k, q, v, w, x, y, z は Co*v*esea [kousi:], Loch A*w*e [lɔx ɔ:], Monzievaird [mɔnibhá:rd] のように無視されて発音される向きがある。P–ケルト語源の単語の場合も含め，In*bh*irnes > In*v*erness. O*bh*air P*h*eallaidh > A*b*erfel*dy*, Neim*h*idh > Na*v*ity, T(h)e*bh*iot > C*h*e*v*iot のように帯気音 h を伴う bh, ph, dh, mh, th は英語の v, b, f, dy, ty, ch などに換置され，さらに，また帯気音 h を伴う ch, fh, gh, th などは Cill *Ch*attan [kil hǽtən] (cf. Ard*ch*attan [a:dkǽtən]), Sam*fh*uin [sǽmhi:n] (Hallowtide), Cing*h*iu*th*saich [kinjú:si:] (Kingussie) のように時にその前の子音が黙音化される向きが多分にある。また，この Kingussis は例の古代ケルト英雄伝説『オシアンの詩』(*The Poems of Ossian*, 1775) を翻訳，改作，世に出したジェイムズ・マックファースン (James Macpherson, 1736-96) の生誕地でもあるが，スコットランドで使用される語彙の中には，本来 P–ケルト語，Q–ケルト語，古代北欧語である語がそのまま，英語表記の形で現われ，英語読みにされている場合も多い。以下参照のこと。

略字凡例

(AS) アングロ・サクスン語　(F) フランス語　(L) ラテン語　(OF) 古代フランス語　(ON) 古代ノース語　(P) P–ケルト語 (ブリトン語，ないしウェールズ語) (Q) Q–ケルト語 (ゲール語，ないしガーリック)

索引まえがき

A

aber- <(P) *obair*, (Q) *obhair*, estuary, river-mouth「河口, 河口の浅瀬」, (Q) の *bel(la)*, *Inbhhir* と同じ. *Aber*dour; *Aber*feldy; *Aber*nethy; *Arb*roath < *Aber* + *brothaig*, River-mouth of a boiling stream; *Abercrossan*, River-mouth of little crossed burns; cf. -an.

aber <(Q) *abor*, marsh, Lochaber.

Abhainn, Abh-, -a < (Q) *abhainn*, river「川」, *Abhainn* Ghamhnach, the River of Gamhna; Aboyne <(Q) *ath*, ford, or *abh*, river + *bho* + *fhionn*, of white cows.

ach-, Auch-, Auchen-, Auchin-, -och < (Q) *achadh, achannan*, field, fields「野原」, *Acha*vanish,< *acha(dh)* + (ON) *vagr* + *nis*「入り江の突端の野原」, cf. Voe; *Auchen*gibbert < *achannan* + *tiobartach*, of well place; *Auchin*davy, Field of David; Aquhorthies < *achadh* + *choirtheach*, full of circular hollows; *acha*nasheen, Fields of storms.

Al-, all-, -al < (Q) *ail*, rock, *allmhagh*, rocky place「岩, 岩場」, *Alloa*, the River of rocky place; *Alva*, rocky plain; Ben *Al*der < *all* + *dhobhar*, the Water of rocky place.

Alban < (Q) *Albainn*, of Scotland < Alba, Scotland.「アルバン」はピクト王朝が終焉し, スコット族による王朝が発足してから, 慣用的に「スコットランドの」の意味で使用される.

ald, alt, auld < (Q) *allt*, stream, *Auld*earn, the Stream of the Earn.

an < (Q) *-an*, sub-, little, small「小さい」, Ardross*an*. Small high moor; cf. Rhos.

Antrim < (Q) *aon* (one) + *treabh* (farmed village) cf. Tra, Tre, Trie.

ard- < (Q) *ard*, height, high, lofty「高い所, 高い」, *Ard*eer, < *Aird* iar, West height; *Ard*chattan, High Chattan; *Ard*och, High field; *Ard*estie, < *ard* + *steidh*, High ground; Ardrie < *aird* ruigh, High reach, etc.

Argyle < (Q) *Earra-Ghaidhealtachd*, East Gaeldom「東のゲール領」.

Arisaig< (ON) *Aros's vagr*「アロスの入り江」.

Arran < (P) *aran*, high place「高台」.

-ary < (Q) -*airidh*, shieling「家畜などの囲い地」, Kilmichael Glassary「灰色の家畜の囲い地」. cf. Shandowick, Fendoch. このゲール語の語尾 -dh は, -ary のように黙音となる場合もあるが, (Q) *neimhidh* が navity, (P) *Obair Pheallaidh* が, Aberfeldy になるように, -ty, -dy へと変化する向きがある.

Athole < (Q) ath Fhodla, the next Ireland.

Auchter- < (Q) *uachdar*, upland, *Auchter*arder, upland of high water.

Awe < (Q) *Abha*, stream place.

ay, -ey < (ON) -*ey*, isle, islet「島, 小島」. Colons*ay*, Kolben's island; Orons*ay*, (St) Oran's island; Birs*ay*, Bredei's isle; Rous*ay*. cf. Hoy, Staffa.

329

索引まえがき

B

Bal(l)-, Bally < (Q) *baile*, village, town, farm「村，町，農場」, *Balli*naby, village where there is an abbey; *Bal*moral < *baile* + *mor* + *ial*, village of big open space; Balnuaran < *bail* + *nua(dh)* + *rann*, village of new section; *Bal*muildy < *Balmhilidh*, village of heroes, etc.

Banchor(y) < (Q) *beannchar*, place of the peaks.

bane, vane, < (Q) *bhan*, white, fair, bright「白の，美しい，奇麗な」.

Banff < (Q) *banbh,* land unploughed for a year.

Bangor < (P) benchoer「枝編みの庵」. *Lis-Banagher*, Bangor Mor のように多くアイリッシュ・ピクトの教会施設を意味する．

Bannocckburn < (P) *bhan*, bright + *oc*, water+ (AS) *burna, burn*.

bar < (Q) *barr*, top, summit, height, *Bar*burgh Mill; Dunbar, fort of the summit; *Bar*mkin < *Barr mhor cinn*, large-topped height, etc.

Barra < (Q) *barrach*, high-topped. Burra Hill Fort.

Barra < (Q) *barr*, high hill + (ON) -ey, island「バーラ島」.

Bathgate < (P) *baedd* + *coed*, boar wood.

beag < (Q) *beag*, little, small「少ない，小さい」, Dun Beag「小さな砦」.

Beatock < (Q) *beithach*, birchwood「樺の林」.

Beauly < (OF) *beau lieu*, beautiful place.

bel < (Q) *beul*, mouth, river-mouth, (P) の *Aber*- と同義.

B(h)arpa < (Q) *barpa*, cairn「石墳」, *Bharpa* Languss.

Ben < (Q) *beinn*, mountain, high peak「山，高い峰」, *Ben* Nevis.

Benachie < (Q) *beannachadh*, blessing, Mither Tap of *Bennachie*.

Benbecula < (Q) *beinn*, hill + *buachaill,* herdsman「牧夫の丘」.

Bertha <(Q) *bearth*, clear, fine + river「綺麗な，すっきりした川」.

birnie < (Q) *bhronaich*, dewy, oozy, Bal*birnie*, dewy village.

Blair < (Q) *blar*, cleared land, plain「新開地，平原」, *Blair* Athole, < *Blair Ath Fhodla*, cleared land for the Next Ireland, ダンカン一世の父アソールの伯爵クリナンンの所領，ダンカンをもって統一スコットランド王国（新しい次のアイルランド）が始まるとスコット族は考えた．*Blair*gowrie, the Plain of Gabhran. ガランの平原.

Borgie < (Q) Boirgeach, a prating female. cf. Coille na Borgie.

Both, Bot < (Q) *bot*, hut, Bochastle < *Bot*chaisteil; *Bot*nagowan < *Bot*hnagobhann, Smith's hut.

Bonar < (Q) *bhanna*, white ford「白い浅瀬」.

Borrow, Brough, Burgh, Ber- < (AS) *burg* or *burh*, (ON) *brocht*, royal town or fortified place, Burgh Hill「王領の砦の丘」; *Borrow*stoun; Broughton「王領の町」; *Burg*head; *Burgh* Hill; *Ber*wick < *burh*+*wic*; Mary*burgh*, etc.

bost, bister < (ON) *bolstadr*, stead, farm「農場」の縮形. cf. Ly*bster*.

索引まえがき

bourne or borne < (AS) *burna*, stream, burn「流れ，川」.
Boyne < (Q) *bo,* cow + *bhan,* white「白い雌牛」，幸運の女神.
brae < (Q) *braighe,* bank「堤，土手」, cf. Skara *brae.*
Braid-, Bread- < (Q) *braighaid,* upland「高地」, *Braid*wood.
Brechin < (Q) *Brechin* (人名), Brychan's「ブレハンの地領」.
Brod- < (ON) *breidr,* broad, *Brod*ick <breidr + *vik,* Broad bay. cf. Uig
Brora < (ON) *brur,* bridged + (Q) *a,* river「橋のある川」.
Brude,「演説者」(Speaker). 例の「モンス・グラピウスの戦い」(the Battle of Mons Grapius) の際のハイランド兵の士気を鼓舞したハイランドの「カルガクス」(Calgacus) はブルード・ギルギッグ，または，グリッド Brude Gilgig or Grid），この名はブルード・マック・アープ (Brude Mac Erp)，ブルード・マック・マエルコン (Brude Mac Maelcon)，ブルード・マック・バイル (Brude Mac Bile) などピクト族の大王の名に多いが，PIN の著者 Archibold B. Scott によると「演説者」または「司令」の名であると言う（PIN, p. 211）.
Buchan < (Q) *buchan,* (P) *buwch,* (Area) of cow「雌牛の地域」.
buie < (Q) *buidhe,* yellow「黄色い」.
Bunff < (Q) *banbh,* little pig.
by < (ON) *byr,* farmstead, village「農場，村」, Der*by* ; Whit*by* < (AS) hwit + by; Locker*bie* < Lockhart's farmstead.
Byrecleugh < (AS) *byre,* cowshed + *cloth,* of ravine「渓谷の牛小屋」.

C

Cadder, Cater- < (Q) *cathair,* fort, *Cater*thun「砦の町」< cathair+tun, cf.-tun; Stra*cathro,* Stra(th), Valley + *cathrach,* having fortifications.
Caer-, Car-, Kair- < (P) caer, (Q) *cathai* も fort, fortified place「僧兵の砦を含めて，城塞」の意味で用いられ, *Car*lisle < *Caer Luel,* Fort of Lugus; *Car*riden, (P) *Caer + Eidyn,* Fort of Eidyn; *Car*pow *Caer +* (P) *pwll,* Fort on a sluggish stream; *Cra*mond < *Caer Almond,* Fort on the Almond; *Car*ham < (AS) ham「砦のある居留地」などに，また, (P) caer の複数形は caerydd の形で Castle*cary,* Fortress consisting of some forts に見られるが，この Car-, Caer- は Caer Budde (聖ブッドウの城塞), Caer Cudbright (聖カスバートの城塞), Caercaldy < (P) *Caer + caled,* Impregnable fort（難攻不落の砦）が Kirkbuddo, Kirkcudbright, Kirkcaldy [kə:kòldi] になるように，北欧海賊の定住地や，有力な聖者が土着した所では，時折「教会」の Kirk (< ON kirkja) となって現れる. cf. Kirkcudbright..
Cairn(-), -cairn, Carn < (Q) *carn,* (P) *carnedd,* rocky mount, pile of stones「石の堆積」. Chambered *Cairn*「石室墳」= (Q) Barpa; *Cairn*papple , Cairn of people; *Cairn* Catto < (Q) catha, of battle; *Cairn*gorm「青い山塊」; Cairn of Get < (Q) geota, spot of arable ground, etc.

索引まえがき

Calder, Callandar < (Q) *callaidh*, active or swift + *dobhar*, water「速い流れ」.

Callan < (Q) *callan*, noisy. cf. Callandar, *Callan* + dour, river

Callanish < (Q) *caladh*, harbour + (ON) *ness*, point「港の岬」.

Cam-, Came- < (Q) *caim, caime*, distorted, curved, bent「歪んだ」, *Cam(p)*bel < *Cam bheul*; *Cam*ster < *Cam* + (ON) *-ster*. cf. -ster,-setter.

Cambus- < (Q) *camus*, bay, creek「入り江」, Burn of *Cambus*, etc.

Cambuskenneth < (Q) *Camus* + coinneichi, of fern「羊歯の入り江」.

Car- < (Q) *carr*, (P) *carreg*, rocky shelf「岩棚」, *Carr*bridge; *Car*lungie < *car* + *luinge*, ship-shaped; *Crarae* < *Carr* + *ei(bh)e*, icy; *Crail* < *carr* + *all*, cf. Al, all-, -al, etc.

cardine < (P) *cardden*, copse, thicket, wood「森, 茂み」, Kin*cardine*, Head of woods, Cardness < (P) Cardden + (ON) or (AS) *ness*, cape or headland, etc.

Carloway < (Q) *Carlo*（人名）+ *bhaidh* < (ON) *vagr*「入り江」.

Caron < (Q) *carran*, harsh, rough (of a river or loch)「荒れた」, Loch *Carron*.

Carterbar < (AS) carter, cart driver + (Q) barr, crest, height「馬車引きのいる尾根」の意味.

Chaisteil < (Q) *caisteal*, castle「城, 城塞」.

c(h)raigaig < (Q) *creugach*, rocky, craggy「岩の多い」.

Clach-, Clack-, Clock- < (Q) *clach*, (P) *clac*, stone「石, 立石」, *Clack*mannan, the Stone of the Mannan; *Clock*maben, the Stone of the Mabones; *Clach*naharry <*Clach na h-Aithrighe*「贖罪の石」.

Cald < (Q) *caled*, violent「荒々しい」.

clava- < (Q) *clabach*, open-mouthed「大きく口を開いた」.

Cleddans < (Q) *cladhan*, a small ditch.

Clontarf < (Q) *Cluain*, Pasture + *tarbh* of bull.

Clush < (Q) *clais*, trench「壕」.

Clyde < (P) *Cluth, Clutha*

Clyth < (Q) *cliathach*, slope of a hill. Cnoc, Knock と同じ. cf. Mid Clyth.

Coatbridge < Bridge by a cot (cottage)

coe < (Q) *comhann*, narrow「狭い」, cf. Glencoe.

Colonsay < (ON) Colbein's + -ay , isle.

(St) Columba < (Q) Colm「鳩」の意.

Cor- < (Q) corr, tapering「先細の」, *Cor*bridge; *Cor*wall「先細の入り江」, cf. Voe, way, wall.

Corry(-), -corry < (Q) *coire*, hollow「中窪の」, *Corri*mony. cf. Men-, mon-, -mony.

Craig(-), -*craig* < (Q) *creag*, crag, rocky hill, *Craig*nure < *Creag an inbhir*, Rocky cliff at the cove; *Craig* Phadrig「パトリックの岩場」, cf. Phadrig.

Crarae < (Q) *carrraigh* or *carreibhe*, rock, stonr piller,erect stone. cf. *Craerae* Lodge Chambered Cairn.

Creich, Croy < (Q) *crioch*, boundary「境界」.

索引まえがき

Crieff, -crab < (Q) *craobhach,* full of trees「木の多い所」, Crieff, Place among the trees; Drum*crab,* Ridge full of trees.

Croft Moraig < (Q) mor aig, esteemed much「高い評価の作物地の」. この辺は土質が酸化土壌ではなく、ストーン・サークルの外側からは、青銅器時代の人骨が出土している. cf. Croft Moraig Stone Circle.

Cromarty < (Q) *cromadh,* cooked, bent「曲がった、歪んだ所」.

Cuaich < (Q) *cuach* or *cubhag* cuckoo.

Cul-, -cuil < (Q) *cuil,* corner, recess「隅、奥まった所」.

Culloden < *Cul* + loden, puddle, pool 「水溜りの奥まった所」.

Culross < (Q) *cuileann,* holly wood + (P) *ros,* wood or point.

Cumberland, the land of Brittonic speaking inhabitants. Cumbri < (P) Cymri.

Cupar < (Q) *comhpart,* common「共有地」.

Cuween < (ON) *kvæn, kván,* queen. cf. Cuween Hill Chambered Cairn.

D

Dal- < (Q) *dail* < (P) Dol-, field, plain「野原、平原」, Dal*whinnie,* < (Q) *Dail chuinnidh,* Field of Champions; Dalbeattie < (P) *Dol* + *beithigh,* birch「樺の木の野原」; *Dol*phinton < Dol + *fhionndun,* of white fortress, cf. Fin,Fen,-fin-, Fyne, etc.

Dal- < (Q) *dal, dail,* portion, a tribe「部分、1氏族」, Dal*riada* < (Q) *Dail* rioghachd.「(アイルランドの) 王国の1部」.

dale- < (AS) *dale,* (ON) *dalr,* valley, dale「渓谷、谷間」, Nith*dale*; Liddes*dale*; Clydes*dale,* Helms*dale.*

Dalginross < (Q) *dealgan,* thornwood + *ros,* point.

Dalkeith < (P) Dol + coed, wooded haugh.

Daviot < (Q) *Deimhidh*(人名).

Deer < (Q) *dair,* -derry < *darach*; Durrow <*dur,* oak-wood. Duris*deer* < dubhras, blackwood + of oak.

den < (AS) *den(n),* low ground, open or flat space, sand tract by the seaside.

derg < (Q) *dearg,* red「赤い」.

Diuc < (Q) *diùic* duke「大公」.

-don < (AS) *dun,* < (P) -don, what is distinct, outward, or upward, hill, slope「山ないしは丘」, Eil*don* High hill. cf, Ochil.

Don < (P) *Deathan,* or *Deuona* (Goddess).

Dornoch < (Q) dornach, place of pebbly stones

Durno < (Q) *durnach,* wet place.

Doune, Doon, Don < (Q) don, water「水、流れ」.

dour, -(d)der < (Q) *dobhar,* water「川」, Aber*dour*; Auchterar*der*「高所の川」.

Drem, Druim- Drum-, Drymen < (Q) *druimean,* ridge「尾根」, *Drum*alban, the Spine of

333

索引まえがき

Scotland「スコットランドの背骨」; Drymen, Drumtroddan, etc.
Dreva < (P) *tref-fa*, settlement place. Tra, Tre, Trie 参照.
Dub- < (Q) *dubh*, black「黒い」, *Dou*glas, Black water.
Dum-, Dun(-) -dun < (Q) dun, fort「砦」, *Dum*fries <*dun* + *phreas*, of copse「雑木林の砦」; *Dun*ollie < *dun* + *Ollaich* (Mac Briuin); *Dum*barton < *dun* + (P) *braetainn*, Fort of the Britons; *Dun*keld, Fort of the Caledonians; *Dun*dee, Daig's fort; *Dun*oon < *dun* + *obhainn*, River fort, etc. Dumyat < Dun of the Maetae.
durn < (Q) *duirn*, of pebbly place「小石の多い所」, Dun*durn*.
Durno < (Q) *dornan*, burn of pebbly stone「小石のある川」.
dykes < (ON) *dik*, ditch, pool, dam, Norman*dykes*.

E

Earn, Eirin, Erinn < (Q) *Eirinn*.「アイルランド」の別名として使用される. 本来はトゥアハ・デ・ダナン神族の女神, ケルトの神々の母神 *Eire*「エイレ」ないし *Eriu*「エリウ」が原形. Loch Earn, etc.
Eccle- < (Q) *eaglais*, church「教会」, Ecclefechan < *Eaglais Fiachan*, Church of (St) Fiachan; Gleneagles, Glen where there is a church, etc.
Echt < (Q) *uachadar*, upland「高地」.
Edderton < (Q) eadar, (Village) between + *duintean*, two fortresses.
Edin < (Q) *Eideann*, slope「丘」. Dun *Eideann*, Edinburgh, Fort on the hill slope.
Eigg < (Q) *eag*, gap, notch,「割れ目のある島」.
Eil < (P) *uchel*, high. cf. Ochil, Oikell.
Elan, Eileen < (Q) *eilean*, Island「島」.
elg < (Q) *eilg*, Ireland を意味する. Glenelg, the glen of Ireland.
Elgin < (Q) Eilginn, Little Ireland
Embo < (Q) *euraboll*, Iubraich + boll「イチイの木のある流れ」, または (ON) *Eyvind's bolstdr*「エイヴィンド(人名)の農場」.

F

Falkirk < (Q) *eaglais bhreac*, speckled church「斑点のある教会」.
Fearn < (Q) *fearna*, alder「ハンの木」.
-feldy < (Q) peallaidh, 半人半獣の小怪物. Obair Pheallaidh > Aberfeldy.
Fell < (ON) *fjall*, hill, Campsie *Fells*, (Q) *Cam* + *sith* + *Fells*. cf. Shee.
Fendoch < *fionn dabhach*, white davach. cf. Shandwich.
Fettercairn < (Q) *fothair*, slope, terraced declivity + (P) *cardden*, wood.
Finavon < (Q) *Fid nemed*, Wood sanctuary「森の聖域」or *Fionn abhain*「白い川」.
Fin, Fen-, -fin-, Fyne < (Q) *fionn*, (P) *gwynn*, white「白い」. Loch *Fyne*, the River Boyn.
Firth < (AS) *ford* or < (ON) *fjordr*, firth「入り江」, Moray *Firth*, etc.
Forres < (Q) *fo*, under + *ras,* (the) shrubbery.

索引まえがき

Fort(-) < (AS) *fort*, fortress「城塞」, Fort Augustus. cf. Fortrose < *fort + ros*, of the cape.
Fortingall < Fort + Fingall. 本来名は (Q) Dun Geal「白の砦」.
Fowlis < (Q) *foghlais*, substream「小川, 細流」, *Fowlis* Wester.
foyle, pow < (Q) *phuill*, (P) *pwll*, sluggish stream, pool, Aber*foyle*; Loch *Foyle*. etc.
fraemill < (P) *freuawl*, gushing + (AS) *mill*「水のほとばしる水車」.
Freiceadain < (Q) *freceadach*, for watching「見張りのための」, Ben *Freiceadain*.
Fyne (Q) *fiona*, of wine.

G

Galloway < (Q) *Gall aidhil*, Place of Norwegianized Gauls.
gart < (P) *garth*, (Q) *garradh*, yard, enclosure「囲い地」, *Gart*more, Big pasture; *Gart*craig, Craig place, etc.
gar, -gary < (Q) *gearraidh* < (ON) *gardr*, yard, enclosure, Min*gary*, Small enclosure; Brod*gar*, Broad enclosure, etc. cf. Brod-.
garve, -garry, < (Q) *garbh*, rough, boisterous, or harsh one (of a river or loch), Strath*garve*; Inver*garry*; Loch *Garry*. Yarrow,Yarrows も同語源.
Geoam <(Q) *gromnach*, wet place.
gill < (Q) *gil*, small narrow glen「小規模で狭い峡谷」, Norman*gill*.
Glamis < (Q) *glamhus*, wide gap, or open country.
Glass- < (Q) *gray*, ashy「灰色の」; < (P) *glas*, gray, pale, blue, green「灰色, 青, 緑の」, *Glass*ary「灰色の家畜の囲い地」, cf. -ary; *Glas*gow, cf. -gow.
Glass < (Q) *glaiss*, (P) *glais*, stream「流れ」, the River *Glass*, Fin*glass*.
Glassary < (Q) *glas*, ashy + *arigh*, or *aridh*, shieling.
Glen-, -glen < (Q) *gleann*, valley「渓谷, 谷間」, *Glen* Almond, etc.
Glenfinnan < (Q) Fingon's glen.
Golspie < (ON) *Galli* (人名)'s + *byr*, farm「ガリの農場」.
Gordon < (Q) *Gordanach*, Duke of Gordon's「ゴードン大公の地領」.
gorm < (Q) *gorm*, blue「青い」, Cairn*gorm* Massif, etc.
gow < (P) *cau*, hollow「くぼ地」. Glas*gow*「緑の, 灰色のくぼ地」.

H

ham < (AS) *ham*, homestead, village「農場, 村」, Car*ham*, Caer (Fort) of a homestead; Hex*ham* < Hagstold's *ham*, etc.
Hamilton < (AS) *hamel*, broken + *-tun*, farm.
Harris < (Q) *na h-earaidh*, that which is higher (than Lewis).
haven < (ON) *hofn*, harbour「港」, Stone*haven*.
Hawick < (AS) *haga*, hedge + *wic*「障壁のある居留地」
Hebrides, the, 語源不明.
Helmsdale < (ON) Hjalmund's dale.

335

索引まえがき

Hoy < (ON) *ha*, high + *ey*, island「高い島」. cf. -ay, -ey.

How-, Howe, -hove < (ON) *haugr*, hill, mound「丘, 塚」, *How*wood ; Maes *Howe*; Mid*howe*; Auchin*hove*.

I

Icolmkill < (ON) ey + Colm's cille, the Isle of St Columba's monastery.

Inch, Innis, Insch, Insh, Innse < (Q) *Innis*, Island「島」, riverside meadow「川辺の牧場」, *Inch* Cailleach, Nun's Isle; *Inch*maholm; *Inch*tuthil, Riverside meadow of *Tuathail* (人名), *Innse Ghall*, the Islands of Foreigners.

ingham < (AS), farm or homesead of the people of, Nott*ingham*, Homestead of Snot's people.

Inver- < (Q) *Inbhir*, river-mouth, confluence「河口, 合流点」, (P) の *Aber* と同じ, *Inver*urie, River-mouth of the Urie; Loch*inver*, Loch at the river-mouth, etc.

J

Jedburgh < (P) *Jed or Ged* (rivername) + (AS) -*burh*.

Jura < (ON) Doirrad's + -ay.

K

(-)keith, Coat- <(P) *coed*, wood, Dal*keith*; *Coat*briddge, Bridge at a wood.

Kells < (Q) *cealla* (Cill「教会」の複数).

Kelso < (AS) *calchow*, chalk hill「石灰岩の丘」.

Kil(l)- < (Q) *cill*, cell, monastery「庵, 僧院」, *Kil*blane; *Kil*marnoc「the Monastery of my (St) Ernoc」.

Killie- < (Q) *coille*, wood「森」, *Killie*crankie < *Coillecreitheannich*「ハコヤナギの森」; *Coille* na Borgie < (Q) *boirgeach*, a prating female. 「ぺちゃくちゃ喋る女がいる森」.

Killin < (Q) Cill Fillan.「聖フィラン」の庵があった所」.

Kin-, Ken-, -can < (Q) *ceann, cinn*, top, head, end, headland, *Ken*more, Big headland; *Kin*gussie < *Cinn ghiuthsaich*, Head of fir woods; *Kin*nell < *cinn* + alla, Head of craigs; *Kin*tore < *cinn* + *torr*; Top of hill; Kintraw < *cinn* + *traighe*, Head of the foot of hill; Kinrod < *cinn* + roid, Lane's end; *Kin*cardine, cinn cardine,, copse-end, wood-end.

Kirk- < (AS) *cirice*, or (ON) *kirkja*, church「教会」, *Kirk* o' Field; *Kirk*buddo, etc. Cair-, Car, Kair 参照.

Kirkcudbright [kûr:kúbrĭ] < (ON) *Kirkja* Church + (AS) *Cuth* + *beorht* Famous Bright or (St) Cuthbert). 語頭の kirk- は, 本来は (P) *caer*- または *car*- fortified place で, 北欧海賊の定住によって, 後に kirk- になったと思われる. cf. Car-, Caer-.

Knap- < (Q) *cnap*, hillock「小さな丘」, *Knap*dale.

Knock < (Q) *cnoc*, hill「丘」, *Cnoc* na Tursa, Hill of lamentation, etc.

Kyle < (Q) *caol*, strait「瀬戸」, *Kyle* of Sutherland.

索引まえがき

L

laggan < (Q) *lagan, lag,* pit of den + *an,* small「小さな穴」.
Lagaidh < (Q) *lagaidh,* fine. Dun Lagaidh.
Lanark < (P) *llanerch,* Area enclosed in the woods「森に囲まれた場所」.
Larg < (Q) *lorg,* shank「すね」.
largie < (Q) *larach,* farm, habitation, abode「村, 居留地」, Nether Largie.
Lan- < (P) *llan-,* Lun- church「教会」, *Long*formacus < *Lann fothir Maccus,* Church of Maccus's field, *Lum*phanon < *Llan-Fhinan,* Church of (St) Finan.
Largow < (Q) *leargach,* steep place.
Latheron < (Q) *lathach,* swampy + *rann,* part「沼の地域」.
Lauder < (Q) *leamh,* elm-tree + *dobhar,* water「楡の木の流れ」.
Laverock < (P) *Lafarch, Llywarch*(人名)「ラヴァラッフ」ないしは (AS) *lawarce,* lark「ひばり」.
Law < (AS) *hlaw,* hill「丘」, Norman's Law.
leck < (Q) *leac,* slab, flatstone, Auchinleck, Field of flatstone.
lemno < (Q) *leamhanach,* elm-tree「楡の木」, Aber*lemno,* River-mouth of the Lemno「楡の木の流れの河口」.
Ler- < (ON) *leir,* mud, muddy「泥の」, *Ler*wick, cf. Uig, Wick.
Lesmahagow < (Q) *(eag)lais,* church + *mo Fhegu,* of my (St) Fechin or of (St) Mahago.
Leven < (P) *lliv,* flood, deluge. Kinross と Glencoe の近くの Loch Leven の Leven は共にこの *lliv* を語原とする. 長雨が続くと洪水をおこす湖.
Lewis < (Q) Eillean Leodhais「ロード (Leoid) の島嶼」.
ley, -leigh, -le < (AS) leah, woodland, glade「森の中の空き地」.
liath < (Q) *liath,* grey「灰色の」.
Lin, -lin < (Q) *linn,* (P) *llyn,* pool「水溜り」. *Lyne* Water; *Lin*lithgow, Pool + (P) *llaith* dark, or humid + *cau,* in a hollow.
Lis- < (P) *llyos,* (Q) *lios,* enclosure with a circular rampart「円形の保塁のある砦」, *Lis*more, Big enclosure with a circular rampart.
Loanhead < (AS) *lane + head*「小道の突端」.
Loch, Loch(a)y, Lough < (Q) *lochaidh.* Loch は 英語の lake (湖) に対応する語であるが, 本文中でも述べているように "that which the Black Goddess lives or governs"「黒の女神が住む, ないしは, 支配する所」を意味する語である. *Loch* Broom < *Loch* bhroain, Loch of drizzle, River, *Loch(ay)*; *Loch* Duich, Loch of (St) Duthac; *Loch* Fyne, cf. Fyne; *Loch* Oich, cf. Oich; *Lough* Foyle; *Loch* Treig, cf. Treig; *Loch* Earn, cf. Earn Erin, Erinn; *Loch* Fleet, Loch + (AS) *Flĕot,* stream; *Loch* Nell < (Q) *neolaich,* dark, obscure; *Loch* Calder, cf. Calder, Callandar. etc.
*Loch*gilphead < (Q) *Lochhead of gilp.*

337

索引まえがき

-loden < (Q) *lodain*, pool「水溜まり」, Cul*loden* < *Cuilloden*, Nook of a hollow pool.

Logie, Lagaidh < (Q) *lagaigh*, (place) full of dens, pits or hollows「穴，くぼ地，洞窟などが多い所」, Dun *Lagaidh*.

Lomond < (P) *llumon*, of beacon「かがり火の」, Ben *Lomond*; Loch *Lomond*.

-lon, lon < (Q) *lon*, meadow, small brook with marshy banks, marsh. Camelon, bent marsh.

Loudoun, Loudon < (P) *Lugudunon*, Fort of Lugus「ルギの砦」.

luce < (Q) *-luise*, of herb「薬草の」, Glen*luce*.

Luncarty < (O) *luchairt*, fort, camp.

Lybster < (ON) *Lia*(不祥の人名)*'s + bostadr*, farm, stead「農場，屋敷」.

Lyon < (Q) *lion*, (P) *llion*, flood, flowing「洪水」. the River *Lyon*.

Lyonnesse < (OF) *loeneis*. Tom na h-Iubraich「別世の楽園」と同じ．

M

Machrie < (Q) *machaire*, fertile plain「肥沃な平原」, Machrie Water.

maddy < (Q) *madadh*, wild dog「野生の犬」, Loch*maddy*.

Maes, Moss < (P) *maes*, an open field, plain. cf. *Moss* Farm Machrie.

Maes, moss < (ON) *mosi*, bog, swamp「湿地，沼地」, *Maes* Howe.

Mag < (Q) *mag*, broad ridge of land, arable land. cf. May, Mag, Moy, *Mag* Tuireadh.

Mallaig < (ON) *muli*, headland + *vik*, bay「岬の入り江」.

Mar < (P) Marr. マア族のマア．コエール(Coel Hen)の子，ケヌウ(Ceneu)の子に由来する．

Markie < (Q) *maircnidh*, of horse brook, Rosemarkie < *Ros Maircnidh*, Promontory or Woodland of horse brook.

Maree < (Q) Ma-Ruibhe. Loch Marre, Loch of St Ma-Ruibhe.

Marcus < (Q) *marcus* marquis「侯爵」.

May, Mag, Moy, maigh < (Q) *magh*, field or plain「野原，平原」, the Battle of *Magh* Tuired; *Mag* Nia.

meadhnoch, -meanoch < (Q) *meadhnach*, central, chief「主要な，中枢の」, Bally*meanoch*, Main village.

Meall < (Q) *meall*, heap of earth, mountain「山」, *Meall* Buidhe, etc.

mel- < (Q) *maol*, bald, bare「禿げた」, Old*mel*drum; Melrose < *Maol* ros, Bare moor; Old *mel*drum; *Mel*don bare hill; *Mel*rose, bare moor.

Men-, Mon-, -mony < (Q) *monadh*, (P) *mynydd*, flat-topped ridge, moor, hill pasture「平坦な尾根，野原，丘の牧場」, Moncrieff < *Mon(adh) chraobh*, Tree hill; Corri*mony*, Hollow or Sunken moor; Menteith < Mon Teadhaich, the high ground or hilly part of Teadhaich, etc.

mere < (AS) *-mer*, (ON) *myrr*, marsh, pond, lake「湿地，池，湖」, Nechtans*mere*.

索引まえがき

Mearn < (ON) *myrr*, moor「原野」.
Midmar < (Q) *migmar*, bog of Mar. cf. Breamar < (Q) *braigh Mar*, Upper part of Mar.
Meigle < (P) *mign*, marshy + *dole*, dale, meadow「湿地の牧場」.
Mon < (Q) *moine*, moss or peat bog. cf. Monifeith, mashy moss.
Monifieth < (Q) *moine*, mossy + *feith*, bog「苔むした泥地」.
Montrose < (Q) *monadh*, moor +*ros*, cape「岬の野原」.
Mor-, -more < (Q) *mor*, big, gigantic「大きな，巨大な」, Glen *More*.
Moray < (Q) *moireabh*, sea + *tref*, settlement.
more, -moor < (AS) *mor*, wasteland「荒れ地」.
Mormaer < (Q) *mormhaor* earl「伯爵」
muchty < (Q) *muchte*, quelling the pig-pen or pig-rearing「豚を飼育する」, Auchter-muchty, Upland of pig-rearing.
muir < (P) *muir*, moor, plain「原野，平原」.
Mull < (Q) *A' Mhaoil*, high rounded headland「高くて丸い岬」.
Munlochy < (Q) *i Mbun-locha*, (place) near or at the loch's foot.
Myot Hill = the Hill of the Maetae.

N

Navidale < Neimhidh + dale.「ナヴィティの谷間」.
Naver < (Q) *nabhair*, wet cloud. cf. Strath*naver*, Loch *Naver*, the River *Naver*.
ness, -nish < (ON) *nes*, (AS) *ness*, headland, cape, promontory「岬」, cf. Stennness; Bo*'ness*, Borrowstounness の公式略称.
Ness (Q) *nesta, ned-ta*, roaring or rushing, Loch Ness「突進する黒の女神が住む所」.
Nethy < (Q) *Nechdain*, (P) Nethy, pure one「純なもの」.
Nevis < (Q) *neimheas*, poison「有毒」, Ben Nevis.
Nichen < (Q) *Nechdain*, Nechtan's, Dun*nichen*「ネヒタンの砦」.
Nith < (P) *newydd*, new.
Nigg < (Q) *'N eig (easg)*, ditch「溝」.
Noth < (P) *noeth*, naked, exposed one「むき出しの，禿げたもの」, Tap of *Noth*.

O

Oban < (Q) *ob*, bay + *an*, small「小さな湾」.
-och < (Q) *acha(dh)*, -acha と同じ.
Ochter-, Auchter- と同じ.
Ochil, Oykell, Eil < (P) *uchel*, high「高い」, *Ochil* Range; the River *Oykel*; *Eil*don Hills.
Oich < (Q) *uachadar*, place higher than, Loch *Oich*, the loch higher than Loch Ness.
Orchy < (Q) *urchoideach*, harmful「有害な」, the River *Orchy*.
Ord < (Q) *ord*, hammer-shaped hill, steep round hill「険しい丸い丘」, Muir of *Ord*.
Orkney < (Q) *orc*, the boar tribe + (n) + (ON) *ey*, the Islands of the Boar tribe. Oronsay < (Q)

索引まえがき

(St) *Odhran's* + (ON) *-ay*, isle.

P

Peebles < (P) *pebyll,* tent, pavilion「テント」.
-peffer < (P) *-pefr,* radiant, bright, beautiful. cf. Strath*peffer.*
Pen- < (P) *pen,* hill, head, top「丘，頭部」, Pennymuir < *Pen y Muir,* Head of moor.
Perth < (P) *perta,* bush, thicket「茂み，雑木林」.
Phadrig < (Q) *Padrig* (人名), Patrick「パトリック」.
Pit-, Pet- < (P) *pett,* share or part of land「土地の一部分」, Pitlochry, *pett,* place + (Q) *cloichreach,* stony「石の多い場所」.
pol, -pool < (Q) *pol,* pool「水溜まり」.
Pont(-) < (L) *pons,* bridge「橋」, Pen*pont,* Hanging bridge.
Port(-) < (P, Q) *port,* harbour「港」.
Portree < (Q) *port,* harbour + *ruighe,* of slope「坂のある港」.

Q

quoy < (ON) *koi,* fold, enclosure for beasts「家畜の囲い地」, *Quoy*ness, Headland of enclosure for beasts.

R

Rackwick < (ON) *reki,* flotsam + *vik*「漂流物の入り江」. cf. Uig, Wick.
ran, -ron < (Q) *rann, roinn,* part, section. cf. Balnua*ran;* Lather*on.*
ras < (Q) *ras,* headland, wood「岬，森」, Ard*ross.*
Ra(th), -rothes < (Q) *rath,* fort「砦」, Glen*rothes,* Glen where there is a fort.
Rhos(-), Ros(s)-, -rose < (P) *rhos,* moor, hill meadow「原野，丘の牧場」, Easter *Ross*;
Rhynie < (Q) *roinnidh,* divide「分水界」.
Rig < (AS) *hrycg,* ridge「尾根」, Normangill *Rig.*
robin < (Q) *robain,* of roaring billows「怒涛の大波の」, Dun*robin.*
rod < (Q) *roid* (Gaelic form of 'road'), Kinrod *Cinn* + *roid* Lane's end.
Ronalsay < (ON) *Ronald's* + *ay,* island.
rossan < (Q) *ross* + *an,* little cape「小さな岬」.
Rousay < (ON) *Rolf's*（人名）+ *ey,* island「ロルフの島」.
Rubha, Rudh < (Q) *rubha,* point「岬」, Rudh'an Dunain, Point of St Donnan.

S

Schiehallion < (Q) *Sithe,* a dwelling of the fairy or supernatural being + *(C)hallion,* of the Caledonians.「カレドニア人の別世の楽園」. cf. Shee.
Scone < (Q) *Sgonn,* mass, lump
Scrabster < (ON) *Skari*「海岸の」or *Skjære*「岩場の」+ *bolstadr,* stead, farm「海岸の，または，岩場の農地，居留区」.

索引まえがき

Seabegs < (Q) *seabeg*, little seat「小さな地領」.
Selkirk < (AS) *sele*, dwelling or house + (ON) *kirkja*, of church.
Sgor < (Q) *sgorr*, rocky place「岩場」, 多く山や岩場の名の前に置かれる.
Shandwick < (Q) *seanndabhach*, old + *dabhach* or *davoch*, (a farm to keep 60 cows or herd of cattle)「300 頭の牛か, 家畜を飼育する地領, ないし 480 エーカーの農地」, ブレホン法による賠償ないし弁償のための家畜の放牧地.
Shee < (Q) *sithe*, a conical hill in which fairies and supernatural beings are supposed to live「別世の楽園」, Glen Shee, Cairn Shee.
sheen < (Q) *sian*, storm「嵐」, Achanas*heen*, Fields of storm.
Shetland < (ON) *hjalt* + land「剣の形をした陸地」の意味.
Shiel < (Q) *sile* or *seile* nectar, Loch Shiel.
Skye < (Q) *sgiath*, wing, winged island. 翼を拡げたような格好からの命名と思われる.
Staffa < (ON) *stafr*, pillar, rod, + -*ey*, island「多柱石の島」.
staffnage < (Q) *staghannan*, moorage of ships「船たまり」, Dun*staffnage*.
Sten, -stein < (ON) *steinn*, stone「石」, Sten + *ness*, cape「石の岬」. *Stem*ster, cf. -ster.
stead < (AS) *seat*, place「場所」.
ster, -setter < (ON) *stadr*, stead, *bolstadr* の縮形. Hou*setter*.
Stirling < (Q) *sruighlea, stuthlach,* rinsing「すすぐもの」.
Stonehaven < (ON) *Steinn*, Stone + *hafn*, harbour.
Stornoway < (ON) *stjorn*, steering + *vagr*, bay「舵取りの入り江」.
Stran- < (Q) *sron*, nose, peninsular, *Stranraer* < Sron *reamhair*, Sturdy promontory.
Strath(-) < (Q) *srath*, (P) *ystrad*, valley, Glen よりは巾のある「渓谷」. Strathpeffer のように形容詞の前に置かれることもあるが, 多く河川名の前に置かれる. 往時のケルト人の居留地, 現在のドイツのライン河畔にもこの接頭辞で始まる地名は多く点在する. cf. -peffer.
Strichen < (Q) *striochan*, brindled「斑のある」.
Strom < (ON) *straum*, stream「川, 流れ」, *Strom*ness.
Strontoiller < (Q) Stron, village + *toileach*, of desire, pleasure.
Suidhe < (Q) *suidhe*, seat「座石, 台地, 所在地, 屋敷」.
Sumburgh < (ON) *Swyn* (人名)'s *brocht* (fort or stronghold).
Sunhoney < (Q) *Samfhuin*, Hallowe'n 万聖節 (Hallowe'n) の宵にかがり火が焚かれた所と言われる.

T

Talorg「額が輝いている人」(the Bright-borowed). 品格のある人のことで, Talorg*an*, Talorg*en* の -an, -en はその指小辞 junior の意味かと思われる.
Tarbert < (Q) *tairbeart*, Isthums「地峡」, West Loch *Tarbert*. 多く「移送点」(transference-place)

索引まえがき

Tay < (P) *Tausos*, strong one「静かなるもの」.
tealing < (Q) *teallaich*, having a smith's forge「鍛冶屋の炉がある」.
Teviot < (Q) *tebhiot*. Cheviot のゲール語形.
Thurso < (ON) *thjorsa*, bull-river「雄牛の川」.
Ting-, Ding- < (ON) *thing*, parliament「議会」, *Ding*wall < Parliament + field. cf. Wall.1.
Tinto < (Q) *tinntean*, place of bone fire「かがり火の場所」, cf. *Tinto* Hill.
Tiree < (Q) *tir*, land + *Iodh*, of Iath「エスの地領」.
-thun, (AS) -*ton* の北部方言形. cf. White Caterthun Fort.
Tobar < (Q) *tobar*, well「井戸」.
tocher < (Q) *tochar*, causeway. Cf. Dun*tocher*, Fort near causeway.
Tomnaverie < (Q) *tom*, knoll + *na*, of + *h-uirigh*, couch「揺籃の丘」.
ton < (AS) -*tun* (ON) -*tun*, village, farm「村, 農場」.
Tongue < (ON) *tunga*, spit of land「陸地の出州」.
Tor < (Q) *torr*, hill「丘」, *Tor*phichen < *Torr phigheainn*, Magpie hill; Dun Torr A' Chaisteil「城塞のある丘」.
Tra-, Tre-, Trie- < (P) *tref*, (Q) *treabh*, homestead, settlement, village「入植地, 居留地」, *Trap*rain < *Tref pren*, Tree house. cf. *Dreva* Craig.
Treig < (P) tranc, (Q)triag, water horses (eich uisge) of end, dissolution, death.
(-)troddan < (Q) *troid*, of conflict, fight + -*an*「小競り合いの」, Drum*troddan*; Dun*troddan*.
troon < (P) *trwyn*, nose, cape「岬, 突端」, Dun*troon*「岬の砦」.
(-)tulloch, tully < (Q) *tulach*, ridge, hillock「尾根, 小丘」, Kirkin*tilloch* < Caer (Fort) at the hilltop; *Tollis* Hill Fort「小さな丘がある丘の上の砦」..
Tummel < (Q) *temheil*, darkness「暗黒」, Loch *Tummel*.
tursa < (Q) *tursa*, sadness, sorrow「悲しみ」, Cnoc na *Tursa*.
ty- < (Q) *taigh*, house「家」, *Tyn*drum < *taigh*, house + *an droma*, of ridge「尾根の家」.
tyre- < (Q) *tire*, land「土地」, Kin*tyre*, Headland. cf. Kin-.

U・V・W・Y

Uamh < (Q) *uamh* cave「洞窟」, An *Uamh* Bhinn「美しい旋律の洞窟」, Loch nan *Uamh*.
Uig, Wick, -wick < (ON) *vik*, bay, creek「湾, 入り江」.
Uist < (Q) *Uibist*. Tir a' mhurain, the land of the brentgrass.「コマクサの地」.
Ulster < (Q) *Ulaidd*(人名)'s + (ON) -*ster*. cf. -ster, -setter.
Vaul < (Q) *bhall*, wall, bulwark「砦, 保塁」.
ville < (F) *ville*, town, new settlement「町, 新開地」.
Voe, -way, -wall < (ON) *vagr* < (Q) *bhagh*, bay, creek「湾, 入り江」, Solway, Voe of Sumburgh, Kirkwall.

索引まえがき

wall[1] < (ON) *vollr*, field「野原」, Ting*wall*, Parliament field,
wall[2] < (AS) *wealla* < (L) *vallum*, rampart「城壁」.
well < (AS) *-wella*, well, *stream*「井戸, 流れ」.
Whithorn < (AS) *hwit ærn*, white house or (L) *Candida Casa*「白い家」.
wick- Wig- < (AS) *wic*, dwelling, home, hamlet, base camp, Ber*wick* (< *Burh* + *wick*) -Upon-Tweed; Wigton < wic + tun, farmstead, etc.
work, -wark < (ON) *verk*, manufactured article「作ったもの」, Carlingwork < (ON) Kerling (Hag's) *work*; Burnswark < (P) bryn, hill + wark.
Yarrow (河川名) < (Q) *garbh*, rough, boisterous.
Ythan < (P) *iethon*, talking「口をきく, ものを言う」. cf. Ythanwells.

人名・地名・事物名　索引

皇帝、大王、王の名称の後の年号は在位期間を示し、他の人名の後のそれは存命期間を示す。ただし、ピクト族の大王、スコット族の王については索引中での表示は省略する。　第3部の3（大王、王の譜系）参照されたい。また、本文中に多出する「アイルランド」、「イングランド」、「スコットランド」のような地名や、スコット族、ピクト族、ローマ軍のような族名なども、本索引中には表示しない。

ア

アーガイル (Argyll, or Argyle) 6, 11, 16, 18, 22, 116, 123, 130, 160, 165, 187, 188, 191, 194, 195, 197, 198, 223, 292, 302
アーガイル公 (Duke of Argyle) 265
アーキボルド・キャムベル (Campbell, Archibald, 4th Mormaer of Argyle, d. 1558) 60, 63
アーキボルド・ダグラス (Douglas, Archibald, Mormaer of Angus) 54, 55, 57
アーキボルド・ダグラス (Archibold, Douglas, 5th Mormaer of Douglas,1391-1439) 51, 52
アーク (Erc) 22,180
アーサー (Arthur Mac Aedhan) 24
アーサー王 (King Arthur, d.537) 13, 14, 22, 24, 87, 90, 93, 105, 136, 188
アーサーズ・シート (Arthur's Seat) 90, 93, 105, 136
アースリィ・ヒル (Arthrey Hill) 137, 190
アースレット (Arthuret) 127
アーデスティ地下構築物 (Ardestie Souterrain) 163
アードカッタン (Ardchatan) 197
アードッホ (Ardoch) 144
アードッホ・ローマ軍砦 (Ardoch Roman Fort) 97, 133, 143, 145-146
アードッホ・ローマ軍野営地 (Ardoch Roman Camp) 97, 133, 143

アードマクニッシュ湾 (Ardmucknish Bay) 196
アードリイ (Ardrie) 3
アードロッサン (Ardrossan) 199
アーネスト・オーガスタス (Augustus, Ernest) 65
アーノル (Arnol) 271
アーハナシーン (Achnasheen) 256, 257
アーファガロン (Auchagallon) 200
アーファガロン・ストーン・サークルつき円形墳 (Auchagallon Round Cairn & Stone Circle) 200
アーフォード (Alford) 205
アープ家 (the House of Erp) 13, 16, 18, 151
アーブロース (Arbroath) 3, 114, 155
アーボリィ・ヒル (Arbory Hill) 123-124
アーボリィ・ヒル砦 (Arbory Hill Fort) 123
アーモンド川 (the River Almond、クリークに近い川) 144
アーモンド川 (the River Almond、クラモンド・ローマ軍砦に近い川) 102
アーレンド (Erlend) 291
アーン川 (the River Earn) 166
アィヴァ (Ivar, king of the Vikings of Ireland, d.873) 129, 164, 240
アイオナ (島)(Iona, the Isle of Iona) 22, 23, 35, 39, 192, 196, 223, 224, 262, 264, 268
アイオナ島大修道院 (the Benedictine Cathedral and Abbey of the Isle of Iona) 264

344

索　引

アイオナの僧院 (the Monastery of Iona or Icolmkil) 17, 24, 152, 196, 231, 261, 264
アイオナの僧院長 (Abbot of the Monastery of Iona) 163, 231, 234
アイスランド (Iceland) 35
アイダ (Ida, d.559) 37, 83, 106, 127, 136
アイラ (島)(the Isle of Islay) 10, 150, 180, 260-261
アイリーン (Eilean)26
アイリーン・ドナン (*Eilean Dhonnain*) 258
アイリッシュ・ピクト (族) (the Irish Picts or the Cruithnii) 15, 16, 128, 173, 181, 215, 236, 263
アイリッシュ・ピクト教会 (the Church of Irish Picts) 16, 141, 177, 188, 192, 215, 252
アイルランド海 (the Irish Sea) 4, 6
アイルランド型円塔（Irish broch）170
『アイルランド年史』(*The Irish Annals*) 42
アイル・オヴ・ホィットホーン (the Isle of Whithorn) 119
アインキーラ・マック・ファーハー・ファタ 26
アインハロウの瀬戸（Eynhallow Sound)284, 285
アウター・ヘブリディーズ（諸島）(the Outer Hebrides) 85, 120, 176, 242, 271
アエセルスタン (Aethelstan, 924-40) 30-31, 38, 88-89
アエセルフリス (Aethelfrith, d.617) 17, 23, 24, 30, 37, 88, 89, 90, 106, 153
アエセルレッド二世 (Aethelred II, the Unready, 978-1016) 33, 39, 216
アエダ・フィンチ・マック・イーハッハ 19
アエダ・フィンチ・マック・エオハ・リアムナハル 27
アエダン・マック・ガラン 15, 16, 23, 24, 25, 89, 90, 106, 120, 127, 153, 154, 160, 165, 185, 192, 193, 222, 281
アオ家 (the House of Aodh) 29, 32
アオ・マック・ケネス (Aodh Mac Kenneth) 28, 166, 172, 185

アガシアーシ (Agathyrsi) 10, 150
アグリコーラ (Agricola, Gnaeus Julius, A.D. 37-93) 72-73, 76, 95-100, 103, 112, 122, 133, 135, 140-144, 146, 147, 172, 201-203, 212
アサ神族 (the Aesir) 278
葦 (Pethboc, 10/29-11/25 を表象する木) 117, 309
アセルスタンフォード (Athelstaneford) 88
アソール (Athole) 32, 166, 198
アソールの伯爵クリナン (Crinan, Mormaer of Athole) 42, 164, 282
アソールの伯爵ウォルター・スチュアート (Stuart, Walter, Mormaer of Athole) 51
アソール・ブレアゴウリイ族 (the Athole-Blairgowrie) 11, 135, 150, 168
アソール・ゴウリイ地区 (Athole-Gowrie District) 11, 135, 150
アターガティス (Atargatis) 94
アタコッチ族 (the Attacottii) 131, 187
アダム・ミュア卿 (Muir, Sir Adam of Rowallan) 49
アッド川 (the River Add) 191
アッパー・オンスタン (Upper Onstan) 277
アッパー・ケアーン (Upper Cairn) 92
アップルクロス，ないしはアバークロッサン (Applecross or Abercrossan) 252
アティス (Atys,「キュベレの恋人」) 275
アナット (annat < (Q) annaid) 14
アナットの井戸 (the Well of Annat) 225
アナベラ・ドゥラモンド (Drumond, Annabella, 1350?-1401) 50
アニミスト (animist) 155, 196, 220
アニミズム (animism) 233
アハヴァニッシュ (Achavanish) 250
アハヴァニッシュ立石群 (Achavanish Standing Stones) 80, 250
アバコーン (Abercorn) 40
アバディーン (Aberdeen) 3, 42, 202, 207, 209, 246, 288
アバディーン (大学)(Aberdeen University) 3

345

索　引

アバディーンシャー (Aberdeenshire) 11, 301
アバドゥア［ファイフ領の］(Aberdour) 152
アバドゥア湾 (Aberdour Bay) 215
アバネッシィ (Abernethy) 77, 147-148, 170
アバネッシィ・ローマ軍野営地 (Abernethy Roman Camp) 143, 147, 172
アバネッシィ教会 (the Church of Abernethy) 16, 17, 151, 160, 164, 172
アバネッシィの円塔 (Abernethy Round Tower) 170-172
アバネッシィ・ピクト表象石 (Abernethy Pictish Symbol Stone) 170
アバ・フィーライ (Aber Pheallaidh,「アバフェルディ」参照)
アバフェルディ (Aberfeldy「ピーライの浅瀬」) 168
アバレムノウ (Aberlemno) 154, 158
アバレムノウ・クロス・スラブ (1) (Aberlemno Cross Slab(1)) 154, 158
アバレムノウ・クロス・スラブ (2) (Aberlemno Cross Slab (2)) 154, 159, 305
アバレムノウ・ピクト表象石 (Aberlemno Pictish Symbol Stone) 154, 158
アビングトン (Abington) 114
アボッツフォード (Abbotsford) 82
アミイ・マックルーリイ（Amie MacRurie）270
あら捜し (*Gobach*) 232
アラン島 (the Isle of Arran) 6, 116, 199
アラン・ラムゼイ（Ramsay, Allan, 1685-1758）299
アリセイグ・ハウス (Arisaig House) 235
アルドフリス (Aldfrith) 152
アルスター (Ulster) 15, 141
『アルスター年史』(*The Annals of Ulster*) 42, 165
アルバン王国 (the Kingdom of Alban) 29-35, 38-39, 77, 88, 162-163, 173, 186, 196-197, 311
アルビヌス (Albinus) 145
アルピン・マック・イーハッハ 20, 27, 161-162, 183, 197
アルピン・マック・フェレッダ 19
アルフレッド・ザ・グレート (Alfred the Great, 871-99, son of Ethelwulf) 38, 89
アレキザンダー (Alexander, Mormaer of Buchan, 1342?-1406.「ベイドノフの狼」の異名があったロバート三世の弟) 50, 53
アレキザンダー (Alexander, 1454-85, ジェイムズ三世の弟) 53
アレキザンダー (Alexander, ボイド卿ロバートの弟) 53
アレキザンダー (Alexander Mac Madoc, Diùc of Albany) 51
アレキザンダー一世 (Alexander I, 1107-20) 44
アレキザンダー・カニングハム (Cunningham, Alexander, Mormaer of Glencairn, d.1574) 60
アレキザンダー三世 (Alexander III,1249-86) 43-44, 59, 240, 259-260
アレキザンダー二世 (Alexander II, 1214-49) 44, 283
アレキザンダー・リヴィングストーン (Alexander, Sir Livingstone) 51-52
アレキザンダー・レズリイ (Leslie, Alexander, Mormaer of Leven,1580-1661) 63
アロア (Alloa) 137
アンガス (Angus Mac Erc,「ファーガス・マック・アークの兄」) 22, 180
アンガス一世・マック・ファーガス 18-19, 26-27, 30, 129, 151, 160-162, 164, 173, 193
アンガス族 (the Angus) 11, 17-18, 27, 135, 149, 151, 172, 196
アンガス地区 (Angus District) 15, 29, 45, 97, 151, 170, 240-241
アンガス二世・マック・ファーガス 20
アンガスの伯爵クンハー (Cunchar, the Mormaer of Angus) 32
アングリア司教管轄区の修道院(the Monas-

346

索　引

tery under the Bishopric of the Northumbrian Kingdom) 111, 119, 129
アングル人 (Anglian) 38, 80, 83, 106, 119
アングル族 (the Angles) 12-13, 22-23, 37-38, 79-80, 89, 93, 106, 109-110, 127, 129-130, 132, 136, 153-154, 161, 192
『アングロ・サクスン・クロニクル (*The Anglo-Saxon Chronicle*) 30, 88
アングロ・サクスン族（the Anglo-Saxons）77
アン女王 (Queen Anne, 1702-14) 49, 62, 65
アンスタン石室墳 (Unstan Chambered Cairn) 248, 277, 285, 301
アンスタン陶器 (Unstan pottery) 277, 301
アンソニイ・バビントン (Babington Anthony, 1561-86) 61
アントニヌス・パイウス (Pius, Antoninus, 138-61) 73, 76, 99-102, 105, 109, 112, 122, 131, 133, 145-148, 150
アントニヌスの城壁 (the Antonine Wall) 73, 75-76, 93, 95-96, 98, 102,109, 112-113, 121-122, 131, 133, 136, 142, 145-146, 150
アントリム (Antrim) 11, 22, 180, 193
アンドルー (Andrew, Bishop of Moray) 50
アンドルー・カーネギイ (Carnegie, Andrew, 1835-1919) 179
アントワネット・ドゥ・ブルボン (Anntoinette de Bourbons) 59
アンナン (Annan) 109
アンナンデイル (Annandale) 54, 96-97, 101, 105
アンリエッタ・マリア (Maria, Henrietta, 1609-99) 62
アンリ四世 (Henry IV, 1589-1610) 62

イ

イアン・グリムブル (Ian Grimble) 279
イアン・フィンレイ (Ian Finlay) 214, 234, 257
イーグル・ストーン (Eagle Stone) 102
イーサン・ウェルズ (Ythan Wells) 212
イーサン・ウェルズ・ローマ軍野営地 (Ythan Wells Roman Camp) 202
イースター (Easter,「復活祭」参照）257
イースター・アホーシィーズ横臥石つき環状列石 (Easter Aquhorthies Recumbent Stone Circle) 205
イースター・ハップルウ・ローマ軍砦 (Easter Happrew Roman Fort) 100, 108, 122
イースター・ロス (Easter Ross) 150, 158, 237-238, 243, 244, 246
イースター・ロスの伯爵 (the Mormaer of Easter Ross) 243
イースト・キルブライド (East Kilbride) 3
イースト・リントン (East Linton) 87-88, 91
イースト・ロージアン (East Lothian) 24, 55, 136
イースト・ローモンド・ヒル (East Lomond Hill) 174
イースト・ローモンド・ヒル砦 (East Lomond Hill Fort) 174
イースト・ロッホ・ローグ (East Loch Roag) 273
イーセルバルド (Eathelbald, d.757) 30, 161
イーダルフ (Earl Eadulf) 77
イーハッハ・フィオン (Eachach Fionn Mac Aedhan) 24
イーハッハ・マック・アエダ・フィンチ 27
イヴシャム城 (Evesham Castle) 50
イウメニウス (Eumenius) 11, 149
イウン・マック・ファーハー・ファタ 27
イウン・マック・ムリアフ 27
イエマルク (Iehmarc, or Imergi) 35
庵 (cell or monastery) 125
イケニ族 (the Iceni) 230
イザベラ (Isabella) 260
石斧のマーク (stone axe mark) 189-190
イシス (Isis) 275
石の「小要塞」(block-house) 292
イタリア (Italy) 103
イチイの木 (yew tree) 170
イチイの木 (Iubhar,「冬至」を表象する木)

347

索　引

118, 309
イチイの木のある丘 (Tom na h-lubraich) 221
猪 (bull) 48, 194, 196
猪科の動物小屋の番人 (steward) 48
猪像 (bull-image) 193-194, 222
猪族 (オークニイ諸島に居留したピクト氏族、the Boars < Orc) 11, 15, 48, 107, 150-151, 194, 222, 238, 277, 281, 284, 288
イベリア (Iberia) 286
イベリア系ケルト族 (the Iberian Celts) 256
イベリア半島 (the Iberian Peninsula) 226
イリリア (Ilyria) 145
イルブン・マップ・キルマック (Urbgen(or Urien) Map Cirmac) 105, 127, 129, 154, 169, 220
インヴァネス (Inverness) 3, 15, 23, 66, 124, 150, 166, 192, 204, 211, 221-222, 225-226, 232-233, 271, 277-278
インヴァネスシャー (Invernessshire) 254, 302
インヴァノホティ (Invernochty) 209
インヴァルーリィ地区 (Inverurie District) 205, 210-211
インヴァレイヴォン・ローマ軍砦 (Inveravon Roman Fort) 132
インヴァレスク・ローマ軍砦 (Inveresk Roman Fort) 102, 108, 133
インヴァ・ロッヒィ (Inbhir Lochaidh, or the Cove of the Black Goddess) 231
インガボーグ (Ingibjorg, トーフィン・ザ・マイティの妃) 279
インガボーグ (Ingibjorg, マルコム三世の妃) 43, 279
イングランド議会 (the Parliament of England) 65
インダルフ・マック・コンスタンティン二世 31
インチ（Insch) 212
インチトゥッシル・ローマ軍砦 (Inchtuthil Roman Fort) 97, 144, 146, 148
インチマホルム (Inchmaholm < Innis na Cholm「聖コルムの島」) 141
インチマホルム小修道院 (Inchmaholm Priory) 141
インナー / アウター・ヘブリディーズ諸島 (the Inner-Outer Hebrides) 197-198, 235, 239, 258, 268, 270
インナー・ヘブリディーズ（諸島）(the Inner Hebrides) 35, 258
インナーペフレイ・ローマ軍砦 (Innerpeffray Roman Fort) 146

ウ

ヴァーチュリオネス族 (the Verturiones > the Fortrenn「南部ピクト族」) 149-150
ヴァイキング (Viking or Vikings) 85, 259
ヴァイルス・ルプス (Lupus, Virus) 145
ヴァウル湾 (Vaul Bay) 267
ヴァコマギ族 (the Vacomagi) 8, 149, 201, 213
ヴァリスコーリアン小修道院 (Valliscaulian Priory) 197
ヴァルハラ (Valhalla) の砦 85
ウィアーマウスとジャロウの僧院長 (Abbot of Wearmouth and Jarrow) 17, 154
ヴィクトリア女王 (Queen Victoria, 1837-1901) 141, 310
ウィック (Wick) 267
ウィッグ (Uig) 270
ウィッグトン (Wigtown) 118, 215, 225
ウィッグトン・ベイ (Wigtown Bay) 115
ウィッグトンシャー (Wigtownshire) 121
ヴィネコネス族 (the Vinecones) 8, 135, 139, 174
ウィリアム (William, ホフ・フレスキン (Hugh Freskyn) の子) 283
ウィリアム一世 (William the Lion, 1165-1214) 44, 47
ウィリアム・クリヒトン (Sir William Crichton, d. 1454) 51
ウィリアム三世 (William III, 1689-1702) 64
ウィリアム・シェイクスピア (「シェイクスピア」参照)

索　引

ウィリアム・ダンバー（Dunbar, William, 1460 - ?1520）299
ウィリアム・ロード (Laud, William, Archbishop of Canterbury, 1573-1645) 62
ウィルダーネス・プランテイション・ローマ軍砦 (Wilderness Plantation Roman Fort) 132
ウィルトシャー (Wiltshire) 126, 175
ウィルフレッド (Wilfred, 634-709) 40
ウィンザー城 (Windsor Castle) 50
ウェイヴァリイ・ステイション (Waverley station) 300
ウェールズ (Wales) 3, 127, 166
ウェールズ・オヴ・イーサン (Wells of Ythan) 212
ウェールズ人 (the Welsh) 170
ウェスターウッド・ローマ軍砦 (Westerwood Roman Fort) 132
ウェストミンスター・アービイ (Westminster Abbey) 45
ウェストミンスター・ブリッヂ (Westminster Bridge) 230
ヴェスタ (Vesta) 98
ウェスター・バウズ (Wester Bows) 140
ウェスター・ロス (Wester Ross) 198, 237-238
ウェスト・ウッドバーン (West Woodburn) 98
ウェスト・サクソン (West Saxon) 38
ウェスト・クライス (West Clyth) 249
ウェスト・ホウランド (West Houland) 293
ウェスト・モア (West More) 34, 242
ウェスト・リントン (West Linton) 91
ウェスト・ロージアン (地区)(West Lothian) 40,59, 92, 135-136, 302
ウェスト・ロッホ・ターバート (West Loch Tarbert) 195, 260
ウェルッシュ・ブリトン (the Welsh Britons) 48, 86, 89, 106-107, 129-130, 153, 220
ヴォー・オヴ・サンバラ古代住居群 (Voe of Sumburgh Early Settlement) 288, 290-292, 294, 302

ウォーデン・ロウ (Woden Law) 78, 86, 96, 99-100
ウォーデン・ロウ砦 (Woden Law Fort) 86, 108
ウォールズ・ヒル (Walls Hill) 105, 128
ウォールズ・ヒル砦 (Walls Hill Fort) 128
ウォーレス (Wallace, Sir William, the Hammer and Scourge of England, 1272?-1305）46, 138
ヴォタディニ族 (the Votadini) 8, 78, 86-87, 90-91, 103, 128, 135, 137, 252
ウォルター（Stuart, Walter, 6th Lord High Steward, 1293-1326）51
ウォルター (Walter Mac Madoc, Diùc of Albany) 51
ウォルター・スコット卿 (sir Walter Scott, 1775-1832) 82, 141, 187, 288
宇宙の支配者たるキリスト (Christ in Majesty) 110
渦巻き模様 (spiral pattern) 191
美しい旋律の洞窟 (An Uamh Bhinn) 266
ウッドサイド農場 (Woodside Farmhouse) 125, 225
馬の女神エポナ (the Goddess of Horses, Epona) 187
浦島太郎 222
ウラプール (Ullapool) 254, 256, 271
ウラゼルフ (Nuda Phyadderch Map Tudgual, ヌダ・ウラゼルフ，寛大王ヌダのこと）127
ウリニッシュ・ロッヂ (Ullinish Lodge) 268
ウルブスター (Ulbster) 251
運命の石 (the Stone of Destiny) 45

エ

エア (Ayr) 3
エアシャー (Ayrshire) 16, 37, 105, 129-130
エアドフリス (Eadfrith, d.721, リンディスファーンの司教) 41
英国国会議事堂 (Westminster Palace) 230
エィッグ・キルドナン (Eigg Kildonnan) 258

349

索　引

エィッグ島 (the Isle of Eigg) 258
エイティッヒ (Eitichi, Foul One or Horrid One) 197
エイナー (Einar, ジガード・ザ・スタウトの子) 282
エイナー (Einar, the Thorfin, ロヌワルドの子) 243, 283
エイルドン・ヒルズ (Eildon Hills) 82
エイルドン北岳 (Eildon North Hill) 128, 252
エイルドン中岳（Eildon Mid Hill) 124, 221
エイ・マック・ボアンタ 20
エイレ (Eire) 198
エオハ (Eocha, キリーン・マック・インダルフの弟) 32
エオハ・ブイ家 (the House of Eochadh Buidhe) 25, 26
エオハ・ブイ・マック・アエダン 24, 25
エオハ・マック・イーハッハ 27
エオハ・マップ・クウ (Eocha Map Cu) 28, 185-186
エオハ・リアムナハル 26
エグバート (Egbert, 808-37) 130
エグバート (Egbert, 828-39) 38
エグフリッド (Egfrid, 670-85) 17, 26, 37, 40, 109, 152-153, 155, 165
エジプト (Egypt) 116, 176, 275
エズリイ・ザ・グレーター横臥列石つき環状列石 (Eslie the Greater Recumbent Stone Circle) 205
エセルウルフ (Ethelwulf, 839-58, father of Alfred the Great) 38
エセルバート (Ethelbert, 860-66, king of East Anglia) 38
エセルバルド (Ethelbald, 858-60, king of West Saxons) 38
エセルレッド (Ethelred, 866-71, king of West Saxons) 38
エダトン (Edderton) 245-246
エダトンのハンの木の森 (Fearn of Edderton or the Abbey of Fearn) 245
エダトン・ピクト表象石 (Edderton Pictish Symbol Stone) 246
エックヘーカン (Ecclefechan) 108
エッシイ・クロス・スラブ (Essie Cross Slab) 154
エッシイ・ローマ軍砦 (Essie Roman Fort) 147
エディンバラ (Edinburgh) 3, 14, 31, 45, 54, 59-60, 66, 90-91, 102, 136, 179, 190, 299-301
ディンバラ空港 (Edinburgh Airport)
エディンバラ城（Edinburgh Castle）53-54, 299
エディンバラ(大学)(Edinburgh University) 3
エディンバラ・フェスティヴァル (Edinburgh Festival) 299
エデンズホール・ブロッホつき砦 (Edenshall Fort and Broch) 85
エデンの砦 (Oppidum Eden) 31, 38
エドウィ (Edwy, 955-59) 38
エドウィン (Edwin, son of Aella, king of Deira, 617-33) 17, 24, 37, 39-40, 90, 111
エドガー (Edgar, 1097-1107?) 44
エドガー (Edgar, the Peaceful, 959-75) 32, 38
エドバート (Edbert, d.768) 30, 37, 111, 129-130, 161-162
エドムンド (Edmund, 940-46) 31, 38
エドムンド二世・ジ・アイアンサイド (Edmund II, the Ironside,1016) 43-44, 178
エトリック・アンド・ローダーデイル (Ettrick and Lauderdale) 79
エドレッド (Edred, 946-55) 31, 38
エドワード一世（Edward I, 1272-1307) 44-46, 59, 138, 178, 260
エドワード・ザ・マーター (Edward the Martyr, 975-78) 39
エドワード懺悔王 (Edward the Confessor, 1042-66) 39
エドワード三世 (Edward III, 1327-79) 46-47, 49
エドワード・ジ・エルダー (Edward the Elder, 870 -924) 30, 38, 89

索　引

エドワード・セイモア (Seymour, Edward, Earl of Hereford, 後に Duke of Somerset) 59-60
エドワード二世 (Edward II, 1307-27) 44-47, 54, 138, 178, 260
エドワード・バリオール（Edward Balliol, 1332-46）47, 49
エドワード六世 (Edward VI, 1547-53) 59-60
エドワード四世 (Edward IV, 1547-53) 52-54
エピディウム (Epidium) 11,131
エポナ神族 (the Epidii, the Horse Breeders) 8, 131, 187, 199
エピディ族 (the Epidii) 8, 131, 187, 199
エヒト (Echt) 207-208
エヒトのバームキン砦 (Barmkin Fort of Echt) 208
エホヴァ (Jehovah, I. E. U. O. A. ドゥルイドの暦で1年に5日ある冬至, 秋分, 夏至, 春分, 元旦の頭文字で成立する神の名) 117-118, 310
エムボウ (Embo) 117-118, 246, 310
エムボウ石室墳 (Embo Chambered Cairn) 246, 278
エリウ (Eriu) 198
エリザベス (Elizabeth, d. 1355?) 49
エリザベス一世 (Elizabeth I, 1558-1603) 60-62
エリスハウ (Elishow) 98
エリック (Eric, the Bloody Axe) 31, 38
エリック二世・マック・マグナススン (Eric II, Mac Magunusson,1280-90) 259
エルヴァンフット (Elvanfoot) 114
エルギン (Elgin) 45
エルギン大聖堂 (Elgin Cathedral) 50
エルギン博物館 (Elgin Museum) 219
エルグ (Elg < (Q) eilg) 198
エルドレッド (Eldred) 241
エルピン・マック・イーハッハ 18-19, 26-27, 129, 161-162, 173, 183, 218
エルピン・マック・ウロイド 19
円形交差点 (roundabout) 133
円形広場 (neimhidh > navity) 81-82

オ

オイケル川 (the River Oykel) 242-243
オイン (Oyne) 202
オウエン (Owain Map Urien Cirmac) 127
狼像 (wolf-image) 158
雄牛の生け贄 (sacrifice of bulls) 227, 256-257
雄牛の像 (bull-image) 218-219
王政復古 (the Restoration) 64
オウターラーダー (Auchterarder) 143
オーエン（Owen, or Eoghainn, the Bald, d. 1018）33-34, 77
オーエン・マック・アンガス 20
オーク (oak) 214, 309
オーク（Dair, ドゥルイド暦で6/11-7/8を表象する木）117, 309
オーク神 (Belus) 226
オークの森 (Deer, Derry < *dair*, Durrow < dur) 214
オークウッド・ローマ軍砦 (Oakwood Roman Fort) 100, 108
オークニイ・クロマーティ群 (the Orkney-Cromarty Group) 85, 247
オークニイ諸島 (the Orkney Islands) 6, 10-11, 15, 34-36, 43-44, 48, 73, 95, 116, 119, 138, 149-151, 165, 182, 191, 202, 222, 238, 241-243, 247-249, 253-254, 259-260, 267, 270, 277, 281-282, 286, 288-291, 293, 300, 302
オークニイの伯爵 (Earl of the Orkney) 34-35, 283
オースロウ・ローマ軍砦 (Oathlaw Roman Fort) 146
オーディン (Odin) 85, 278
オーディンの石 (the Stone of Odin) 191, 278
オ・ニール家 (the Royal House of O'Neill) 223
オーバン (Oban, 往時のローン (Lorn) のこと) 180, 187-188, 193, 195-197, 234, 262-263, 269
オーヒィ川 (the River Orchy) 232
オーヒル山塊 (Ochil Range) 97, 144, 174

351

索　引

オーヒンギッバート・ヒル (Auchengibbert Hill) 114
オーヒンデイヴィ・ローマ軍野営地 (Auchindavy Roman Camp) 132
オーヒンホゥヴ・ローマ軍砦 (Auchinhove Roman Fort) 202
オーラフ (Oalf, 人物像不詳) 129
オーラフ・クアラン (Cuaran, Olaf, Sitricson, d. 981) 30-31, 35, 38, 89
オーラフ・ザ・フェア (Olaf the Fair) 240-242
オーラフ・トリグエッスン (Trygguesson, Olaf, 995-1000) 39, 244
オーラフの入江 (Olaf's Pool) 254
王領の野原の教会 (*Cill Righ Monaidh*, 通常「キリモント」(Kylrimont) と呼ばれる) 19, 31, 164, 171, 173
オールド・キルパトリック・ローマ軍砦 (Old Kilpatrick Roman Fort) 132
オールド・ケイグ横臥石つき環状列石 (Old Keig Recumbent Stone Circle) 205
オールド・ディア (Old Deer) 213, 215
オールド・マン・オヴ・ホイ (Old Man of Hoy) 287
オールドメルドラム (Oldmeldrum) 209
オールド・リーキイ (Auld Reekie, 往時のエディンバラのこと) 299
オガム文字 (ogham) 193, 211
オサイリス (Osiris) 116, 275
オスイウ (Oswiu, son of Aethellfrith, 651 -70) 17, 24, 37, 39-40, 109, 152-154
オスウル・グラガバン (Gragaban, Oswl) 240
オスリック (Osric, son of Edwin, 633-34) 37
オズワルド (Oswald, 634-42「聖オズワルド」参照)
オックスガングズ・ロード (Oxgangs Road) 90, 179
オックストン・ローマ軍砦 (Oxton Roman Fort) 101, 133
オティア (Ottir, the Jarl) 240
オ・ニール家 (the Royal House of O' Neil) 180, 223
オホタームフテイ・ローマ軍砦 (Auchtermuchty Roman Fort) 147, 172
オリヴァー・クロムウェル (Cromwell, Oliver, 1599-1658) 63-64
オリン川 (the River Orrin) 235
オルバニィ公ジョン (John, 2nd Diùc of Albany) 56
オルバニィ公ロバート (Robert, Diùc of Albany) 51
オロンゼイ島 (Oronsay) 262
オレンジとグリーン (Orange and Green) 64

カ

カーキンティロッホ・ローマ軍砦 Kirkintilloch Roman Fort) 132
カークウォール (Kirkwall) 277, 286
カークウォール空港 (Kirkwall Airport) 277
カーク・オ・フィールド (Kirk o' Field) 61
カークトン・オブ・カルサルモンド (Kirkton of Culsalmond) 213
カークブッドウ (Kirkbuddo「聖ブイッドの教会または砦」) 151, 163
カークブッドウ・ローマ軍砦 (Kirkbuddo Roman Fort) 147
カークメイドン (Kirkmaiden) 16
カークランドヒル立石 (Kirklandhill Standing Stone) 88
カーコルディ (Kirkcalday) 3
カージールド・ローマ軍砦 (Carzield Roman Fort) 112-113
カースルイス (Carsluith) 115
カースルカーリィ・ローマ軍砦 (Castlecary Roman Fort) 121-122, 132
カースル・グレッグ・ローマ軍砦 (Castle Greg Roman Fort) 121
カースルダイクス・ローマ軍砦 (Castledykes Roman Fort) 101, 121-122
カースル・ダグラス (Castle Douglas) 113-114
カースルヒル・ローマ軍砦 (Castlehill Roman Fort) 132

索　引

カースルベイ (Castlebay) 269
カースル・リッグ・ストーン・サークル (Castlerrigg Stone Circle) 6
カースル・ロウ地下構築物つき砦 (Castle Law Fort and Souterrain) 91
カーター・バー (Carter Bar) 78-79, 99
カーディーン・ローマ軍砦 (Cardean Roman Fort) 97, 144, 146
カーディーン・ローマ軍野営地 (Cardean Roman Camp) 143-144
カーティナン (Kirtinan) 161
ガートナイ・マック・ウィッド 17, 183
ガートナイ・マック・ギローム 14, 183
ガートナイ・マック・ドムネス 16, 24
ガートナイ・マック・ドンネル 17
カードネス・カースル (Cardness Castle) 115
カートル・ウォーター (Kirtle Water) 107, 112
カーヌーツ族 (the Carnutes) 81
ガーネス・ブロッホ (Gurness Broch) 284
カーパウ・ローマ軍砦 (Carpow Roman Fort) 146-147, 172
カーパウ・ローマ軍野営地 (Carpow Roman Camp) 172
カーフロウミル・ホテル (Carfraemill Hotel) 83
カーライル (Carlisle) 6, 66, 78, 100, 105, 112, 127
カーラム (Carham) 33, 77
カーラムの戦い (the Battle of Carham) 33, 35, 39, 77, 216
カーランギイ地下構築物 (Carlungie Souterrain) 163
ガーリック (Gaelic) 198, 260
カール五世 (Karl V, 1519-56) 58
カーレオンの第2軍団 (the 2nd Legion of Caerleon) 93
カーロウェイ (Carloway) 272
カーロンブリッジ (Carronbridge) 112-114
カーン・イン・クルーィヒ (Carn in Chluiche or the Cairn of the Match) 177

カイアー・ハウス・ローマ軍砦 (Kair House Roman Fort) 146
カィアーラヴェロック (Caerlaverock) 16, 126, 225
『海賊』(*The Pirate*) 288
外人部隊 (auxiliaries) 93-94, 103
貝塚 (Cnoc sligeach) 4
カイル (Kyle < (P) Coel) 127
『カイル生まれの男の子』(*There was a Lad*)
カイル・オヴ・サザランド (Kyle of Sutherland) 246
カイル・オヴ・トング (Kyle of Tongue) 253
カイル・オヴ・ロハルシュ (Kyle of Lochalsh) 257, 267
カイルアーキン (Kyleakin) 267
回廊つき城塞 (galleried dun) 86, 195, 254, 268
カウンティ・オファリィ (County Offaly) 213
カウンティ・ドネゴル (Co. Donegal) 223
カエサル (Caesar, Gaius Julius, 99 -44 B.C.) 48, 71, 80-81, 102, 118, 168, 184, 228, 257, 310
カエリーニ族 (the Caerinii) 8, 238
カスレス (Cathres, グラスゴウの昔の名称) 127, 192
カタロニア地方 (Catalonia) 6
カッダー・ローマ軍砦 (Cadder Roman Fort) 132
カップ・マーク (cup mark) 112, 114, 149, 158, 167, 176, 179, 190-191, 200, 204, 206, 208, 227
カップ・アンド・リング・マーク (cup & ring mark) 114, 163
カティ (Chatti) 97
カトリーヌ (Catherine) 58
カトリック教徒 (Catholics) 64
鐘形杯 (Beaker folk's eathernware) 301-302
樺の木 (Beithe, 12/24-1/21を表象する木) 117, 308
カハバ家 (the Chathbath) 26

353

索　引

カプック・ローマ軍砦 (Cappuck Roman Fort) 99, 108, 133
カペラ (Capella) 274
カマナ (camana) 176-177
カミュルス (Camulus, 軍神) 129
カムス (Camus, デーン人海賊) 33, 163, 216
カムスター (Camster) 85, 249
カムスター円錐墳 (Camster Conical Chambered Cairn) 249, 267
カムスター型通路墳 (Camster-type passage cairn) 85, 246-249, 251, 277, 285
カムスター・ロング・ケアーン (Camster Long Cairn) 85, 249
カムスのクロス (Camus's Cross) 163
ガムナ (ghamhnaich) 270
ガムナ川 (Abhainn Ghamhnach) 270
カムバーランド (Cumberland) 46
カムバーランド公 (George, Augustus William, the Duke of Cumberland) 66, 231
カムブスケネス・アービイ (Cambuskenneth Abbey) 54, 138
カムブリア (Cumbria) 6, 33, 92, 118
カムブリアの戦い (the Battle of Cumpria) 39
カメロン (Camelon) 14, 22, 97, 132, 136, 142
カメロンの戦い (the Battle of Camelon) 136, 188
カメロン・ローマ軍砦 (Camelon Roman Fort) 121-122, 136, 144
カラカラ（Caracalla, アントニヌス, マルクス・オウレリウス (Antoninus, Marcus Aurelius, 211-17) の渾名) 104, 148
ガラティア (Galatia, the Land of Gauls) 81, 275
カラニッシュ (Callanish) 273
カラニッシュ石室墳つき立石群 (Callanish Chambered Cairn and Standing Stones) 80, 176, 207, 250
カラニッシュ石室墳の男根像 (Callanish Phallus)、または「墳墓の銘碑」(Epitaph of Callanish Chambered Cairn) 273
ガランないしはケナルフ (Galan or Cenalph) 15
ガラン・アリリス 14
ガラン家 (the House of Gabhran) 18, 21, 26-27, 161-162
カランダー (Callandar) 140, 142
ガラン・マック・ドモンガート (Gabhran Mac Domongart) 15, 22, 165, 182, 188, 191-194, 224, 266
『ガリア戦記』(De Bello Gallico) 48, 71, 81, 183, 228
カリデン・ローマ軍砦 (Carriden Roman Fort) 132
カリニッシュ (Carinish) 270
カルガクス (Calgacus) 95, 203
カルサルモンド (Culsalmond) 213
カルノナカ族 (the Carnonacae) 8, 238
カルピイ (Callpie) 213
カルロス (Culross) 126, 177
カルロス・アービイ (Culross Abbey) 177
ガレイ船 (galley) 240, 294
カレドニア族 (the Caledonians) 8, 10, 73-76, 93, 107, 122, 130, 132, 134-135, 137-140, 143, 145-146, 148, 150, 165, 201
カレドニア運河 (Caledonian Canal,「カレドニアン・カナル」とも言う) 222, 231-232, 236
ガロウェイ (地区)(Galloway) 6, 11, 105-107, 111, 127, 129, 154, 162, 305
ガロウェイ人 (the Gallovidians「ガロヴィディアン」とも言い, Foreign or Norwegianized Gauls の意味) 119
ガロウズ・ヒル (Gallows Hill「縛り首の丘」) 140
ガロー・ヒル石室墳 (Gallow Hill Chambered Cairn) 292-293
カンターベリイ・キャシドラル (Canterbury Cathedral) 62
川魔女 (Cailleach na h'Abhainn) 235
願掛けの井戸 (wishing well, clutie well) 124-125

索　引

元旦（ドゥルイド暦では楡の木の日）117, 308

キ

キア (Cerr<Cear「雄鹿」) 181
議会の野原 ((ON) thing (parliament) + wall (field)) 237, 285
議会の併合 (the Union of the Parliaments) 65-66
ギッフォード (Gifford) 24, 89
ギデオン (Gwydion,「ドン」参照) 220
キニイル・ローマ軍砦 (Kinneil Roman Fort) 132
キニオッド・マック・ウレデッヒ 19
ギネス王国 (the Kingdom of Gwynedd) 15, 90
木の暦 (Tree Calendar) 117, 307
キャセリン・オヴ・アラゴン (Catherine of Aragon) 58
キャッダ (Ceadda, d.672) 40
キャニッヒ (Cannich) 227
キャムプシイ・フェルズ (Campsie Fells) 136
ギャロル・ヒル横臥石つき環状列石 (Garrol Hill Recumbent Stone Circle) 205
キャン・モア (Canmore < (Q) Ceann Mor「氏族の大首長」) 43
キャンモア王朝 (the Canmore Dynasty) 43-44, 179, 197-198
キャンディッダ・カーサ (Candida Casa,「白い家，または教会」，聖ニニアン修道院の前身) 16, 119, 227, 258
旧教 (Catholicism) 60
旧教徒 (Catholics) 60
キュクロープス (Cyclops) 232
キュベレ (Cybele) 94, 275
狂乱の井戸 (Tobar na Dasanaich) 229
清めの井戸 (well of exorcism) 124-125, 225
キリィクランキィ (Killiecrankie) 168
キリィモント (Kylrimont,「王領の野原の教会」参照)
キリーン・マック・インダルフ 32

キリック・マップ・ドゥンガル (Cyric Map Dungal, d.896) 29, 166, 186
ギリシア (Greece) 81, 118, 169
ギリシア語 (Greek) 10
ギリシア神話 (Greek Mythology) 232
キリストの磔刑 (the Crucifixion) 110
キリン (Killin) 125, 166
キリン・ヒルズ (Cuillin Hills) 267
キルキアラン (Kilchiaran) 125, 166
キル・クーメン (Cill Chuimein) 231
キルコーマン (Kilchoman) 261
キルディア (Kildare, the Monastery of Oak Grove) 152, 213
キルドナン (Kildonan「聖ドンナンの庵」の意味) 16, 125
キルバーカン (Kilbarchan「聖バロハンの僧院」) 125, 127-128
キルブレイン (Kilblane「聖ブラーンの庵」) 16
キルブライド (Kilbride「聖ブリジッドの庵」) 140, 225
ギルブライド (Gilbride, Mormaer of Angus) 283
キルマーティン (Kilmartine「聖マルタの庵」) 189, 195
キルマイケル・グラッサリィ (Kilmichael Glassary) 194
キルマイケル・グラッサリィ・カップ・アンド・リング・マーク石 (Kilmichael Glassary Cup & Ring Mark Stone) 114, 194
キルマーナック (Kilmarnock) 3, 49
キルマホエ (Kilmachoe) 16
キルモリッヒ (Kilmorich) 195
キンカーディン (Kincardine) 31-32, 151
キンカーディン・アンド・ディーサイド (Kincardine & Deeside) 11, 205
キンカーディンシャー (Kincardineshire) 302
キングズミルズ (Kingsmills) 222
キンタイアー (Kintyre) 14-15, 22-23, 29, 45, 136, 180, 188, 191, 199, 260
キンテイル・フォレスト (Kintail forest)

355

索　引

258
『欽定訳聖書』(*The Authorized Version*) 62
キントア (Kintore) 208
キントア・ローマ軍野営地 (Kintore Roman Camp) 202
キントロウ (Kintraw) 195
キントロウ立石つき石墳 (Kintraw Cairn and Standing Stone) 195
キンネフ (Kinneff) 302
キンネル・ローマ軍砦 (Kinnell Roman Fort) 147
キンユーシイ (Kingussie) 173, 216
キンロス (Kinross) 32, 177

ク

クアイヒ (Cuaich, cuckoo, or melodious-voiced young girl) 235
クアイヒ川 (the River Cuaich) 235
クイーン・ストリート (Queen Street) 300
クウ (Cu, ストラスクライドの王, ケネス・マック・アルピンの娘婿) 28
クウィーン・ヒル石室墳 (Cuween Hill Chambered Cairn) 285
偶蹄目猪科の動物 (Artiodactyl) 187, 193, 196
クーパー (Cupar) 174
クー・ハラン (Cu Chulainn) 196
グェンゾルウ・マップ・ケイディアン (Gwenddolew Map Caidian) 126-127
グスファース (Guthferth) 89
クークッブリ (Kirkcudbright) 115
クヌート・ザ・グレート (Canute the Great, デーン王朝の英国王 1016-35, デーン王 1018-35) 33, 35 39, 77-78, 216
クラーヴァ型石室墳 (Clava-type Chambered Cairn) 204, 226-227, 293
グラームズ (Glamis) 34, 36
グラームズ教区教会 (Glamis Parish Church) 154, 159
グラームズ・クロス・スラブ (Glamis Cross Slab) 154, 159
クライヅデイル (Clydesdale) 124, 127, 129, 234
クライド川 (the River Clyde) 93, 122, 132
クライド・カーリングフォード群 (Clyde-Carlingford Group) 116
クライド渓谷 (Clyde Valley) 124
クライドバンク (Clydebank) 3
クラウディウス・トレマエウス (Ptolemaeus, Claudius) 8
クラウフォード・ローマ軍砦 (Crawford Roman Fort)121, 123
クラオニッグ (Claonig) 199
グラスゴウ (Glasgow) 3, 49, 105, 126-127, 187, 192, 259, 269
グラスゴウ (大学)(Glasgow University) 3
グラスゴウの大聖堂 (Glasgow Cathedral) 126-127
グラスゴウ・ブリッヂ・ローマ軍砦 (Glasgow Bridge Roman Fort) 132
クラックマンナン (Clackmannan) 16, 24, 77, 135, 137, 139, 150, 192
クラックマンナン立石 (Clackmannan Standing Stone) 137
グラッシイ・ウォールズ・ローマ軍砦 (Grassy Walls Roman Fort) 146
クラッハ・アード・ピクト表象石 (Clach Ard Pictish Symbol Stone) 268
クラッハ・ナ・ティオムパン石室墳 (Clach na Tiompan Chambered Cairn) 167
クラッハ・ナ・ハリィ (Clachnaharry < Clach na h-Aithrighe「贖罪の石」) 222, 232, 278
クラッハ・ナ・ブラエタン (Clach na Braetan) 27
クラニィ・ヒル (Cluny Hill) 216
グラムピアン山塊 (Grampian Massif) 18, 31, 33, 87, 95, 201, 209,
グラムピアン地区 (Grampian (District)) 6, 73, 85, 95, 116, 150, 173, 201-202, 207, 215, 286
クラモンド (Cramond) 102, 225
クラモンド・ローマ軍砦 (Cramond Roman Fort) 102, 133

索　引

クラリイ石室墳 (Crarae Chambered Cairn) 195
クラリイ・ロッジ (Crarae Lodge) 194
クリアンラーリッヒ (Crianlarich) 187
クリーヒ (Creich) 246
クリーヒ・クロス・スラブ (Creich Cross Slab) 246, 250
クリーフ (Crieff) 143, 160, 166-167
クリスティアン一世 (Christian I, king of Denmark, 1448-81, king of Norway, 1450-81) 53, 138, 182, 184, 277, 288
クリックヒミン居留地 (Clickhimin Early Settlement) 193, 290-291
グリーン・ノウ居留地 (Green Knowe (Unenclosed Platform) Settlement) 86, 123
グリーンノック (Greenock) 3
グルオッホ (Gruoch) 35, 42
クルッシュ (Clush) 208, 286
クルシュ地下構築物 (Clush Souterrain) 208, 286
クルドゥセル・メインズ (Culduthel Mains) 302
クルニハ (Cruithneach, a Northern Briton or Pict,「ピクト人」の意) 223
クレイヴィ (Clavie) 216
クレイガーンホール・ローマ軍砦 (Craigarnhall Roman Fort) 146
クレイギィ・ホウの洞窟 (Craigie Howe Cave) 228-229
クレイグニュアー (Craignure) 263
クレイグ・ファドリッグ砦 (Craig Phadrig Fort) 223
クレイッシュ (Cleish) 178
クレイル (Crail) 185, 240
グレインジマウス (Grangemouth) 3
グレイン地下構築物 (Grain Souterrain) 286
グレート・グレン (Great Glen) 198
グレート・ブリテン (Great Britain) 65
クレオネス族 (the Creones) 8, 238
クレッダンズ・ローマ軍砦 (Cleddans Roman Fort) 132
クレットラヴァル石室墳 (Cletraval Chambered Cairn) 85, 167, 271, 300
グレトナ (Gretna) 107, 109
クレメンス五世 (Pope Clemens V, 1305-14) 47
グレロウガ (Grelauga) 243
グレン・アーカート (Glen Urghart) 227
グレンエルグ (Glenelg) 258
グレンエルグ川 (the River Glenelg) 258
グレン・カーラン (Glen Carron) 236-237
グレンガーン (Glengairn) 209
グレン・クアイヒ (Glen Cuaich) 235
グレンコウ (Glencoe) 65
グレンコウの惨劇 (the Tragedy of Glencoe) 65
グレン・ネヴィス (Glen Nevis) 232, 234
グレン・ファイン (Glen Fyne) 195
グレンフィナン (Glenfinnan) 66, 235
グレンフィナン記念塔 (Glenfinnan Monument) 236
グレン・モア (Glen Mor,「グレート・グレン」と同じ)
グレン・ライアン (Glen Lyon) 168
グレンルース (Glenluce) 120-121
グレンロージーズ (Glenrothes) 174-175
グレン・ロッヒィ (Glen Lochay) 232-233
グレンロハー・ローマ軍砦 (Glenlochar Roman Fort) 113
クロイ・ヒル・ローマ軍砦 (Croy Hill Roman Fort) 132
クロウフォード (Crawford) 114, 122-123
クロウフォード・カースル (Crawford Castle) 123
クロウフォード・ローマ軍砦 (Crawford Roman Fort) 121-123
クローヴァ (Clova) 215
グロート銀貨 (groat silver) 48, 54
クロード・ドゥ・ロレーヌ (Claude de Lorraine) 59
グローム・ハウス博物館 (Groam House Museum) 228
グロースター (Gloucester) 50
クロス・スラブ (cross slab) 154, 156, 158,

索　引

160, 166, 211, 216, 244
クロックマーベン・ストーン (Clockmaben Stone) 107, 112
クロデン (Culloden) 229
クロデン・ムーア (Culloden Moor) 66
（クロデンの）古戦場跡 (the Battlefield of Culloden) 124, 225-226
クロデンの戦い (the Battle of Culloden) 58, 66, 187, 225-226, 230-231, 235, 299
黒の女神 (Black Goddess) 232
黒の女神の入江 (Inbhir Lochaidh, or the Cave of Black Goddess) 231
黒の女神の住処 (loch < (Q) lochaich, a residential quarter of Cailleach Bheur) 232
クロフト・モレイグ・ストーン・サークル (Croft Moraig Stone Circle) 168
クロマーティ (Cromarty) 227
クロマーティ・ファース (Cromarty Firth) 235
クロムウェル (Cromwell, Oliver, 1599-1658) 64
クロンターフ (Clontarf < (Q) Cluain Tairbh) 282
軍団司令官 (tribune) 103-104

ケ

ケァーン・オヴ・ゲット石室墳 (Cairn of Get Chambered Cairn) 247, 251
ケァーン・カットウ・ロング・ケァーン (Cairn Catto Long Cairn) 85, 209, 271
ケァーンゴーム山塊 (Cairngorm Massif) 217
ケァーンバーン (Cairnbaan) 194
ケァーンパップル石墳つきヘンジ (Cairnpapple Henge & Cairn) 92-93
ケァーンホリィ石室墳 (Cairnholy Chambered Cairns) 115, 118, 189
ケァーンホリィ石室墳 (1) (Cairnholy Chambered Cairn (1)) 115
ケァーンホリィ石室墳 (2) (Cairnholy Chambered Cairn (2)) 116, 262, 300
ケィステイン立石 (Caiystane Standing Stone) 90, 179

ケイスネス (Caithness, < (Q) Cataibh + (ON) nes「猫族の岬」) 6, 11, 29, 34, 36, 80, 85, 150, 209, 238, 241-243, 247, 254, 259, 271, 277, 282, 288-289
ケイスネスの伯爵 (the Mormaer of Caithness) 243, 282-283
ケイソック・ローマ軍砦 (Keithock Roman Fort) 146
ゲイトサイド (Gateside) 213
ゲイトハウス・オヴ・フリート (Gatehouse of Fleet) 115
ゲイトハウス・オヴ・フリート小砦 (Gatehouse of Fleet Roman Fortlet) 113
ケイムズ・カースル・ローマ軍砦 (Kaims Castle Roman Fort) 144
ゲウシュ・アーヴァン (Geush Urvan) 217, 257, 305
ゲヴィン・ダグラス (Gavin Douglas, 1474-1522) 299
夏至（the summer solstice, ドゥルイド暦ではヒース (Heath) の木の日）118
ケティル・フラットノーズ伯爵 (Earl Ketill Flatnose) 35
ケニィ (Kenny) 173
ケネス三世・マック・ドゥ 33, 35, 39
ケネス二世・マック・マルコム一世 32, 34, 38
ケネス・マック・アルピン 21, 27-29, 161-163, 166, 181, 183, 185-186, 196-197
ケネス・マック・フェレッダ 19
ケネディ・ジェイムズ (Kennedy James, 1408?-65) 52-53
ケムプス・ウォーク砦 (Kemp's Walk Fort) 121
ケルズ (Kells) 164, 196, 265
『ケルズ本』(The Book of Kells) 41, 264
ケルソウ (Kelso) 52, 56, 59
ケルソウ・アービィ (Kelso Abbey) 52
ケルタン・マック・ギローム 15, 183
ケルト教会 (the Celtic Church) 40, 163, 224, 264, 266
ケルト語 (Celtic) 8, 266

索　引

ケルト人（族）(Celt, or the Celts) 42, 81-82, 140, 169, 266
ケルホープ川 (Kelphope Burn) 83
ゲルマン人 (the Teutons) 37, 81
ゲロン (Gelon) 10, 150
ケンタウルス (Centaur, ギリシア神話で半人半馬の怪物) 158-159, 211

コ

コイル・ナ・ボーギイ (Coille na Borgie) 252
コイル・ナ・ボーギイ・ロング・ケアーン (Coille na Borgie Long Cairn) 85, 252
コヴェンティナ (Coventina, ローマの「水の女神」) 304
コウシィ (Covesea) 216
公正なる審判者・イエス・キリスト (Jesus Christ the Judge of Equity) 110
幸運号 (L'Heureux) 67
コーウォール・ポート (Corwall Port) 120
ゴウリイ道路 (Gowrie Road) 152
鉱山の女神，ドムヌ (Domnu, the Goddess of the Deep) 128
幸福島 (Happy Isle) 221
コートブリッジ (Coatbridge) 3
ゴードン地区 (Gordon District) 205
黄熱病 (the Yellow Plague) 15, 120
コーブリッヂ (Corbridge) 87, 96, 98, 241
コーブリッヂ・ローマ軍砦 (Corbridge Roman Fort) 78, 108, 133
ゴール (Gaul) 71, 81, 94, 102, 145, 183, 187, 303
ゴール人（族）(the Gaul) 124-125, 256, 303
コールドストリーム (Coldstream) 33, 77
国立スコットランド古代遺物博物館 (National Museum of Antiquities of Scotland) 190, 284, 300-301
国民盟約 (the National Covenant) 63
小作農夫の家 (crofter's cottage, 「ブラック・ハウス」と同じ) 272
コシドゥス (cocidus) 94, 303
『湖上の美人』(*the Lady of the Lake*, 1810) 141

古代ノース語 (Old Norse) 280, 328
黒海 (the Black Sea) 8
国境地帯 (the Borders) 38, 45, 71, 73, 77-78, 83, 90, 96-98, 100, 106, 127, 185
ゴッドゥディン族 (the Gododdin) 78, 87, 90
ゴッドフレイ・マック・ファーガス (Godfrey Mac Fergus) 34
コナハ・キア・マック・エオハ・ブイ 25
コナル・クランダムナ・マック・(エオハ)・ブイ 25-26
コナル・マック・ケイム 19
コネイグ家 (the House of Conaig) 25
コネイル (Conaire) 196
コネイル・マック・コムガル 23, 127
コネイル・マック・テイ 19-20
コノン川 (the River Connon) 235
コノン・ブリッヂ (Connon Bridge) 229
コムガル・マック・ドモンガート 14, 22-23, 136, 192
コムリイ (Comrie < Comraich) 143, 165
コリイクレィヴイ (Corriecravie) 199
コリモニイ環状列石つき石室墳 (Corrimony Chambered Cairn and Stone Circle) 227
コリン・キャムベル (Colin, Campbell, 1st Mormaer of Argyle, d.1493) 54-55
ゴルスピイ (Golspie) 247
コルナヴィ族 (the Cornavii) 8, 238, 252
ゴルフ (golf) 176
コレオナード農場 (Colleonard Farm) 302
コロンゼイ・ハウス Colonsay House) 262
コロンゼイ島 (the Isle of Colonsay) 261-262, 264
『コロンバ』(*Columba*) 234, 257
コロンバン・チャーチ (Columban Church) 39-40, 163
コンスタンティウス一世・クロールス (Constantius I, Chlorus, 305-6) 130, 149
コンスタンティン一世・マック・ケネス 29, 162, 166, 185, 240, 242
コンスタンティン家 (the House of Constantine) 29

359

索　引

コンスタンティン三世・マック・キリーン 33
コンスタンティン二世・マック・アオ 29-31, 35, 89, 163, 173, 241
コンスタンティン・マック・ファーガス 20

サ

サーソウ (Thurso) 85, 252
サウス・シールヅ (South Shields) 78
サウス・ヤロウズ・ロング・ケアーン (South Yarrows Long Cairn) 85, 251, 271
サウス・ユイスト (South Uist) 269-270
サウス・ロナルゼイ (South Ronaldsay) 243
サクスン族(人)(the Saxons) 12, 14, 24, 30, 32, 37-38, 79-80, 89, 106, 130, 185, 192, 241
サザランド (Sutherland < Southern + land) 6, 11, 16, 29, 34-36, 120, 150, 209, 238, 241-244, 246-247, 254, 259, 281-282, 289
サザランドの伯爵 (the Mormaer of Sutherland) 243
ザ・ブロウ・ウェル (the Brow Well) 126, 225
サマーストーン・ローマ軍砦 (Summerstone Roman Fort) 132
サマーセットの伯爵 (Earl of Somerset) 50
サムバラ (Sumburgh) 290-291
サムバラ空港 (Sumburgh Airport) 288
サンド・ロッヂ (Sand Lodge) 290
サンホニィ (Sunhoney) 207
サンホニィ横臥石つき環状列石 (Sunhoney Recumbent Stone Circle) 205, 207

シ

シーハリオン (*Schiehallion*) 170
シーベッグズ・ローマ軍砦 (Seabegs Roman Fort) 132
ジィーン・アーマア (Armour, Jean, 1767-1834) 299
ジィフィリヌス (John Xiphilinus, 1010-75) 139
シヴェリイ (Severie) 139
シェイクスピア (William Shakespeare, 1564-1616) 42
ジェイムズ (James, 9th Mormaer of Douglas) 62
ジェイムズ一世(スコットランド王 James I, 1406-37) 50-51, 55
ジェイムズ一世(同君連合の James I, 1603-25, スコットランド王、ジェイムズ六世、James VI, 1567-1625) 48, 57-58, 60-62, 65, 179, 188, 198
ジェイムズ・グラハム (James Graham, 5th Mormaer of Montrose, 1612-50) 63
ジェイムズ五世 (James V, 1513-42) 56-59
ジェイムズ三世 (James III, 1451-88) 52-56, 138, 182, 184, 277, 288
ジェイムズ三世 (James III, 1688-1766, ジャコバイツたちが同君連合の王ジェイムズ二世の子、ジェイムズ・フランシス・エドワード・スチュアートに与えた名称) 66
ジェイムズ・スチュアート (Stuart, James, Mormaer of Moray, 1531-70) 58, 61-62
ジェイムズ・スチュアート (Stuart, James, Mormaer of Buchan) 54
ジェイムズ・ダグラス (Douglas, James, 4th Mormaer of Morton, 1516-81) 48, 60, 62
ジェイムズ二世 (James II, 1437-60) 51-52
ジェイムズ二世(同君連合の James II, 1685-88) 64
ジェイムズ・ハミルトン (Hamilton, James, 2nd Mormaer of Arran) 59
ジェイムズ・ファウネス・ソマーヴィル卿 (Somerville, Sir James Fowness, 1882-1949) 273-274
ジェイムズ・フランシス・エドワード・スチュアート (Stuart, James Francis Edward, 1688-1766) 67
ジェイムズ・フレイザー (Fraser, James, ワードロウの牧師) 236
ジェイムズ・ヘップバーン (Hepburn, James, 4th Mormaer of Bothwell, 1535-78) 61

索　引

ジェイムズ・マテソン卿 (Matheson, Sir James, 1796-1887) 273
ジェイムズ四世 (James IV, 1488-1513) 54-56, 62, 163
ジェイン・セイモア (Seymour, Jane) 59
ジェッドバラ (Jedburgh) 99
シェトランド・グループ (the Shetland Group) 292
シェトランド諸島 (the Shetland Islands) 6, 10-11, 119, 138, 182, 193, 238, 241-242, 254, 259, 270, 288, 290-292
シェパーヅタウン (Shepherdstown) 249
シエール・ブリッヂ (Shiel Bridge) 258
ジ・オード石室墳 (the Ord Chambered Cairn) 247
鹿 (の像)(deer-image) 245
ジガード・ザ・スタウト (Sigurd the Stout, d.1014) 34-36, 243, 282
ジガード・ザ・マイティ (Sigurd the Mighty) 242, 279
司教アーノルド (Bishop Arnold) 174
司教と伯爵の宮殿 (Bishop and Earl's Palace) 283-284
司教フォサッド (Bishop Fothad) 178
司教ロバート (Bishop Robert) 174
シシア (Scythia) 10, 150, 253, 283-284
死者の井戸 (*Tobar nam Marbh*) 225
詩人 (bards or bardoi) 228
氏族制度 (clanship) 46
シトー修道会の大修道院 (Cistercian Abbey) 213
シッドロウ・ヒルズ (Sidlaw Hills) 143, 152
シトリック・マック・イムバー (Sitric Mac Imhair) 29, 35, 240
シトリック (Sitric, レヌワルドの異母兄弟) 30, 38, 89
ジニアス・ローサイ (Genius Loci, 鎮守の神) 303-304
シビル (Sibil, ダンカン一世の王妃) 42
シメオン (Simeon of Durham, 1130 年代のノーサムブリア王国の年代史家) 39, 77, 80

ジャールズホフ (Jarlshof, または「伯爵の寺」(Earl's Temple)) 288
ジャイアンツ・グレイヴ (Giants' Grave) 292
ジャコバイツ (Jacobites, スチュアート王家支持派のこと) 58, 65-66
シャンドウィック (Shandwick) 244
シャンドウィック・クロス・スラブ (Shandwick Cross Slab) 244, 289, 305
宗教改革 (the Reformation) 163, 174
『十字架の夢』(*The Dream of the Rood*) 110
受胎告知 (the Annunciation) 110
秋分 (aspen,「ハコヤナギ」の木の日) 118
ジュノウ (Juno) 94
ジュノウ・キュベレ (Juno Cybele) 94
ジュノウ・ルシナ (Juno Lucina) 94, 174, 304
ジュピター (Jupiter) 94, 303-304
ジュピター・ドリチェヌス (Jupiter Dolichenus) 94, 132, 304
ジュラ島 (the Isle of Jura) 180
春分 (Furze,「ハリエニシダ」の木の日) 118
将軍 (prefect) 103
ジョアン (Joan) 47
ジョアン・ボーフォート (Beaufort, Joan, d.1445) 50
ジョージ一世 (George I, 1714-27) 65-66
ジョージ・ウェイド (Wade, George, 1673-1748) 66
ジョージ王朝 (the Georgian Dynasty) 65
ジョージ・ゴードン (Gordon, Geoorge, Mormaer of Huntly) 54
ジョージ・ダグラス (Douglas, George, Duke of Argyle, 1823-1900) 265
ジョージ二世 (George II, 1727-60) 66, 225, 236
贖罪の石 (*Clach na h-Aithrighe*) 222, 278
ジョン（John, Lord of Isles） 270
ジョン（John, ロバート三世） 50
ジョン・アースキン (Earskine, John, 1st

361

索　引

Mormaer of Mar, d.1572) 62
ジョン・アースキン (Earskine, John, 6th Earl of Mar, 1672-1732) 66
ジョン・オウ・グローツ (John o' Groats) 243
ジョン・オルバニイ公 (John, 2nd Diùc of Albany) 56
ジョン・コミン (Comyn, John, d.1306) 47
ジョン・ノックス (Knox, John, 1505?-72) 60
ジョン・ハミルトン侯爵 (Hamilton, John, Marcus of Hamilton, 1532-1604) 61
ジョン・ピム (Pym, John, 1585-1643) 63
ジョンスン博士 (Johnson, Dr. Samuel, 1709-84) 206 -207, 269
ジョン・マッダダスン (Maddadason, Earl John) 242, 283
ジョン・ランドルフ (Randolph, John, Mormaer of Moray) 49
シリア (Syria) 94, 303
『シルヴァー・バウ』(The Silver Bough) 125, 225
シルヴァー・バーン (Silver Burn) 91
シルヴァー・ペニィ (silver penny) 43
シワード (Siward, Earl of Northumbria) 42
神聖同盟と盟約 (the Solemn League and Covenant) 63
シンティ (shinty) 176-177
審判の座石 (Judge's Seat, or Suidhe a' Bhritheimh) 140
審判の石塚 (Judge's Cairn) 140

ス

水刑 (execution by drowning) 159, 218
スイス (Switzerland) 94
スイスギル川 (the River Suisgill) 250
スウィルコーン・バーン (Swillcorn(?) Burn) 172
スエイン・ザ・フォークベアード (Swyne the Forkbeard, d. 1014) 33, 39, 216
スエトニウス・パウリヌス (Paulinus, Suetonius) 181, 230
スエノズ・ストーン (Sweno's Stone) 216
スカイ島 (the Isle of Skye) 254, 259, 267, 270
スカラセイグ (Scalasaig) 262
スカラ・ブロウ (Skara Brae) 280
スカラ・ブロウ居留地 (Skara Brae Prehistoric Settlement) 280-281
スカリニッシュ (Scarinish) 267
スキッダ・ムーア (Skida Moor) 34, 243
スキャバン (Sgamhain, Roan One) 236
スクーン・ローマ軍砦 (Scone Roman Fort) 147
スクーンの石 (the Stone of Scone）45
スクーン宮殿 (the Scone Palace) 29-30, 46, 162-163, 193
スクーンの戦い (the Battle of Scone) 42
スクラブスター (Scrabster) 277
スケイル (Skail) 253
『スコッティッシュ・クロニクル』(The Scottish Chronicle) 32
スコッティッシュ・チョーサリアンズ (Scottish Chaucerians) 299
スコット (A. B. Scott) 311
スコット族 (the Scots) 11-12, 16, 19-22, 27-30, 48, 165, 192-194, 196-197, 223
スコット教会 (the Scots' Church) 164, 173
スコットランド・ウェル (Scotland Well) 124
スコットランド議会 (the Parliament of Scotland) 48, 60, 63
スコットランド教会 (the Church of Scotland) 265
スコットランド国民党 (the Scottish National Party) 46
『スコットランド西方諸島への旅行』(A Journal to the Western Islands of Scotland) 320
『スコットランドのケルト語地名の歴史』 (参考書目 CPS 参照) 10
スターリング (Stirling) 4, 16, 45-46, 54, 61, 136-138, 152
スターリング (大学)(Stirling University) 3
スターリング城 (Stirling Castle) 57, 59, 137

索　引

スターリング・ブリッヂの戦い (the Battle of Stirling Bridge) 46, 138
スタッファ島 (the Isle of Staffa) 266
スタニィデイル古代住居群 (Stanydale Early Settlement) 293-294
スチュアート王家 (the Royal House of Stewart, or Stuart) 48, 58, 65-66
スチュアート王朝 (the Stuart Dynasty) 48, 66, 138, 198, 225
スチュアート家 (the House of Stuart) 67
ステイナクレイト石室墳 (Steinacleit Chambered Cairn) 271-272
スティリコ (Stilicho, Flavius,359-408) 130
ステイン・ゲイト (Stane Gate) 96
ステンネス・ヘンジ (Stenness Henge) 92, 116, 191, 278-279
ストーノウェイ (Stornoway) 254, 271,
ストーノウェイ空港 (Stornoway Airport) 271
ストーンヘイヴン (Stonehaven) 73, 201-203
ストーンヘンジ (Stonehenge) 175
ストラカスロウ (Stracathro) 14, 45, 95, 97, 146, 201
ストラカスロウ・ローマ軍砦 (Stracathro Roman Fort) 143
ストラカスロウ・ローマ軍野営地 (Stracathro Roman Camp) 143, 201
ストラギース (Strageath) 146
ストラギース・ローマ軍砦 (Strageath Roman Fort) 97, 133, 144-145
ストラスアーン (Strathearn) 32-33, 135, 143, 167, 215
ストラスアーン・アンド・クラックマンナン地区 (Strathearn & Clackmannan) 11
ストラスアーン・メンテイス族 (the Strathearn-Menteith) 11, 135, 150, 150, 153, 166
ストラス・イサート (Strath Ethairt) 25
ストラスガーヴ (Strathgarve) 237
ストラスガーヴの雄鹿族 (the Bucks of Strathgarve, or Buic Srath Ghairbh) 237
ストラス・カーラン (Strath Carron) 236
ストラスクライド (Strathclyde) 4, 37, 73, 77, 93, 96-98, 101, 105, 108, 112, 114, 121, 124, 127, 129-131, 133, 144, 146, 153, 199
ストラスクライド教会 (the Church of Strathclyde) 3, 127, 177
ストラスクライド (大学) (Strathclyde University) 3
ストラスクライド彫刻石 (Strathclyde-type sculptured stone) 128
ストラスクライド・ブリトン族 (the Strathclyde Britons) 13, 23-28, 30, 33-34, 77, 83, 89, 106, 127, 129, 153, 162, 183, 186, 192
ストラスコイル (Strathcoil) 263
ストラススペイ (Strathspey) 221
ストラステイ (Strathtay) 135, 138
ストラスネイヴァ (Strathnaver) 85, 253, 289, 301
ストラスネイヴァ川 (the River Strathnaver) 252-253
ストラス・ブラン (Strath Bran) 237
ストラスペッファー (Strathpeffer) 229, 235, 237
ストラスボギイ (Strathbogie) 43
ストラスモア (Strathmore) 135, 148-149, 154, 170
ストラボ (Strabo, 63B.C.?-?A.D.21) 81, 169, 228
ストリッヒン (Strichen) 206
ストリッヒン横臥石つき環状列石 (Strichen Recumbent Stone Circle) 116, 205-206
ストロームネス (Stromness) 277, 288
ストロントイラー農場 (Strontoiller Farm) 195
ストロントィラー立石・環状列石つき石墳 (Strontoiller Cairn, Standing Stone, and Stone Circle) 195
ストンヘイヴン (Stonehaven) 201-203
スノードン (Snowdon or Yr Wyddafa < Gyddafa)「墓」の意味) 82, 170
スピーン川 (the River Spean) 216
スペイ川 (the River Spey) 33, 215-217
スペイ湾 (Spey Bay) 215-216
スペイン (Spain) 6, 84, 102, 169, 208, 247,

363

索　引

267
スマータ族 (the Smertae) 8, 238
スマーリディ (Sumarlidi) 282
スモ・グレン (Sma' Glen) 144
スラムスター (Thrumster) 85, 251
スラントン・ウッド (Thrunton Wood) 99
スリス・ミネルヴァ (Sulis Minerva) 94, 304

セ

聖アムブロウズ (St Ambrose) 119
聖アダムナン (St Adamnan, 624-704) 234, 261
聖アントニオ (St Anthony, 259?-?350) 110
聖アンドルー (St Andrew) 18-19
聖イグナティウスの泉 (St Ignatius's Well) 225, 227
聖イサーナヌス (St Ithernanus, or Ethernoc, d. 669) 211
聖ヴィジーンズ博物館 (St Vigeans Museum) 155
聖エイダン (St Eidhan, d.651) 39-41
聖オーガスティノ会派の大聖堂 (St Augustinian Cathedral) 174
聖オーガスティノ修道会の修道院 (St Augustinian Priory) 138, 154
聖オーランド・クロス・スラブ (St Orland's Cross Slab) 154, 160
聖オズワルド (St Oswald, son of Aethelfrith, 634-42) 17, 24, 37, 39, 41, 155
聖オラン (St Oran or Odhran of Latterage, d.548) 261, 263
聖オランの井戸 (St Oran's Well) 263
聖オランの十字架 (St Oran's Cross) 263
聖オランの霊廟 (St Oran's Chapel, or Relig Odhran) 265
聖カスバート (St Cuthbert, 635-687) 41, 115
『聖カスバートの生涯』(The Life of St Cuthbert) 11, 23
聖カタン (St Catan) 197
清教徒 (Puritans) 63-64
聖キリック・マップ・ドゥンガル (St Cyric or Grig Map Dungal, d. 896) 28, 186

聖キアラン (St Ciaran of Cluain Mac Nois, d. 549) 261
聖キャニッヒ (St Cannech, 516-99 or 600) 16, 23, 173, 188, 192, 223
聖クーメン (St Cummen, アイオナの第九代目の僧院長, 657-69) 231, 236
聖クリタン (St Critan,「聖ボニフィッス」参照)
聖クリタンの丘「ノック・キル・クルダイヒ」参照)
聖ケンティガーナ (St Kentigarna, d. 734) 166
聖ケンティガーン (St Kentigarn, ?518-603,「聖マンゴウ」(St Munghu) の渾名がある) 3, 126-127, 209
聖コーマック (St Cormac, the Devout) 213
聖コーマン (St Comman) 261
聖コルム (St Colm) 141
聖コルムの島 (Innis na Cholm) 141
聖コムガル (St Comgall, d.600) 15-16, 23, 141, 188, 192, 223, 261
聖コムガン (St Comgan) 166
聖コロンバ (St Columba, 521-97) 16, 23, 120, 163, 188, 192, 196-197, 213-214, 221, 223-225, 234, 257, 261, 264
聖コロンバの井戸 (St Columba's Well) 126, 225
『聖コロンバの生涯』(Life of Columba, or Vita Sancti Columbae) 224, 234, 261
聖サーフ (St Serf, d. 517 or 519) 126, 178
聖サーフの島 (St Serf's Island) 178
精神障害者治療 (the curing of mental disordered persons) 256
聖ダールグタッハ (St Darlgdach < Daor Lugdach) 152
聖ディヴィッド (St David I, 1124-53) 163
聖デヴェニック (St Devenic) 246
聖ドナンの岬 (Rudh'an Dunain) 267
聖ドロスタン (St Drostan Map Cosgreg) 182, 213, 215
聖ドロスタンの井戸 (St Drostan's Well) 215
聖ドロスタンの洞窟 (St Drostan's Cave or

索　引

Cell) 215
聖ドンナン，またはドナン (St Donnan, or Donan, d. 618) 16, 258
聖ニダン (St Nidan, 6世紀後半の聖者) 209
聖ニニアン (St Ninian, d. 432?) 13, 16, 119-120, 130, 151, 227, 245, 258, 281, 288
聖ニニアン教会 (Teampul or Cill of St Ninian, グラスゴウ大聖堂の前身) 126
聖ニニアン・グレン・アーカート (St Ninian's Church, Glen Urquhart) 227
聖ニニアン修道院 (Whithorn Abbey) 119
聖ニニアン礼拝堂 (St Ninian's Chapel) 119
聖ニニアンの洞窟 (St Ninian's Cave) 119, 215
聖パウリヌス (St Paulinus, d.644) 40
聖パウロ (St Paul, d.67) 110
聖パトリック (St Patrick, 389?-?461) 13, 106
聖バロハン (St Barochan, or St Barchan) 128
聖バロハンの石 (St Barochan's Stone) 128
聖ビード (St Bede, 673-735) 11, 152
聖ファーガス教会の洞窟と井戸 (the Cave and Well of St Fergus's Church) 125, 224
聖ビッド・マック・ブローナ (St Buidhe Mac Bronach, d.521) 13-14, 151-152
聖フィナン (St Finan or Finnan, 6世紀後半の聖者) 209, 236
聖フィニアン (St Finian, or Finber the Wise, d.578) 15-16, 120, 160, 245
聖フィニアン礼拝堂 (St Finian's Chapel) 120
聖フィラン (St Fillan) 125, 166
聖フィランの井戸 (St Fillan's Well) 125, 166
聖フィランの礼拝堂 (St Fillan's Chapel) 166
聖ブラーン (St Blaan) 16, 141
聖ブリジッヅ・カーク（ダルゲッティの）(St Bridgid's Kirk, Dalgety) 152
聖ブリオグ (St Briog) 14
聖ブリジッド (St Bridgid of Kildare, 453-526,「聖ブライド」(St Bride) の名もある) 152, 213
聖ブレンダン (St Brendan or Bran, 484-577)

120, 160
聖ペテロ (St（Simon）Peter, d.67) 17-18, 40, 154, 160, 172
聖ベネット教会 (the Church of St Bennet) 228
聖ベネディクト・アービイ (St Benedict Abbey) 264
聖ベネディクト会派 (the Order of Benedictines) 264
聖ヘレン教会 (the Church of St Helen) 228
聖ボニフィッス (St Boniface,「聖クリタン」のローマ教会名) 228
聖マイケル教会 (St. Michael's Church) 101
聖マイケルの井戸 (the Well of St. Michael) 213
聖母マリア (Virgin Mary) 110
聖母マリアの井戸 (the Well of St Mary, the Well of Virgin Mary or Tobar Mhoire) 125-126, 213, 225, 229, 263
聖マーガレット (St Margaret, d.1093) 43-44, 179, 265-266
聖マッハー (St Machar) 246
聖マルイ (St Ma-Ruibhe, 642-722, 彼には St Maelruibhe「聖マエルー」の別名もある) 125, 166, 253, 256
聖マルタの十字架 (the Cross of St Martin) 196, 261, 265
聖ミラン (St Meadhran) 127
聖モーヴィル僧院 (the Monastery of St Moville) 120
聖モービ修道院 (St Mobhi Monastery) 15, 120
聖モルアグ (St Moluag, d. 592) 15, 215
西洋サンザシ ((H)uath, or White thorn, ドゥルイド暦で 5/14-6/10 を表象する木) 117
西洋ツタ (Gort, or Ivy, ドゥルイド暦で 10/1-10/28 を表象する木) 117, 309
聖ヨハネ (St John) 40, 110
聖ヨハネの十字架 (the Cross of St John) 157
聖レグルス (St Regulus,「聖ルールズ」(St Rules) とも呼ばれる) 173

365

索　引

聖レグルス教会 (St Regulus Church) 19, 173-174
聖レグルスの塔 (St Regulus's Tower) 174
西方諸島 (the Western Isles) 6, 10, 29, 34, 43, 67, 241, 254, 259-260, 264-265, 268, 288
セヴェルス (ルシウス・セプティムス, Severus, Lucius Septimus, 193-211) 10, 75-76, 98, 100-101, 107, 109, 130, 135, 139, 145, 147-148, 172
セオバルド (Theobald) 90
セオルフリス (Ceolfrith, Abbot of Wearmouth and Jarrow) 17, 154
赤色砂岩 (Devonian red sandstone) 171
セグロス族 (the Seglos) 77
セト (Seth) 275
セブ (Seb) 275
セラッハ (Cellach) 31
セルカーク (Selkirk) 83, 100
セルゴヴァ族 (the Selgovae) 78, 83, 86, 102, 128, 252
セルバッハ・マック・イウン 27
セルバッハ・マック・ファーハー・ファタ 26
泉水信仰 (the spring cult of Earth-mother Goddess) 124, 166, 213, 217, 220, 253, 256, 309
前スチュアート王朝 (the Pre-Stewart Dynasty) 198
セント・アソウ (St Asaph, or Llanelwy) 3, 127, 209
セント・アンドルーズ (St Andrews) 16, 163, 172, 178
『セント・アンドルーズ稿本』(*St Andrews Manuscript*) 16, 151, 311
セント・アンドルーズ (大学)(St Andrews University) 3
セント・アンドルーズ・キャシドラル (St Andrews Cathedal) 171-172, 174
セント・ジャイルズ教会 (St Giles Kirk) 63
セント・ニニアンズ (St Ninian's) 16
セント・フィランズ（St Fillans) 165
セントラル地区 (the Central Region) 4, 6, 54, 73, 77, 87, 95-97, 101-102, 116, 131, 133, 135, 137, 140-141, 143, 190, 198, 201
セント・レオナーヅ・ローマ軍砦 (St Leonards Roman Fort) 101

ソ

ソウキィバーン (Sauchieburn) 54
僧形の十字架 (priest-shaped cross) 263
『創世記』(Genesis) 271
総督 (governor) 103
総督府 (the government-general) 104
総督補佐官 (legate) 104
僧侶 (Druids) 228
ソールズベリィ (Salisbury) 175
ソーンヒル (Thornhill) 114
族外婚姻制 (exogamy) 165, 183
族外婚姻制母系家長制 (exogamic matriarchy) 10, 155, 182, 211
族内婚姻制 (endogamy) 166
族内婚姻制父系家長制 (endogamic patriarchy) 155
ソシゲネス (Sosigenes) 118
ソフィア (Stuart, Sophia Elizabeth, 1630-1714) 65
ソル・インヴィクタス (Sol　Invictus) 94
ソルウェイ (Solway) 126
ソルウェイ・ファース (Solway Firth) 11, 23, 106-107, 111
ソルウェイ・モス (Solway Moss) 59
僧院長の塚 (Torr Abb) 264

タ

ダーノ (Durno) 73, 212
ダーノ・ローマ軍野営地 (Durno Roman Camp) 202, 212
ターバート (Tarbert) 270
ダービイ (Derby) 66
ターラの丘 (Hill of Tara < Teamhair, an eminence of wide prospect「広い見晴らしの小高い丘」) 35, 257
ターランド (Tarland) 205, 207-208
ダールグダッハ (Darlugdach) 152

索　引

ターレット (Turret) 18, 160, 165
ダーンリィ卿ヘンリィ・スチュアート (Stuart, Henry, Lord Darnley, 1545-67) 57
第 1 ゲルマン歩兵旅団 (the 1st German Cohort) 109
第 1 次信仰盟約 (the First Covenant) 60, 62
第 1 次 (スコットランド) 遠征 (侵攻) (the 1st Invasion to Scotland) 73, 77, 95, 100-101, 135, 172
第 1 次大戦 (World War I, 1914-18) 309
太陰の環状列石 (the Circle of the Moon) 204-205, 207
太陰暦 (the lunar calendar) 204
ダイ・ウォーター (Dye Water) 84
大英博物館 (the British Museum) 219
戴冠の椅子 (Coronation Chair) 45
戴冠のための岩 (Lia Fail) 29, 45, 163, 193, 292
第 3 次 (スコットランド) 遠征 (侵攻) (the 3rd Invasion to Scotland) 10, 75, 77, 98, 100-101, 135, 145, 147
大執事卿 (the Seneschal or Lord High Steward of the king) 47, 49
大首長 (Canmore) 43
大西洋 ((Q) Haaf Atadal) 240
タイトゥス・フラヴィウス・ドミティアヌス・オウガスタス (Titus Flavius Domitianus Augustus, A.D.81-96)（「ドミティアヌス・オーガスタス」参照）
タイトゥス・フラヴィウス・サビヌス・ヴェスパジアヌス (Titus Flavius Sabinus Vespasianuss, A.D.71-81) 71, 95
ダイドゥス・ユリアヌス (Didus Jurianus) 145
大地の子宮 (Womb of Mother Earth) 6, 116, 275
第 2 次 (スコットランド) 遠征 (侵攻) (the 2nd Invasion to Scotland) 73, 77, 87, 93, 100-101, 108-109, 112-113, 121-122, 134, 145
第 2 次大戦 (World War II) 256
第 2 タングリア歩兵旅団 (the 2nd Tanglian Cohort) 109
太陽崇拝（the worship of the Sun）191
タイリイ島 (the Isle of Tiree) 10, 150, 267
タイン川 (the River Tyne) 37
タイン・マウス (Tyne Mouth) 78, 127, 161
タヴァソウ石室墳 (Tarversoe Chambered Cairn) 285, 300
タウイー・ノウ石室墳 (Towie Knowe Chambered Cairn) 292
ダウン (グレン・オイケルの Doune) 254
ダウン (スターリングの北西の Doune) 140
タエザリ族 (the Taexalii) 8, 201
タキトゥス（Tacitus, Cornelius, 55? -117) 24, 73, 81, 95, 184, 202
ダグラスの伯爵ジェイムズ (James, 9th Mormaer of Douglas) 52, 54
タットウ (tattoo) 299
タップ・オヴ・ノス砦 (the Fort of Tap of Noth) 213
ダナヴァーティ砦 (Dunaverty Fort) 26
ダナッド砦 (Dunadd Fort) 191, 193-194, 196, 199, 292
ダニエル (Daniel, バビロン捕囚期の預言者) 265
タニストリィ制 (tanistry < next + ri (righ or king) system「次王指名制」) 181
ダニィディア砦（Dunnideer Fort）212
ダニヒン (Dunnichen) 14, 147, 151-152
ダニング・ローマ軍野営地 (Dunning Roman Camp) 143
ダヌ神族の海の神 (「マナナン・マック・リア」参照) 137
ダノリイの砦 (the Fort of Dunollie) 26
タバ族 (the Taba) 77, 148
ダフタウン (Dufftown) 215
ダブリン (Dublin) 30, 64, 163, 196, 241, 257, 264-265, 282
ダムノウニ族 (the Damnonii) 4, 8, 105, 128-129, 199
ダムバートン (Dumbarton) 3, 26, 38, 132, 240

索　引

ダムバートンシャー (Dumbartonshire) 302
ダムバートン砦（ダムバートン・ロック）(Dumbarton < Dun of the Briton) Rock) 129, 163, 240
ダムフリーズ (Dumfries) 3, 11, 13, 47, 90, 105-106, 111, 113, 126, 133, 154, 167
ダムフリーズ・アンド・ガロウェイ地区 (Dumfries & Galloway) 23, 37-38, 77, 80, 97-99, 105, 108, 111, 114, 123, 127, 129, 153, 179
タラニス (西の方位, west or the direction of dying sun) 237
ダラム (Durham) 216
ダラムの大聖堂 (Durham Cathedral) 115
ダラムの戦い (the Battle of Durham) 39
タラン・マック・エンティフィディッヒ 17
タリエシン (Taliesin) 169, 220
『タリエシンの本』(*Book of Taliesin*) 169, 220
ダルギンロス・ローマ軍砦 (Dalginross Roman Fort) 97, 144
ダルギンロス・ローマ軍野営地 (Dalginross Roman Camp) 143-144
ダルケイス (Dal keith) 101
ダルゲッテイ (Dalgety) 152
ダルスィントン・ローマ軍砦 (Dalswinton Roman Fort) 112-113
ダルセッター・ブロッホ (Dalsetter Broch) 291, 293
ダルフィニイ (Dalwhinnie) 235
ダルブラック (Dalbrack) 140
ダルリアーダ (Dalriada「王国の一部」< (Q) *Dal*, the Portion (or Tribe) + *rioghachd*, of kingdom) 11, 14-16, 18-27, 30, 89, 106, 120, 127, 129, 153-154, 160, 180, 188, 191-193, 213
ダロウ (Durrow) 213
ダロウの僧院 (the Monastery of Durrow, or Dair Magh) 213
タローガン・マック・エンフレッド 17, 153, 155, 183

タローグ・マック・アニエル 13
タローグ・ケオサー 13, 130
タローグ・マック・ウィッド 17, 183
タローグ・マック・コングサ (Talorg Mac congusa d. 734) 218
タローグ・マック・ドロスタン (Talorg Mac Drostan, d.739) 161, 218
タローグ・マック・ミューホライ 15
タローグ・マック・ムナイ 15
タローゲン・マック・アンガス 19
タローゲン・マック・ソイル 20
タワー・ハウス (Tower House) 137
ダンヴィガン城 (Dunvegan Castle) 270
ダン・カーロウェイ (ブロッホ) (Dun Carloway) 272
ダンガッド (Dungad「ダンカン」(Duncan) の古代ノース語名) 243
ダンカン (Duncan, Mormaer of Caithness) 243
ダンカン一世 (Duncan I Mac Crinan, 1034-40) 34-36, 42, 164, 197, 222, 266, 279, 282-283
ダンカンズビィ (Duncansby) 243
ダンカン二世 (Duncan II, 1094) 44
ダンカン・マック・コネイグ 25-26
タングリア (Tungria) 303
ダンクレイガイッグ円錐墳 (Dunchraigaig Conical Cairn) 189, 191, 302
ダンケルド (Dunkeld < the Fort of the Caledonians) 29, 42, 139, 144, 174, 240
ダンケルドの大聖堂 (Dunkeld Cathedral) 54, 163
ダンケルドの僧院長 (the Abbot of Dunkeld) 42
ダンケルドの大修道院 (Dunkeld Abbey) 32
淡黄色の雌牛の川 (the River of Fallow Cow, 「ガムナ川」(*Abhainn Ghamhnach*) 参照) 270
ダン・コーラ砦 (Dun Chola) 262
男根像 (phallus) 116, 137, 207, 252
ダンシネイン (Dunsinane) 32
ダンズ (Dunes) 269

索　引

ダン・スキーグ砦 (Dun Skeig Fort) 195
ダンスタフニッヂ砦 (the Fort of Dunstaffnage) 19-20, 193, 196
ダンスタン (Dunstan, 910-88) 38
ダンダーン砦 (Dundurn Fort) 165-166, 186
タンタラン城 (Tauntallan Castle) 55
ダンディー (Dundee) 3, 147
ダンディー(大学)(Dundee University) 3
ダン・テルヴ(ブロッホ)(Dun Telve Broch) 258
ダン・トア・ラ・ハイステイル (Dun Torr A' Chaisteil) 199
ダンドナルド城 (Dundonald Castle) 49
ダン・トロッダン・ブロッホ (Dun Troddan Broch) 58
ダン・ナ・モイ (Dun na Maigh) 253
ダン・ノーズブリッヂ砦 (Dun Nosebridge Fort) 261
ダンバー (Dunbar) 45, 185
ダントハー・ローマ軍砦 (Duntocher Roman Fort) 132
ダン・バーパ石室墳 (Dun Bharpa Chambered Cairn) 269
ダンハッド (Dunchad) 32
ダン・ビーグ砦 (Dun Beag) 268
ダンファームリン (Dunfermline) 3, 177-179
ダンファームリン・アービイ (Dunfermline Abbey)178
ダンファームリン宮殿 (Dunfermline Palace) 62, 179
ダンファランディ (Dunfallandy) 168
ダンファランディ・クロス・スラブ (Dunfallandy Cross Slab) 168
ダン・フォートレン (Dun Fortrenn) 29, 240
ダンブレイン (Dunblane) 16, 66, 140-141,
ダンブレイン (Dunblane「聖ブラーンの砦」) 140
ダンブレイン・ローマ軍野営地 (Dunblane Roman Camp) 140, 142-143
ダン・モア・ブロッホ (Dun Mor Broch) 267
ダン・ラガイ砦 (Dun Lagaidh Fort) 256
ダンロビン・カースル (Dunrobin Castle) 247
ダンロビン・ピクト表象石 (Dunrobin Pictish Symbol Stone) 247

チ

チーラミイ (Chealamy) 253, 289, 301
地域氏族 (cineal) 180, 193
チャペル・オヴ・ガリオッホ (Chapel of Garioch) 301
チェヴィオット山脈 (the Cheviot Hills) 78, 82
チェスターズ・ドレム砦 (Chesters Drem Fort) 88, 91
チェスターの第21軍団 (the 21st Legion of Chester) 93
地中海沿岸地方 (Mediterranean Coastal Districts) 226, 286
地母神 (Earth-mother Goddess) 124
地母神信仰 (Earth-mother Goddess Cult) 166, 217, 224, 235
チャールズ一世 (Charles I, 1625-47) 62, 63
チャールズ二世 (Charles II, 1660-85) 64
チャールズ三世 (Charles III, ジェイムズ・フランシス・エドワード・スチュアートの子，チャールズ・エドワード・スチュアートが父の死後自ら僭称した王号) 67
チャールズ・エドワード・スチュアート (Stuart, Charles Edward, 1720-88) 66-67, 235
チャネルカーク・ローマ軍砦 (Channelkirk Roman Fort) 101
チュイリーズ立石群 (Tuilyes Standing Stones) 179
チュートン神話 (Teutonic mythology) 85
長老教会(主義)(Presbyterianism) 60, 63
長老教会派 (Presbyterians) 60, 63
チュー・グリーン・ローマ軍小砦 (Chew-Green Roman Fortlet) 99, 108
治療の井戸 (curing well) 124-125, 228

索引

『地理学序論』(*Introduction to Geography*) 8, 238

ツ

ツルクサ (Muin,9/3-9/30 を表象する木) 117, 309
通廊墳 (galleried grave) 116
通路墳 (passage grave) 116

テ

デア・ストリート (Dere Street) 77-79, 87, 96, 98-99, 101, 108
ディア (deer, oak grove) 213
ディアの大修道院 (Deer Abbey) 182, 213
ディアドレ (Deirdre) 197, 199
ディアミット (Diamit) 164, 196, 199, 265
ディアミド (Diamid) 195-196
ディー川 (the River Dee) 209, 234
ティーズ川 (the River Tees) 37
ティーリング地下構築物 (Tealing Souterrain) 163
ディーン川 (the River Dean) 153
ディヴィオット地区 (Daviot District) 205
ディヴォーナ (Divona) 233
デイヴィッド（David,d. 970 B.C.）265
デイヴィッド (David, Mormaer of Huntingdon) 44, 47, 260
デイヴィッド一世 (David I, 1124-53) 44, 47, 54, 163, 260
デイヴィッド二世 (David II, 1329-32, 1346-71) 47, 48-49, 55
デイヴィッド・リッチオ (David Riccio, 1533-66) 60, 62
ディオ・カシウス (Cassius, Dio, 153-230) 10,139, 145
ディオドロス (Diodorus, Siculus) 228, 230
ディカリドネス族 (the Dicalydones) 150
テイ川 (the River Tay) 168
テイサイド (Tayside) 16, 20, 95, 97, 135, 151, 154, 201,
ディシア (Dacia) 73, 97, 109, 145, 148
ディネット (Dinnet) 208

デイラ (王国)(the Kingdom of Deira) 12, 17, 32, 37, 39-41, 78, 111, 153
デイラ王国の司教管区 (the Bishopric of the Kingdom of Deira) 41
テイン (Tain) 120, 245-246
ティングワルの埠頭 (Tingwall Pier「ディンゴル」参照) 285
ディンゴル (Dingwall < ((ON) thing parliament + wall field), Tingwall と同じ) 237, 285
ティントウ・ヒル (Tinto Hill「篝火の山」) 124
ティントウ・ヒル円錐墳 (Tinto Hill Conical Cairn) 124
ティンドラム (Tyndrum) 187, 232
ティンロン・ドゥーン砦 (Tynron Doon Fort) 114
デヴォン紀赤色砂岩 (Devonian red sandstone) 286
テーブル・トゥム (table tomb) 278
デーン王朝 (the Danish Dynasty) 39
デーン人海賊 (Danish Vikings) 29-31, 33-35, 38, 89, 129, 163, 215, 240-241, 264, 268
テオドシウス・フラヴィウス (Flavius, Theodosius, 379-95) 130
デオドリック (Deodric, 580-87) 83, 127
デカリドネス族 (the Dicalydones) 11, 150
デカンタ族 (the Decantae) 8, 238
デグザスタンの戦 (the Battle of Degsastan) 20, 24, 30, 90, 106, 153-154, 184-185, 193
テクトサゲス族 (the Tectosages) 81
デニィ (Denny) 137
テムプル (Temple) 293
テムプルウッド (Templewood,「半月の森」(Half-moon Wood) とも呼ばれる) 190
テムプルウッド・ストーン・サークルズ (Temple Wood Stone Circles) 189-190
テムプルウッド・サウス・ストーン・サークル (Templewood South Stone Circle) 190
テムプルウッド・ノース・ストーン・サークル (Templewood North Stone Circle) 190-191

索　引

デリイ (Derry < darrach) 213, 223
デリイの僧院 (the Monastery of Derry) 120, 213
デルフィ (Delphi ギリシアの古都) 81
デレレイ家 (the House of Derelei) 154
デンマーク (Denmark) 288

ト

ドイツ (Germany) 11, 102
トゥアハ・デ・ダナン (the Tuatha De Dannan, or the Folk of Goddess Danu) 137-138, 177, 195, 198
トゥイード川（the River Tweed）31, 38-39, 63, 77, 89, 99-100, 241
統一スコットランド王国 (the United Kingdom of Scotland) 34, 42, 197, 283
トゥエルヴ・アポッスルズ・ストーン・サークル (Twelve Apostles' Stone Circle) 111, 167, 179
闘牛士 (matador) 256
同君連合 (the co-sovereignty of England and Scotland) 62
ドウステイン・リッグ (Dawstane Rig) 24, 89
トゥダア・マップ・バイル (Taudar Map Bile, d.757) 129-130, 162, 183
トゥト（Tote）268
ドゥドゥ (Dubhdubh) 32
堂々とした貴婦人 (Stately Lady,「トムナフーリ」参照) 221
堂々とした貴婦人のいる丘 (Tom na h-Iubraich) 221
ドゥバック川 (Dubhag (Little Black) Burn) 217
東部地中海沿岸地区 (the East Mediterranean Districts) 109
ドゥ・マック・マルコム一世 32
ドゥムヤート (Dumyat) 137
ドゥムヤート砦 (Dumyat Fort) 137
ドゥリスデア・ローマ軍砦 (Durisdeer Roman Fort) 112-113
ドゥルイド (Druid) 80, 117, 140, 169-170, 178, 195, 213-214, 227-228, 250, 256-257, 308-310
ドゥルイド教徒 (Druidists) 8, 81 307
ドゥルイド教の儀式 (Druidism) 257
ドゥルイドの寺院 (Druid's Temple) 206
ドゥルイドの港の太陽に面しているエリンの黒い剣の井戸 (the Well of the Black Sword of Erin, facing the sun in the Druids' Port < Tobar a Chlaideim duibh an Errin, si air aghaid na greine an port an Druid) 245
ドゥルイド暦（木の暦）(the Beithe-Luis-Nion Alphabet) 118, 257, 307-308
ドゥルウネメトン (Drunemeton) 81
ドゥワーフィ・ステイン石室墳 (Dwarfie Stane Chambered Cairn) 286
ドゥワーフィ・ハムマーズ (Dwarfie Hammers) 286
ドゥンガル・マック・セルバッハ 27, 160
ドゥンガル二世・マック・セルバッハ 27
冬至 (the Winter solstice, ドゥルイド暦ではイチイの木の日) 117, 226
トーステイン・ザ・レッド (Thorstein the Red) 241-242
トーテム (totem) 155, 194, 212
トーテミスト (totemist) 155, 196, 220
ドーノック・ローマ軍野営地 (Dornock Roman Camp) 143
ドーノフ (Dornoch) 246
トーハウスキィ・ストーン・サークル (Torhouskie Stone Circle) 118
トーフィフェン (Torphichen, 昔の「バウデン・ヒル」) 93
トーフィン・ザ・マイティ (Thorfinn the Mighty, 1009-69) 34-36, 42-43, 243, 279, 282-284
トーフィン・ハンサクリュウ (Hansakliuf, Thorfinn) 243
ドッド (Dod) 79
ドナダ (Donada) 34, 243
ドナルド一世・マック・アルピン 185
ドナルド二世・マック・コンスタンティン一世 28-29, 162, 185-186, 240

371

索　引

ドナルド・ベーン (Donald Bane, 1093-94) 44
ドニィ (Dornie) 258
トネリコ (Nuin, 2/19-3/18 を表象する木) 117
トバーモリィ (Tobermory, Tobar Mhoire「聖母マリアの井戸」が地名になったもの) 125
トバー・モリィ (Tobar Mhoire) 125, 225
トマス (Thomas, ボイド卿の子) 53
トマス・ザ・ライマー (Thomas the Rhymer) 82, 221
トマス・テルフォード (Thomas Telford, 1757-1834) 232
トマス・ハワード (Haward, Thomas, Earl of Surrey, 1443-1520) 56
トマス・ハワード (Howard, Thomas, the 4th Duke of Norfolk, 1536-72) 59, 61
トマス・フェアーファックス (Fairfax, Thomas, 1560-1649) 63
ドミティアヌス・オーガスタス (Titus Flavius Domitianus Augustus 81-96) 73-74, 76, 95, 97-102, 105, 108-109, 112-113, 121-122, 130, 133, 136, 141-144, 146-148, 172, 202
トムナヴェリィ横臥石つき環状列石 (Tomnaverie Recumbent Stone Circle) 205
トムナフーリ (Tom na h-Iubraich) 82, 170, 221
ドムナル・ドン・マック・クランダムナ 25-26
ドムナル・ブレック・マック・エオハ・ブイ 25-26
ドムナル・マック・コンスタンティン 161
ドムヌ (Domnu, the Goddess of the Deep) 4
ドモンガート (Domongart Mac Aedhan) 24, 90
ドラスト・マック・アープ 13, 151
ドラスト・マック・ウードロスト 14
ドラスト・ガーノット，または，ドラスト・マック・ガーヒンモック 14
ドラスト・マック・ギローム 14, 183
ドラスト・マック・コンスタンティ 20
ドラスト・マック・タローゲン 19
ドラスト・マック・ドンネル 17
トラプレイン・ロウ (Traprain Law) 128
トラプレイン・ロウ砦 (Traprain Law Fort) 87-88, 105, 252
ドラムアルバン (Drumalban) 23, 215
ドラムクラブの戦い (the Battle of Drumcrub) 32
ドラムトロッダン・カップ・アンド・リング・マーク石 (Drumtroddan Cup & Ring Mark Stone) 120
ドラムトロッダン農場 (Drumtroddan Farm) 120
ドラムトロッダン立石群 (Drumtroddan Standing Stones) 120
トリィバーン（Torryburn）179
トリニタリアン教会 (Teampull na Trionaidh) 270
トリストボギイ族 (the Tolistobogii) 81
トリス・ヒル砦 (Tollis Hill Fort) 83, 88, 91
トリニティ・カレッジ (Trinity College) 41, 264
ドリメン (Drymen) 142, 144
ドリメン・ローマ軍砦 (Drymen Roman Fort) 97, 144
トリリン石室墳 (Torrylin Chambered Cairn)
トルク (torque) 156, 247
ドルフィントン (Dolphinton) 91, 247
ドレヴァ・クレイグ砦 (Dreva Craig Fort) 83
ドレム (Drem) 88-89, 91
トロクミ族 (the Trocmi) 81
ドン (Don, ブリトン人のジュピターで主神，ギデオン (Gwydion) の父) 220
ドンガル二世・マック・セルバッハ 18, 27, 164
ドン川 (the River Don) 209-210, 234

ナ

『ナイジャルの運命』(The Fortunes of Nigel)

索　引

187
ナイル川 (the River Nile) 275
ナイン・ステインズ横臥石つき環状列石 (Nine Stanes Recumbent Stone Circle) 205
ナイン・ステイン・リグ (Nine Stanes Rig) 89
ナヴィティ (navity < (Q) *Neimhidh*, ドゥルイドの聖地, 審判の地) 71, 80-82, 178, 190, 227
ナヴィティ・ヒル (Navity Hill) 178
ナヴィデイル (Navidale) 250
ナップデイル (Knapdale) 180, 199, 260
ナット (Nut) 275
ナナカマド (Luis, ドゥルイド暦で 1/22-2/18 を表象する木) 117, 308
南部ピクト族 (the Cismontane Picts) 13, 15, 20-21, 23-24, 27, 29, 129, ,151, 161-162, 167, 181, 196-197
南北ピクト (the Cismontane & Ultramontane Picts) 151

二

ニス川 (the River Nith) 105, 111-112, 114
ニスデイル (Nithdale) 90, 96-97, 101, 105,127, 129
尼僧の小島 (Inch Cailleach) 166
ニドゥアリ・ピクト (Niduari Picts) 11, 23
ニッグ (Nigg) 245
ニッグ旧教区教会 (the Nigg Old Parish Church) 245
ニッグ・クロス・スラブ (Nigg Cross Slab) 245
ニフシス (Nyphthys) 275
ニュウアーク（Newark）64
ニュー・キンロッド居留地 (New Kinrod Settlement) 208
ニューステッド (Newstead) 77, 96
ニューステッド・ローマ軍砦 (Newstead Roman Fort) 82-83, 99
ニュートン・スチュアート (Newton Stewart) 118
ニューブリッヂ (エディンバラ空港の西の Newbridge) 93
ニューブリッヂ (ニス川沿いの Newbridge) 112
楡の木 ((Fh)alm, ドゥルイド暦で元旦を表象する木) 118, 214
ニュートン・ブリッジ (Newton Bridg) 167

ヌ

ヌダ・ウラゼルフ (Nuda Rhydderch「寛大王ヌダ」) 84, 106, 127, 192

ネ

ネアーン川 (the River Nairn) 226
ネイヴァ川 (the River Naver) 85, 252
ネクタリドゥス (Nectaridus) 131
ネクタン・マック・キャノン 16, 151, 160, 163, 172
猫族 (the Cats < *Cataibh*) 150, 237, 247, 288-289, 291
猫族の島嶼 (Innse Catt) 288
ネザー・ケアーン (Nether Cairn) 91
ネザー・ラーギー北石墳 (Nether Largie North Cairn) 189
ネザー・ラーギー石室墳 (Nether Largie Chambered Cairn) 189-190
ネザー・ラーギー中央墳 (Nether Largie Mid Cairn) 189
ネザビイ・ローマ軍砦 (Netherby Roman Fort) 77, 112
ネシイ (Nethey) 217
ネシイ川 (the River Nethey) 217
ネス・オヴ・グルーティング古代住居群 (Ness of Gruting Ancient Houses) 294
ネス川 (the River Ness) 224, 233-234
ネッシィ (Nessy) 233-234
ネニウス (Nennius, ウェールズの歴史家) 150
ネヒタン (Nechtan) 152
ネヒタンズミア (Nechtansmere) 40, 152
ネヒタンズミアの戦い (the Battle of Nechtansmere) 17, 20, 30, 37, 40, 90, 147,

索 引

152, 155, 159, 165
ネヒタン・マック・アープ 13, 17, 151
ネヒタン・マック・デレレイ 17-18, 40, 154, 160-162, 173, 183, 218, 228
ネメトーナ (Nemetona,「森の女神の川」) 233
ネメトン (Nemeton) 81-82
ネロ (Nero, Claudius Caesar Drusus Germanicus, A.D.37-68, ローマ皇帝 54-68)71, 126, 230

ノ

ノアの洪水 (the Flood) 8, 71,211, 220, 271
ノヴァンタ族 (the Novantae) 8, 11, 102, 105, 107
ノーサムバーランド (Northumberland) 31, 38, 46, 56, 89, 241
ノーサムブリア (Northumbrian) 23-24, 30-33, 37- 40, 57, 63, 77-78, 80, 83, 86, 106, 109-111, 119, 130, 152, 154, 161, 165, 187, 216, 241
ノーサムブリア大王国 (the Great Kingdom of Northumbria) 129, 155
ノーサムブリア司教管区 (the Bishopric of the Great Kingdom of Northumbria) 41
ノーサムブリア型墓標 (Northumbrian type tombstone) 119
ノース語 (Norse) 260
ノース・コネル (North Connel) 197
ノースハムプトン条約 (the Treaty of Northampton) 46, 138
ノース・ベリック・ロウ (North Berwick Law) 88
ノース・ミューア (North Muir) 91-92
ノース・モラール (North Morar) 235
ノース・ユイスト (North Uist) 85, 167
ノーフォーク公トマス (Thomas, Duke of Norfolk) 59
ノーブル金貨 (noble gold) 48
ノーマンギル・リッグ (Normangill Rig) 123
ノーマンギル・リッグ・ヘンジ (Normangill Rig Henge) 123
ノーマンズ・ロウ (Norman's Law)174
ノーマンダイクス・ローマ軍野営地 (Normandykes Roman Camp) 202
ノスの丘 (Hill of Noth) 213
ノック・キル・クルダイヒ (Cnoc Cille Churdaich「聖クリタンの丘」) 229
ノック・スリギーハ (Cnoc Sligeach,「貝塚」を意味する) 262
ノックナギァル (Knocknagael < (Q) Cnoc na Giall,「人質の丘」) 222
人質の丘の石 (the Stone of Knocknagael) 222
ノック・ナ・タルサ (Cnoc na Tursa) 274
ノッティンガム (Nottingham) 63
ノック・ファリル砦 (Knock Farril Fort) 229
ノック・ファリル・フェル砦 (Knock Farril Fell Fort) 121
ノルウェイ (Norway) 31, 34-35, 38, 43, 241-242, 259-260, 266, 278, 282-283, 288, 290
ノルウェイ人海賊 (Norwegian Viking) 35, 106-107, 119, 239, 241, 264, 268, 284
ノルウェイ人化したゴール人 (the Norwegianized Gauls) 106
ノルウェイの伯爵領 (the Earldom of Norway) 242-243, 249
ノルマン・コンクェスト (the Norman Conquest) 178, 266

ハ

バーグ・ヒル (Burgh Hill) 79-80
バーグ・ヒル・ストーン・セッティング (Burgh Hill Stone Setting) 79
バーグヘッド (Burghead) 36, 42, 148, 217, 283
バーグヘッド砦 (Burghead Fort) 217
バーグヘッドの井戸 (Burghead Well) 124, 217
バーグヘッド村 (Burghead village) 217
バーグヘッド湾 (Burghead Bay) 124
バーグヘッド・ライブラリィ (Burghead Library) 219

索　引

ハーコン一世 (Haakon I, 935-61) 31
ハーコン四世 (Haakon IV, 1213-67) 43, 259
バーサ (Bertha) 144-145, 164
バーサ・ローマ軍砦 (Bertha Roman Fort) 97, 133, 144-145
バース (Bath) 126
パース (Perth) 4, 28-29, 45-46, 66, 133, 143-144, 146-147, 163, 193
パースシャー（地区）(Perthshire) 13, 73, 76-77, 87, 95, 97, 101-102, 125, 132-133, 135, 138, 140, 143, 146, 148-150, 158, 162-163, 172, 198, 201, 290, 302
パースシャー・クラックマンナン地区 (Perthshire & Clackmannan) 150
パース条約 (the Treaty of Perth) 43, 240, 259, 264
バースデン・ローマ軍砦 (Bearsden Roman Fort) 132
バーゼイ島 (the Isle of Birsay) 107, 242, 281, 283-284
バーパ・ランガス石室墳 (Bharpa Languss Chambered Cairn) 271
バーバラ・ミル・ローマ軍砦 (Barburgh Mill Roman Fort) 112
バーヒル・ローマ軍砦 (Barhill Roman Fort) 121-122, 132
ハーフデン・ザ・スワージィ (Halfden the Swarthy) 242
ハーボトゥル城 (Harbottle Castle) 57
バームキン・オヴ・エヒト (Barmkin of Echt) 208
バーラ（島）(the Isle of Barra) 35, 120, 209
バーラ・ヒル砦（Barra Hill Fort) 209
バーリィ・オン・ザ・ヒル (Burley-on-the Hill) 188
ハーミッテイジ城 (Harmitage Castle) 55
バーンズワーク・ヒル (Burnswark Hill) 107
バーンズワーク・ヒル砦 (Burnswark Hill Fort) 105, 107
バーンズワーク・ローマ軍砦 (Burnswark Roman Fort) 112

バーンハウス石 (Burnhouse Stone) 278
バーンハウス農場 (Burnhouse Farm) 278
ハイ・バンクス農場 (High Banks Farm) 114, 120
ハイ・バンクス・ファーム・カップ・アンド・リング・マーク石 (High Banks Farm Cup & Ring Mark Stone) 114
バイヤークル尾根 (Byrecleugh Ridge) 84
ハイランド(地区)(Highlands) 23, 66, 119, 141, 143, 198, 227, 232, 241, 310
ハイランド軍 (Highlanders) 95, 203, 231
『ハイランド人』(イアン・グリムブルの著書, *Highland Man*, 1980) 279
バイル家 (the Royal Family of Bile) 155
ハイ・ローチェスタアー・ローマ軍砦 (High Rochester Roman Fort) 99, 108-109
ハウセッター (Housetter) 292
ハウウッド (Howwood) 128
ハウガリィ (Hougharry) 85, 271
ボウディキア (Boadicea, d.62A.D.) 181, 230
バウデン・ヒル (Bowden Hill) 14, 93
バウネス・オン・ソルウェイ (Bowness on Solway) 34, 39, 78
パウリヌス (Paulinus, d.644) 111
ハギス (haggis) 266, 305-306
ハギス犬 (haggis hound) 306
ハギス鳥 (haggis bird) 266
「ハギスに与う」("To a Haggis") 305
ハコヤナギ (Eubh, ドゥルイド暦で「秋分」を表象する木) 118, 309
ハシバミ (Coll, ドゥルイド暦で 8/6-9/2 を表象する木) 117, 309
バスゲイト (Bathgate) 92, 302
バタヴィア (Batavia) 203
バタヴィア人 (Batavians) 103
ハッガーストーン (Haggerstone) 41
バッキンガム (Buckingham) 188
バッグパイプ (bagpipe) 299
バックヘイヴン・アンド・メシル (Buckhaven and Methil) 3
ハドリアヌス (Hadrianus, Publius Aelius, A.D.76-138. ローマ皇帝，在位

索　引

A.D.117-138) 78, 96
ハドリアンの城壁（Hadrian's Wall）13, 71, 77-78, 96, 98, 102, 105, 109, 111, 131, 133, 187
パトリック・グレハム（Graham, Patrick, Bishop of Brechin）53
バナックバーン（Bannockburn）46, 138, 178
バナックバーンの戦い（the Battle of Bannockburn）47-48, 138
ハノーヴァー王家（the Royal House of Hanover）58, 65-66, 225, 231
パノニア（Pannonia）145
バハン地区（Buchan）213, 215
バハン・ヒル（Buchan Hill）207
バプテスマのヨハネ（John the Baptist）110
ハミルトン（Hamilton）3
ハムバー川（the River Humber）13, 37
バムバラ（Bamburgh）23, 37, 39, 127, 241
バムバラの堅城（Bamburgh castle）127
婆羅門（Brāhmana）194
ハラルド（Harald）291
ハラルド一世（Harald I, the Fairhaired, 860-930）31, 41, 80,
バリィ（Barry）33, 163
針エニシダ（Oir ドゥルイド暦で「春分」を表象する木，「ヒイラギ」参照）118, 257, 308
バリオール（Balliol, John, 1292-1307）45-47, 55
バリオール家（the Royal House of Balliole）44, 47
ハリス（Harris, アウター・ヘブリディーズ諸島のルイス島の南部及び南西地区）35, 254, 270
ハリス・トゥイード（Harris tweed）272
ハリドン・ヒルの戦い（the Battle of Halidon Hill）49
バリナビィ（Ballinaby）261
バリナビィ農場（Ballinaby Farm）261
バリナビィ立石群（Ballinaby Standing Stones）261
バリミーノフ・ヘンジ（Ballymeanoch Henge）123, 189, 191
バリミーノフ立石群（Ballymeanoch Standing Stones）189
ハルシュタット文明(期)((the days of) the Hallstattian Civilization）8, 80, 86, 290, 303
ハルデーン（Haldane）41, 80
バルナーラン（Balnuaran）204, 226
バルナーラン石室墳（Balnuaran Chambered Cairns）226
バルバーニィ公園（Balbirnie park）176
バルバーニィ・ストーン・サークル（Balbirnie Stone Circle）175-176
バルバン家（the Family of Balquhain）211
バルファーグ・ヘンジ（Balfarg Henge）123, 175
バルミュイック（Balmuick）302
バルミュイルディ・ローマ軍砦（Balmuildy Roman Fort）132
バルメイクワン（Balmakewan Roman Fort）147
ハロウィーン（Samfhuinn, Hallowe'en < All-hallows Eve「万聖節前夜」）226, 294, 307
ハロルド・マッダダスン（Maddadason, Harold）283
バロハン・ローマ軍砦（Barochan Roman Fort）97, 121, 128, 144
バンケッティング・ハウス（Banqueting House）64
半月の森（「テンプルウッド」参照）
バンゴール・モア大修道院（Bangor Mor Monastery）15, 16, 141
万聖節（Hallowmas）308
万聖節前夜（「ハロウィーン」参照）
ハンティングドンの伯爵（Mormaer of Huntingdon）260
ハンノキ（Fean, ドゥルイド暦で 3/19-4/15 を表象する木）117, 257, 308-310
ハンノキ（Rus, ドゥルイド暦で 11/26-12/22 を表象する木）117, 309-310
パンノニア（Pannonia）
バンフ・アンド・バハン（Banff & Buchan）11, 85, 205, 209, 271

索　引

バンフシャー (Banffshire) 302
バンホリィ地区 (Banchory District) 205, 246

ヒ

ビーカー族（the Beaker Folk, 鐘形杯文化の担い手）85, 190, 302
ビーガン族 (the Beagan) 268
ヒース (Ura, ドゥルイド暦で「夏至」を表象する木) 118, 309
ヒイラギ (Teine, ドゥルイド暦で7/9/-8/5を表象する木) 117, 309
ピカーディ・ピクト表象石 (Picardy Pictish Symbol Stone) 212
ピーターバラ (Peterburgh) 61
ピーターヘッド (Peterhead) 209, 215
ビートック (Beatock) 112
ピーブルズ (Peebles) 83, 86, 123
ピーライ (Peallaidh) 168
ピーライの浅瀬 (Aber Pheal1aidh) 168
東ローマ帝国 (Eastern (Greek) Empire) 130
『ピクティッシュ・クロニクル』(The Pictish Chronicle) 16, 31, 151
ピクティッシュ・マエタ族 (the Pictish Maetae) 24, 138
ピクト教会（「アイリッシュ・ピクト教会」(the Church of Irish Picts) 参照）
ピクト教会 (the Pictish Church) 16-18, 40, 151, 154, 160, 163, 172-173
『ピクト国──その人民と教会』(The Pictish Nation, Its People & Church) 311
ピクト族 (the Picts) 10-11, 13-14, 139, 150-151, 154-155, 181-186
ピクト・スコット連合王国 (Rex Pictorum) 22, 28-29, 35, 151, 162-164, 166, 185-186, 196-197, 237, 240, 311
ピクトの表象石 (Pictish symbol stone) 154-156, 174, 201, 222, 284, 305
ピクトランド (Pictland) 17, 29, 153-154, 172-173, 215, 228
ビザンティウム (Byzantium) 139, 221
ヒスパニア第1歩兵旅団 (the 1st Hispania Cohort) 148
ビショップトン (Bishopton) 73, 93, 132
ビショップトン・ローマ軍砦 (Bishopton Roman Fort) 132
ビッガー (Biggar) 101
ピットロホリィ (Pitlochry) 168
人質の丘 (Knocknagael < (Q) Cnoc na Giall or the Hill of Hostage) 166
人質の丘の石（the Stone of Knocknagael) 166
ビレンズ・ローマ軍砦 (Birrens Roman Fort) 99, 108-109, 112-114
百戦の王 (the king of a hundred battles) 13, 151
百人隊 (century) 103
百人隊長 (Centurion) 103
百の僧院 (Hundred Monasteries) 215
ビューリィ (Beauly) 211, 225
ビューリィ川 (the River Beauly) 225
ヒル・オ・メニイ・ストンズ (Hill o' Many Stones) 250
ピンキイ (Pinkie) 60
ピンキイの戦い (the Battle of Pinkie) 60

フ

ファーガス・マック・アーク (Fergus Mac Erc) 11, 22
ファーガス家 (the House of Fergus) 18-19, 21
ファーガス・マック・アエダ・ウィンチ 19, 27, 183, 197
ファー教区教会 (Farr Parish Church) 253
ファースまたはフリス (Firth or Frith) 106
ファー・クロス・スラブ (Farr Cross Slab) 253
ファース・ワッグ居留地 (Farse Wag Settlement) 247, 250
ファース・オヴ・クライド (Firth of Clyde) 73, 97, 107, 128, 145, 198, 259
ファース・オヴ・テイ (Firth of Tay) 33, 77, 144, 146, 148, 163
ファース・オヴ・フォース (Firth of Forth) 73, 77, 93, 95, 97, 107, 136

索　引

ファース・オヴ・マレイ (Firth of Moray) 6, 36, 73, 76, 95, 135, 138, 148, 198, 202, 217, 283
ファーニス (Furnace) 195
ファーハー・マック・コネイグ・マック・アエダン 25
ファーハー・ファタ・マック・フェラダイヒ 26
ファー・バルグ族 (Na Fir Balg, or the Leather Bag Folk) 177
ファーン島 (Island of Farne) 115
ファイフ(地区)(Fife) 11, 13, 16, 19, 31, 62, 73, 76, 87, 95, 101, 120, 123-124, 126, 132, 135, 139-140, 151, 174
ファイヴ・シスターズ (Five Sisters) 258
ファイフ族（the Fife) 11, 135, 151, 174
ファウリス・ウェスター (Fowlis Wester) 167
ファウリス・ウェスター・クロス・スラブ (Fowlis Wester Cross Slab) 167, 185
ファウリス・ウェスター立石群, ストーン・サークルつき石塚 (Fowlis Wester Standing Stones, Stone Circle & Cairn) 167
ファタ (Fada < Fiodh「鹿」) 181
フィーライの浅瀬 (Aber Pheallaidh) 168
フィナヴォン（Finavon) 146-147
フィナヴォン・ローマ軍野営地 (Finavon Roman Camp) 143
フィナンの小島 (Eilean Fhionain) 236
フィヨルド (fjord < (ON) fjördhr) 187
フィリップ四世 (Phillip IV, 1285-1314) 45, 55
フィレンツェ (Firenze) 61
フィン・アーンスン伯爵 (Arnson, Earl Fin) 279
フィンガル (Fingall) 195-196, 199
フィンガルの大釜の台座 (Fingall's Cauldron Seat) 200
フィンガルの笠貝の槌 (Fingall's Limpet Hammers) 263
フィンガルの洞窟（Fingall's Cave) 266, 270
『フィンガルの洞窟序曲』(*Fingall's Cave Overture*)266
フィンズタウン (Finstown) 285
フィンチ (Find < Fionn Chu) 181
フィンドホーン湾 (Findhorn Bay) 33
フィン・マック・クムハル (Fionn Mac Cumhal) 195, 200, 266
フィンリィック・マック・ルウリ (Finlaic Mac Rudhri, Mormaer of Moray, d.1020) 34-35, 243
ブート・ヒル（「ムート・ヒル」参照）
笛 (*Feadag*) 232
フェアー・ヘッド (Fair Head) 22, 180
フェアーマイルヘッド (Fairmilehead) 90-91, 179
フェッターケアーン (Fettercairn) 31-32
フェラット・マック・ダーガート 20
フェアリィ・ノウ・円錐墳 (Fairy Knowe Conical Cairn) 137, 190
フェンドッホ・ローマ軍砦 (Fendoch Roman Fort) 97, 144
フーリィ・ヒル円形墳 (Huly Hill, or Newbridge Round Cairn) 93
フォイル (Foyle) 22, 180
フォークランド (Falkland) 174
フォークランド城 (Falkland Castle) 57, 174
フォース川 (the River Forth) 31-32, 37
フォーチュナ (Fortuna) 304
フォーティンゴル (Fort(f)ingall, or Dun Geal,「フィンガルの居城」に因んだ命名) 170
フォティンゴル教区教会 (Fortingall Parish Church) 169, 221
フォーテヴィオット砦 (the Fort of Forteviot) 28, 162, 185
フォート・ウィリアム (Fort William) 198, 231-232, 235
フォート・オーガスタス (Fort Augustus) 231, 236
フォート・ジョージ (Fort George) 231
フォートレン (Fortrenn < Verturiones) 37, 151
フォートローズ (Fortrose) 228, 237

索　引

フォートローズ・キャシドラル (Fortrose Cathedral) 228
フォーファー (Forfar) 143, 146-147, 151, 154
フォーファーシャー (Forfarshire) 13
フォザリンゲイ (Fotheringhay) 61
フォリス (Forres) 33, 216
フォルカーク (Falkirk) 3
フォルカークの戦い (the Battle of Falkirk) 46
フォルカーク・ローマ軍砦 (Falkirk Roman Fort) 132
復活祭 (Easter) 257
フッサ (Hussa, 564-74) 83, 127
冬将軍 (Jack Frost) 232
ブライアン・ボル（Boru, Brian, or Broim) 282
フラヴィウス・スティリコ (Stilicho, Flavius, 359-408) 13
ブラウン・ケイタートゥン砦 (Brown Caterthun Fort) 149, 208
ブラザーストーンズ農場 (Brotherstone Farmhouse) 82
ブラザーストーン立石群 (Brotherstone Standing Stones) 82
ブラッカデイル (Bracadale) 268
ブラック・アイル (Black Isle) 125, 215
ブラック・ハウス (black house) 271-272
ブラックハンマー石室墳 (Blackhammer Chambered Cairn) 285
ブラック・ヒル (Black Hill) 124
ブラック・ヒル・レズマハゴウ砦 (Black Hill Lesmahagow Fort) 124
ブラッコ (Braco) 143
ブラン (Bran, フィンガルの愛犬) 200
フランス (France) 6, 45, 57-58, 84, 102, 116, 208, 226, 235-236, 282
フランソワ一世 (François I, 1515-47) 57-59
フランソワ二世 (François II, d.1560) 57, 60
ブランズバット・ピクト表象石 (Brandsbutt Pictish Symbol Stone) 210-211
ブラン・マック・アンガス二世 (Bran Mac Angus II, d.839) 20
ブリガンテス族 (the Brigantes) 87, 102, 138
フリート川 (the River Fleet) 246
ブリガンティア (Brigantia) 94, 138, 304
フリジア (Phrysia) 94, 304
ブリッヂエンド (Bridgend) 261
ブリッヂ・オヴ・ウォールズ (Bridge of Walls) 292-294
ブリティッシュ・エアライン (BA, British Airline) 271
ブリテン (島)(Britain or Great Britain) 4, 8, 15, 78, 81, 145, 149, 198, 230, 232, 235, 299
ブリト・ピクティッシュ (族)(the Brito-Pictish) 11, 13, 22-24, 87, 89-90, 105-106, 115, 126, 136, 154
ブリトン人 (Briton, or Britons) 14, 32, 81, 119, 127, 129-130
ブリトン族 (the Britons,Cruithnii) 8, 10-12, 48, 71, 155, 170, 181, 183, 188
プリニウス (Plinius, Secundus Gaius, the Elder, A.D. 23-79) 256
ブリニアン埠頭 (Brinyan Pier) 285
ブルージ (Brusi, son of Sigurd the Stout) 35, 282
ブルース家 (the Bruce family) 137
ブルード・マック・アンガス一世 (Brude Mac Angus I) 18, 160, 165
ブルード・マック・ウィッド 17, 183
ブルード・マック・デレレイ 17, 183
ブルード・マック・バイル 17, 26, 40, 152-153, 155, 165, 193, 281
ブルード・マック・ファーガス 19, 173
ブルード・マック・フェラット 20, 177
ブルード・マック・マエルコン 15-16, 22-24, 48, 107, 151, 160, 165-166, 188, 191-194, 213, 222-223, 227, 242, 281
ブルーメンド・オヴ・クリッヒイ・ヘンジ (Broomend of Crichei Henge) 270
ブルターニュ (Brittany, Bretagne) 6, 48, 116
ブルナンブルフの戦 (the Battle of Brunanburh) 30, 89-90

379

索　引

ブルームヒル・ローマ軍砦 (Broomhill Roman Fort) 147
ブルームホルム・ローマ軍砦 (Broomholm Roman Fort) 99, 109
プレアデス星団 (the Pleiades) 274
フレイザー氏 (Mr Fraser) 207
プレストン (Preston) 85
ブレイドウッド居留区 (Braidwood Settlement) 91
ブレック (Brec < Breac「鱒」) 181
ブレヒン (Brechin) 14, 45, 95, 97, 146, 149, 170
ブレヒンの円塔 (Brechin Round Tower) 170
ブレヒン大聖堂 (Brechin Cathedral) 170
ブレホン法 (Brehon Laws) 223, 305
ブローディック (Brodick) 199
ブロードシー湾 (Broadsea Bay) 121
ブロートン (Broughton) 83
不老の井戸 (Tobar na h'Oige,「聖母マリアの井戸」参照) 225
フローラ・マクドナルド (Flora MacDonald, 1727-90) 67, 235
プロコピウス (Procopius) 221
フロッドヴァー (Hlodver) 34, 243
ブロッホ (broch「円塔」) 86, 253, 256, 260, 288-289, 291-292
プロテスタント (Protestants) 64
フロデンの丘 (Flodden Hill) 56
フロデンの戦い (the Battle of Flodden) 57, 59
フンディ (Hundi) 244
フロフォーデス (Fullofaudes) 131
墳墓の銘碑 (「カラニッシュ石室墳の男根像」参照)

ヘ

ペイスヘッド・ローマ軍砦 (Pathhead Roman Fort) 101
ペイズリィ (Paisley) 4, 127
ペイズリィ・アービイ (Paisley(< (L) basilica) Abbey) 127, 158
ベイドノフの狼 (the Wolf of Badenoch, Alexander, Mormaer of Buchan, 1342?- 1406, ロバート三世の弟) 50
ベーダン家 (the Baedan Family) 25-27, 161
ベーダン・マック・ムリアフ (Baedan Mac Muredhach) 24
ベオルグズ・オヴ・ハウセッター (Beorgs of Housetter) 292
ヘクサム (Hexham) 115
ペシヌス (Pessinus, ガラティアの「キュベレの生誕地」) 275
ペスセニウス・ニガー (Pescenius Niger) 145
ベソック (Bethoc) 282
別世 (the Otherworld) 229
ベティ・ヒル (Betty Hill) 252-253
ペニイミュアー (Pennymuir < Pen-y-muir, (the Head of moor)) 87, 96
ペニイミュアー・ローマ軍仮設砦 (Pennymuir Roman Temporary Fort) 99
ベネディクト会派 (「聖ベネディクト会派」) 265
ベネディクト会派の庵 (Benedictine priory) 41
ベネディクト会派の大修道院 (Benedictine Abbey) 179, 236, 264
蛇の石像 (Stone statue of snake) 304
ヘブリディーズ群 (the Hebrides Group) 267, 269, 271
ヘブリディーズ諸島 (the Hebrides) 266
『ヘブリデス紀行』(The Journal of a Tour to the Hebrides) 206
『ヘブリデス序曲』(Hebrides Overture) 266
ヘラクレス (Hercules) 10, 150
ベリ・ローマ軍野営地 (Bellie Roman Camp) 202
ヘリオポリス (Heliopolis) 116, 275
ヘリオット・ワット（大学）(Heriot-Watt Universiry, エディンバラにある) 31
ベリック・アポン・トゥイード（Berwick-upon-Tweed）34, 39, 41, 49
ベリックシャー (Berwickshire) 6, 37, 45, 52, 54, 71, 73, 76-78, 80, 84-86, 91, 95-96, 98,

索　引

100, 106, 133, 146, 209
ベルギイ (Belgium) 103
ペルシャ (Parthia) 94, 145, 304
ペルシャ神話 (Parthian mythology) 257
ベルス (Belus「オークの神」) 226, 308
ベルテーン (Baltane) 226
ベルニシア王国 (the Kingdom of Bernicia) 12, 17, 23-24, 26, 37, 39, 78, 83, 89, 127, 183
ベルニシア王国司教管区 (the Bishopric of the Kingdom of Bernicia) 41
ヘルムズデイル (Helmsdale) 238, 303
ヘルムズデイル川 (the River Helmsdale) 250
『変身したジプシィ』(*The Masque of the Gypsies Metamorphosed*) 188
ペンクレイグ・ヒル立石 (Pencraig Hill Standing Stone) 88
ベン・ジョンスン (Jonson, Ben, 1573-1637) 187
ベン・ネヴィス (Ben Nevis) 82
ベン・フレイシーデイン・ロング・ケアーン (Ben Freiceadain Long Cairn) 85
ベン・フレイシーデイン砦 (Ben Freiceadain Fort) 252
ベン・ランガス (Ben Languss「ランガスの丘」) 270-271
ペンダ (Penda) 37
ベンベキューラ (Benbecula) 270
ベンベキューラ空港 (Benbecula Airport) 270
ペンポント (Penpont) 114
ヘンリィ (Henry, d.1152) 44, 47
ヘンリィ五世 (Henry V, 1413-22) 50
ヘンリィ七世 (Henry VII, 1485-1509) 54-56
ヘンリィ八世 (Henry VIII, 1509-47) 56-60
ヘンリィ・ベネディクト・スチュアート枢機卿 (Stuart, Henry Benedict, Cardinal, 1725-1808) 67
ヘンリィ四世 (Henry IV, 1399-1413) 50
ヘンリィ六世 (Henry VI, 1422-61, 1470-71) 50, 52

ホ

ホィール・ハウス (wheel house) 284, 289
ホィック (Hawick) 79
ホィットホーン (Whithorn < (AS) hwitwrne, white house) 16, 41, 111, 118-120
ホィットホーン型墓標 (Whithorn type tombstone) 119
ホィットビィ (Whitby) 40
ホイ島 (the Isle of Hoy) 280, 286
ボイド卿ロバート (Boyd, Lord Robert, Mormaer of Kilmarnock) 53
ボイン川 (the River Boyn) 64
ボイン戦争 (the Battle of the Boyn) 64
箒 (sguabag) 232
ホウクルウ (Hawcleugh) 113
ボエ (Boedhe) 33
ポート・ウィリアム (Port William) 120
ポート・グラスゴウ (Port Glasgow) 4
ポート・シャーロッテ (Port Charlotte) 261
ポートパトリック (Portpatrick) 121
ポート・モルアグ (Port Moluag) 263
ポートリイ (Portree) 268
ポートレイル・ウォーター (Portrail Water) 112
ホーリィ・アイランド (Holy Island) 39, 41
ホーリィ・ロッホ小修道院 (Holy Loch Priory) 166
ホーン (Horn, ストラスクライド・ブリトンの王) 25
北欧海賊 (Vikings) 12, 20-21, 29, 38, 79, 150, 162-163, 196, 201, 217, 239-240, 306
「北欧人の住処」("The Norseman's Home") 294
北欧伝説 (Orkneyinga Saga) 42, 291
北海 (the North Sea) 4
北斗七星 (the Great Bear, or Ursa Major) 230
北部の人達 (*Gwry Gogledd*, アーサー王一族「北部ブリトン族」のこと) 13, 105
北部ピクト族 (the Ultramontane Picts) 11, 13, 15-16, 20, 28-29, 107, 150, 165, 186, 210, 215-217, 222, 238, 242,. 253, 267, 277, 281, 284

381

索　引

北部ブリトン族（アイルランド北部に居留したブリトン族 the Cruithnii のこと）10-11, 105, 149, 220, 281,
ホグメニ (Hogmanay,「ハロウィーン」参照) 295, 307
ホグラン湾 (Hoglan Bay) 271
ポシドニウス（Posidonius, 紀元前1世紀初期のギリシア，ストア派の哲学者）169
ボズウェル (Boswell, James, 1740-95) 206-207, 269
ボスウェルホフ・ローマ軍砦 (Bothwellhaugh Roman Fort) 121-122
ボスゴワナン (Bothgowanan, Smith's House) 36, 42, 283
ボズワースの戦い (the Battle of Bosworth) 54
ホッケイ (hockey) 177
ボナ・ブリッヂ (Bonar Bridge) 246
ボニィタウン・ローマ軍野営地 (Bonnytown Roman Camp) 172
ボニィ・プリンス・チャーリイ (Bonnie Prince Charlie, チャールズ・エドワード・スチュアートのこと) 235
ボネス (Bo'ness < Borrowstounness) 73, 93, 131-132
ボネス・ローマ軍砦 (Bo'ness Roman Fort) 132
ボハースル・ローマ軍砦 (Bochastle Roman Fort) 97, 142, 144
ホフ・フレスキン (Hugh Freskyn) 283
歩兵旅団 (cohort) 102-103
ホラス (Horus) 275
ホリイルード・ハウス (Holyrood House) 58
ぼろ布の井戸 (cloutie well,「願掛けの井戸」のこと) 125-126, 229
ボロウ・オヴ・バーゼイ (the Borough of Birsay) 107, 242, 281
ボローウズタウン (Borrowstoun) 80
ボロウズタウン・ストーン・セッティング (Borrowstoun Stone Setting) 80
ボローズタウンネス (Borrowstounness) 102, 132
ボロウズタウン・リッグ (Borrowstoun Rig) 80
ホワイト・ケイタートゥン砦 (White Caterthun Fort) 149
『ホワイト・ゴッデス』(The White Goddess) 116
ホワイトホール (Whitehall) 64
ホワイト・メルドン・ヒル (White Meldon Hill) 86
ホワイトモス・ローマ軍砦 (Whitemoss Roman Fort) 133

マ

マア族 (the Mar) 11, 31, 153, 201, 205, 210
マーカス・ローマ軍砦 (Marcus Roman Fort) 147
マーガレット (St Margaret, マルコム三世の2度目の妃,「聖マーガレット」参照)
マーガレット (Margaret, クリスティアン一世の娘) 53, 138, 182, 184, 277
マーガレット (Margaret of Scotland, d.1283) 44, 259-260
マーガレット (Margaret, the Maid of Norway, 1283-90) 44
マーガレット (Margaret, Tudor, 1489-1541) 56, 59
マーガレット (Margaret, ジェイムズ四世の妃) 60, 62
マーガレット (Margaret, 1424-45, ジェイムズ一世の娘) 51
マーガレット (Margaret, マーガレット・チュードルの娘) 56
マーガレット・アースキン (Erskine, Margaret, d.1572) 58
マージョリイ (Marjorie) 48-49
マース (Mars) 303
マース・コシドウス (Mars Cocidus) 94, 304
マース・シンクサス (Mars Thincsus) 303-304
マーストン・ムーア (Marston Moor) 63
マイオット・ヒル砦 (Myot Hill Fort) 137

索　引

マイル・カースル (mile castle) 78
マウサ島 (the Isle of Mousa) 290
マウサ・ブロッホ (Mousa Broch) 290-291
マエールズナッティ (Maelsnati) 243
マエス・ホウ型通路墳 (Maes Howe-type passage cairn) 248, 278
マエス・ホウ石室墳 (Maes Howe Chambered Cairn) 278, 293
マエールブライト (Maelbright, Mormaer of Sutherland) 244
マエス・ホウ型石室墳 (Maes Howe-type chambered cairn) 248, 278, 285
マエタ族 (the Maetae) 8, 10, 75-76, 87, 93, 107, 122, 130, 132, 134-140, 143, 145-146, 148
マグダラのマリア (Mary Magdalene) 110
マグダレン・ブリッヂ (Magdalene Bridge) 302
マクドナルド (MacDonald, Mormaer of Ross) 52
マグナス (Magnus, アンガスの伯爵ギルブライドの子) 283
マグナス (Magnus, King of the Isle of Man, d, 1266) 259
マグナス二世 (Magnus II, Haraldson, 1035-47) 282
マグナス六世 (Magnus VI, 1263-80) 43, 259
マグビオット (Magbiot) 243
マクベス（Macbeth (Son of life) Mac Finlaic), 1040 - 57) 35-36, 42, 163, 209, 243-244, 266, 282-283
『マクベス』(*Macbeth*, 1605) 42
マクリ・ウォーター (Machrie Water) 199
マザー・ウェル (Mother Well, or Tobar Mhoire, the Well of Virgin Mary のこと) 126, 178
マザーウェル・アンド・ウィッショウ (Motherwell and Wishaw) 3
マスタートン (Masterton) 303
マッカス・マック・ハラルド (Maccus Mac Harald) 35
マックイアン (MacIan) 65

マック・ドナルド (Mac Donald) 283
マックロード一族 (the Macleod) 269
マッケンジイ家 (the Mackenzies) 258
マッシュウ・スチュアート (Stuart, Matthew, 4th Earl of Lennox, 1516-71) 57, 62
マドレーヌ・ドゥ・ヴァロア (Madeleine de Valois, 1520-37) 58
マトローナ (Matrona) 233
マヌー族 (Manavii, or the Manue) 77, 137
マナナン・マック・リア (Mannan Mac Lir) 137
マポヌス (Maponus, 「マボン」と同じ) 94
マボン (Mabon, ケルト族の「太陽神」) 107
マボン族 (the Mabon) 77, 107
マムリルズ・ローマ軍砦 (Mumrills Roman Fort) 132
マリアン・マック・ネイル (Marian Mac Neil) 125, 225
摩利支天 (Marici) 194
マリッグ (Mallaig) 235
マリイ・ドゥ・グエルダー (Marie de Gueldres, d.1463) 51
マリイ・ドゥ・ロレーヌ (Marie de Lorraine, 1515-60) 59
マルイ島（Eillean (St) Ma-Ruibhe, or the Islet of Maree) 125, 223, 256, 310
マルクス・オーレリウス (Marcus Aurelius, 161-80 A.D.) 145
マルコム一世・マック・ドナルド二世 31
マルコム三世・マック・ダンカン一世 (Malcolm III Mac Duncan I, 1057 (or 58)-93) 42-44, 179, 209, 265-266, 279
マルコム二世・マック・ケネス二世 33
マルコム四世 (Malcolm IV, 1153-65) 44, 47, 174
マル島 (the Isle of Mull) 225, 263-264, 306
マルディン・マック・クランダムナ 26
マルティン・ルター (Luther, Martine, 1483-1546) 58
マレイ族 (the Moray) 11, 150, 153, 217
マレイ (地区)(Moray District) 34, 39, 150,

383

索引

158, 216, 220, 238, 254, 281, 293
マレイ・ネアーン地区 (Moray & Nairn) 11
マレイ・ファース (Moray Firth,「ファース・オヴ・マレイ」と同じ) 31
マン島 (the Isle of Man) 34, 137, 259,

ミ

ミーグル (Meigle) 143, 146
ミーグル博物館 (Meigle Museum) 155
ミーラ (Mela, Pomponius) 169
ミザー・タップ・オヴ・ベナヒイ砦 (Fort of Mither Tap of Bennachie) 202, 210-211
ミスラス神 (Mithras) 94, 257, 304
ミスラスの神殿 (Mithoreum) 94
ミッド・ホウ石室墳 (Mid Howe Chambered Cairn) 285
ミッド・ホウ・ブロッホ (Mid Howe Broch) 285
ミッドマア・カーク横臥石つき環状列石 (Midmar Kirk Recumbent Stone Circle) 205
ミッドミル (Midmill) 85, 208
ミッドミル・ロング・ケアーン (Midmill Long Cairn) 85, 208
ミド・アーガイル (Mid Argyle) 194
ミド・クライス (Mid Clyth) 250-251
ミド・クライス・ストーン・ロウ (Mid Clyth Stone Rows) 250
ミドランド (Midland) 63
ミドロージアン (Midlothian) 90-91, 101-102, 136, 302
ミドロック・ウォター (Midlock Water) 123
ミネルヴァ (Minerva) 94, 138
見張り石 (the Watch Stone, or Clach na h-Aire) 222, 278
ミュア・オヴ・オード (Muir of Ord「黒い野原」< Am Monadh dubh) 235
ミュア・オヴ・オード・ヘンジ (Muir of Ord Henge) 211
ミュアリフォルド・ローマ軍野営地 (Muiryfold Roman Camp) 202
ミュティニィ・ストーン・ロング・ケアーン (Mutiny Stone Long Cairn) 84, 168, 209, 247, 271

ミューロッホ (Muiloch) 205
ミラノ (Milan) 119
ミルトン・ローマ軍砦 (Milton Roman Fort) 113-114
ミルンゲイヴィイ (Milngavie) 302
ミレシア人 (the Milesians) 11
ミンガリィ (Mingary) 269

ム

ムート・ヒル (Moot Hill,「ブート・ヒル」(Boot Hill) とも言う) 164-165
ムッセルバラ (Musselburgh) 101
ムリアフ・マック・アインキーラ 27, 161
ムンロスのアナット (the Annat of Munross) 14
ムンロッヒイ (Munlochy) 125, 228-229
ムンロッヒイ湾 (Munlochy Bay) 228

メ

メアリイ一世 (Queen Mary I of Scots, 1542-67) 57-58
メアリイ・チュードル (Mary Tudor, Queen of England and Ireland, or Bloody Mary, 1553-58) 58, 60
メアリイ二世 (Mary II, Queen of England, Scotland and Ireland, 1689-94) 64-65
メアリイバラ (Maryburgh) 229
メイクルアワー (Meikleour) 146
メイドン・ストーン・クロス・スラブ (Maiden Stone Cross Slab) 210-211
名誉革命 (the Glorious Revolution) 64
メイン・ウォーター (Mein Water) 109
メキシコ湾流 (the Gulf Stream) 4
メドロウト (Medraut) 14, 22, 136, 188
メルシア王国 (the Kingdom of Mercia) 37
メルドン川 (the River Meldon) 86, 123
メルローズ (Melrose) 99-100, 185
メルローズ修道院 (Melrose Abbey) 41
メンテイス (Menteith) 141
メンテイス・ローマ軍砦 (Menteith Roman Fort) 97, 142, 144
メンテイス・ローマ軍野営地 (Menteith Roman Camp) 141-142, 144

索　引

メンデルスゾーン (Mendelssohn, Bartholdy Felix Jacob Ludwig, 1809-47) 266

モ

モイトゥラの戦い (the Battle of Magh Tuired) 177
モイ・ニア (Mag Nia) 177
モイン・モア (Moin Mhor) 191
盲人治療 (the Healing of the Blind Man) 110
モーカント・マップ・コールダウク (Morcant Map Coleduac) 126
モートラッフ (Mortlach) 215
モーネス埠頭 (Moaness Pier) 286
モス・ファーム・マクリ・ストーン・サークル (Moss Farm Machrie Stone Circle) 200
モス・ファーム・マクリ立石群 (Moss Farm Machrie Standing Stones) 200
モニーヴァードの戦い (the Battle of Monzievaird) 33, 215
モニフィース (Monifieth) 33, 163
モラール (Morar) 235
モラヴィア王国 (the Kingdom of Moravia or Moray) 20, 29, 31-32, 34-35, 42, 150, 209, 216, 243
モレンディナー川 (the River Molendinar) 126
モンク将軍 (General Monk, 1608-70, 1654年スコットランド総督) 231
モンス・グラピウス (Mons Grapius) 95
モンス・グラピウスの戦い (the Battle of Mons Grapius) 73, 95, 103, 202-203, 212
モンス・メグ砲 (Mons Meg) 52
モントローズ (Montrose) 14, 97, 143, 147
モンレイス (Monreith) 120

ヤ

薬効の井戸 (medicinal well) 124-126, 178, 224-225
『約束の地への航海』(*The Voyage to the Promised Land*) 120, 160
厄払いの井戸 (well of exocism) 125-126
ヤコブの枕 (Jacob's Pillow) 45
柳 (Sail, ドゥルイド暦で4/16-5/13を表象する木) 117, 308
宿り木 (mistletoe) 214
ヤロウ (Yarrow) 83
ヤロウ・ストーン (Yarrow Stone) 83, 127

ユ

ユーフィミア (Euphemia, d.1387?) 49
ユリウス暦 (Julian calendar) 118

ヨ

妖精たちのつむじ風 (oiteag sluaigh, the wind-puff of the fairies) 237
妖精塚 (Fairy Mound Chambered Cairn「タウイー・ノウ・石室墳」(Towie Knowe Chambered Cairn) の別名もある) 292
ヨーク (York) 40-41, 77
ヨーク家 (the Royal House of York) 52
ヨークシャー (Yorkshire) 37, 63
ヨークの第6軍団 (the 6th Legion of York or Eboracum) 77, 93
ヨーク・ローマ軍砦 (York (Eboracum) Roman Fort) 148
予言者 (vates) 228
予言の井戸 (泉) (well of prophecy) 124
ヨハネ二十二世 (Pope John XXII, 1316-34) 47

ラ

ラァ (Ra) 275
ラーウィック (Lerwick) 288, 291-292, 294
ラーグ (Larg) 246, 256
ラーグズ (Largs) 259
ラーグズの戦い (the Battle of Largs) 43, 240, 259
ライアン川 (the River Lyon) 168
ライジングハム・ローマ軍砦 (Risingham Roman Fort) 98, 131, 133, 187
ライニイ (Rhynie) 213, 215
ライネスの埠頭 (Lyness Pier) 286
ライン・ウォーター (Lyne Water) 100
ライン川 (the River Rhine) 235

385

索　引

ライン・ローマ軍砦 (Lyne Roman Fort) 100, 108
ラウゼイ島 (Isle of Rousay) 285, 300
ラウドン・ウッド横臥石つき環状列石 (Loudon Wood Recumbent Stone Circle) 205
ラウドン・ヒル・ローマ軍砦 (Loudon Hill Roman Fort) 121
ラセロン (Latheron) 250
ラッグ (Lagg) 199
ラックウィック (Rackwick) 286-287
ラッダリィの雄牛族 (the Big Oxen of Raddery, or Daimh Mhora Radharaidh) 237
ラップランド (Lapland) 240, 290
ラ・テーヌ文明 (La Tène Civilization) 8, 81, 86
ラテン語 (Latin) 303
ラテン詩 (Latin poem) 84
ラナーク (Lanark) 46, 124
ラナークシャー (Lanarkshire) 123
ラフ・カースル・ローマ軍砦 (Rough Castle Roman Fort) 132
ランカスター家 (the Royal House of Lancaster) 52
ラングサイド (Langside) 61
ラングホルム (Langholm) 99, 109
ランファノン (Lumphanon) 209
ランファノンの戦い (the Battle of Lumphanon) 42, 209

リ

リアチャイルド・ローマ軍小砦 (Learchild Roman Fortlet) 99
リアラブル・ヒル (Learable Hill) 250, 303
リーヴズ (A. M. Reeves, 1856-91) 311
リオティアー (Liotir) 243
リオネス (Leonais, ブリトン人の別世の楽園) 170, 221
リ・クルーイン円形墳 (Ri-Cruinn Round Cairn) 189-190
リズモア (Lismore) 15, 215, 263
リチャード三世 (Richard III, 1483-85) 54
リッヅデイル (Liddesdale) 54

『リップ・ヴァン・ウインクル』(Rip Van Winkle) 222
リトナ (Ritona「浅瀬の女神の川」) 233
リドルフィ事件 (Ridolfi Plot) 61
リビア (Lybia) 6, 84, 208
リブスター (Lybster) 249
リング・オヴ・ブロドガー (Ring of Brodgar) 253, 279
リンディスファーン (Lindisfarne) 39-41
リンディスファーン・ゴスペルズ (Lindisfarne Gospels) 41
リンディスファーン司教管区の修道院 (the Monastery under the Bishopric of Lindisfarne) 41
リンディスファーン（プライオリィ）(Lindisfarne (Priory)) 40, 115
リントローズ・ローマ軍砦 (Lintrose Roman Fort) 146
リンリスゴウ (Linlithgow) 40
リンリスゴウ宮殿 (Linlithgow Palace) 59

ル

ルア (Ruad) 177
ルイ十一世 (Louis XI, 1461-83) 51
ルイ十二世 (Louis XII, Père du Peuple, 1493-1515) 56
ルイス島 (the Isle of Lewis「ハリス」参照) 35, 80, 116, 176, 254, 270-272
ルゥ・アン・ドネイン石室墳 (Rudh 'an Dunain Chambered Cairn) 268
ルーン文字 (rune) 279
ルギ族 (the Lugi, or Raven) 8, 238
ルサーグレン (Rutherglen) 4
ルシファー (Lucifer) 220
ルスウェル・クロス (Ruthwell Cross) 109
ルスウェル教区教会 (Ruthwell Parish Church) 109
ルスウェル村 (Ruthwell village) 109, 111
ルナン川 (the Runan) 153
ルナンヘッド・ローマ軍砦 (Lunanhead Roman Fort) 146
ルラッハ (Lulach) 42-43
ルンカーティ (Luncarty) 146, 163

索　引

ルンゲ・マック・ミン (Lunge Mac Min) 234
ルンディン・リンクス (Lundin Links) 120, 176
ルンディン・リンクス立石群 (Lundin Links Standing Stones) 120, 176

レ

レァチャイルド・ローマ軍砦 (Learchild Roman Fort) 108
レイク・オヴ・メンテイス (Lake of Menteith) 141
レイダイクス・ローマ軍野営地 (Raedykes Roman Camp) 201-203
レイダイクス環状列石つき円形墳 (Raedykes Stone Circle and Cairn) 204
レイニーヴァル石室墳 (Reineaval Chambered Cairn) 269
レイン（王）((Q) Laighearn, spearの意味) 10, 150, 254
レインスター (Leinster) 10, 150, 166, 253
レヴン渓谷 (Valle Limae) 26
レゲッド (Rheged) 154
レジナルド (Reginald, the Lord of the Isles) 265
レステンネス・プライオリィ (Restenneth Priory) 154
レズマハゴウ (Lesmahagow) 124
レッドショウ・バーン・ローマ軍砦 (Redshow Burn Roman Fort) 113
レッドモア (Redmore) 254
レディウェル・ロード (Ladywell Road) 126
レニィ川 (the River Leny) 142
レニビスター農場 (Rennibister Farm) 286
レヌワルド (Regnwald, or Rognwald, d.923, デーン人海賊) 30, 38, 89, 240-241
連合条約 (the Treaty of Union) 65

ロ

老王コェール（ないしはカイル）(Coel Hen) 105, 129, 130
ローアー・キルハタン (Lower Kilchattan) 263
ローアー・バーヴァス (Lower Barvas) 271
ローアー・ラーゴウ (Lower Largow) 120, 176
ロージアン地区 (the Lothians) 4, 6, 23-24, 32, 37-39, 71, 73, 76-78, 80, 83, 86-87, 91, 95-100, 106, 127, 146, 153-154
ローズマーキイ (Rosemarkie) 215, 228
ロウダー (Lauder)101
ロタリイ (rotary) 133
ローマ (Rome) 67, 77, 86, 95, 97, 104, 118, 172, 283
ローマ期　(the period of Roman occupation) 13, 163
ローマ教会 (the Roman Church) 17-18, 40, 154, 160, 164, 172-173, 228, 266
ローマ人 (Roman) 140, 163
ローマの太鼓橋 (Roman bridge) 172
『ローマの歴史』(*A History of Rome*) 10, 139
ローマ風呂 (Roman bath) 132
ローマン・マイル (Roman mile) 78
ローマン・ロード (Roman road) 77, 96, 112-114, 133
ローモンド・ヒルズ (Lomond Hills) 123, 174, 185
ローランド・スコット族 (the Lowland Scots) 90
ローレライ (Loreliei) 235
ローレンスカーク (Laurencekirk) 146
ローン (Loarn, Lorn Mor or Lorn the Great Fox) 22, 25-26, 180, 188
ローン家 (the House of Loarn,or Lorn Mor) 24, 26, 188
ローン地区 (Loarn or Lorn, 現在のオーバン (Oban)) 180
ローンヘッド・オヴ・ディヴィオット横臥石つき環状列石 (Loanhead of Daviot Recumbent Stone Circle) 205
ロカビイ (Lockerbie) 105
ロガン・エアー(株) (Logan Air Co. Ltd.)

387

索　引

269-270
ロギイ川の滝（the Waterfall of the Rogie）229
ロス (Loth < (P?) *Leudonus*) 87, 136
ロス族 (the Loth) 13-14, 22, 87, 105, 136
ロス・ストーン (Loth Stone) 87
ロス（地区）(Ross District) 11, 36, 237-238, 241, 254, 258-259, 281
ロックスバラ (Roxburgh) 52, 59
ロックスバラ城 (Roxburgh Castle) 52
ロッヒィ川 (River Lochay, or Lochy, Abhainn Lochaidh) 232-233
ロッホ (Loch < *Lochaidh*「黒の女神の住処」) 253
ロッホ・アークレット (Loch Arklet) 26
ロッホ・アーン (Loch Earn) 125, 165, 186
ロッホ・インシュ (Loch Insh) 18, 173
ロッホ・インダール (Loch Indaal) 261
ロッホ・ウイスグ (Loch Uisge) 263
ロッホ・エーティヴ (Loch Etive) 197, 234
ロッホ・オイッヒ (Loch Oich) 232
ロッホ・オウ (Loch Awe) 232, 234
ロッホ・オヴ・クリックヒミン (Loch of Clickhimin) 291
ロッホ・オヴ・スケイル (Loch of Skail) 253
ロッホ・オヴ・ハウセッター (Loch of Housetter) 292
ロッホ・オヴ・ヤロウズ (Loch of Yarrows) 85, 251
ロッホ・カーラン (Loch Carron) 237
ロッホ・カーランの大烏族 (the Black Ravens of Loch Carron, or Fithich Dhubha Loch Carronn) 237
ロッホ・カルダー (Loch Calder) 85, 252
ロッホギルプヘッド (Lochgilphead) 188, 194
ロッホ・ゴーム (Loch Gorm) 261
ロッホ・サルピン (Loch Salpin) 225
ロッホ・シエル (Loch Shiel < (Q) *Seil* or *sile* nectar「神饌の美酒」) 235
ロッホ・シン (Loch Shin) 233, 246
ロッホ・スキャバン (Loch Sgamhain) 236
ロッホ・ステムスター (Loch Stemster) 250
ロッホ・ステンネス (Loch Stenness) 278
ロッホ・スペイ (Loch Spey) 216
ロッホ・テイ (Loch Tay) 166, 233
ロッホ・デュイッヒ (Loch Duich) 257-258
ロッホ・チュメル (Loch Tummel) 170
ロッホ・トレイグ (Loch Treig) 234
ロッホ・ナン・ウアムヴ (Loch nan Uamh「洞窟のある湖」) 67, 235
ロッホ・ネス (Loch Ness,「ネス湖」のこと) 217, 231-233, 236
ロッホ・ネル (Loch Nell) 195
ロッホ・ファイン (Loch Fyne) 194
ロッホブイ・スートン・サークル (Lochbuie Stone Circle) 263
ロッホ・フォイル (Lough Foyle) 120
ロッホ・フリート (Loch Fleet) 247
ロッホ・ブリトル (Loch Brittle) 267
ロッホ・ブルーム (Loch Broom) 237, 254
ロッホ・ブルームの鳶族 (the Kites of Loch Broom, or Clamhanan Loch Bhraoin) 237
ロッホボイスデイル (Lochboisdale) 269
ロッホ・マーベン (Loch Maben) 59
ロッホマッディ (Lochmaddy) 270
ロッホ・マリイ (Loch Maree, Loch of (St) Ma-Ruibhe「聖マルイ湖」の意) 125, 166, 256-257
ロッホ・モラール (Loch Morar) 235
ロッホランザ (Lochranza) 199
ロッホ・レヴン (Kinross の Loch Leven) 61
ロッホ・レヴン城 (Loch Leven Castle) 61, 178
ロッホ・ローモンド (Loch Lomond) 27, 142, 166
ロッホ・ロッヒィ (Loch Lochy) 232
ロッホ・ワテナン (Loch Watenan) 251
ロナルゼイ (Ronaldsay) 302
ロナルド家 (the Ronald < Ro(g)n(w)ald) 283
ロヌワルド (Rognvald, ウェスト・モアの伯爵で，初代のノルウェイのオークニイ伯爵領の所有者) 34, 242, 249, 278, 282
ロヌワルド伯爵家 (the House of Rogn-

388

索　引

wald, Earl of the Orkney) 43, 281-284
ロヌワルド・ブルーサッソン (Rognwald Brusason, d.1046) 282-283
ロバート・グレアム卿 (Lord Robert Graham, d.1437) 51
ロバート・グレイヴズ (Robert Graves, 1846-1931) 116
ロバート・ザ・ブルス一世 (Robert the Bruce I, 1306-29) 46-49, 54, 138,163, 178-179, 260
ロバート三世 (Robert III,1390-1406) 49-50
ロバート二世 (Robert II, 1371-90) 48-49, 66
ロバート・ザ・ブルス家 (the Royal House of Robert the Bruce) 44, 47
ロバート・バーンズ (Burns, Robert, 1759-96) 225, 299, 305
ロバート・ファーガッスン (Robert Fergusson, 1750-74) 299
ロバート・モリスン (Morrison, Robert) 305
ロベルト・ディ・リドルフイ (Roberto di Ridolfi, 1531-1612) 61
ロリイ・モア卿 (Sir Rory Mhor, 1562-1626) 269

ロリウス・ウルビクス (Urbicus, Lollius) 93
ロング・ケァーン (long cairn) 84-85, 167, 209, 247, 249
ロングフォーガン・ローマ軍砦 (Longforgan Roman Fort) 147
ロングフォーマカス (Longformacus) 84
ロンドン (London) 39, 45-46, 61, 64, 230
ロンドン塔 (the Tower of London) 45, 47, 50

ワ

ワード・ヒル (Ward Hill) 280, 286
鷲の石 (Eagle Stone, Clach Tiompan「太鼓石」) 237
ワシントン・アーヴィング (Washington Irving, 1783-1859) 222
患い (*Gearan*) 232
ワッグ (wag「小さな洞窟」) 250
ワトスン (William J.Watson) 11
ワトリング・ロッヂ・ローマ軍砦 (Watling Lodge Roman Fort) 132, 142
ワンデル・ローマ軍砦 (Wandel Roman Fort) 121, 124

【著者紹介】

小牧英之(こまきひでゆき)
　本名小牧英幸、1930年1月生れ、1953年東洋大学文学部英米文学科、1955年法政大学大学院人文科学研究科卒。元東京理科大学理学部・玉川大学英米文学科教授。1958年日本カレドニア学会の創立に参加、1988年より1991年まで同会の代表幹事をつとめる。現在はスコットランドの民俗の研究家。日本カレドニア学会、日本ケルト学者会議、日本スコットランド協会会員。

スコットランド歴史紀行

2004年7月10日　初版発行

著　者　小牧英之
発行者　森　信久
発行所　株式会社　松　柏　社
　　　　〒102-0072　東京都千代田区飯田橋1-6-1
　　　　TEL 03 (3230) 4813 (代表)
　　　　FAX 03 (3230) 4857
　　　　e-mail: info@shohakusha.com
装　幀　ペーパーイート
ページメーク　OFFICE SAKURAI
印刷・製本　株式会社 モリモト印刷
ISBN4-7754-0057-6
Copyright © 2004　Hideyuki Komaki

本書を無断で複写・複製することを禁じます。
乱丁・落丁は送料小社負担にてお取り替え致します。